BWL für IT-Berufe

Manfred Wünsche

BWL für IT-Berufe

Ein praxisorientierter Leitfaden
für das kaufmännische Denken

3., aktualisierte Auflage

Manfred Wünsche
Berlin, Deutschland

ISBN 978-3-658-10429-0   ISBN 978-3-658-10430-6 (eBook)
DOI 10.1007/978-3-658-10430-6

Die Deutsche Nationalbibliothek verzeichnet diese Publikation in der Deutschen Nationalbibliografie; detaillierte bibliografische Daten sind im Internet über http://dnb.d-nb.de abrufbar.

Springer Vieweg
© Springer Fachmedien Wiesbaden 2007, 2010, 2015

Gedruckt auf säurefreiem und chlorfrei gebleichtem Papier

Springer Fachmedien Wiesbaden GmbH ist Teil der Fachverlagsgruppe Springer Science+Business Media (www.springer.com)

Vorwort

Das Besondere an den *IT-Berufen* Fachinformatiker/-in, IT-Systemkaufmann/-frau, IT-Systemelektroniker/-in und Informatikkaufmann/-frau ist, dass sie informationstechnische Fertigkeiten und Kenntnisse mit *betriebswirtschaftlicher Handlungskompetenz* verknüpfen. Für die Berufspraxis genügt es dazu nicht, über theoretisches Wissen zu verfügen, Handlungskompetenz bedeutet *selbstständiges, verantwortungsbewusstes Denken und Handeln*, d. h. auf der Grundlage fachlichen Wissens *Aufgaben und Probleme* zielorientiert, sachgerecht, methodengeleitet und selbstständig *lösen* zu können.

Das Ihnen nunmehr in der *dritten Auflage* vorliegende Buch enthält einen *umfassenden und praxisbezogenen Zugang* zur kaufmännischen Denkweise, vermittelt *alle wichtigen Themen und Methoden der Betriebswirtschaftslehre* und erläutert sie an einer *Vielzahl von Übersichten und Praxisbeispielen*, die Sie über die beiden Verzeichnisse gleich hinter dem Inhaltsverzeichnis schnell themenspezifisch erreichen.

Es richtet sich an *Auszubildende und Dozenten/ Lehrer in den IT-Berufen* und an *IT-Praktiker*. Es vermittelt das Verständnis der folgenden *Lernfelder des Rahmenlehrplans* für IT-Berufe:

Lernfeld 1:	Der Betrieb und sein Umfeld
Lernfeld 2:	Geschäftsprozesse und betriebliche Organisation
Lernfeld 3:	Informationsquellen und Arbeitsmethoden
Lernfeld 8:	Markt-und Kundenbeziehungen
Lernfeld 11:	Rechnungswesen und Controlling

Kaufmännisch denken in der Marktwirtschaft beginnt beim *Marketing* (Kundenorientierung) und endet im *Controlling*. Ausgehend von der Frage, *was der Kunde will*, werden die zur Erfüllung der Kundenwünsche notwendigen Schritte dargelegt, mit der abschließenden Frage, *ob es sich rechnet*. Die *praxisorientierte kaufmännische Denkweise* zieht sich als *roter Faden* durch das ganze Buch.

Die Verwendung betriebswirtschaftlicher *Fachbegriffe* ist auf das Notwendige beschränkt, und dort, wo sie unumgänglich sind, werden sie *einfach und klar verständlich erläutert.*

Dieses Buch vertieft die kaufmännischen Inhalte des Buchs *Prüfungsvorbereitung für IT-Berufe* (ebenfalls Springer-Vieweg). Die Praxisbeispiele sind gute Vorlagen für Prüfungsaufgaben. Zur Abrundung des Prüfungswissens hilft mein Buch *Wirtschafts- und Sozialkunde* (Springer-Gabler), das eine Vielzahl erläuterter WiSo-Aufgaben enthält. Auf *www.bueffelcoach.de* finden Sie weitere Lernunterstützung.

Lernen bedeutet *verstehen* und die Lerninhalte *praktisch anwenden* können. Meinen zahlreichen Schülerinnen und Schülern der letzten Jahre bin ich daher zu großem Dank verpflichtet, weil ihre Fragen, ihre Verständnisschwierigkeiten und ihr Lerneifer mir die Augen dafür geöffnet haben, wie Lernstoff *einfach und klar* vermittelt werden kann.

So wünsche ich Ihnen beim Lesen, Verstehen, Lernen und Anwenden des gelernten viel Erfolg – und Spaß, Lernen soll auch Spaß machen.

Berlin, im April 2015   Manfred Wünsche

Einleitung

Bedeutung der IT-Branche

Die *IT-Branche* hat alleine in Deutschland ein *Marktvolumen* von rund 150 Milliarden Euro, mit *stetig steigender Tendenz*. Sie umfasst die Bereiche *Informationstechnik* (Computer-Hardware, Bürotechnik, Datenkommunikationshardware, Software, IT-Services) und *Telekommunikation* (TK-Endgeräte, Netzinfrastruktur, Telekommunikationsdienste). Darüber hinaus ist in der gesamten *Marktwirtschaft* ein Arbeiten *ohne Informationstechnologie* nicht mehr denkbar. Und auch die *staatliche Verwaltung* hat durch den Einsatz von Computernetzwerken die *Effizienz* deutlich erhöhen *und* die *Kosten* senken können.

IT-Berufe

Die Benennung als *Informationstechnologie* ist eine zutiefst *kaufmännische Aussage*, denn der mit Abstand bedeutsamste *Produktionsfaktor* und *Wettbewerbsfaktor* ist *Information*. Daher sind die *IT-Berufe* auf eine Verknüpfung *technischer und kaufmännischer Erfolgsfaktoren* ausgelegt:

- *IT-Systemelektroniker* sollen bei Betreibern von Netzen und Anbietern von Hardware-systemen technische Kenntnisse zur Einrichtung von Informations- und Kommunikationssystemen erwerben und in der *Kundenberatung und* im *Vertrieb* „an den Mann bringen".
- *Fachinformatiker* der Fachrichtung *Systemintegration* sollen vor allem in Systemhäusern IT-Infrastruktur *planen*, konfigurieren und betreuen sowie dazu *Beratungen* durchführen. Dabei sind auch die kaufmännischen Kriterien *Effizienz* und *Kosten* zu beachten.
- *Fachinformatiker* der Fachrichtung *Anwendungsentwicklung* sollen in Software-Häusern, aber auch bei Anwendern, bei der Einführung und dem Einsatz von Software *beratend* tätig sein, aber auch selbst über Kenntnisse in der Software-Entwicklung und

Programmierung verfügen. Eine Software-Beratung muss immer auch *ökonomische Aspekte* berücksichtigen.

- *IT-Systemkaufleute* sollen bei Anbietern von IT-Systemen den *Vertrieb* übernehmen, d. h. *Kunden beraten*. Dabei müssen im Hintergrund genügend technische Kenntnisse vorhanden sein, im Vordergrund steht der *Verkauf*.
- *IT-Kaufleute* (Informatikkaufleute) sollen bei Anwendern aus allen Branchen (Industrie, Handel, Banken, Versicherungen, etc.) den Gegenpol bilden, d. h. auf Basis ihrer Branchenkenntnisse die richtige Auswahl aus dem Angebot von Hard- und Software treffen.

In allen IT-Berufen ist daher die *kaufmännische Denkweise* nicht als Dreingabe zur technischen Ausbildung zu verstehen, sondern als *grundlegendes Ausbildungsziel*.

Aufbau des Buches

Kapitel 1

Das erste Kapitel „*Kaufmännisch denken*" führt in die betriebswirtschaftliche Denkweise ein. Wichtig ist das *entscheidungsorientierte* Verständnis der *Betriebswirtschaftslehre* und damit Management oder Planung, Steuerung, Kontrolle: *Ziele* formulieren und in eine *Zielhierarchie* einordnen, *Zielkonflikte* erkennen, *Informationen* beschaffen, *Analyseinstrumente*, vor allem die *Nutzwertanalyse*, anwenden, etc. Das erste Kapitel stellt damit die *Grundlage für das gesamte Buch* dar. In allen weiteren Kapiteln wird diese praxisorientierte kaufmännische Denkweise vertieft und auf die speziellen Themen angewandt.

Kapitel 2

Das zweite Kapitel „*Marktwirtschaft*" stellt den *Betrieb in seinem Umfeld* dar. Volkswirtschaftliche und rechtliche Kenntnisse sind notwendig, um den *Umgang mit Geschäftspartnern* zu beherrschen und *staatliches Handeln* zu verstehen. Die moderne Entwicklung der *Informationstechnologie* hat zu einem *Wandel unserer Wirtschaftsstruktur* geführt, zur Veränderung des *Marktverhaltens* aufgrund elektronischer Medien und Online-Marktplätzen, und zu *neuen Produktarten*: digitale bzw. elektronische Güter. Auch eine Vielzahl *gesetzlicher Regelungen* betrifft speziell die Anwendung von Informationstechnologie. Dazu gehören vor allem das *Datenschutzgesetz*, die *TKV* und das *Telemediengesetz*.

Kapitel 3

Im dritten Kapitel „*Marketing*" werden die *Markt- und Kundenbeziehungen* von Unternehmen anhand des *Marketing-Management-Prozesses* (Analyse, Prognose, Strategie, Maßnahmen-Mix, Kontrolle) erläutert. Insbesondere werden dazu die Bedeutung der *Kundenorientierung* und die Möglichkeiten der *Positionierung* des Unternehmens-Images in der Wahrnehmung des Kunden dargestellt. Im Rahmen des *Marketing-Mix* wird auf die Möglichkeiten des *E-Marketings* eingegangen.

Kapitel 4

Im vierten Kapitel *„Beschaffung und Produktion"* werden nach den Grundlagen der Beschaffung, wie z. B. Bestellsysteme, Lieferantenauswahl, etc., die modernen Möglichkeiten des *IT-Procurement* dargestellt und bewertet. Das Thema Produktionswirtschaft erläutert *Entscheidungen über Fertigungsverfahren*, vor allem die *Make-or-Buy-Entscheidung* und die *Produktion von Dienstleistungen*. Dies dient als wichtige Vorbereitung für Kap. 9, *Kostenrechnung und Controlling*.

Kapitel 5

Das fünfte Kapitel *„Organisation und Personalwirtschaft"* beginnt mit Aufbauorganisation und Ablauforganisation. Wichtig für den IT-Bereich sind die *Prozessorganisation*, die daher umfassender dargestellt wird, und das virtuelle Unternehmen. Daraus ergibt sich die Darstellung der Möglichkeiten, mit Hilfe eines *Intranet* die *Geschäftsprozesse* zu verbessern. Zum Thema Personalwirtschaft wird, aufbauend auf die logische Abfolge *Personalbedarfsplanung*, *Personalbeschaffung* und *Lohnabrechnung*, der Bezug zu verbesserter Effizienz mit *IT-Instrumenten* wie z. B. Personal- und Weiterbildungsdatenbanken und Online-Bewerbungen hergestellt.

Kapitel 6

Das sechste Kapitel *„Finanzwirtschaft"* stellt praxisorientiert die Themen *Investitionsrechnung* (Kostenvergleich, Gewinnvergleich, Rentabilitätsvergleich, Amortisation), *Finanzierung* (Innenfinanzierung, Außenfinanzierung, Eigenkapital, Fremdkapital, Darlehensformen, Kreditsicherheiten) und *Finanzplanung* (zeitliche Abstimmung der Zahlungsströme) vor. Den Abschluss dieses Kapitels bilden *Online-Banking-Verfahren* und *Bezahlsysteme im Internet*.

Kapitel 7

Das siebte Kapitel *„Buchführung und Jahresabschluss"* bietet eine praxisorientierte Einführung in die *doppelte Buchführung* und den Jahresabschluss sowie die Jahresabschlussanalyse, vor allem die Anwendung und Interpretation wichtiger *Kennzahlen*. Ein *Grundverständnis* der modernen Buchführungsverfahren ist vor allem *wichtige Voraussetzung für die Kostenrechnung*.

Kapitel 8

Das achte Kapitel *„Steuern"* gibt einen an der Praxis orientierten *Überblick über die* aus unternehmerischer Sicht *wichtigen Steuergesetze*: Abgabenordnung, Einkommensteuer, Körperschaftsteuer, Gewerbesteuer und Umsatzsteuer sowie weitere Unternehmenssteuern, die in die *Kostenrechnung* einbezogen werden müssen. Das Thema *Einkommensteuererklärung* knüpft an die *Lohnabrechnung* (Kap. 5) an. Das Thema *Steuerbilanz* an die *Buchführung* (Kap. 7).

Kapitel 9

Das neunte Kapitel „*Kostenrechnung und Controlling*" bildet zum Abschluss die *Quint-essenz* aus allen vorhergehenden Inhalten: Zunächst wird der systematische Aufbau der Kostenrechnung mit *Kostenartenrechnung*, *Kostenstellenrechnung* und *Kostenträgerrechnung* (Kalkulation und Betriebsergebnisrechnung) dargestellt, aus der das *Controlling* sein Informationsmaterial bezieht. *Target Costing* (Zielkostenrechnung) und *Plankostenrechnung* stellen für die Praxis wichtige Controlling-Verfahren dar. Dann schließt sich die Klammer mit einer *praktischen Anleitung* zum schrittweisen *Aufbau eines Controlling-Systems*, das mit Hilfe von *Informationstechnologie* zu einem grundlegenden *Instrument kaufmännischen Denkens und Handelns* ausgestaltet werden kann.

Paragrafen

An mehreren Stellen im Buch werden zu *Gesetzesinhalten* die zugrundeliegenden Paragrafen angegeben. Diese Angaben wurden auf die *wirklich wichtigen und* die *interessanten Paragrafen* beschränkt. Die Ausdrucksweise des Gesetzgebers ist gewöhnungsbedürftig, aber mit etwas Übung meist gut verständlich. Gesetze enthalten viele wichtige *Begriffsdefinitionen* und stehen meist im Internet zur Verfügung.

Inhalt

Verzeichnis der Praxisbeispiele

Verzeichnis der Übersichten

Kaufmännisch denken

1

Zusammenfassung

Betriebswirtschaftslehre ist die Lehre vom *Wirtschaften* in Betrieben. Wirtschaften heißt Wählen, *Wählen* heißt *Entscheiden*. Dafür braucht es *Ziele*, die erreicht werden sollen, und *Entscheidungsmethoden*, die zu einer bestmöglichen Zielerreichung verhelfen.

1.1   Management = systematisch entscheiden

In der *Praxis* werden viele Entscheidungen *„aus dem Bauch heraus"* getroffen, und oft sind sich die Entscheidungsträger nicht klar darüber, welche Ziele sie eigentlich genau verfolgen. Die betriebswirtschaftliche Forschung richtet sich daher zum einen darauf, *Ziele* und betriebliche Zielsysteme *genauer* zu *definieren*, zum anderen systematische *Entscheidungsmethoden* zu *entwickeln*, mit deren Hilfe Entscheidungen besser und damit zielgenauer getroffen werden können.

Management
Kaufmännisches Denken ist daher nicht mehr als *gesunder Menschenverstand* und die Anwendung von erprobten Methoden auf kaufmännische Entscheidungen. Das große Wort *„Management"* bedeutet damit nichts anderes als sich den Entscheidungsprozess, die Zielfindung und Methodenwahl bewusst zu machen und systematisch zu hinterfragen.

Praxisbeispiel Management

Ein großer Prozessor-Hersteller möchte seine Vorgehensweise am Markt für die nächsten Jahre planen. Die dazu notwendigen Entscheidungen hängen von sehr vielfältigen Faktoren ab:

© Springer Fachmedien Wiesbaden 2015   1
M. Wünsche, *BWL für IT-Berufe*, DOI 10.1007/978-3-658-10430-6_1

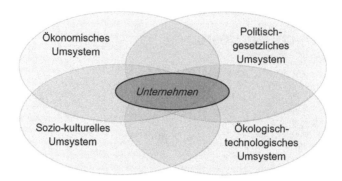

Abb. 1.1 Übersicht Umsysteme

- Welche Entwicklungen sind in der Halbleiter-Technologie für die nahe Zukunft zu erwarten? Wird es technisch möglich sein, den Ausschuss bei der Waferproduktion zu reduzieren, kann die Transistorendichte weiter erhöht werden?
- Was erwartet der Markt? Soll die Stoßrichtung eher auf Performance der Prozessoren gesetzt werden oder auf geringere Wärmeentwicklung, geringeren Stromverbrauch, weniger Kühlbedarf? Wird der Standard-PC nach und nach abgelöst durch spezifische IT-Anwendungen? Soll der Fokus auf Embedded gesetzt werden?
- Was hat die Konkurrenz vor? Sollen wir auf das gleiche Pferd setzen wie unsere Konkurrenten oder andere Wege gehen?

Das Schwierige am kaufmännischen Denken ist, dass *Aussagen über die Zukunft* nur sehr schwer zu treffen sind, da das *betriebliche Umfeld* sehr vielschichtig und unsicher ist und von vielen verschiedenen Faktoren beeinflusst wird.

Das System Unternehmen ist in verschiedene, sich überlappende und sich ständig verändernde *Umsysteme* eingebettet, wie Abb. 1.1 zeigt:

Das *ökonomische Umsystem* umfasst die Märkte, die Kunden, die Konkurrenz, die Zulieferer, die Banken. Insbesondere das Verhalten von Kunden wird auch durch das *sozio-kulturelle Umsystem*, die Wertvorstellungen, Lebenseinstellungen, Religion, Umfang an Freizeit, etc. beeinflusst. Wenn ein Unternehmen in verschiedenen Ländern oder gar global tätig ist, muss es sich auf sehr unterschiedliche sozio-kulturelle Systeme einstellen. Zudem wird die Unternehmenssituation durch die politischen Verhältnisse und die Gesetzgebung beeinflusst.

Praxisbeispiel RoHS-Richtlinie

Seit Juli 2006 gilt in der EU die 2011 fortgeschriebene „RoHS-Richtlinie zur Beschränkung der Verwendung bestimmter gefährlicher Stoffe in Elektro- und Elektronikgeräten" (RoHS = Restriction of Hazardous Substances):

Elektrogeräte dürfen nur noch in minimalen Mengen umwelt- und gesundheitsschädliche Stoffe enthalten. Die Verwendung von Quecksilber, Cadmium, sechswertigem Chrom und Blei sowie polybromierten Biphenylen und Diphenylether soll deutlich eingeschränkt werden, um die Emissionen bei der Elektroschrottverbrennung zu reduzieren und das Recycling zu erleichtern. PCs, die dem nicht entsprechen, dürfen nicht mehr verkauft werden.

Hier zeigt sich gut eine Überlappung des *politisch-gesetzlichen* mit dem *ökologisch-technologischen Umsystem*. In der IT-Branche ist der technische Fortschritt der Hauptwachstumsmotor. Das zur Fußballweltmeisterschaft 2006 angestrebte Überallfernsehen war noch wenige Jahre vorher eine „nette Spinnerei" und kommt uns aus heutiger Sicht angesichts der inzwischen weiten Verbreitung von multimedialen Smartphones mit Apps schon fast antiquarisch vor.

Mehr Informationen zum *ökonomischen Umsystem* und zum *politisch-gesetzlichen Umsystem* finden Sie in Kap. 2.

1.2   Ziele im Unternehmen und Zielkonflikte

Die verschiedenartigen Ziele, die in Unternehmen formuliert werden müssen, reichen von der *Gründung*, der *Rechtsformwahl*, der *Standortwahl*, über die Art der *herzustellenden Produkte*, wie viele und welche *Mitarbeiter* eingestellt werden müssen, wie die *Organisation* gestaltet werden soll, bis hin zu der Entscheidung, welche *Produkte und Dienstleistungen* angeboten und wie sie *vermarktet* werden sollen. Im Vordergrund steht dabei, neben der Existenzsicherung, das Ziel der *Gewinnmaximierung*. Es beruht auf dem *erwerbswirtschaftlichen Prinzip*.

1.2.1   Zielhierarchie

Das erwerbswirtschaftliche Prinzip ist an den *Interessen der Kapitalgeber* ausgerichtet. *Kapitalgeber* investieren ihr Kapital in solche Unternehmen, die am Markt erfolgreich sind und so gute Kapitalerträge erwirtschaften. Der *Aktienkurs* eines börsennotierten Unternehmens ist ein guter *Indikator* dafür, wie erfolgreich ein Unternehmen ist, und danach richtet sich die Bereitschaft von Kapitalgebern, zusätzliches Kapital, z. B. für Erweiterungsinvestitionen, zur Verfügung zu stellen.

Praxisbeispiel Erwerbswirtschaftliches Prinzip

Die Ewald GmbH ist ein mittelständisches Unternehmen mit Sitz in Bergmannsthal, das im Kundenauftrag PCs zusammenbaut und nach Kundenwunsch konfiguriert. Sie spricht dabei in erster Linie Privatkunden an. Die Ewald GmbH handelt dabei nach dem erwerbswirtschaftlichen Prinzip. Gewinnmaximierung ist das vorrangige Ziel, damit die Zufriedenheit der Gesellschafter und Kapitalgeber gefördert wird. Daher wird stets versucht, die PC-Komponenten in der erforderlichen Qualität möglichst günstig zu beschaffen und die Arbeitsabläufe möglichst effizient zu gestalten (Kostenminimierung). Der Preis wird so kalkuliert, dass sich für die Ewald GmbH nachhaltig ein möglichst hoher Gewinn ergibt. Dazu darf der Preis nicht zu hoch gesetzt werden, da sonst zu viele potentielle Kunden „abspringen", aber auch nicht zu niedrig, da sonst die Kosten nicht gedeckt werden können.

Mehr zur *Beschaffung* erfahren Sie in Kap. 4, die effiziente *Ausgestaltung von Arbeitsabläufen* wird in *Kap. 5* behandelt, die Methoden der *Preisfindung* sind in Kap. 3 beschrieben, und die verschiedenen Verfahren der *Kalkulation* finden Sie in Kap. 9.

Vom erwerbswirtschaftlichen Prinzip zu unterscheiden sind das *gemeinwirtschaftliche Prinzip* und das genossenschaftliche Prinzip. Gemeinwirtschaftlich orientierte Unternehmen bieten ihre Leistungen kostendeckend an und versuchen einen gegebenen Bedarf zu decken. Es ist die Zielsetzung staatlicher Unternehmen. Das *Genossenschaftsprinzip* beinhaltet die gegenseitige Förderung der Mitglieder. Es kommt vor allem in der Landwirtschaft vor.

Das erwerbswirtschaftliche Prinzip basiert auf dem *ökonomischen Prinzip*, das sich in den zwei Ausprägungen *Maximalprinzip und Minimalprinzip* darstellen lässt (Abb. 1.2):

Nun ist mit der Definition des Ziels *Gewinnmaximierung* als oberstes Unternehmensziel noch nichts gewonnen, da es *nur formal* ist und keinen Praxisbezug hat. Daher wird es zusammen mit der Existenzsicherung in eine *Zielhierarchie* eingebunden (Abb. 1.3).

Maximalprinzip	Mit *gegebenen Mitteln* ein *Ziel maximal* erreichen, z. B. mit den vorhandenen Unternehmensressourcen einen möglichst hohen Gewinn erwirtschaften.
Minimalprinzip	Ein *gegebenes Ziel* mit *minimalem Mitteleinsatz* erreichen, z. B. die angebotenen Güter und Dienstleistungen zu möglichst geringen Kosten bereitstellen.

Abb. 1.2 Übersicht Maximal- und Minimalprinzip

Vision / Business Mission
Unternehmensphilosophie / Unternehmensleitbild
Unternehmenskultur
Erhaltung und erfolgreiche Weiterentwicklung des Unternehmens
Unternehmensziele
Geschäftsbereichs- und Funktionsbereichsziele
daraus abgeleitete Unterziele und Maßnahmen

Abb. 1.3 Übersicht Zielhierarchie

An der Spitze der Zielhierarchie steht eine grundsätzliche *Vorstellung von der* angestrebten *Rolle des Unternehmens* in der Gesellschaft, der grundsätzlichen Marschrichtung des Unternehmens in die Zukunft. Sie wird als *Vision* oder *Business Mission*, manchmal auch als *Charta* bezeichnet.

Unternehmensphilosophie

Jedes Unternehmen wird mehr oder minder geprägt von den Werten und Einstellungen seiner Führungskräfte, die man als *Unternehmensphilosophie* oder *Unternehmensleitbild* bezeichnen kann. Dies kann unbewusst oder bewusst geschehen und wirkt sich auf die Werte und Einstellungen der Mitarbeiter aus, wodurch sich eine *Unternehmenskultur* herausbildet.

Erfolgreiche Unternehmen formulieren ihr *Leitbild* bewusst nach innen und nach außen und versuchen, dieses Leitbild im Auftreten des Unternehmens in der Öffentlichkeit und in der Mitarbeiterführung zu verankern, um so auch die Unternehmenskultur entsprechend zu prägen. Dies kann mit *rationalen* wie mit *emotionalen Merkmalen* wie „traditionsbewusst, innovativ, lebendig, fröhlich, verlässlich, kundenorientiert" oder ähnlichen erfolgen. Oft genug wird versucht, einem in der Vergangenheit entstandenen negativen Image entgegenzuwirken.

Unternehmenskultur

Unternehmensphilosophie und Unternehmenskultur spielen auch bei der *Einstellung neuer Mitarbeiter* und Führungskräfte eine wichtige Rolle. Die „Chemie" muss stimmen, d. h. der neue Mitarbeiter muss mit seinen eigenen Werten und Einstellungen zum Unternehmen „passen", damit er sich in das Unternehmen gut integrieren kann.

Für neue Mitarbeiter und auch für Auszubildende ist es wichtig, dass sie die *Bereitschaft* mitbringen, *in die Unternehmenskultur hineinzuwachsen*, sich mit dem Unternehmen zu identifizieren und dadurch mit der Zeit selbst einen prägenden *Einfluss* auf die Kultur des Unternehmens *auszuüben*. Wissenschaftlichen Untersuchungen zufolge sind Unternehmen, in denen die Mitarbeiter gut miteinander auskommen, in denen es z. B. *Betriebssportvereine* gibt oder die Mitarbeiter auch privat untereinander in Kontakt stehen, erfolgreicher sind als andere. Die Unternehmensführung kann dazu förderliche Maßnahmen ergreifen. Z. B. kann schon die Einrichtung einer *Teeküche* als Begegnungsort für die Mitarbeiter den Erfolg des Unternehmens steigern, da die informale Kommunikation der Mitarbeiter über den Instanzenweg und die Abteilungsschranken hinaus zu einer *Leistungsverbesserung* führen kann. Wichtig ist dabei auch, welches *Menschenbild* die Führungskräfte in Bezug auf die Mitarbeiter haben. Mehr zum Menschenbild, zu Führungskonzepten und Führungsstilen finden Sie in Kap. 5.

Zielhierarchie

Der *Überbau* in der Zielhierarchie, ausgeprägt durch Vision, Philosophie und Kultur, *wirkt* sich *auf das Ziel der Gewinnmaximierung*, d. h. auf die erfolgreiche Weiterentwicklung des Unternehmens entscheidend aus. Das Ziel der *Erhaltung* des Unternehmens

(Existenzsicherung) wird *auf der gleichen Ebene* formuliert wie die Gewinnmaximierung, da aufgrund der *Unsicherheit der Umsysteme* nicht alle Unternehmensressourcen in die Weiterentwicklung gesteckt werden dürfen, sondern für *unerwartete Ereignisse*, z. B. plötzliche Umsatzeinbrüche oder Anstieg der Rohstoffpreise, eine Reserve an Mitteln für die Liquiditätssicherung gehalten werden muss. Das ist der oberste und wichtigste *Zielkonflikt* in der kaufmännischen Tätigkeit. In der Unternehmensphilosophie kann dazu festgelegt werden, ob das Unternehmen *risikofreudig oder risikoscheu* vorgehen will.

Strategie

Aus dem bisherigen Aufbau der Zielhierarchie können nun die *Unternehmensziele* abgeleitet werden. Sie werden auch als *Unternehmensstrategien* bezeichnet. Eine Strategie ist eine *Vorgehensweise grundsätzlicher Art.* Je nach weiterem Aufbau des Unternehmens werden nun *Geschäftsbereichs- und/ oder Funktionsbereichsziele* abgeleitet, z. B. werden für den Geschäftsbereich Privatkunden und für die Funktion Beschaffung weitere, abgeleitete Ziele formuliert. Mehr zu *Geschäftsbereichen und Funktionen* finden Sie in Kap. 5.

Aus diesen Zielen können nun *alle weiteren Ziele und Maßnahmen* im Unternehmen *abgeleitet* werden, und ob es sich um einen kleinen IT-Supporter als *Ein-Mann-Betrieb* oder um einen *großen Konzern* mit 300.000 Mitarbeitern handelt, das Prinzip ist dasselbe und zumindest intuitiv vorhanden. *Kaufmännisch denken* bedeutet zunächst, diese Zielhierarchie *auszuformulieren* und vor allem immer und immer wieder zu überprüfen und an die sich ändernden Umweltbedingungen *anzupassen.*

Praxisbeispiel Vision und Strategien

Ein großes europäisches Telekommunikationsunternehmen beschreibt seine Vision und die sich daraus ergebenden Handlungsziele wie folgt:

„Wir gestalten unsere Entwicklung zu einem der umsatzstärksten Telekommunikationsunternehmen Europas verantwortungsbewusst.

Als bedeutender IT-Dienstleister schaffen wir für die Gesellschaft Kommunikationsmöglichkeiten für eine bessere Zukunft. Wir bieten höchste Qualität, und unsere Maxime ist es, innovativ, effizient und exzellent zum Wohle unserer Kunden zu arbeiten. In jeder Hinsicht.

Unsere Vision, unser Leitbild „IT Excellence" und unsere Wertvorstellungen sind die Ziel- und Wertvorgaben, an denen sich alle Führungskräfte und Mitarbeiter unseres Konzerns orientieren.

Unsere Kernstrategie ist es, uns klar an den Anforderungen unserer Kunden auszurichten und so erfolgsorientiert zu wachsen und den Unternehmenswert nachhaltig zu steigern..."

1.2.2   Zielkonflikte und Zielharmonien

Bei den erwerbswirtschaftlichen Unternehmen in einer Marktwirtschaft stehen die *Ziele der Kapitalgeber* im Vordergrund, und der erste und wichtigste Zielkonflikt ist der zwischen Gewinnmaximierung und Liquiditätssicherung.

Doch muss ein *Unternehmen* auch *als soziales System* begriffen werden, an dem viele verschiedene Menschen direkt und indirekt beteiligt sind, die unterschiedliche Ziele verfolgen. Abbildung 1.4 zeigt Ihnen die *Interessengruppen und ihre gängigen Ziele*:

Zielkonflikte
Die Unternehmensführung sieht sich daher einer Vielzahl von Zielen gegenüber, und weitere *Zielkonflikte* sind vorprogrammiert. Z. B. ist die ökologische Zielsetzung meist schwierig mit der ökonomischen Zielsetzung in Einklang zu bringen, da Umweltschutz Kosten verursacht. Der Staat versucht hier zum einen als hoheitliche Gewalt Zwang auszuüben, zum anderen setzt er Anreize z. B. durch Subventionen für Umweltschutzinvestitionen.

Eigenkapitalgeber	- Einkommen durch Gewinnausschüttungen - Vermögenssicherung und Vermögens-mehrung - politische und wirtschaftliche Macht, soziales Prestige
Unternehmensleitung	- Einkommen durch Entgelt - Sicherung des Arbeitsplatzes - Wahrung und Ausweitung der Aufgaben und Kompetenzen - soziales Prestige - Ausüben von Macht - Selbstverwirklichung
Mitarbeiter und Arbeitnehmervertreter	- Einkommen durch Entgelt - Sicherung des Arbeitsplatzes - humane Arbeitsbedingungen - Selbstverwirklichung
Gläubiger	- Verzinsung des eingesetzten Kapitals - Sicherung der Kredittilgung - Sicherung weiterer Kreditgeschäfte
Kunden	- Güterversorgung(Menge, Qualität, Preis, Service) - Befriedigung von Bedürfnissen
Lieferanten	- Absatz von Gütern(Menge, Qualität, Preis, Service) - dauerhafte und harmonische Geschäftsbeziehung - rechtzeitige Zahlung der Rechnungen
Staat	- Steuerzahlungen - Einhaltung von gesetzlichen Regelungen
Öffentlichkeit	- Sicherung der wirtschaftlichen Leistungsfähigkeit - Schutz der Umwelt - Wohlstandsmehrung durch qualitativ hochwertige Güter - soziale Sicherung und Erlebnisqualität

Abb. 1.4   Übersicht Unternehmen als Zielerreichungszentrum

Zielharmonien

Das Verfolgen der *ökologischen Zielsetzung* kann aber auch aus Marketing-Gesichtspunkten vorteilhaft sein und ergibt damit eine *Zielharmonie*. Die wichtigste Marketing-Zielsetzung ist *Kundenorientierung*, d. h. die Waren und Dienstleistungen so anzubieten, wie der Kunde sie benötigt. Und wenn im Zielsystem des Kunden Umweltschutz eine wichtige Rolle spielt, hat ein Unternehmen, das sich ökologisch gibt, einen *Wettbewerbsvorteil* gegenüber Konkurrenten.

Praxisbeispiel Umweltschutz

Da die Verbraucher immer mehr Wert auf die Umweltverträglichkeit der von ihnen erworbenen Produkte legen, hat sich die Ewald GmbH dazu entschlossen, die ökologische Zielsetzung in Zukunft stärker zu beachten. Welche der folgenden Maßnahmen entsprechen der ökologischen Zielsetzung?

1. Selbstgestaltetes grünes Ökosiegel und verstärkte Markenwerbung
2. Einsatz recyclingfähiger Kunststoffe und Senkung des Energieverbrauchs der Geräte
3. Kartonverpackungen und Wahl eines natürlicheren Designs für die Geräte
4. Rücknahmegarantie für die Altgeräte und deutliche Senkung der Verkaufspreise
5. Verlängerung der Gewährleistungsfrist und kürzere Lieferzeiten

Aussage 2 ist richtig. *Recycling* bedeutet Wiederverwertung. In den anderen Aussagen finden Sie auch ökologische Maßnahmen, wie z. B. die Rücknahmegarantie oder die verlängerte Gewährleistungsfrist, sofern dahinter tatsächlich Maßnahmen der Produktverbesserung und nicht nur verkaufsfördernde Werbebotschaften stehen.

1.2.3 Einige typische Unternehmensziele

Die *Ziele* Gewinnmaximierung und Existenzsicherung müssen als Unternehmens- oder auch Geschäftsbereichsziele *konkretisiert und ausgeprägt* werden. Dazu gibt es eine Vielzahl von Möglichkeiten. *Kaufmännisch denken* bedeutet, bestimmte Ziele auszuwählen und mit *Zeitbezug* (z. B. in den nächsten drei Geschäftsjahren) und *Ausmaß* der Zielerreichung (z. B. Steigerung um 30 Prozent) festzulegen.

Praxisbeispiel Zielkonkretisierung

Die Ewald GmbH ist ein mittelständisches Unternehmen mit Sitz in Bergmannsthal, das im Kundenauftrag PCs zusammenbaut und nach Kundenwunsch konfiguriert. Für das kommende Geschäftsjahr wird das allgemeine Ziel „Gewinnmaximierung" dahingehend konkretisiert, dass mit einer Umsatzsteigerung von 20 Prozent gegenüber dem Vorjahr und verstärkten Werbemaßnahmen eine Gewinnsteigerung von 30 Prozent angestrebt wird.

Im Folgenden sind einige *typische betriebswirtschaftliche Ziele* kurz erläutert:

$$\text{Gewinn} = Ertrag \ .\!/.\ Aufwand (= \textbf{Jahresuberschuss})$$

Ertrag

Der *Ertrag* ergibt sich i. d. R. aus den *Umsatzerlösen*, er kann aber auch durch Verkäufe von Grundstücken oder Anlagegütern erzielt werden.

Aufwand

Aufwand lässt sich gliedern in *Personalaufwand*, *Materialaufwand*, *Abschreibungen* und *sonstige betriebliche Aufwendungen*, aber auch *außerordentliche Aufwendungen*, die z. B. durch Betriebsunfälle, Überschwemmungen oder Fehlkalkulationen entstehen (Beispiel: eine teure Marketingkampagne erbringt keinen Erfolg).

Gewinnbegriff

Der *Jahresüberschuss* ist der Gewinnbegriff der *Buchführung* (s. Kap. 7). In der *Kostenrechnung* (s. Kap. 9) bezeichnet man ihn als *Betriebsergebnis*. Das *Steuerrecht* (s. Kap. 8) kennt wiederum andere Gewinnbegriffe: das *zu versteuernde Einkommen* bzw. den *Gewerbeertrag*.

$$\text{Rentabilitat} = \text{Gewinn} \ \times \ \textbf{100 durch Kapitaleinsatz}$$

Kapitalgeber interessiert weniger der Gewinn in seiner absoluten Höhe als im Verhältnis zu dem eingesetzten Kapital. Die Rentabilität stellt eine Information über die *Verzinsung* des Kapitals dar und ermöglicht so den Vergleich mit anderen Anlagemöglichkeiten am Kapitalmarkt.

Bei der Zielkonkretisierung muss ein *geeigneter Gewinnbegriff* (z. B. ausgeschütteter Gewinn) gewählt werden.

Als Bezugsgröße kann statt des Kapitaleinsatzes auch der Umsatz gewählt werden: Die *Umsatzrentabilität* gibt an, wie viele Cents von jedem eingenommenen Euro letztlich übrig bleiben.

$$\text{Cash} - \text{Flow} = Einzahlungen \ .\!/.\ Auszahlungen$$

Präziser als der Gewinn der Buchführung ist der *tatsächliche Zahlungsmittelüberschuss* im Unternehmen. Die Geldmittel, die in der Kasse bzw. auf dem Konto verbleiben, können zur Weiterentwicklung des Unternehmens verwendet werden, ohne dass fremde Kapitalgeber bemüht werden müssen. Der Cash-Flow gibt daher die *Innenfinanzierungskraft des Unternehmens* an und ist in der betrieblichen Praxis eine sehr wichtige Zielgröße.

Shareholder Value = Marktwert der Unternehmung

Nicht nur bei börsennotierten Unternehmen, sondern bei jeder Art von Unternehmen kann es einen Käufer geben, der bereit ist, das gesamte Unternehmen zu erwerben. Der *Wert eines Unternehmens* hängt ab von seinem Erfolg am Markt, vom Kundenstamm, den Qualifikationen der Mitarbeiter, der technischen Ausstattung, Lage, vorhandenen Patenten und Lizenzen, Managementfähigkeiten der Unternehmensführung, etc.

Letztlich zählt jedoch nur der *Preis*, den potentielle Käufer für das Unternehmen zu zahlen bereit sind. Und der richtet sich in der Marktwirtschaft nach *Angebot und Nachfrage* (siehe Kap. 2).

Praxisbeispiel Unternehmensbewertung

Herr Ewald, Hauptgesellschafter und Geschäftsführer der Ewald GmbH, Bergmannsthal, möchte sich zu seinem 65. Geburtstag zur Ruhe setzen und überlegt daher, die Ewald GmbH zu verkaufen. Er beauftragt daher einen ortsansässigen Unternehmensberater damit, den Wert der Ewald GmbH zu ermitteln und einen Käufer für sie zu finden. Der Unternehmensberater ermittelt daraufhin den Substanzwert und den Ertragswert (zukünftige Ertragsaussichten), um für die Verkaufsverhandlung eine Vorstellung davon zu haben, welcher Preis mindestens zu erzielen sein müsste.

Umsatz = mit Verkaufspreisen bewertete Absatzmengen

Das Ziel der *Umsatzmaximierung* kann im Rahmen einer *Wachstumsstrategie* (siehe 1.2.4) zeitweise das Ziel der Gewinnmaximierung verdrängen, sollte aber auch konkret formuliert werden, z. B. „Steigerung des Umsatzes im folgenden Geschäftsjahr um 20 Prozent".

Ein hoher Umsatz kann auf zweierlei Weise erzielt werden: Entweder durch große Verkaufsmengen bei niedrigem Preis, oder durch kleinere Verkaufsmengen bei hohem Preis.

Umsatz = Preis × Menge

Zu unterscheiden ist das Ziel der Umsatzmaximierung von dem im Folgenden beschriebenen Ziel der Marktanteilsmaximierung.

Marktanteil = Umsatzanteil am Gesamtmarkt

In einer wettbewerblich orientierten Marktwirtschaft spielt das Verhältnis zur Konkurrenz eine wichtige Rolle. Ein *hoher Marktanteil* bedeutet einen *hohen Bekanntheitsgrad* und damit eine gewisse *Umsatzstabilität*, da viele Kunden lieber bei einem großen und bekannten Unternehmen z. B. ihren Telefonanschluss buchen als bei kleineren Newcomern.

relativer Marktanteil

Je nach Wettbewerbssituation kann der Marktanteil *auch relativ* zum *stärksten* oder zu den drei oder fünf stärksten *Konkurrenten* definiert werden.

Praxisbeispiel Marktanteil

Der Markt für Smartphones wird weltweit von vier großen Unternehmen beherrscht und hat einen Gesamtumsatz von ca. 3.000 Millionen Euro. Der Marktführer hält davon einen (absoluten) Marktanteil von 22,5 Prozent. Es gibt drei weitere große Anbieter mit Marktanteilen von 12,7 Prozent, 10,4 Prozent und 8,2 Prozent.

$$\frac{22,5 \times 100}{12,7} \approx 177\ \% \qquad\qquad \frac{22,5 \times 100}{12,7\ +\ 10,4\ +\ 8,2} \approx 72\ \%$$

Der relative Marktanteil des Marktführers im Verhältnis zu seinem stärksten Konkurrenten beträgt daher 177 Prozent, im Verhältnis zu den drei stärksten Konkurrenten 72 Prozent.

Auch aus der Sicht der anderen Marktteilnehmer können relative Marktanteile formuliert werden. So könnte es ein Ziel des zweitstärksten Anbieters sein, seinen relativen Marktanteil zum Marktführer von 56 auf 70 Prozent zu erhöhen.

Produktivitat = Output durch Input

Produktivität wird als die *mengenmäßige Ergiebigkeit* der betrieblichen *Faktorkombination* bezeichnet (Abb. 1.5).

Management oder Unternehmensführung wird auch als *dispositiver Faktor* bezeichnet und von den betriebswirtschaftlichen *Elementarfaktoren* Betriebsmittel, Werkstoffe und menschliche Arbeitsleistung (ausführende Arbeit) unterschieden. Daher kann eine Unternehmung auch verstanden werden als Ort, an dem Produktionsfaktoren miteinander kombiniert werden. *Der dispositive Faktor kombiniert die Elementarfaktoren so, dass* eine *bestmögliche Zielerreichung* angestrebt werden kann.

Betriebsmittel	Gebrauchsgüter : Maschinen, Werkzeuge, Schreibtische, PCs, etc.
Werkstoffe	Verbrauchsgüter : Roh-, Hilfs-und Betriebsstoffe, Vorprodukte.
Menschliche Arbeitsleistung	rein ausführende Arbeitstätigkeiten, z. B. Tätigkeit einer Sekretärin, eines Hausmeisters, eines Maurers, etc.
dispositiver Faktor	Treffen von Entscheidungen, Management, Unternehmensführung, Controlling, Setzen von Zielen

Abb. 1.5 Übersicht Produktionsfaktoren

In der Praxis ist Produktivität insbesondere als *Arbeitsproduktivität* bedeutsam. Sie kann in vier verschiedenen Versionen formuliert werden:

$$\frac{\text{Ausbringung (Stück)}}{\text{Arbeitsstunden}} \quad \frac{\text{Umsatz (in Euro)}}{\text{Arbeitsstunden}}$$

$$\frac{\text{Ausbringung (Stück)}}{\text{Mitarbeiter}} \quad \frac{\text{Umsatz (in Euro)}}{\text{Mitarbeiter}}$$

Wirtschaftlichkeit = Ertrag durch Aufwand

Im Unterschied zur Produktivität wird die Wirtschaftlichkeit als *wertmäßige Ergiebigkeit* der betrieblichen Faktorkombination definiert, d. h. sowohl im Zähler als auch im Nenner des Bruchs stehen Euro-Beträge:

$$\frac{\text{Ertrag}}{\text{Aufwand}} \quad \frac{\text{Umsatz (Leistung)}}{\text{Kosten}}$$

Die *Unterschiede* zwischen Ertrag und Leistung bzw. zwischen Aufwand und Kosten finden Sie in Kap. 9 erläutert.

Praxisbeispiel Produktivität und Wirtschaftlichkeit

Ein Hersteller von optischen Laufwerken hat sich zum Ziel gesetzt, die Arbeitsproduktivität durch eine Verbesserung der Arbeitsabläufe zu erhöhen, so dass die Mannstundenzahl pro hergestelltem Laufwerk reduziert wird. Wichtigste Maßnahme dazu ist die Anschaffung verbesserter Produktionsanlagen, die aufgrund der hohen Anschaffungskosten jedoch eine höhere Abschreibung bewirken und damit die Wirtschaftlichkeit der Produktion senken.

1.2.4 Möglichkeiten der Strategieformulierung

Auf der Grundlage der angestrebten Ziele können nun Strategien formuliert und ausgearbeitet werden. Eine *Strategie* ist ein Instrument, mit dessen Hilfe *unternehmerische Entscheidungen* und der mit ihnen verbundene Mitteleinsatz auf einen in der Zukunft liegenden Zeitpunkt hin koordiniert werden. Sie beinhaltet *Ziele*, die erforderlichen *Maßnahmen* zur Zielerreichung und die Benennung der dazu erforderlichen *Ressourcen*.

Es gibt *vielfältige Möglichkeiten* der Strategieformulierung, abhängig von der Größe des Unternehmens und der jeweiligen Situation, in der sich das Unternehmen befindet. Im

nach der Entwicklungsrichtung		
Wachstumsstrategie	Stabilisierungsstrategie	Desinvestitionsstrategie

Abb. 1.6 Übersicht Strategieformulierung

Folgenden werden *gängige Strategien* erläutert, die sich auch miteinander kombinieren lassen (Abb. 1.6):

Das *Wachstumsziel* kann anhand des Umsatzvolumens oder des Marktanteils, auch anhand der Ausbringungsmenge formuliert werden. In einer schwierigen Marktlage hingegen empfiehlt sich eine *Stabilisierung*, z. B. des Marktanteils, und wenn in einem Produkt- oder Marktbereich die Konkurrenz übermächtig ist, kann eine *Desinvestition*, d. h. der Rückzug aus diesem Bereich, sinnvoll erscheinen.

Praxisbeispiel Wachstumsstrategie und Desinvestition

Zwei Fachinformatiker und ein Informatikkaufmann betreiben seit einigen Monaten in Berlin eine kleine IT-Support-Firma unter dem Namen Xbix GbR. Sie betreuen mittelständische Unternehmen bei IT-Problemen. Angesichts der guten Auftragslage überlegen die drei, durch zusätzliche Werbung (Maßnahme) mehr Auftraggeber zu akquirieren und so ihren Umsatz (Ziel) weiter zu steigern. Um die zusätzliche Arbeit bewältigen zu können, sollen weitere Mitarbeiter (Ressourcen) eingestellt werden.

Das zweite Standbein der Xbix GbR, Webdesign, hat rückläufige Umsatzzahlen, weshalb die drei überlegen, hier eine Desinvestitionsstrategie zu wählen, d. h. sich aus diesem Markt zurückzuziehen.

---

nach dem regionalen Geltungsbereich			
lokale Strategie	nationale Strategie	internationale Strategie	globale Strategie

Eine wichtige Unternehmensentscheidung, abhängig auch von der Größe des Unternehmens, ist, *in welchem Gebiet* es tätig sein will. Große Hardware-Hersteller haben Produktionsstätten überall auf der Welt und verkaufen ihre Produkte auch weltweit (Global Player).

Die Entscheidung eines nationalen Telekommunikationsanbieters, ins europäische Ausland zu expandieren, ist die Kombination der *internationalen Strategie mit* einer *Wachstumsstrategie*.

nach der Produkt-Markt-Kombination		
	bisherige Märkte	*neue Märkte*
bisherige Produkte	Marktdurchdringungsstrategie	Marktentwicklungsstrategie
Neue Produkte	Produktentwicklungsstrategie	Diversifikationsstrategie

Insbesondere *Mehrproduktunternehmen* haben die Möglichkeit, auf den bisher bedienten Märkten die Verkaufszahlen ihrer Produkte zu erhöhen, z. B. durch

Intensivierung der Werbung (*Marktdurchdringung*), oder zusätzliche Produkte auf diesen Märkten zu platzieren (*Produktentwicklung*). Sie können aber mit ihren bisherigen Produkten auch neue Märkte erobern, z. B. im Rahmen einer Internationalisierungsstrategie (*Marktentwicklung*) oder – mit dem wohl größten Risiko verbunden – neue Produkte auf neuen Märkten anbieten (*Diversifikation*).

Praxisbeispiel Produkt-Markt-Kombination

Ein großes deutsches Software-Unternehmen, das vor allem Bürosoftware vertreibt, überlegt, die Software auch im europäischen Ausland zu vertreiben (Marktentwicklung) oder alternativ den deutschen Markt zusätzlich mit CAD-Software zu bedienen (Produktentwicklung). Die Idee, in den Bereich Spielesoftware zu diversifizieren, ein neues Produkt auf einem neuen Markt (die Zielgruppe wären dann nicht mehr Unternehmen, sondern Privatkunden), wurde verworfen.

---

nach Ansatzpunkten für Wettbewerbsvorteile		
Kostenführerstrategie	Qualitätsführerstrategie	Nischenstrategie

Das *Gesetz der Massenproduktion* besagt, dass mit jeder Verdopplung der Ausbringungsmenge die Stückkosten um 20 bis 30 Prozent sinken. Unternehmen mit großen Produktionsanlagen haben *niedrigere Stückkosten*, und je erfahrener ein Unternehmen ist, umso effizienter produziert es. Solche Unternehmen können am Markt als *Kostenführer* auftreten, d. h. sie bieten ihre Produkte zu niedrigen Preisen an und erzielen trotz niedrigen Stückgewinns hohe Gewinne über *große Verkaufsmengen*.

Die alternative Strategie ist, eine besonders *hohe Qualität* anzubieten, mit der Möglichkeit, den Preis entsprechend hoch zu setzen, so dass auch bei geringer Produktionsmenge aufgrund des *hohen Gewinnaufschlags* gute Gewinne eingefahren werden können.

Eine Variante der Qualitätsführerschaft ist, sich auf eine *Marktnische* zu konzentrieren, als Spezialanbieter mit geringer Konkurrenz und damit auch der Möglichkeit, über *hohe Gewinnaufschläge* am Markt erfolgreich zu sein.

nach dem Grad der Eigenständigkeit		
Do it yourself-Strategie	Kooperationsstrategie	Akquisitionsstrategie

Eine weitere zu klärende Frage ist, ob die angestrebten Veränderungen *aus eigener Kraft* bewältigt werden sollen oder ob eine Zusammenarbeit mit anderen Unternehmen (*Kooperation*) sinnvoller ist. *Akquisition* bedeutet, dass ein anderes Unternehmen erworben wird (Übernahme). Z. B. könnte das deutsche Softwareunternehmen aus dem Beispiel oben ein französisches Softwarehaus erwerben, um in den europäischen Markt zu expandieren (Abb. 1.7).

	rechtliche Selbstständigkeit	wirtschaftliche Selbstständigkeit
Kooperation	bleibt erhalten	wird teilweise aufgegeben
Konzern	bleibt erhalten	wird vollständig aufgegeben
Fusion	wird aufgegeben	wird vollständig aufgegeben

Abb. 1.7 Übersicht Arten von Unternehmenszusammenschlüssen

Kartelle

In Bezug auf die Art des Zusammenschlusses werden Kooperation und Vereinigung unterschieden: Bei *Kooperationen* wird in dem Bereich der Zusammenarbeit die wirtschaftliche Eigenständigkeit aufgegeben. Eine Sonderform der Kooperation mit wettbewerbsbeschränkender Wirkung ist das *Kartell*. Preiskartelle und Gebietskartelle sind verboten.

Konzern und Fusion

Unter *Vereinigungen* ist der Konzern und die Fusion zu verstehen. Beim *Konzern* gibt das Tochterunternehmen seine wirtschaftliche Selbstständigkeit auf, es bleibt aber als eigene Rechtsperson im Handelsregister eingetragen. Konzerne werden gebildet durch Beherrschungsvertrag, Beteiligung (über 50 Prozent) oder/und personelle Verflechtung. Bei der *Fusion* wird auch die Rechtsperson zumindest eines Unternehmens aufgelöst (Fusion durch Aufnahme), oder beide Unternehmen geben die alte Identität auf und es entsteht ein gemeinsames neues Unternehmen (Fusion durch Neugründung).

Vielfach ist in der Praxis zu beobachten, dass *Unternehmenszusammenschlüsse* oft gerade daran *scheitern*, dass beide Unternehmen unterschiedliche *Unternehmenskulturen* mitbringen und daher die Mitarbeiter Schwierigkeiten bei der Zusammenarbeit haben. Oft geschieht es auch, dass eine „von oben" eingesetzte *neue Führung* bei den Mitarbeitern zu *Motivationsverlust* und Ablehnung führt, da die gewachsene Unternehmenskultur von den neuen Führungskräften in ihrem Verhalten nicht beachtet wird. Das *Betriebsklima* ist gestört, und der ökonomische *Misserfolg* lässt dann meist nicht lange auf sich warten.

nach dem organisatorischen Geltungsbereich		
Unternehmensstrategie	Geschäftsbereichsstrategie	Funktionsbereichsstrategie

Die gewählte Strategie kann sich auf das gesamte Unternehmen beziehen (*Unternehmensstrategie*), oder auf einzelne *Geschäftsbereiche* (Produkte/Märkte) oder auf einzelne *Funktionen*. Damit können auch besondere Funktionsbereichsstrategien formuliert werden:

Praxisbeispiele Funktionsbereichsstrategien

Funktion	Strategie-Beispiel
Beschaffung	Die Anzahl der Zulieferer soll deutlich reduziert werden. Dazu werden mit den verbleibenden Zulieferern neue Verträge geschlossen, die stets rechtzeitige Anlieferung in klar definierter Qualität sicherstellen.
Produktion	Die Produktion soll in ostasiatische Länder mit niedrigeren Lohnkosten ausgelagert werden, damit die Strategie der Kostenführerschaft nachhaltiger verwirklicht werden kann.
Absatz	Für die Expansion auf den europäischen Markt soll mit national ansässigen Vertriebsunternehmen kooperiert werden. Der Aufbau eines eigenen Absatzsystems ist zu teuer und zu langwierig.
Finanzierung	Die Wahl des Standorts für die neue Chipproduktionsanlage soll davon abhängig gemacht werden, ob in der Region staatliche Fördermittel zur Verfügung stehen.
Personal	Bei der Auswahl des Verkaufspersonals soll vermehrt Wert auf die fachliche Qualifikation gelegt werden, da der Verkaufserfolg beim Kunden von der Qualität der Beratung und der Kompetenz des Personals abhängt.
Technologie	Für die Entwicklung neuer Software Development Tools soll im Rahmen einer strategischen Allianz mit anderen Softwareproduzenten zusammengearbeitet werden, um Entwicklungskosten zu sparen.

1.3   Entscheidungsinstrumente

Unternehmensführung lässt sich definieren als die *systematische Formulierung und Verfolgung von unternehmerischen Zielen*. Dazu wird ein *Zielsystem* gebildet, das sich in *Ober- und Unterziele* strukturieren lässt. Als oberste Zielsetzung lässt sich die *Erhaltung und erfolgreiche Weiterentwicklung* des Unternehmens benennen. Daraus abgeleitet werden *strategische Ziele* für die erfolgsorientierte Vorgehensweise am Markt und Wahrung der Liquidität. Um diese Ziele zu erreichen, werden *Unterziele* formuliert, z. B. eine bestimmte neue Dienstleistung in den Markt zu bringen oder zu verbessern. Dazu müssen dann weitere Beschaffungs-, Produktions-, Personal-, Liquiditäts- und sonstige Ziele formuliert und Maßnahmen ergriffen werden.

Im Folgenden werden die wichtigsten betriebswirtschaftlichen *Planungs- und Entscheidungsmethoden* vorgestellt. Ausgangspunkt ist das *Phasenkonzept der Unternehmensplanung*, in das sich alle Methoden integrieren lassen. Das wichtigste Entscheidungsverfahren der Praxis ist die *Nutzwertanalyse*.

In den folgenden Kapiteln finden Sie *weitere Analyse- und Entscheidungs-Tools*:

– in Kap. 3 Marketing das Lebenszykluskonzept und die BCG-Matrix,
– in Kap. 4 Beschaffung und Produktion das Bestellpunkt- und das Bestellrhythmussystem,

- in Kap. 5 Organisation und Personalwirtschaft Prozesslandschaften und die ereignisgesteuerte Prozesskette,
- in Kap. 6 Finanzwirtschaft Investitionsrechenverfahren und Finanzplanungsmethoden,
- in Kap. 7 Buchführung die Methoden der Jahresabschlussanalyse und
- in Kap. 9 Kostenrechnung und Controlling Kalkulationsverfahren, Target Costing,
  Plankostenrechnung und Prozesskostenrechnung.

1.3.1 Phasenkonzept der Unternehmensplanung

Das wichtigste Instrument, dessen sich die Unternehmensführung zur Ermittlung und
Durchsetzung des Zielsystems bedient, ist das Controlling. *Controlling* ist gleichzusetzen
mit *Planung, Steuerung und Kontrolle* oder Management. Es ist die zielorientierte
Beherrschung, Lenkung, Steuerung, Regelung und Beeinflussung von betrieblichen
Prozessen und lässt sich am *Phasenkonzept der Unternehmensplanung* verdeutlichen
(vgl. Abb. 1.8):

In der *Unternehmenspraxis* sind Entscheidungsprozesse oft sehr komplex und laufen
über mehrere Wochen und Monate. Und oft genug *scheitern* solche Vorhaben auch oder
werfen im Nachhinein viele Probleme auf. *Wichtigster Gedanke des Controllings* (des
kaufmännischen Denkens) ist, Probleme und Misserfolge zu *analysieren*, um aus ihnen

1. Problemstellungsphase
-   Erkennen des Problems durch Soll-Ist-Vergleich -   Analyse der Ursachen des Problems -   Formulierung der Ziele und Aufgaben zur Lösung des Problems
2. Suchphase
-   Suche nach Alternativen (Maßnahmen), mit denen das Problem gelöst werden kann.
3. Beurteilungsphase
-   Bewertung der gefundenen Alternativen in Bezug auf ihre Zielerreichungsgrade -   Anwendung der Nutzwertanalyse
4. Entscheidungsphase
-   Auswahl der Alternative, die in Bezug auf die vielfältigen formulierten Ziele als die beste erscheint
5. Durchführungsphase
-   Feinplanung der Durchführung -   Durchführung der Maßnahmen
6. Kontrollphase
-   Soll-Ist-Vergleich: Wurden die angestrebten Zielerreichungsgrade erreicht? -   Abweichungsanalyse: beeinflussbare und nicht beeinflussbare Ursachen für die Abweichung -   neue Problemformulierung (weiter bei Phase 1)

Abb. 1.8 Übersicht Phasenkonzept der Unternehmensplanung

für die Zukunft zu *lernen*. Daher ist das dargestellte und im Folgenden an einem Praxisbeispiel erläuterte Phasenkonzept *ein revolvierender*, immer und immer wieder ablaufender *Prozess*.

Praxisbeispiel Planungsprozess

Die Ewald GmbH ist ein mittelständisches Unternehmen mit Sitz in Bergmannsthal, das im Kundenauftrag PCs zusammenbaut und nach Kundenwunsch konfiguriert. Sie spricht dabei in erster Linie Privatkunden mit mittlerem und höherem Einkommen an.

Aufgrund einer erfolgreichen Produktentwicklungsstrategie hat sich die Ewald GmbH im vergangenen Jahr als Anbieter von kompletten „Home Multi Media Systemen mit WLAN-Vernetzung und Internet überall" bundesweit etablieren können.

1. *Problemstellungsphase*

   Aufgrund von Kundenbefragungen hat sich ergeben, dass die Kunden mit den mitgelieferten Systemdokumentationen und Benutzerhandbüchern nicht zufrieden sind. Es seien zu viele verschiedene Unterlagen und diese seien zu technisch formuliert und damit schwer verständlich.

   Bisher wurden nur die von den Komponentenherstellern mitgelieferten Dokumente durchgereicht und ein selbsterstellter Vernetzungsplan in Form eines fünfseitigen DIN A4 Ausdrucks an die Kunden gegeben.

   Ziel ist es daher, die Qualität der Dokumentationen zu verbessern.

2. *Suchphase*

   Zur Zielerreichung wurde nun in der Ewald GmbH ein Projektteam gebildet, in dem verschiedene Alternativen durchdiskutiert und projektiert wurden. Dabei kamen vier Alternativen in die engere Auswahl:

   1. verbesserte Druckversion mit mehr Screenshots und graphischen Darstellungen, die den Systemaufbau anschaulicher machen
   2. animierte Installations- und Hilfe-Dateien auf einer DVD
   3. Einrichtung einer Telefon-Hotline, bei der die Kunden bei Problemen jederzeit anrufen können
   4. Verbesserte Kommunikation: Dem Kunden wird nur noch ein einfacher Schaltplan übergeben mit Hinweis auf den Kundendienst

3. *Beurteilungsphase*

   Mit Hilfe einer Nutzwertanalyse wurden die vier gefundenen Alternativen beurteilt, dabei spielte vor allem der Kostenaspekt eine wichtige Rolle. Weitere Ziele waren der erzielbare Kundennutzen und die Umsetzbarkeit. Alternative 3, die Telefon-Hotline, verursacht die höchsten Personalkosten, aber auch für die Alternativen 1 und 2 müssten entweder zusätzliche Mitarbeiter eingestellt werden oder es müsste mit anderen Unternehmen oder mit externen Mitarbeitern kooperiert werden. Alternative 4 verursacht die geringsten Kosten, jedoch kann in der Wahrnehmung der Kunden diese Variante auch ein negatives Image erzeugen. Für Alternative 2, die DVD-Produktion, wurde der beste Nutzwert ermittelt:

4. *Entscheidungsphase*

Die Geschäftsleitung der Ewald GmbH ließ sich die Ergebnisse des Projekts vom Leiter des Projektteams präsentieren und fällte daraufhin die Entscheidung, die DVD-Lösung umzusetzen und dazu mit einem geeigneten DVD-Produzenten zusammenzuarbeiten.

5. *Durchführungsphase*

Im nächsten Schritt wurde nun ein Lastenheft für die DVD-Produktion erstellt, und daraufhin wurden Angebote von geeigneten DVD-Produzenten eingeholt, die mit einer weiteren Nutzwertanalyse beurteilt wurden. Ausgewählt wurde ein kleiner Anbieter, der mit Computer-Animationen sehr erfolgreich ist und die Bereitschaft zeigte, mit den Mitarbeitern der Ewald GmbH eng zusammenzuarbeiten, um eine den Kunden ansprechende Installations- und Hilfe-Anleitung zu entwickeln.

Nach Erstellung eines ersten ausgearbeiteten Entwurfs der DVD wurde einzelnen Kunden die DVD zur Beurteilung gegeben, und aufgrund der Kritik und der Verbesserungsvorschläge der Kunden konnte die Qualität der DVD verbessert werden.

6. *Kontrollphase*

Eine erneute Kundenbefragung nach Auslieferung der DVD ergab eine deutlich höhere Kundenzufriedenheit. Allerdings wurden die veranschlagten Kosten der Umsetzung des Projektes um 30 Prozent überschritten (Soll-Ist-Vergleich). Eine weitere Analyse ergab nicht beeinflussbare Ursachen für die Abweichung.

Nach Ansicht des Leiters der Marketing-Abteilung führt die DVD zu einer verbesserten Kunden-Akquise, da hierüber dem Kunden die Vorteile des Systems anschaulicher vermittelt werden können. Daher ist für das nächste Quartal mit Umsatzsteigerungen von 10 bis 20 Prozent zu rechnen.

Dieses Praxisbeispiel kann nur verkürzt und lückenhaft den Planungsprozess darstellen. *Wichtig ist* vor allem, *die Ursachenanalyse* in der Problemstellungsphase gründlich durchzuführen, um *möglichst viele Informationen* über das Unternehmen, die Konkurrenten, die Kunden und das Umsystem zu *sammeln*. Dazu bietet sich insbesondere das Instrument der *Situationsanalyse* oder auch *SWOT-Analyse* an (Abb. 1.9):

S	Strengths	= **Stärken**	verteidigen
W	Weaknesses	= **Schwächen**	abbauen
O	Opportunities	= **Chancen**	wahrnehmen
T	Threats	= **Risiken**	sen ken

Abb. 1.9   Übersicht SWOT-Analyse

Stärken-Schwächen-Analyse

Die *Stärken-Schwächen-Analyse* wird sowohl für das eigene Unternehmen als auch für die wichtigsten Konkurrenten vorgenommen. Es geht hier darum, *die besonderen Fähigkeiten und Stärken des Unternehmens aufzulisten und mit denen der Konkurrenten zu vergleichen*, vor allem auch um zu ermitteln, in welchen Bereichen *Wettbewerbsvorteile* bestehen. Noch wichtiger ist es, die *Schwächen* zu *identifizieren und* sich einzugestehen, um im nächsten Schritt systematisch diese Schwächen zu *beseitigen*. Im vorangegangenen Beispiel lag die Schwäche der Ewald GmbH darin, dass die von ihr selbst erstellten Dokumentationen den Kundenerwartungen nicht entsprachen. Die Zusammenarbeit mit einem in der Computer-Animation erfolgreichen Unternehmen kann hier die identifizierte Schwäche abbauen.

Chancen-Risiken-Analyse

Die *Chancen-Risiken-Analyse* bezieht sich auf die Unternehmensumwelt. Fragen, die in diesem Zusammenhang gestellt werden sollten, sind:

- Wie ist unsere Lage im *ökonomischen Umsystem?* Welche Chancen und welche Risiken bestehen auf den Märkten, auf denen wir tätig sind oder sein könnten? Wer sind unsere Kunden, was erwarten sie von uns? Wie ist die Konkurrenzlage? Wie funktioniert die Zusammenarbeit mit unseren Zulieferern und den Banken?
- Wie sind Verhalten und Einstellungen unserer Kunden durch das *sozio-kulturelle Umsystem* geprägt? Welche kulturellen Veränderungen sind zu erwarten? Welche Chancen, welche Risiken ergeben sich für uns daraus?
- Welche zu erwartenden Entwicklungen im *politisch-gesetzlichen Umsystem* können für uns Chancen beinhalten, welche Risiken bestehen?
- Welche Entwicklungen im *ökologisch-technologischen Umsystem* bieten für uns Chancen, welche Entwicklungen stellen Risiken für uns dar?

Aus den Ergebnissen der SWOT-Analyse, die immer und immer wieder durchgeführt werden sollte, lassen sich die *vier grundlegenden Regeln unternehmerischen Handelns* ableiten: Stärken verteidigen, Schwächen abbauen, Chancen wahrnehmen, Risiken senken.

1.3.2 Nutzwertanalyse

Die Nutzwertanalyse wird als Entscheidungsinstrument in der Beurteilungsphase eingesetzt und dient dazu, *mehrere Alternativen in Bezug auf mehrere Ziele zu bewerten*.

Die Nutzwertanalyse wird in Form einer *Tabelle* dargestellt: In der *Vorspalte* werden die *Alternativen* (A_i) aufgeführt, in der *Kopfzeile* die zu erreichenden *Ziele* (Z_j), mit *Gewichtung (g)* (Abb. 1.10).

	Z_1 (g)	Z_2 (g)	Z_3 (g)	...	Nutzwert
A_1	a_{11}	a_{12}	a_{13}		n_1
A_2	a_{21}	a_{22}	a_{23}		n_2
A_3	a_{31}	a_{32}	a_{33}		n_3
...					

Abb. 1.10 Übersicht Schema der Nutzwertanalyse

Die *Festlegung der Ziele* (Kosten, Umsetzbarkeit, Umweltverträglichkeit, Gewinn, Qualität, etc.) *und der Gewichte* erfolgt aufgrund von *Erfahrungen der Vergangenheit* und der Ansichten und *Wertvorstellungen der Führungskräfte*. Wird z. B. Kosteneinsparung als ein wichtiges Ziel definiert, so wird es mit einem hohen Zielgewicht belegt. Die Festlegung und Gewichtung der Ziele ist damit hochgradig subjektiv gestaltbar und dient in erster Linie dazu, den *Entscheidungsprozess sichtbar* zu *machen und* zu *dokumentieren*. Die Summe aller Zielgewichte muss immer 100 Prozent ergeben.

Punkte oder Noten
Jede Entscheidungsalternative wird nun in Bezug auf jedes Ziel bewertet. Dabei kann entweder mit einem *Punkte-System* (z. B. 10 Punkte für die beste, 0 Punkte für die schlechteste Leistung) oder mit einem *Noten-System* (z. B. bei drei Alternativen Note 1 für die beste, Note 3 für die schlechteste Leistung) gearbeitet werden. Es wird nur eine *Rangreihe* (z. B. teuerste bis preiswerteste Alternative) gebildet; es werden keine Euro-Beträge in die Felder eingetragen!

Ob ein *Punkte-* oder ein *Notensystem* verwendet wird und wie die Skalen ausgestaltet werden, ist Ansichtssache, sollte jedoch im Vorfeld eindeutig festgelegt werden.

Die *mit den Zielgewichten multiplizierten Punkte bzw. Noten* werden *für jede Alternative aufaddiert* und ergeben den *Nutzwert*, der in die letzte Spalte eingetragen wird. Die Alternative mit dem besten Nutzwert (bei Punkten dem höchsten, bei Noten dem niedrigsten) wird zur Entscheidung vorgeschlagen.

In der *Praxis* kann die Nutzwertanalyse in allen Entscheidungssituationen angewandt werden, in denen *mehrere Alternativen* miteinander zu *vergleichen* sind, insbesondere wenn mehrere Angebote z. B. für ein *Rechner-Rollout*, die Anschaffung einer neuen *Software* vorliegen, aber z. B. auch bei der *Bewerberauswahl* für eine neu zu besetzende Stelle.

Das folgende Praxisbeispiel zeigt die Anwendung der Nutzwertanalyse am Beispiel der *Standortwahl*:

Praxisbeispiel Nutzwertanalyse
Drei Fachinformatiker wollen sich nach Abschluss ihrer Ausbildung mit einem kleinen Ladengeschäft in Berlin selbstständig machen, in dem sie Computer-Hard- und Software anbieten und Kunden beraten.

Aufgrund einer Recherche bei verschiedenen Anbietern von Gewerbeimmobilien sind drei mögliche Standorte in die engere Wahl gekommen. Nun soll mit Hilfe der Nutzwertanalyse eine Auswahl getroffen werden. Dazu werden erst die folgenden Ziele definiert und mit Gewichtung versehen:

Ziele		Gewichtung
Z_1	Miethöhe	20 %
Z_2	Größe der Räumlichkeiten	15 %
Z_3	Internetanbindung	15 %
Z_4	Verkehrsanbindung	15 %
Z_5	Geschäftsumfeld/Laufkundschaft	30 %
Z_6	Gewerbesteuerhebesatz	5 %
		100 %

Für die Bewertung der Zielausprägungen der drei Alternativen wurde ein einfaches Notensystem mit den Noten 1 für sehr gut, 2 für befriedigend und 3 für mangelhaft gewählt.

	$Z_1(0,20)$	$Z_2(0,15)$	$Z_3(0,15)$	$Z_4(0,15)$	$Z_5(0,30)$	$Z_6(0,05)$	NW
A_1	2	1	3	2	1	3	**1,75**
A_2	1	3	2	1	3	2	2,10
A_3	3	2	1	3	2	1	2,15

In einer Tabellenkalkulationssoftware wurden die mit den Zielgewichten multiplizierten Zielausprägungen aufaddiert. Alternative 1 ergab den niedrigsten und damit besten Nutzwert.

Da die Festlegung der Zielgewichte zu den heftigsten Diskussionen geführt hatte, wurde noch eine Sensitivitätsanalyse durchgeführt, d. h. die Zielgewichte wurden mehrfach verändert. Alternative 1 erwies sich dabei als relativ stabil und war auch insgeheim schon der Favorit der drei Fachinformatiker, da sich der Standort in der Nähe eines Viertels mit vielen Szenekneipen befindet.

Es ergeben sich bei Anwendung der Nutzwertanalyse *zwei grundlegende Probleme:* zum einen die Festlegung der *Zielgewichte*, zum anderen die exakte *Bewertung der Alternativen* in Bezug auf die einzelnen Ziele. Doch wird mit Hilfe einer Nutzwertanalyse die *Entscheidungsfindung nachvollziehbar* und sie kann später für weitere Unternehmensentscheidungen, z. B. die Verlagerung des Standorts, als Informationsquelle herangezogen werden.

Umweltzustände

Die *Nutzwertanalyse* ist um eine dritte Dimension *erweiterbar*, wenn verschiedene mögliche zukünftige *Umweltzustände* in die Überlegungen mit einbezogen werden. Dazu wird jede einzelne Zielausprägung zusätzlich für jeden möglichen Umweltzustand ermittelt und mit der Eintrittswahrscheinlichkeit des Umweltzustandes gewichtet.

1.3.3   Kosten-Nutzen-Analyse

Die Kosten-Nutzen-Analyse darf nicht mit der Nutzwertanalyse verwechselt werden. Sie stellt die *Kosten einer Entscheidung* dem *Nutzen* der Entscheidung gegenüber.

Praxisbeispiel Kosten-Nutzen-Analyse

Die Stadtverwaltung einer mittelgroßen deutschen Stadt überlegt, auf den Client-Systemen einen Wechsel der Betriebssysteme auf Linux vorzunehmen. Die Server sind bereits umgestellt, daher fällt kein Schulungsaufwand für die Administratoren an, und es können kostenlose Distributionen ohne Dokumentationen beschafft werden.

Zu kalkulieren ist der Schulungsbedarf für die Mitarbeiter, der vor allem darin besteht, die Berührungsängste mit dem neuen System abzubauen. Dazu kann ein System beschafft werden, dessen GUI sich kaum von dem bisher benutzten System unterscheidet.

Zusätzliche Kosten im Sinne von Mannstunden sind für die verlustfreie Portierung der zahlreichen wichtigen Dateien und Datenbanken in das neue System zu veranschlagen. Dazu soll eine vertrauenswürdige Fremdfirma herangezogen werden.

Der Nutzen der Umstellung liegt in der Einsparung von Lizenzgebühren und einem verringerten Administratoraufwand angesichts stabiler laufender Systeme. Eine Bewertung des Nutzens in Euro-Beträgen ist allenfalls für die eingesparten Administratormannstunden möglich.

TCO

Wichtig bei der Ermittlung der *Kosten* eines Vorhabens ist der *TCO-Ansatz*. TCO steht für *total costs of ownership*, d. h. es soll versucht werden, alle anfallenden Kosten des Vorhabens zu ermitteln oder zumindest zu schätzen.

Die *Bewertung des Nutzens* eines Vorhabens kann in vielen Fällen *nur mit Worten* und ohne harte Zahlen erfolgen. *Arbeitszeiteinsparungen* können mit *Mannstunden x Stundensatz* in Euro-Beträge umgerechnet werden.

Auch das Instrument der Kosten-Nutzen-Analyse dient in erster Linie dazu, den *Entscheidungsprozess transparent und nachvollziehbar* zu machen und Informationen für spätere Entscheidungen und auch für die Kontrolle von getroffenen Entscheidungen zu entwickeln.

Zum *kaufmännischen Denken* gehört es dazu, sich die *Vorteile* und die *Nachteile einer Entscheidung* bewusst zu machen. Und wenn man dies schriftlich tut, kann mehr *Klarheit* geschaffen werden und es entstehen Informationen für die *Erfolgskontrolle* und für zukünftige Entscheidungen.

1.3.4 Entscheidungstabelle

Ein weiteres Instrument zur Entscheidungsfindung ist die Entscheidungstabelle. Sie dient vor allem dazu, die verschiedenen *Alternativen* und Handlungsmöglichkeiten *überschaubar darzustellen*.

wenn, dann

Die Entscheidungstabelle lässt sich vor allem in schwierigeren *„wenn-dann"-Situationen* anwenden. Zunächst sind verschiedene *Bedingungen* oder mögliche Situationen zu *formulieren*. Das ist oft nicht einfach und damit *der wichtigste Schritt*:

„*Wenn die Sonne scheint, fahre ich ins Freibad*" ist auf den ersten Blick eine einfache Entscheidungsregel. Auf den zweiten Blick kommen jedoch weitere Bedingungen hinzu: *Es muss auch warm sein, man muss Zeit haben, das Freibad muss geöffnet sein, etc.*

Die Bedingungen werden *zweiwertig* (binär) formuliert, d. h. entweder die Bedingung ist eingetreten (*ja*) oder nicht (*nein*).

Statt einer Entscheidungstabelle kann auch ein *Struktogramm* oder einen *Programmablaufplan* verwendet werden.

Praxisbeispiel Entscheidungstabelle

Um die Arbeit der IT-Support-Abteilung eines größeren Unternehmens effizienter zu gestalten, wurde die folgende Entscheidungstabelle entwickelt.

B1	hochverfügbares System	J	J	J	J	N	N	N	N
B2	Problem ist dringend	J	J	N	N	J	J	N	N
B3	Problem ist schwerwiegend	J	N	J	N	J	N	J	N
R1	Problem am Telefon lösen				x		x		x
R2	Remote-Zugriff vornehmen		x	x		x		x	
R3	Turnschuh-Support	x							

Ausgangspunkt war das Problem, dass die Mitarbeiter der IT-Support-Abteilung mit Arbeit überlastet und ständig in den verschiedensten Abteilungen unterwegs waren (Turnschuh-Support), um kleinere PC-Probleme zu lösen, sich so nicht auf die wirklich wichtigen Probleme konzentrieren konnten bzw. bei kritischen Problemen nicht schnell genug vor Ort waren.

Die erste Überlegung war, die Zahl der Mitarbeiter zu erhöhen. Durch die Entwicklung der Entscheidungstabelle konnte jedoch der Turnschuh-Support auf die wirklich wichtigen Fälle begrenzt werden. Erst wenn bei den weniger dringenden und nicht so schwerwiegenden Problemen ein Support per Telefon oder Remote-Zugriff nicht gelingt, und sofern keine wichtigeren Aufgaben anstehen, erfolgt ein Support vor Ort.

Bedingungen und Regeln

Die oberen drei Zeilen zeigen die *Bedingungen (B)*. Bei drei Bedingungen ergeben sich acht Kombinationsmöglichkeiten in Bezug auf die Frage: *Bedingung erfüllt* (J = JA) *oder nicht* erfüllt (N = Nein). Für jede der möglichen Kombinationen wird dann eine „*Regel*" *(R)* festgelegt, welche Maßnahmen bei Eintritt der jeweiligen Bedingungskombination zu ergreifen sind.

Der Vorteil der Entscheidungstabelle zeigt sich im *Vergleich zum Programmablaufplan*, der hier aus Platzgründen nur schematisch dargestellt ist (vgl. Abb. 1.11).

Abb. 1.11 Übersicht
Programmablaufplan

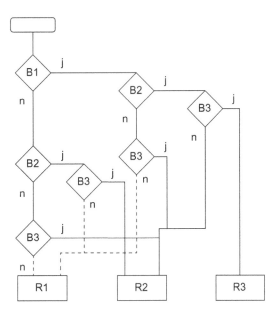

Marktwirtschaft 2

Zusammenfassung

Das politisch-gesetzliche und das ökonomische Umsystem ist in der Bundesrepublik Deutschland wie auch in de\r Europäischen Union nach dem *Prinzip der sozialen Marktwirtschaft* ausgestaltet. Die Verteilung der Güter und Ressourcen erfolgt dabei grundsätzlich durch den *Marktmechanismus*. Der Staat als hoheitliche Gewalt stellt dazu ein *ausgefeiltes Rechtssystem* zur Verfügung (*Ordnungspolitik*) und greift bei Störungen und Fehlwirkungen des Marktmechanismus auch aktiv in das Wirtschaftsgeschehen ein (*Prozesspolitik*).

2.1 Angebot und Nachfrage

In einer Marktwirtschaft gibt es keine zentrale Institution, die für die *Verteilung der Rohstoffe und Güter* sorgt; die Verteilung erfolgt über den Marktmechanismus, d. h. *durch Angebot und Nachfrage*.

Marktwirtschaft

Das Wirtschaftssystem der Bundesrepublik Deutschland ist eine *soziale Marktwirtschaft*. Sie gründet auf dem Prinzip des *Ordoliberalismus* (geordnete Freiheit), der eine Weiterentwicklung der *freien Marktwirtschaft* (Laisser-faire-Wirtschaft) darstellt. „*Sozial*" bedeutet, dass der *Staat* dort *in das Marktgeschehen eingreift*, wo es zu unerwünschten, sozial unverträglichen Ergebnissen führt:

Staatliches Eingreifen
– Der Staat stellt für all diejenigen, die kein oder nicht genügend Einkommen aus dem Marktprozess erwirtschaften können (Kinder, Rentner, Arbeitslose, Kranke) *staatliche Hilfen* zur *Sicherung des Lebensunterhalts* bereit.

© Springer Fachmedien Wiesbaden 2015

M. Wünsche, *BWL für IT-Berufe*, DOI 10.1007/978-3-658-10430-6_2

– Der Staat *schützt Schwächere*, wie Arbeitnehmer, Mütter, Kinder und Jugendliche durch zahlreiche Gesetze, wie z. B. das Kündigungsschutzgesetz, das Mutterschutzgesetz, das Jugendschutzgesetz und das Jugendarbeitsschutzgesetz, etc.

– Der Staat *schützt den Verbraucher* durch zahlreiche Gesetze, z. B. durch Regelungen im BGB zu den Allgemeinen Geschäftsbedingungen und zu Verbrauchsgüterkäufen. Ärzte brauchen eine staatliche Genehmigung, die Approbation, um praktizieren zu können, etc.

– Der Staat *schützt das Funktionieren des Marktmechanismus*. Dazu gibt es die *Wettbewerbsgesetze*. Die *Bundesnetzagentur* (früher RegTP) überwacht und reguliert die Netzmärkte, z. B. das Telekommunikationswesen. Taxi-Unternehmen benötigen staatliche Lizenzen. Weitere „Erlaubnispflichten" stehen in der *Gewerbeordnung*, aber auch im Gaststättengesetz, im Güterkraftverkehrsgesetz etc.

Der *Staat* tritt neben seiner Rolle als hoheitliche Gewalt auch *als gleichberechtigter Marktteilnehmer* auf, z. B. wenn das Finanzamt Büromaterial einkauft oder wenn die Bundesregierung den Bauauftrag für weitere Regierungsgebäude in Berlin gibt.

2.1.1 Bedürfnisse, Güter und Produktionsfaktoren

Ein *Bedürfnis* ist das „Gefühl eines Mangels, verbunden mit dem Wunsch, diesen Mangel zu beseitigen". Unter *Bedarf* versteht man *mit Kaufkraft verbundene* Bedürfnisse. Ein Bedürfnis wird nicht Bedarf, wenn die Kaufkraft fehlt.

Konsumgüter werden unterschieden in *Gebrauchsgüter* und *Verbrauchsgüter*. Auf der betrieblichen Ebene ist dies die Unterscheidung in *Betriebsmittel* und *Werkstoffe*. Verbrauchsgüter bzw. Werkstoffe werden durch die Verwendung verbraucht, Gebrauchsgüter bzw. Betriebsmittel bleiben für viele Verwendungen erhalten, auch wenn sie einem *Gebrauchs- und Zeitverschleiß* unterliegen.

Praxisbeispiele Güter und Produktionsfaktoren

Bei der Herstellung von PCs werden elektronische Bauteile, Kabel, Schrauben, etc. als Werkstoffe verarbeitet. Die Abgrenzung, ob eine in einen PC eingebaute Grafikkarte ein Betriebsmittel oder ein Werkstoff ist, ist schwierig, sie könnte ja wieder ausgebaut werden.

Ein PC in einem Büro ist ein Betriebsmittel, im Wohnzimmer ist er Konsumgut, es sei denn, er wird dort beruflich genutzt. Papier und Toner sind Verbrauchsgüter oder Werkstoffe.

Ein großes Problem in der Betriebswirtschaftslehre als wissenschaftlicher Disziplin ist es, saubere, eindeutige Begriffsdefinitionen zu finden.

Arbeit	einfache Tätigkeiten, die ohne Ausbildung möglich sind, z. B. Fließbandarbeit oder Erntehelfer Faktorentgelt = *Lohn*
Boden	Grundstücke und Gebäude, Bodenschätze Faktorentgelt = (Boden-)*Rente*
Kapital	produzierte Produktionsmittel, insbesondere Maschinen, aber auch Humankapital, d. h. Tätigkeiten, zu denen eine Ausbildung erforderlich ist. Faktorentgelt = *Zins*

Abb. 2.1 Übersicht Produktionsfaktoren

Abb. 2.2 Übersicht Wirtschaftskreislauf

Betriebsmittel und *Werkstoffe* gehören zu den betriebswirtschaftlichen *Produktionsfaktoren*. Davon zu unterscheiden sind die volkswirtschaftlichen Produktionsfaktoren (Abb. 2.1):

Produktionsfaktoren werden kombiniert, um Güter herzustellen, die dann zur Bedürfnisbefriedigung dienen. Damit lässt sich die Wirtschaft in einem einfachen *Kreislaufmodell* (hier ohne Staat und Ausland) darstellen (Abb. 2.2):

Die Produktionsfaktoren werden auf den *Faktormärkten* von den Haushalten *angeboten* *und* von den Unternehmen *nachgefragt*. Die durch Faktorkombination hergestellten Konsumgüter (dazu gehören auch Dienstleistungen) werden auf den *Konsumgütermärkten* von den Unternehmen *angeboten* *und* von den Haushalten *nachgefragt*.

Geld

Schmiermittel dieses Wirtschaftskreislaufs ist Geld. Über den *Geldumlauf* wacht der Staat in Form der *Europäischen Zentralbank*, insbesondere, um *Inflation* und damit eine Verzerrung der Preisinformationen zu *verhindern*.

2.1.2 Gleichgewicht

Ein *Markt* wird definiert als das *Zusammentreffen von Angebot und Nachfrage*:

Haushalte
Haushalte befriedigen ihre *Bedürfnisse* durch die *Nachfrage von Gütern und Dienstleistungen*. Sie sind bereit, eine umso größere Menge zu kaufen, je niedriger der Preis ist.

Unternehmen
Unternehmen maximieren ihren *Gewinn* durch das *Angebot von Gütern und Dienstleistungen*. Je höher der Preis ist, umso größer ist die angebotene Menge.
   Da *Preis und Menge* die beiden Kriterien sind, an denen sich sowohl Anbieter als auch Nachfrager orientieren, lässt sich ein Markt in einem *Preis-Mengen-Diagramm* grafisch darstellen (Abb. 2.3):

Gleichgewicht
Gleichgewicht herrscht bei dem Preis, bei dem die angebotene Menge der nachgefragten Menge entspricht. Der Markt wird geräumt (*Markträumung*), da alle *Nachfrager*, die bereit sind, den *Gleichgewichtspreis* zu zahlen, die von ihnen *gewünschte Menge erhalten*, und alle *Anbieter*, die bereit sind, zum Gleichgewichtspreis zu verkaufen, die Menge, die ihnen zum Verkauf zur Verfügung steht, *vollständig loswerden*. Die Menge, bei der der Markt geräumt wird, heißt *Gleichgewichtsmenge*.
   Die wichtigste Funktion des Preises ist, den Ausgleich von Angebot und Nachfrage herbeizuführen (*Ausgleichsfunktion des Preises*).

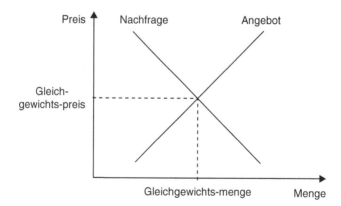

Abb. 2.3 Übersicht Preis-Mengen-Diagramm

Ausgleichsfunktion	Der Preis gleicht Angebot und Nachfrage aus. Beim Gleichgewichtspreis entspricht die angebotene Menge der nachgefragten Menge (*Markträumungsfunktion*).
Signalfunktion	Preisänderungen informieren über veränderte Knappheit von Gütern (*Informationsfunktion*).
Lenkungsfunktion	Der Preis lenkt die Güter in die bestmögliche Verwendung.

Abb. 2.4 Übersicht Wichtige Preisfunktionen

Käufermarkt

Liegt der *Preis über dem Gleichgewichtspreis*, dann ist das Angebot größer als die Nachfrage. Man spricht von einem *Angebotsüberschuss* bzw. einer *Nachfragelücke* (auch: Käufermarkt). Dies führt tendenziell dazu, dass der Preis sinkt.

Verkäufermarkt

Liegt der *Preis unter dem Gleichgewichtspreis*, dann ist das Angebot kleiner als die Nachfrage. Man spricht von einem *Nachfrageüberschuss* bzw. einer *Angebotslücke* (auch: Verkäufermarkt) Dies führt tendenziell dazu, dass der Preis steigt (Abb. 2.4).

Diese Preisfunktionen bewirken, dass Marktwirtschaft ein sehr *effizientes Wirtschaftssystem* sein kann, sofern der Preismechanismus nicht behindert oder manipuliert wird.

Nachfragekurve

Der *Verlauf der Nachfragekurve* hängt von verschiedenen Faktoren ab, deren Kenntnis für ein erfolgreiches *Marketing* (siehe Kap. 3) wichtig ist.

– Sind die Haushalte auf das Gut *sehr angewiesen*, so wird bei einer Preissteigerung die nachgefragte Menge nur wenig zurückgehen, die Nachfragekurve verläuft *steil*.
– Steigt das *Einkommen* der Haushalte, so werden sie i. d. R. mehr nachfragen, die Kurve verschiebt sich nach rechts oben.
– Sinken die *Vorlieben* (Präferenzen) für ein Gut, so geht die Nachfrage zurück, die Kurve verschiebt sich nach links unten. *Werbemaßnahmen* zielen darauf ab, die Vorlieben der Konsumenten zu erhöhen.

Bedeutsam für das Verhalten der Nachfrager sind auch *Komplementärgüter* (Ergänzungsgüter) und *Substitutionsgüter* (Ersatzgüter).

Praxisbeispiele Verlauf der Nachfragekurve

Auf dem Markt für Druckerpatronen für Tintenstrahldrucker verläuft die Nachfragekurve steil, d. h. bei einer Preissteigerung wird die nachgefragte Menge nur geringfügig zurückgehen, da die Patronen als Komplementärgüter zu Tintenstrahldruckern benötigt werden und nur wenige Nachfrager auf das Substitutionsgut Laserdrucker ausweichen.

Steigt das Einkommen der Haushalte, werden vermehrt LTE-Handys nachgefragt, die Nachfragekurve verschiebt sich nach rechts oben.

Nimmt die Unsicherheit der Verbraucher darüber zu, ob der LTE-Standard sich durchsetzen wird, gehen die Präferenzen für LTE-Handys zurück, die Nachfragekurve verschiebt sich nach links unten.

Sinken die Preise für Laptops, geht die Nachfrage nach Desktop-PCs zurück, da nun das Substitutionsgut Laptop mehr nachgefragt wird.

Angebotskurve

Der *Verlauf der Angebotskurve* wird im Wesentlichen durch zwei Faktoren bestimmt: *Kosten und Konkurrenz*. Der von einem Anbieter gesetzte Preis wird hauptsächlich von den Herstellungskosten bestimmt, aber je stärker die Konkurrenz ist, umso mehr ist ein Anbieter gezwungen, den Preis (und dazu die Kosten) zu senken, um wettbewerbsfähig zu bleiben.

Die übliche Darstellung des Verlaufs der Angebotskurve von links unten nach rechts oben geht davon aus, dass es eine *Vielzahl von Anbietern* gibt, die *mit unterschiedlichen Kosten* produzieren. Anbieter mit hohen Produktionskosten kommen daher erst dann zum Zuge, wenn die Nachfrage entsprechend hoch ist.

Praxisbeispiele Verlauf der Angebotskurve

Mit der Umsetzung der RoHS-Richtlinie entstehen den PC-Produzenten höhere Produktionskosten, die Angebotskurve verschiebt sich nach oben.

Mit der Reduzierung des Ausschusses bei der Waferproduktion können die Produktionskosten gesenkt werden, die Angebotskurve verschiebt sich nach unten.

Das Vordringen ostasiatischer Billiganbieter auf den europäischen und den amerikanischen Markt für PC-Komponenten zwang die dortigen Hersteller zu Preissenkungen, was dazu führte, dass sie die Produktion teilweise nach Ostasien auslagerten, zum Teil auch von Eigenfertigung auf Fremdbezug umstellten. Produkttests ergeben immer wieder, dass Komponenten von Markenanbietern aus derselben Quelle stammen wie Komponenten von Billiganbietern, eben nur das entsprechende Label aufgeklebt wurde.

Anbieter von hochwertiger Software müssen Qualitätsstrategien (und damit Konsumentenpräferenzen) entwickeln, um sich gegen das wachsende Angebot an Freeware und Shareware zu behaupten.

2.1.3   Der vollkommene Markt

Das *Modell des vollkommenen Marktes* nennt eine Reihe von *Idealkriterien*, an denen gemessen werden kann, wie gut der *Preismechanismus* auf tatsächlich existierenden Märkten funktioniert.

vollkommene Konkurrenz	
Vielen Nachfragern stehen viele Anbieter gegenüber. Keiner kann alleine das Marktgeschehen beeinflussen (Polypol).	Die Zahl der Anbieter und Nachfrager im Internet ist nicht überschaubar.
Gleichartigkeit der Güter (Homogenität)	
Weder Anbieter noch Nachfrager beachten Unterschiede bei den Gütern nach Qualität, Ausstattung, etc.	Telefonieren ist Telefonieren. Dennoch gibt es unüberschaubar viele Varianten von Handy-Verträgen.
keine Vorlieben (Präferenzen)	
Weder Anbieter noch Nachfrager ziehen bestimmte Marktpartner vor, z. B. wegen langjähriger Geschäftsbeziehungen.	Preisvergleichsdatenbanken ermöglichen es, beim günstigsten Anbieter zu kaufen.
Hohe Reaktionsgeschwindigkeit	
Neue Informationen werden sehr schnell (sofort) im Verhalten berücksichtigt.	Das Internet ist als Informationsmedium konkurrenzlos schnell.
Punktmarkt	
Angebot und Nachfrage treffen sich am selben Ort zur selben Zeit.	Das Internet als virtueller Ort ist überall und nirgends, und rund um die Uhr zugänglich.
vollkommene Information	
Jeder Marktteilnehmer verfügt über alle Informationen, die er für sein Verhalten benötigt (Markttransparenz).	Durch das Internet wird die Informationsbeschaffung erheblich erleichtert.
keine Marktzutrittsschranken	
Jeder, der am Markt als Anbieter oder Nachfrager auftreten will, hat die Möglichkeit dazu.	Jeder kann z. B. bei Online-Auktionen alles kaufen oder verkaufen.

Abb. 2.5 Übersicht Kriterien des vollkommenen Marktes

Internet Economy

Lange Zeit galt die *Wertpapierbörse* als der einzige Markt in der Realität, der an die Kriterien des theoretischen Idealmodells herankam. Mit der Entwicklung der *Internet Economy* mit *elektronischen Marktplätzen* und *Online-Auktionen* sind jedoch Märkte entstanden, die die nachfolgend genannten Kriterien noch besser erreichen (Abb. 2.5).

Informationskosten

Handeln am Markt ist mit *Transaktionskosten* verbunden. Bedeutsam sind dabei vor allem die *Informationskosten*, aber auch Transport- und Logistikkosten spielen eine Rolle. Durch die Entwicklung des *E-Commerce* (Kaufen und Verkaufen über das Internet) wurden vor allem die Informationskosten drastisch gesenkt. Dies führt dazu, dass in bestimmten Bereichen *traditionelle Märkte*, z. B. Reisebüros, mehr und mehr *verdrängt* werden.

Es bleibt abzuwarten, wie sich mit mehr Rechtssicherheit und Vertrauen in das Medium Internet die Marktwirtschaft weiterentwickeln wird. Der *Gesetzgeber* hat inzwischen in zahlreichen Gesetzen den *ordnungspolitischen Rahmen* für die Internet

Marktsituationen		Nachfrager		
		einer	wenige	viele
Anbieter	einer	Zweiseitiges Monopol	Beschränktes Angebots-Monopol	Angebots-Monopol
	wenige	beschränktes Nachfrage-Monopol	zweiseitiges Oligopol	Angebots-Oligopol
	viele	Nachfrage-Monopol	Nachfrage-Oligopol	Polypol

Abb. 2.6 Übersicht Marktformen

Economy geschaffen, z. B. mit dem *Signaturgesetz*, zahlreichen Regelungen im *BGB* und im *Verwaltungsrecht* zur Übermittlung von Informationen in *elektronischer Form*, nicht zuletzt kann inzwischen die Steuererklärung auch schon online abgegeben werden.

2.1.4 Marktformen

Das *Polypol* (viele Anbieter und viele Nachfrager) ist eine Bedingung des vollkommenen Marktes. Je nach *Anzahl der Marktteilnehmer* lassen sich verschiedene Marktformen definieren (Abb. 2.6):

In der *Praxis* sind diese Formen oft *nicht eindeutig* zu identifizieren. So ist z. B. der deutsche *Markt für Telekommunikationsdienstleistungen* durch einen großen und mehrere kleine Anbieter gekennzeichnet, d. h. *irgendwo zwischen Monopol und Oligopol* anzusiedeln. Der Unterschied zwischen einem *Oligopol* (wenige) und einem *Polypol* (viele) liegt darin, dass bei wenigen Anbietern der Markt überschaubar ist: Der einzelne Anbieter kennt seine Konkurrenten gut und kann auf deren Verhalten *reagieren*.

Praxisbeispiel Marktformen

In der Hauptgeschäftsstraße einer deutschen Kleinstadt gibt es drei kleine PC-Läden und zwei Filialen großer Warenhausketten, die auch PCs anbieten. Am Rande der Stadt gibt es in einem Gewerbegebiet zwei PC-Discounter, ferner haben die Filialen zweier führender Nahrungsmitteldiscounter immer wieder auch PCs im Angebot.

Einer der kleinen PC-Läden wirbt mit individueller Beratung, schneller und zuverlässiger Vor-Ort-Betreuung. Der zweite kleine PC-Laden bietet daraufhin ein Gewinnspiel an, bei dem er einen Multi-Media-PC als Hauptpreis auslobt. Der dritte kleine PC-Laden veranstaltet kurze Zeit darauf sehr erfolgreich LAN-Partys in der Stadthalle.

In Bezug auf die drei kleinen PC-Läden könnte man aufgrund des reaktiven Verhaltens von einem Oligopol sprechen, den Gesamtmarkt für PCs kann man jedoch – auch in Anbetracht der Einkaufsmöglichkeiten im Internet – nur als Polypol bezeichnen.

2.1.5 Konjunktur

In den späten 90er-Jahren erlebte die *Internet Economy* einen *Boom*. IT-Dienstleister und Webdesigner schossen wie Pilze aus dem Boden. In den Jahren darauf kam die große Ernüchterung und die *Pleitewelle*.

Die Wirtschaft als Ganzes und auch einzelne Branchen sind Schwankungen ausgesetzt, in denen gelegentlich ein gewisser Rhythmus erkennbar ist. Konjunktur wird definiert als *zyklische Schwankung der Wirtschaft* im Zeitablauf.

Informationen über die konjunkturelle Situation und die abzusehende Entwicklung sind für Unternehmen wichtig, da sie in die *unternehmerischen Entscheidungen* mit einbezogen werden müssen.

Die nachfolgende *Übersicht* zeigt den *Konjunkturverlauf* innerhalb eines Konjunkturzyklus von Aufschwung zu Aufschwung (Abb. 2.7).

Aufschwung oder Expansion

Im Aufschwung füllen sich die *Auftragsbücher* der Unternehmen, die daher zusätzliche Arbeitskräfte einstellen. Die *Arbeitslosigkeit* geht zurück.

Die Konsumenten haben mehr *Einkommen* zum Konsum zur Verfügung, *sparen* weniger, weil sie positive Zukunftserwartungen haben. Die *Nachfrage* steigt.

Unternehmen *investieren* in neue Produktionsanlagen und versuchen, am Markt höhere *Preise* durchzusetzen.

Boom oder Hochkonjunktur

Die *Produktionskapazitäten* sind ausgelastet, die *Preise* steigen stark. *Arbeitslosigkeit* und *Sparquote* sind sehr gering.

Die *Nachfrage* übersteigt das Angebot, es kommt zu einer *Überhitzung* der Wirtschaft.

Abschwung oder Rezession

Die *Auftragseingänge* der Unternehmen nehmen ab, es kommt zu Entlassungen, die *Arbeitslosigkeit* steigt.

Die Konsumenten werden vorsichtiger und die *Einkommen* sinken, die *Nachfrage* geht zurück, die *Preise* fallen.

Depression oder Tiefstand

Die Unternehmen haben wenig *Aufträge*, die *Arbeitslosigkeit* ist hoch, die Zukunftserwartungen sind pessimistisch.

Dies führt zu Zurückhaltung bei den Konsumenten, die ihr *Einkommen* vermehrt *sparen*. Die *Nachfrage* ist gering.

Wohlstand

Das *Bruttoinlandsprodukt (BIP)* ist ein *Maß für* den *Wohlstand* einer Gesellschaft und nimmt über die Zeit hinweg zu *(Trend)*. *Konjunktur* wird daher auch definiert als *Schwankung um den Trend*.

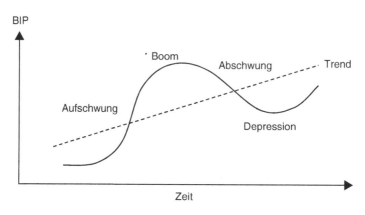

Abb. 2.7 Übersicht Konjunkturverlauf

Frühindikatoren

Gemessen werden Konjunkturschwankungen anhand von *Konjunkturindikatoren*. *Frühindikatoren* ermöglichen eine gute Vorhersage der zukünftigen konjunkturellen Entwicklung. Wirtschaftsforschungsinstitute unterscheiden ca. 700 verschiedene Indikatoren. Wichtig sind vor allem die *Auftragseingänge* in den Unternehmen und der *Geschäftsklimaindex*, der durch Befragung von Unternehmern nach ihren Zukunftserwartungen ermittelt wird. Auch die Höhe der *Lagerbestände* und die beabsichtigten *Investitionen* geben gute Hinweise auf die zu erwartende Konjunkturentwicklung.

> **Praxisbeispiel Konjunktur**
>
> Ein großer Telekommunikationskonzern überlegt, weitere Investitionen in den Netzausbau zu unternehmen, vor allem um das Angebot an Triple Play (Fernsehen, Telefon und Internet) über ADSL auszubauen.
>
> Hierbei stellt sich die Frage, ob die Nachfrager die entsprechenden Dienstleistungen auch in ausreichendem Maße nachfragen werden, und dies hängt u. a. von der konjunkturellen Entwicklung ab.
>
> Verspricht der Geschäftsklimaindex eher eine positive Entwicklung, so ist davon auszugehen, dass die Zielgruppe für Triple Play ausreichend groß sein wird und die Investitionen in den Netzausbau sich lohnen.

Datenquellen für Konjunkturindikatoren und Wirtschaftsstatistiken allgemein sind neben zahlreichen *Wirtschaftsforschungsinstituten* die Europäische Zentralbank bzw. die Deutsche *Bundesbank*, das Bundeswirtschaftsministerium und vor allem das *Statistische Bundesamt*, das eine systematische Erhebung gesamtwirtschaftlicher Daten im Rahmen der *Volkswirtschaftlichen Gesamtrechnung* (VGR) durchführt.

VGR

Die VGR besteht aus der *Entstehungsrechnung*, der *Verwendungsrechnung*, der *Verteilungs-* und der *Umverteilungsrechnung* des Bruttoinlandsprodukts bzw. des *Nationaleinkommens* (Volkseinkommens).

2.2 Wirtschaftspolitik

Der Staat spielt in der Wirtschaft eine bedeutende Rolle. Vom *Staat* fließen *an* die *Unternehmen* Zahlungen für *Staatskonsum* (z. B. Büromaterial für das Finanzamt) und *Subventionen*. An die *Haushalte* fließen *Einkommenszahlungen* für Beamte und Angestellte des Staates sowie *Transferzahlungen* aus dem Sozialbudget. Der *Staat erhält* sowohl von den Unternehmen als auch von den Haushalten *Abgaben*; das sind Steuern, Gebühren und Beiträge (Abb. 2.8):

Haushaltsloch

Seit mehreren Jahrzehnten sind die *Staatseinnahmen* der Bundesrepublik Deutschland, wie auch in vielen anderen Ländern, *kleiner als* die *Ausgaben*. Das Haushaltsloch wird durch *Kreditaufnahme* bei den Banken und Sparkassen geschlossen (Neuverschuldung); dadurch ist die *Staatsverschuldung* in den letzten Jahrzehnten kontinuierlich gewachsen.

Der weit überwiegende Teil der Staatseinnahmen entsteht durch *Steuererhebung*. Die Einnahmen aus wirtschaftlicher Tätigkeit sind durch die zahlreichen Privatisierungen der letzten Jahre (Post, Bahn, etc.) zurückgegangen. Für die *Gemeinden* spielen Gebühren (z. B. Abwassergebühren) und Beiträge (z. B. Anliegerbeiträge) eine etwas größere Rolle.

Der weit überwiegende Teil der Staatsausgaben der Bundesrepublik Deutschland sind *Ausgaben für die soziale Sicherung* der Bürger.

Wirtschaftspolitische Aufgabe des Staates ist es, für eine *gut funktionierende Wirtschaft* zu sorgen. Dazu stehen ihm verschiedene *Instrumente und Maßnahmen* zur Verfügung.

Staatseinnahmen	Staatsausgaben
indirekte und direkte Steuern	
Gebühren und Beiträge(inklusive Sozialversicherungsbeiträge)	Staatsverbrauch (Staatskonsum)
	Subventionen an Unternehmen
Einnahmen aus wirtschaftlicher Tätigkeit	Transferzahlungen an Haushalte
Nettokreditaufnahme	

Abb. 2.8 Übersicht Staatshaushalt

Ordnungspolitik

Ordnungspolitik: Er setzt *Regeln* (Rahmenbedingungen) in Form von *Gesetzen*, wie z. B. das Stabilitätsgesetz, das Kartellgesetz, die gesamte Umwelt- und Sozialgesetzgebung.

Prozesspolitik

Prozesspolitik: Er greift durch *konkrete Maßnahmen* in das Wirtschaftsgeschehen ein, indem er z. B. *Subventionen* an Unternehmen in strukturschwachen Regionen oder Branchen zahlt, mit *Sanktionen* gegen Missbrauch von Marktmacht vorgeht oder *Bauaufträge* vergibt, um Arbeitsplätze zu sichern.

Das *Instrumentarium des Staates* zur Steuerung der Wirtschaft setzt sich insgesamt zusammen aus *einnahmen- und ausgabenpolitischen Maßnahmen* (Steuern und Subventionen bzw. Transferzahlungen), aus *Gebots- und Verbotslösungen* (z. B. in der Umweltschutzgesetzgebung) und aus der *Bereitstellung von Gütern und Dienstleistungen*, die von der Privatwirtschaft nicht erbracht werden (z. B. Autobahnbau, Erschließung von Gewerbegebieten, etc.).

2.2.1 Stabilitätspolitik

Der *Staat* versucht, durch *wirtschaftspolitische Maßnahmen* Einfluss auf die Konjunktur zu nehmen, um die *konjunkturellen Schwankungen* zu *dämpfen*.

Rezession

In der *Rezession und* vor allem in der *Depression* bemüht er sich, die fehlende private Nachfrage durch *höhere staatliche Nachfrage* zu ersetzen, er legt *Beschäftigungsprogramme* auf, zahlt *Subventionen* an die Unternehmen, *senkt* die *Steuern*, versucht also alles, um zusätzliches Geld und positive Zukunftserwartungen in die Wirtschaft zu bringen.

Boom

Im *Boom* hingegen versucht der Staat *bremsend* einzugreifen, Geld aus der Wirtschaft herauszuziehen, indem er die *Steuern erhöht*, *Subventionen kürzt* und die eigene *Nachfrage*, z. B. nach Bauleistungen, *zurückfährt*.

Stabilitätsgesetz

Gesetzliche Grundlage für die Stabilitätspolitik ist das *Stabilitätsgesetz* von 1967. Es enthält ursprünglich die vier Ziele *Inflationsbekämpfung* (Geldwertstabilität), *Bekämpfung der Arbeitslosigkeit* (hoher Beschäftigungsstand), *Zahlungsbilanzausgleich* (außenwirtschaftliches Gleichgewicht) und *Förderung des Wohlstands* (stetiges und angemessenes Wirtschaftswachstum).

Inzwischen wurden *zwei weitere Ziele* mit in die stabilitätspolitischen Überlegungen einbezogen: Für die Stabilität der Gesellschaft wird es als notwendig erachtet, dass einkommensschwachen Mitbürgern über eine *Umverteilung* ihr Existenzminimum gesichert wird (gerechte Einkommensverteilung). Ferner ist die Bewahrung einer lebenswerten *Umwelt* inzwischen als wichtiges Ziel erkannt worden (Umweltschutz).

magisches Sechseck
Man spricht vom *magischen Vier-* bzw. *Sechseck, magisch* deshalb, weil sich die Ziele gegenseitig behindern können. Der wichtigste Zielkonflikt ist der zwischen *Inflation und Arbeitslosigkeit,* der sich aus dem *Konjunkturzyklus* ergibt, aber auch der Konflikt zwischen *Umweltschutz und Schaffung von Arbeitsplätzen* ist problematisch.

2.2.2 Strukturpolitik

Strukturpolitik dient der *Gestaltung der Struktur der Wirtschaft.* Veränderungen in der Wirtschaft, die sich durch *technische Innovationen,* zunehmenden *globalen Wettbewerb* oder andere Ursachen ergeben, sollen durch Strukturpolitik *abgeschwächt* und *sozial verträglich gestaltet* werden.

regional
Regionale Strukturpolitik umfasst Maßnahmen der *Investitionsförderung,* die die Ansiedlung von Unternehmen in Fördergebieten unterstützt. Bedeutsam war in den letzten Jahren vor allem der „*Aufbau Ost*", aber auch die Umwidmung des *Ruhrgebietes* von der Kohle- und Stahlindustrie zur Hightech- und Kulturlandschaft.

sektoral
Sektorale Strukturpolitik erhält durch *Subventionen und Steuervergünstigungen* bestimmte Branchen (Wirtschaftssektoren), die alleine nicht mehr wettbewerbsfähig sind, z.B. Schiffswerften, versucht die *Anpassung* von Branchen an veränderte Gegebenheiten zu *erleichtern* und fördert zukunftsträchtige Technologien und Wirtschaftszweige, z.B. neue Verkehrssysteme wie den Transrapid oder den Einsatz von künstlicher Intelligenz in der Fertigung. Insofern kann auch *Forschungsförderung* als Strukturpolitik verstanden werden.

2.2.3 Wettbewerbspolitik

In der sozialen Marktwirtschaft ist es eine wichtige Aufgabe des Staates, die *Funktionsfähigkeit des Preismechanismus* zu *gewährleisten.* Daher übt das *Bundeskartellamt* eine *Missbrauchsaufsicht* aus, d.h. es beobachtet das Verhalten der Unternehmen am Markt und greift bei Verstößen gegen die Wettbewerbsregeln mit hoheitlicher Gewalt ein. Gesetzesgrundlage dazu ist das *Gesetz gegen Wettbewerbsbeschränkungen* (GWB), auch Kartellgesetz genannt.

Kartellgesetz

Unterschieden werden darin *Unternehmen mit marktbeherrschender Stellung* (Monopole und Oligopole) und *Unternehmenszusammenschlüsse*, die das Ziel erfolgen, den Markt zum eigenen Vorteil zu beeinflussen (Preiskartelle, Quotenkartelle und Gebietskartelle).

Das *Bundeskartellamt* überwacht im Rahmen der Zusammenschlusskontrolle nicht nur *Kartelle*, sondern auch die *Konzernbildung* und *Fusionen*. Es geht dabei vor allem um die Verhinderung von *Marktmachtmissbrauch*. Finanzstarke Unternehmen sind in der Lage, längere Zeit nicht kostendeckend zu produzieren (*Dumping*).

Praxisbeispiele Marktmachtmissbrauch

Fünf führende Anbieter von Mobilfunkkommunikationsdienstleistungen vereinbaren, durch eine einheitliche Tarifgestaltung die Markttransparenz auf dem Mobilfunkmarkt zu verbessern und den Kunden den Aufwand des ständigen Anbieterwechsels zu ersparen. Weitere Anbieter sollen durch Abmahnungen davon überzeugt werden, sich dem Modell anzuschließen. Das Kartellamt untersagt die Vereinbarung und droht bei Zuwiderhandeln mit hohen Bußgeldern, da durch den Ausschluss von Preisgestaltungsmöglichkeiten der Marktmechanismus negativ beeinflusst wird.

Fünf Hersteller von PC-Komponenten vereinbaren, dass man sich gegenseitig bei der Verbesserung der Betriebsabläufe und in Bezug auf Ansätze zu Kosteneinsparungen unterstützen möchte. Das Kartellamt greift nicht ein, da die Kooperation zur Verbesserung der Betriebsabläufe und die damit erzielten Kosteneinsparungen den Nachfragern zugutekommen können.

Ein großer amerikanischer PC-Discounter möchte auf dem europäischen Markt vordrängen und sich durch anfänglich besonders niedrige Preise schnell einen guten Marktanteil verschaffen. Das deutsche Kartellamt ist hier nicht zuständig, da das amerikanische Unternehmen europaweit agiert. Der Wettbewerbskommissar der Europäischen Kommission untersagt dem PC-Discounter die niedrige Preissetzung.

Ein großer deutscher IT-Konzern kooperiert mit einem großen japanischen Konkurrenten, um weltweit bessere Vermarktungsstrategien und Vertriebswege zu entwickeln. Es gibt keine globale Wettbewerbsbehörde. Das Marktverhalten der beiden Unternehmen in Deutschland wird vom Bundeskartellamt überwacht.

---

unlauterer Wettbewerb

Ein weiteres für die Wettbewerbspolitik wichtiges Gesetz ist das *Gesetz gegen unlauteren Wettbewerb* (UWG). *Unlauter* und damit *verboten* sind Wettbewerbshandlungen, die den *Wettbewerb* zum Nachteil der Mitbewerber, der Verbraucher oder der sonstigen Marktteilnehmer nicht nur unerheblich *beeinträchtigen*.

Ziel des UWG ist es, *Verfälschungen des Wettbewerbs* zu *unterbinden* und damit seine Funktionsfähigkeit zu gewährleisten.

Werbung darf einen Konkurrenten nicht *verunglimpfen*, markenrechtlich geschützte Produkte dürfen nicht *imitiert* werden, Werbung darf nicht *irreführend* sein, bei *vergleichender Werbung* muss der Vergleich objektiv nachprüfbar sein, eine *unzumutbare Belästigung*, z. B. durch Werbemails, ist verboten. Das UWG zählt *weitere unlautere Verhaltensweisen* auf, z. B. Gewinnspiele mit unklaren Teilnahmebedingungen.

Praxisbeispiel Vergleichende Werbung

Ein Anbieter von PCs wirbt damit, dass seine Modelle leiser sind und weniger Strom verbrauchen als die eines Konkurrenten, der ebenfalls mit besonders leisen und stromsparenden Modellen wirbt. Der Anbieter stellt dazu die Untersuchungsergebnisse einer anerkannten Computerfachzeitschrift auf seiner Website zum Download zur Verfügung, die die Aussagen bestätigen. Es liegt damit kein Verstoß gegen das UWG vor, da die Aussagen objektiv nachprüfbar sind.

Marken

Der *Schutz von Marken* ist im *Markengesetz* geregelt. Marken sind *Zeichen*, die geeignet sind, Waren oder Dienstleistungen eines Unternehmens von denjenigen anderer Unternehmen zu unterscheiden.

Unter *Zeichen* sind dabei zu verstehen: Wörter, Personennamen, Abbildungen, Buchstaben, Zahlen, Hörzeichen und räumliche Gestaltungen wie die Form einer Ware oder ihrer Verpackung sowie sonstige Aufmachungen einschließlich Farben und Farbzusammenstellungen.

Es kommt beim Markenschutz nicht darauf an, ob die Marke im *Markenregister* eingetragen ist. Alleine die *Benutzung der Zeichen* im Geschäftsverkehr, sofern das Zeichen dadurch *Verkehrsgeltung* erlangt hat, reicht für den Schutz aus.

Der *Markeninhaber* hat bei missbräuchlicher Verwendung einen *Schadenersatzanspruch* und *Anspruch auf Vernichtung* der widerrechtlich gekennzeichneten Gegenstände. Damit wird ein *Vertrauensschutz* geschaffen, der für das Funktionieren des Wettbewerbs in einer Marktwirtschaft ebenso wichtig ist.

Das wichtigste internationale Abkommen zum gewerblichen Rechtsschutz ist die *Pariser Verbandsübereinkunft* von 1883, der sich mittlerweile 117 Staaten angeschlossen haben. Sie schützt Patente, Muster, Marken und unterdrückt unlauteren Wettbewerb weltweit.

2.2.4 Geldpolitik

Für eine effiziente Marktwirtschaft ist es wichtig, die *Wirtschaft vor* allgemeinen *Preissteigerungen* zu *schützen*, damit die Funktionen des Preises gewährleistet bleiben. Bei Inflation wird vor allem die *Informationsfunktion des Preises* beeinträchtigt, denn es ist nicht mehr zu erkennen, ob eine Preissteigerung bei einem Gut eine veränderte Marktsituation für dieses Gut anzeigt oder nicht.

Preisniveaustabilität

Seit der Einführung des Euro wurde die Geldpolitik von der *Europäischen Zentralbank* (EZB) übernommen. Die EZB steuert die Preisniveaustabilität über eine Beeinflussung der *Geldmenge*, die der Wirtschaft, d. h. den Unternehmen und Haushalten, für ihre wirtschaftlichen Transaktionen zur Verfügung steht. Diese Geldmenge ist der Wirtschaft über das *Bankensystem* zugänglich, da der überwiegende Teil aller Wirtschaftssubjekte Konten bei den Geschäftsbanken unterhält. Wenn daher die EZB die *Liquidität der Geschäftsbanken*, d. h. die den Geschäftsbanken zur Kreditvergabe zur Verfügung stehenden finanziellen Mittel, beeinflusst, kann sie auf diese Weise Einfluss auf die im Umlauf befindliche Geldmenge nehmen.

Fazilitäten

Das wichtigste Instrument zur Steuerung der Liquidität der Geschäftsbanken ist die sogenannte *Hauptrefinanzierungsfazilität*: Die EZB bietet den Geschäftsbanken Kredite gegen Verpfändung von Wertpapieren an. Über den Kreditbetrag und die Zinshöhe für diese Kredite steuert die EZB die Geldmenge. Wegen der Besicherung durch Wertpapiere spricht man auch von *Wertpapierpensionsgeschäften*.

Leitzins

- *Erhöht die EZB den Leitzins* (Zinssatz für die Hauptrefinanzierungsfazilität) und reduziert sie das Kreditvolumen, so wird für die Kreditinstitute *Liquidität teurer* und knapper; damit *steigen die Zinsen* für Kredite an Unternehmen und Haushalte, die Nachfrage nach Krediten geht zurück, die Geldmenge verringert sich.
- *Senkt die EZB den Leitzins* und erhöht sie das Kreditvolumen, so wird für die Kreditinstitute *Liquidität preiswerter* und weniger knapp; damit *sinken die Zinsen* für Kredite an Unternehmen und Haushalte, die Nachfrage nach Krediten nimmt zu, die Geldmenge steigt.

Weitere Instrumente der EZB sind die *Spitzenrefinanzierungsfazilität*, die *Einlagenfazilität*, die *Mindestreservepolitik* und diverse *Feinsteuerungsinstrumente*. Die *Diskontpolitik*, d. h. der Ankauf von Wechseln, wurde von der EZB inzwischen vollständig *abgeschafft*.

Praxisbeispiel Geldpolitik

Angesichts des allgemeinen Wirtschaftsaufschwungs und der boomenden Nachfrage nach Konsumgütern erwägt ein großer IT-Produzent Investitionen in neue Produktionsanlagen, um die weiter steigende Nachfrage befriedigen zu können. Die dazu notwendigen Finanzmittel müssten in Form von Bankkrediten beschafft werden.

Die Europäische Zentralbank beobachtet den Aufschwung mit Argwohn, da schon leichte Inflationstendenzen in der Wirtschaft spürbar sind. Auf der Sitzung des EZB-Rates wird daher beschlossen, den Zins für die Hauptrefinanzierungsfazilität um 0,2 Prozentpunkte anzuheben, um ein Signal in die Wirtschaft zu geben, dass Inflation droht. Die Banken erhöhen daraufhin ihre Kreditzinsen, was den IT-Produzenten dazu veranlasst, die Investitionen erneut zu überdenken.

EZB-Rat

Dem *EZB-Rat* als oberstes beschlussfassendes Organ gehören das *Direktorium* und alle *Präsidenten der nationalen Zentralbanken des Euro-Systems* an. Geldpolitische Entscheidungen werden mit einfacher Mehrheit getroffen. Der EZB-Rat tagt grundsätzlich *alle 14 Tage*.

Direktorium

Das ausführende Organ ist das *EZB-Direktorium*: Es setzt sich aus dem *Präsidenten*, einem *Vizepräsidenten* und *vier weiteren Mitgliedern* zusammen und wird *alle acht Jahre* von den Staats- und Regierungschefs der Teilnehmerstaaten auf Empfehlung der Finanz- und Wirtschaftsminister *gewählt*.

Erweiterter Rat

Im *Erweiterten Rat der EZB* sitzen zusätzlich die *Notenbankpräsidenten der nicht am Euro-System beteiligten EU-Staaten*, die dort offiziell über die Beschlüsse des EZB-Rates informiert werden. Der Erweiterte Rat tritt grundsätzlich *einmal pro Quartal* zusammen. An den Tagungen können, ohne Stimmrecht, ein *Mitglied der Europäischen Kommission* und der *Präsident des Ministerrates* (EU-Rates) teilnehmen.

Verbraucherpreisindex

Hauptzielsetzung der EZB ist die *Sicherung der Preisniveaustabilität* (Geldwertstabilität). Das Preisniveau wird gemessen durch einen *Verbraucherpreisindex*. Dazu wird ein *Warenkorb* aus üblicherweise von den Verbrauchern erworbenen Waren gebildet, und die *Preisentwicklung* dieser Waren wird statistisch erfasst.

Die EZB *dämpft* über die Geldmenge *den Konjunkturzyklus*:

Boom

Bewegt sich die Wirtschaft auf die *Boomphase* zu, dann *senkt sie die Geldmenge*. Die Nachfrage nach Konsum- und Investitionsgütern geht zurück, der Inflationsdruck nimmt ab.

Rezession

Wenn die Wirtschaft in eine *Rezession* eintritt, *erhöht sie die Geldmenge*. Die Nachfrage nach Konsum- und Investitionsgütern steigt, damit steigt die Investitionsbereitschaft, Arbeitsplätze werden geschaffen, das Einkommen der Haushalte nimmt zu.

Das *Prinzip* der Geldpolitik besteht darin, feine *Signale* zu setzen, die in der Wirtschaft zu entsprechenden *Verhaltensänderungen* führen.

2.2.5   Außenwirtschaftspolitik

Ein weiteres *Ziel des Stabilitätsgesetzes* ist das außenwirtschaftliche Gleichgewicht, auch als *Zahlungsbilanzausgleich* bezeichnet. Als *Zahlungsbilanz* wird die statistische Erfassung des *grenzüberschreitenden Wirtschaftsverkehrs* bezeichnet. Sie gliedert sich in verschiedene *Teilbilanzen* und wird von der Europäischen Zentralbank geführt.

Exporte
Exporte von Gütern und Dienstleistungen sowie Kapitalimporte führen zu *Zahlungsmittelzuflüssen*.

Importe
Importe von Gütern und Dienstleistungen sowie Kapitalexporte führen zu *Zahlungsmittelabflüssen*.

Überschuss und Defizit
Sind die *Zuflüsse größer als die Abflüsse*, ergibt sich in den Währungsreserven des Eurosystems ein *Überschuss*, die Zahlungsbilanz wird dann als *aktiv* bezeichnet. Sind die *Zuflüsse kleiner als die Abflüsse*, ergibt sich ein *Defizit*, die Zahlungsbilanz wird dann als *passiv* bezeichnet.

Praxisbeispiele Zahlungsbilanz

Ein deutscher Handy-Produzent exportiert Handys nach Frankreich. Dieser Vorgang wird in der europäischen Zahlungsbilanz nicht erfasst, in der deutschen Zahlungsbilanz ist es ein Warenexport, erfasst in der Handelsbilanz.

Eine deutsche Bank gewährt einem in der Schweiz ansässigen Software-Hersteller einen längerfristigen Kredit. Dieser Vorgang stellt einen Kapitalexport dar, da die Zahlungsmittel aus dem Eurosystem herausfließen.

Ein japanischer Entwickler von Computerspielen berät eine in Berlin ansässige Softwareschmiede und erhält dafür ein Honorar. Es handelt sich um einen Dienstleistungsimport, da die Leistung von einem Ausländer erbracht wird.

Ein amerikanischer PC-Discounter erwirbt europaweit Verkaufsgebäude in großen Städten, um seine Tätigkeit auf den europäischen Markt auszudehnen. Dies ist ein Kapitalimport. Auch die Übernahme eines europäischen PC-Discounters durch die Amerikaner stellt einen Kapitalimport dar.

Wenn ein europäisches Handelsunternehmen Waren in den USA kaufen und *importieren* möchte, benötigt es amerikanische Dollar. Ein europäischer *Exporteur*, der Waren nach USA verkauft, erhält dort dafür Dollar. Der *Preis für Dollar*, ausgedrückt *in Euro*, bildet sich auf dem europäischen *Devisenmarkt* durch *Angebot und Nachfrage*. Ein Importeur fragt Dollar nach, ein Exporteur bietet Dollar an.

Wechselkurs

Der Preis für Dollar, ausgedrückt in Euro, wird als *Wechselkurs* bezeichnet. Da es sich um zwei Währungen handelt, kann man auch umgekehrt den Preis für Euro in Dollar ausdrücken.

Aufwertung

Eine *Aufwertung des Euro* bedeutet, dass der Euro für die Amerikaner teurer wird; dies entspricht einer *Abwertung des Dollar*. Amerikanische Waren werden für uns Europäer günstiger, europäische Waren werden für die Amerikaner teurer. *Importe* aus USA *werden gefördert, Exporte* in die USA *gehen zurück*.

Abwertung

Eine *Abwertung des Euro* bedeutet, dass der Euro für die Amerikaner günstiger wird; dies entspricht einer *Aufwertung des Dollar*. Amerikanische Waren werden für uns Europäer teurer, europäische Waren werden für die Amerikaner günstiger. *Exporte* in die USA *werden gefördert, Importe* aus den USA *gehen zurück*.

Praxisbeispiel Wechselkurs

Ein großes amerikanisches Softwarehaus möchte ein neues Betriebssystem und zugehörige Office-Software auf dem europäischen Markt einführen. Angesichts der aktuellen Wechselkursentwicklung, die durch eine nachhaltige Abwertung des Euro gekennzeichnet ist, fallen die Verkaufspreise in Euro höher aus als erwartet. Hinzu kommt, dass freie Betriebssysteme sich immer größerer Beliebtheit erfreuen, so dass die erwarteten Verkaufszahlen und damit die Gewinnerwartungen des amerikanischen Softwarehauses bei weitem nicht erreicht werden.

Die *Europäische Zentralbank* greift steuernd in den Marktmechanismus auf dem Devisenmarkt ein, indem sie *selbst* als *Anbieter* von *oder Nachfrager* nach Dollar auftritt, um zu starke *Schwankungen* des Wechselkurses zu *vermeiden*.

– *Bietet die EZB* auf dem Devisenmarkt *Dollar an* und fragt damit Euro nach, so *wird der Dollar abgewertet*, der Euro aufgewertet.
– *Fragt die EZB* auf dem Devisenmarkt *Dollar nach* und bietet damit Euro an, so *wird der Dollar aufgewertet*, der Euro abgewertet.

fixe Wechselkurse

Die stärkste Form eines solchen Eingriffs ist das *System fixer Wechselkurse*, wie es in Euroland vor der Währungsunion galt. Der *Vorteil* fixer Wechselkurse liegt darin, dass es für die Unternehmen in ihrer Kalkulation *keine Währungsrisiken* mehr gibt. Dies war der wichtigste Grund für die *Einführung des Euro*. Außerdem sollte durch die Einführung des Euro der *Wettbewerb* in Europa gefördert werden, da der Preisvergleich vereinfacht wird (mehr *Preistransparenz*).

Der *Staat*, d. h. die Bundesregierung und auch die Europäische Kommission, greift mit weiteren Maßnahmen in den Außenwirtschaftsverkehr ein, um die *Zahlungsbilanz* zu *beeinflussen*.

Zahlungsbilanzdefizit

Mögliche Maßnahmen, um ein *Zahlungsbilanzdefizit* (Importe sind größer als Exporte) zu *reduzieren*, sind:

- *Branchen* mit starker internationaler Konkurrenz *subventionieren*,
- *Importkontingente* (Importmengenbeschränkungen) für ausländische Produkte einführen,
- *Importzölle* erheben,
- *Steuererleichterungen* für die Exportwirtschaft gewähren,
- *Ausfallbürgschaften* für Exporte übernehmen: Wenn der ausländische Importeur nicht zahlt, übernimmt der Staat den Ausfall.

Zahlungsbilanzüberschuss

Maßnahmen, um einen *Zahlungsbilanzüberschuss* zu reduzieren, treten in der Praxis selten auf, da durch Überschüsse die *Währungsreserven* (Reserven an ausländischer Währung) *anwachsen*. Hohe Währungsreserven stellen einen Schutz bei internationalen Wirtschaftskrisen dar.

Praxisbeispiel Asienkrise und Euro-Krise

In den späten 90er-Jahren investierten viele Unternehmen in südost-asiatischen Ländern, weil die Wirtschaftsentwicklung dort sehr positiv aussah. Als sich die Erwartungen der Unternehmen jedoch nicht erfüllten, zogen mehr und mehr Unternehmen ihr Kapital wieder aus den Ländern ab, was zu einem Verfall der Wechselkurse führte. Die Zentralbanken der Länder hatten nicht genügend Währungsreserven zur Verfügung, um durch Aufkäufe der eigenen Währung die Wechselkurse zu stützen. Durch die massive Abwertung der einheimischen Währungen wurden Importe, insbesondere von Rohstoffen, sehr teuer, und die sich gerade erst entwickelnden Wirtschaften brachen zusammen.

Im Herbst 2008 kam es zu einer heftigen Bankenkrise, d. h. Banken hatten in unsichere Anlagen investiert und konnten ihre eigenen Rückzahlungsverpflichtungen gegenüber ihren Gläubigern (siehe auch Kap. 6 Finanzwirtschaft) nicht mehr bedienen. Damit es nicht zu einem sogenannten Run auf die Banken kam, der die Wirtschaft zum Zusammenbruch geführt hätte, stützten die Staaten ihre Banken und mussten sich dazu z. T. massiv verschulden, so dass Länder wie z. B. Griechenland selbst in Zahlungsschwierigkeiten gerieten. Da diese Länder jedoch eine gemeinsame Währung hatten, den Euro, konnten die Starken die Schwachen schützen und stützen und über das System der Europäischen Zentralbanken einen Belastungsausgleich (Euro-Rettungsschirm) herbeiführen.

2.3   Das Rechtssystem der Bundesrepublik Deutschland

Das *Recht der Bundesrepublik Deutschland* lässt sich grundsätzlich in *privates Recht* und *öffentliches Recht* unterscheiden.

Privatrecht

Privatrecht regelt die Rechtsverhältnisse der *Bürger untereinander*. Das wichtigste privatrechtliche Gesetz ist das *Bürgerliche Gesetzbuch* (BGB). Für den Wirtschaftsverkehr kommt das *Handelsgesetzbuch* (HGB), das auf dem BGB aufbaut, hinzu.

Öffentliches Recht

Öffentliches Recht regelt die Rechtsverhältnisse der Bürger *zum Staat* als hoheitliche (Zwang ausübende) Gewalt. Das wichtigste öffentlich-rechtliche Gesetz ist das *Grundgesetz* (GG). In ihm sind die Grundrechte und die verfassungsmäßige Ordnung und damit das *Wirtschaftssystem der Marktwirtschaft* festgelegt. Alle Gesetze und Rechtsverordnungen müssen mit dem Grundgesetz vereinbar sein.

Gewaltenteilung

Das Rechtssystem der Bundesrepublik Deutschland ist nach dem *Prinzip der Gewaltenteilung* aufgebaut.

Legislative

Bundestag und Bundesrat, aber auch die *Landtage* der Bundesländer und die *Gemeindevertretungen* (Gemeinderat, Stadtrat, etc.), nennt man die *gesetzgebende Gewalt* (Legislative), da sie Gesetze erlassen. Struktur und Aufgaben von Bundestag und Bundesrat sind in den *Artikeln 38 bis 53 Grundgesetz* geregelt.

Exekutive

Die *Bundesregierung* sowie die *Landesregierungen* mit dem gesamten anhängenden Apparat *staatlicher Verwaltung* bis hinunter zum Bürgeramt werden als *ausführende Gewalt* (Exekutive) bezeichnet, da sie für die Umsetzung bzw. Einhaltung der Gesetze Sorge tragen. Rechtliche Grundlage für die Bundesregierung sind die *Artikel 62 ff. Grundgesetz*. Die *staatliche Verwaltung* ist zum überwiegenden Teil *Ländersache*, es gibt nur eine geringe Anzahl von *Bundesbehörden*, wie z. B. die Bundesnetzagentur (vormals RegTP).

Judikative

Bei *rechtlichen Auseinandersetzungen* von Bürgern untereinander oder mit staatlichen Institutionen gibt es als dritte Gewalt die *rechtsprechende Gewalt* (Jurisdiktive oder Judikative), das System der Gerichtsbarkeit, geregelt in den *Artikeln 92 ff. Grundgesetz*. Oberstes Gerichtsorgan ist das *Bundesverfassungsgericht* (Art. 93 und 94 GG) (Abb. 2.9).

Bundesverfassungsgericht
Das Bundesverfassungsgericht mit Sitz in Karlsruhe ist zuständig:
- bei *Streitigkeiten zwischen Staatsorganen*: Bundespräsident, Bundesregierung, Abgeordnete, Parteien, Bundestag, Bundesrat, auch Bundesregierung und Länderregierungen;   - für die Überprüfung, ob Gesetze und Rechtsverordnungen mit der Verfassung vereinbar sind (*Normenkontrolle*);   - für *Wahlprüfungsverfahren*, wenn z. B. bei Bundestagswahlen Wahlfehler oder Manipulationen vermutet werden;   - für *Verfassungsbeschwerden* von Bürgern, die sich in ihren Grundrechten verletzt fühlen.

Abb. 2.9 Übersicht Gerichtsbarkeiten

Zivilgericht und Strafgericht

Zivilgerichtsbarkeit Strafgerichtsbarkeit	Amtsgerichte	Landgerichte	Oberlandes- gerichte	Bundesgerichts- hof (BGH)

Das Amtsgericht, ab einem Streitwert von 5.000 Euro das Landgericht, ist zuständig für *Streitigkeiten zwischen Bürgern*, z. B. zwischen einem Käufer und einem Verkäufer, die sich bei einem Mangel der Kaufsache nicht einigen können, oder bei Schadenersatzansprüchen.

Geht ein Staatsanwalt wegen Tatbeständen des *Strafgesetzbuches* (StGB) gegen einen Bürger vor, z. B. Betrug, Widerstand gegen die Staatsgewalt oder Wertzeichenfälschung, sind die Amts- und Landgerichte ebenfalls zuständig.

Arbeitsgericht

Arbeitsgerichtsbarkeit	Arbeitsgericht	Landesarbeitsgerichte	Bundesarbeitsgericht

Die Zuständigkeit der Arbeitsgerichte bezieht sich auf alle *Streitigkeiten zwischen Arbeitgebern und Arbeitnehmern*, z. B. bei ungerechtfertigter Kündigung, Verweigerung von Urlaubsgeld oder Urlaubsansprüchen, etc.

Verwaltungsgericht

Verwaltungsgerichts- barkeit	Verwaltungs- gerichte	Oberverwaltungs- gerichte	Bundesverwaltungs- gericht

Die Verwaltungsgerichte beschäftigen sich mit *Streitigkeiten zwischen Bürgern und der staatlichen Verwaltung*, z. B. Verweigerung von Baugenehmigungen, Nichtgewährung von Subventionen, Entzug von Konzessionen, ungerechtfertigten Anordnungen der Verwaltung (Verwaltungsakte), etc., sofern nicht die Sozialgerichte oder die Finanzgerichte zuständig sind.

Sozialgericht

Sozialgerichtsbarkeit	Sozialgerichte	Landessozialgerichte	Bundessozialgericht

Die Sozialgerichte sind in allen *in den Sozialgesetzbüchern geregelten Angelegenheiten* zuständig, z. B. Ablehnung eines Hartz IV-Antrags, Streitigkeiten mit den Sozialversicherungsträgern.

Finanzgericht

Finanzgerichtsbarkeit	Finanzgerichte	Bundesfinanzhof

Für *Streitigkeiten des Bürgers mit dem Finanzamt* über Steuerbescheide sind die Finanzgerichte zuständig.

Mahnbescheid
Um die Gerichte nicht zu überlasten, sind vielfach *außergerichtliche Verfahren* (Mahnbescheid, Widerspruch, Einspruch) vorgeschaltet. Und es ist der *Instanzenweg* einzuhalten, sofern das jeweilige Gericht dies überhaupt zulässt.

Föderalismus
Die Bundesrepublik Deutschland ist ein *föderaler Staat*. Er besteht aus *Bund, Ländern* und *Gemeinden* mit jeweils eigener hoheitlicher Gewalt. Die Abgrenzung der Verantwortlichkeiten ist im Grundgesetz geregelt. Auch die Gemeinden können gem. *Artikel 28 (2) Grundgesetz* in ihren Bereichen eigene Verordnungen erlassen.

Rechtsstaatsprinzip
Die Bundesrepublik Deutschland ist ein *Rechtsstaat*, d. h. staatliches Handeln darf nicht ohne Gesetzesgrundlage erfolgen. *Artikel 70 Grundgesetz* besagt: „Die *Länder* haben das Recht zur Gesetzgebung . . .“ Sofern ein Bereich, der bisher von den Ländern alleine (und unterschiedlich) geregelt wurde, vom Bund übernommen wird, gilt von da an Bundesrecht (Art. 31 GG).

Die *Zuständigkeitsbereiche von Bund und Ländern* sind in den *Artikeln 70 ff. GG* geregelt. In der Praxis gibt es nur noch wenige Bereiche, in denen man in verschiedenen Bundesländern unterschiedliche gesetzliche Regelungen vorfindet.

Praxisbeispiele Zuständigkeit von Gerichten

Die Ewald GmbH mit Sitz in Bergmannsthal wird von einem Kunden beim Amtsgericht auf Schadenersatz verklagt, weil nach Meinung des Kunden die Nachbesserung eines defekten PC-Systems nicht ordnungsgemäß ausgeführt worden ist.

Ein Arbeitnehmer, dem die Ewald GmbH wegen häufigen unentschuldigten Fehlens am Arbeitsplatz gekündigt hatte, klagt vor dem Arbeitsgericht auf Wiedereinstellung.

Der Einspruch der Ewald GmbH gegen den Gewerbesteuerbescheid ist vom Finanzamt abgelehnt worden. Daher wird nun das Finanzgericht angerufen.

Gegen einen Kunden, der in den Geschäftsräumen der Ewald GmbH mehrfach randaliert und Einrichtungsgegenstände beschädigt hat, wird Strafanzeige wegen Hausfriedensbruch und Sachbeschädigung gestellt.

Die Gemeindeverwaltung hat der Ewald GmbH einen Bauantrag zur Erweiterung eines Betriebsgebäudes versagt. Ein Widerspruch gegen den abschlägigen Bescheid wurde abgelehnt. Die Ewald GmbH ruft daher das Verwaltungsgericht an.

2.3.1 Grundlagen des Privatrechts

Zur Regelung der Rechtsverhältnisse der Bürger untereinander stellt der Gesetzgeber im *BGB* eine *Vielzahl von Regelungen* zur Verfügung, die *teilweise zwingend, teilweise gestaltbar* sind.

Rechtssicherheit

Für das Funktionieren der Marktwirtschaft ist es *wichtig*, dass die Teilnehmer am Geschäftsverkehr *Rechtssicherheit* haben. Erhält ein Käufer z. B. eine mangelhafte Ware geliefert, muss er darauf vertrauen können, dass klare gesetzliche Regelungen ihn schützen.

Rechtsfähigkeit

Um am Rechtsverkehr überhaupt teilnehmen zu können, muss man rechtsfähig sein. *Rechtsfähigkeit* ist die Fähigkeit, *Träger von Rechten und Pflichten* zu sein. Sie beginnt bei *natürlichen Personen* mit Vollendung der Geburt (§ 1 BGB), bei *juristischen Personen* (Unternehmen) mit der Eintragung in das Handelsregister.

Handelsregister

Das *Handelsregister* wird beim Amtsgericht geführt und genießt *öffentlichen Glauben*. Es sorgt daher für mehr Sicherheit im Geschäftsverkehr. Daher kann eine GmbH oder eine AG erst dann Trägerin von Rechten und Pflichten sein, wenn sie *amtlich registriert* ist.

Vorteil	Rechtsgeschäfte, die dem Minderjährigen lediglich einen rechtlichen Vorteil bringen, z. B. Schenkung (ohne Auflagen)
Taschengeld	Rechtsgeschäfte, die der Minderjährige mit eigenen Mitteln bewirken kann (nur sofortige Barzahlung)
Erwerbsgeschäft	Rechtsgeschäfte im Zusammenhang mit einer selbstständigen Erwerbstätigkeit (eigene Firma). Die Aufnahme einer solchen Tätigkeit bedarf der Genehmigung des Vormundschaftsgerichts.
Beschäftigung	Rechtsgeschäfte im Zusammenhang mit einem Dienst- oder Arbeitsverhältnis (auch Ausbildung)

Abb. 2.10 Übersicht Beschränkte Geschäftsfähigkeit

Geschäftsfähigkeit

Um im Geschäftsverkehr rechtswirksam handeln zu können, muss man zudem geschäfts-fähig sein. Die *Geschäftsfähigkeit* ist die Fähigkeit, *Willenserklärungen* rechtswirksam *abzugeben und entgegenzunehmen*. Ein Kind (bis zur Vollendung des siebten Lebensjahres) kann zwar Träger von Rechten und Pflichten sein, z. B. Erbe, es darf jedoch keine Verträge eingehen. Ebenso sind Volltrunkene und geistig Verwirrte geschäfts-unfähig. *Willenserklärungen Geschäftsunfähiger sind nichtig*, d. h. von Anfang an unwirksam.

schwebend unwirksam

Bis zur Volljährigkeit (§ 2 BGB) gilt die *beschränkte Geschäftsfähigkeit*. Willenser-klärungen beschränkt Geschäftsfähiger sind grundsätzlich *schwebend unwirksam*, d. h. sie bedürfen zum Wirksamwerden der *Genehmigung durch die gesetzlichen Vertreter* (Eltern). Für die Erleichterung des Geschäftsverkehrs hat der Gesetzgeber eine Reihe von *Ausnahmesituationen* festgelegt, in denen Willenserklärungen beschränkt Geschäftsfähiger *von Anfang an wirksam* sind (Abb. 2.10):

Praxisbeispiel Beschränkte Geschäftsfähigkeit

Der siebzehnjährige Basti Flippig ist ein Computerfreak und betreut die PCs der gesamten Verwandtschaft und von vielen Freunden und Bekannten. In den Schulferien und in seiner Freizeit arbeitet er mit Zustimmung der Eltern als Aushilfe in einem Computerladen.

Ein Onkel schenkt ihm zu Weihnachten einfach so 5.000 Euro. Den Eltern gefällt das gar nicht, dennoch ist die Schenkung rechtswirksam, da sie dem Basti lediglich einen rechtlichen Vorteil bringt.

Basti kauft sich für 129 Euro eine externe USB-Festplatte zur Datensicherung. Er bezahlt bar. Wieder sind die Eltern verärgert, können aber nichts machen, da Basti den Kauf mit eigenen Mitteln bewirken konnte.

einseitige		zweiseitige
empfangsbedürftige	**nicht empfangsbedürftige**	alle Verträge
Kündigung	Testament	

Abb. 2.11 Übersicht Arten von Rechtsgeschäften

Im Zusammenhang mit der Aushilfstätigkeit, für die er krankenversichert sein muss, beschließt Basti, die Krankenkasse zu wechseln. Auch hier können die Eltern nichts sagen, da die Wahl der Krankenkasse ein Rechtsgeschäft im Zusammenhang mit einem Arbeitsverhältnis und damit wirksam ist.

Basti will mit dem Geld, das er von seinem Onkel geschenkt bekommen hat, einen eigenen Computerladen eröffnen. Dazu müsste die Zustimmung des Vormundschaftsgerichts eingeholt werden.

Um ein *Rechtsgeschäft* vorzunehmen, muss man eine *Willenserklärung* abgeben. Es können die folgenden *Arten von Rechtsgeschäften* unterschieden werden (Abb. 2.11):

Wenn ein Arbeitgeber oder ein Arbeitnehmer sein Arbeitsverhältnis (den Arbeitsvertrag) kündigt, so ist dazu nur seine Willenserklärung notwendig, sie muss jedoch der anderen Vertragsseite *zugehen, um wirksam werden zu können*. Ob ein Testament wirksam ist oder nicht, kann jedoch nicht davon abhängig gemacht werden, ob man die Betroffenen erreicht.

Verträge
Zweiseitige Rechtsgeschäfte (Verträge) sind notwendigerweise empfangsbedürftig. Die *Schenkung* z. B. bedarf der Willenserklärung des *Schenkenden*, dass er etwas schenken will, und die Willenserklärung des *Beschenkten*, dass er die Schenkung annimmt.

Konkludente Willenserklärung
Willenserklärungen müssen nicht durch *Wortäußerungen* erfolgen, *konkludentes* (schlüssiges) *Handeln* kann eine Willenserklärung sein. Wenn man in einem Geschäft eine Ware aus dem Regal nimmt und auf den Kassentisch legt, ist dies die konkludente Willenserklärung, dass man die Ware kaufen möchte.

Willenserklärungen und damit Rechtsgeschäfte können *nichtig* oder *anfechtbar* sein:

- Nichtigkeit bedeutet, dass das Rechtsgeschäft von Anfang an unwirksam ist.
- Anfechtbarkeit bedeutet, dass ein Rechtsgeschäft durch Anfechtung nachträglich unwirksam gemacht werden kann (Abb. 2.12).

Nichtig sind Willenserklärungen	Anfechtbar sind Willenserklärungen
Geschäftsunfähiger (Kinder bis 7 Jahre, Betrunkene, geistig Verwirrte)	bei Inhaltsirrtum: falsch gewählte Worte
bei Verstoß gegen gesetzliches Verbot oder gute Sitten (z. B. Wucher)	bei Erklärungsirrtum: versprechen, verschreiben, vergreifen
die zum Scherz oder Schein abgegeben wurden	bei Eigenschaftsirrtum: falsche Vorstellungen von der Sache
bei Verstoß gegen Formvorschriften (z. B. mündlicher Grundstückskaufvertrag)	bei arglistiger Täuschung und widerrechtlicher Drohung

Abb. 2.12 Übersicht Nichtigkeit und Anfechtbarkeit

Praxisbeispiele Nichtigkeit und Anfechtbarkeit

Sie kaufen in einem Computerfachgeschäft ein Smartphone und sehen noch am gleichen Tag in einem anderen Geschäft das gleiche Gerät 100 Euro billiger angeboten. Für den Geschäftsverkehr wäre es schwierig, wenn einmal rechtens geschlossene Verträge einfach so wieder aufgelöst werden könnten. Daher ist der Vertrag rechtswirksam.

Im Scherz bieten Sie einem Freund an, ihm Ihre High-End-Grafikkarte für 10 Euro zu verkaufen. Er willigt ein, gibt Ihnen 10 Euro und will die Karte tatsächlich mitnehmen. Ihre Willenserklärung ist nichtig.

Sie bestellen bei einem Versandhaus einen PC mit TV-Karte in der Erwartung, dass diese auch DVB-T beherrscht, was jedoch nicht der Fall ist. Die Bestellung ist aufgrund eines Eigenschaftsirrtums, einer falschen Vorstellung von der Sache, anfechtbar.

Wenn Sie sich bei der Bestellnummer verschrieben haben und z. B. eine Waschmaschine geliefert bekommen, liegt ein anfechtbarer Inhaltsirrtum (verschreiben) vor.

Sie kaufen einen gebrauchten PC. Der Verkäufer sichert ihnen zu, dass ein 1,7 GHz-Prozessor eingebaut ist. Später stellen Sie fest, dass es nur ein 900 MHz-Prozessor ist. Der Vertrag ist anfechtbar wegen arglistiger Täuschung.

Wucher

Wucher liegt dann vor, wenn jemand eine *Zwangslage*, *Unerfahrenheit*, fehlendes *Urteilsvermögen* oder *Willensschwäche* eines anderen ausnutzt.

Abstraktionsprinzip

Willenserklärungen können *Verpflichtungserklärungen* oder *Erfüllungserklärungen* sein. Der Gesetzgeber hat aus praktischen Erwägungen die Verpflichtung, etwas zu tun, vom Handeln juristisch getrennt (*Abstraktionsprinzip*). Dies schlägt sich im *Aufbau des BGB* nieder: Wenn man sich verpflichtet, *schuldet man* eine Leistung. Daher regelt das zweite Buch des BGB (§§ 241 bis 853) das *Recht der Schuldverhältnisse*. Im dritten Buch *Sachenrecht* (§§ 854 bis 1296) ist die Erfüllung der Verpflichtungen geregelt.

Praxisbeispiel Abstraktionsprinzip

Ein Hersteller von PC-Komponenten schließt mit seiner Hausbank einen Kreditvertrag zur Finanzierung der Erweiterung der Produktionsanlagen. Die Hausbank verpflichtet sich in dem Vertrag, den Kreditbetrag auf dem Konto des Kunden zur Verfügung zu stellen. Der Kunde verpflichtet sich, Zins und Tilgung zu leisten.

Wenn die Hausbank ein paar Tage später das Geld tatsächlich auf das Konto des Kunden bucht, liegt das erste Erfüllungsgeschäft vor. Und jede Zahlung des Kunden von Zins und Tilgung stellt weitere Erfüllungserklärungen dar.

Bei Streitigkeiten prüfen Juristen zunächst, ob überhaupt ein Kreditvertrag zustande gekommen ist, und danach erst, ob die Erfüllungshandlungen mit den Verpflichtungen übereinstimmen.

Verjährung

Der *Anspruch* auf Erfüllung einer Verpflichtung *verjährt* im Regelfall in *drei Jahren*. Gerechnet wird vom Ende des Kalenderjahres an, in dem die Verpflichtung eingegangen wurde. Besonders wichtige Ansprüche (siehe § 197 BGB) verjähren in 30 Jahren.

Besitz und Eigentum

Die beiden *zentralen Begriffe des Sachenrechts* sind Besitz und Eigentum. *Besitz* ist die *tatsächliche Herrschaft* über eine Sache. *Eigentum* ist die *rechtliche Herrschaft* über eine Sache. Besitz und Eigentum können getrennt werden, wie es in einigen Vertragsarten, z. B. beim Mietvertrag geschieht. Der Vermieter ist Eigentümer, der Mieter Besitzer der Mietsache.

Praxisbeispiel Besitz und Eigentum

Zwei Fachinformatiker und ein Informatikkaufmann wollen in Berlin eine kleine IT-Support-Firma aufbauen. Sie mieten dazu über die Seemann Immobilien AG Gewerberäume. Eigentümer des Hauses ist der Rentner Hans Hörnig. Mit Übergabe der Schlüssel erlangen die drei Existenzgründer Zugang zu den Räumen, nehmen sie in Besitz und statten sie mit dem für den Geschäftsbetrieb Notwendigen aus.

Kurze Zeit darauf stirbt Hans Hörnig. Das Eigentum an dem Gebäude geht auf seine Erben über. Im BGB ist geregelt, dass ein Eigentümerwechsel, auch bei Verkauf, das Mietverhältnis nicht beendet.

Eigentumsvorbehalt

Wird in einem Kaufvertrag ein *Eigentumsvorbehalt* vereinbart, so bleibt der Verkäufer bis zur vollständigen Bezahlung *Eigentümer*, auch wenn der Käufer (durch Übergabe der Sache) bereits *Besitzer* geworden ist. Bei einem *Weiterverkauf* erlischt der Eigentumsvorbehalt, denn der neue Erwerber muss darauf vertrauen können, dass ihm die erworbene Sache auch gehört.

gutgläubiger Erwerb

Ebenso ist ein Käufer vom Gesetz geschützt, wenn dem Verkäufer die Sache nicht gehört: *gutgläubiger Erwerb vom Nichtberechtigten*. Ist der Verkäufer nicht Eigentümer und der Käufer weiß dies nicht, so wird der Käufer mit Übergabe (und Bezahlung) trotzdem Eigentümer.

An *gestohlenen Sachen* kann kein Eigentum erworben werden. Hier stellt der Gesetzgeber den Schutz des bisherigen Eigentümers vor den Schutz des Erwerbers. Dies gilt jedoch *nicht für Geldscheine*, da hier das konkrete Eigentum nicht nachweisbar ist.

Praxisbeispiel Gutgläubiger Erwerb

Die Hausfrau Irma Lustig bestellt bei einem Versandhaus einen neuen Multimedia PC. Um schnell zu Geld zu kommen, verkauft sie den PC an ihren Nachbarn Peter Bransig.

Nachdem Frau Lustig trotz mehrfacher Mahnung nicht bezahlt hat und das Versandhaus von dem Weiterverkauf erfahren hat, verlangt das Versandhaus die Herausgabe des PCs von Herrn Bransig.

Bransig kann sich nicht auf seinen guten Glauben berufen, dass Frau Lustig Eigentümerin des PCs war, denn nach allen Umständen hätte er wissen müssen, dass dies nicht so ist, bzw. sich von Frau Lustig nachweisen lassen müssen, z. B. durch Vorlage des von der Bank bestätigten Überweisungsträgers, dass sie tatsächlich bezahlt hat.

2.3.2 Verträge

Ein *Vertrag* stellt zunächst ein *Verpflichtungsgeschäft* dar. Er entsteht durch zwei verbindliche und übereinstimmende Willenserklärungen, *Antrag und Annahme*. Juristen prüfen daher, ob zwei verbindliche *Willenserklärungen vorliegen*, und ob sie *übereinstimmen*.

Praxisbeispiele Antrag und Annahme

Ein in einem Schaufenster, einer Zeitungsanzeige oder einer Werbebroschüre gemachtes Angebot ist kein Antrag, da diese Willenserklärung an eine konkrete Person gerichtet sein muss. Ein Antrag liegt erst dann vor, wenn ein Kunde den Laden betritt und seinen Kaufwunsch äußert bzw. eine Bestellung macht. Der Verkäufer muss diesen Antrag nicht annehmen, z. B. wird er ablehnen, wenn er in einem Prospekt mit Sonderposten geworben hat und diese sind abverkauft.

Ein Kunde bestellt am 15. Mai aufgrund eines verbindlichen schriftlichen Angebots Waren mit Liefertermin spätestens zum 31. Mai. In dem Angebot war eine Lieferzeit von vier Wochen ab Eingang der Bestellung angegeben, da das Unternehmen die Ware nicht vorrätig hat. Die Bestellung des Kunden ist ein neuer Antrag, da die Willenserklärungen in Bezug auf die Lieferzeit inhaltlich nicht übereinstimmen.

Antrag unter Anwesenden	Antrag unter Abwesenden
Telefonat, Gespräch	schriftlich, per Fax
Annahme muss innerhalb des Gesprächs (sofort) erfolgen.	Annahme muss binnen der Zeit erfolgen, in der der Antragende eine Antwort (unter regelmäßigen Umständen) erwarten darf.

Abb. 2.13 Übersicht Annahmefrist

Ein Kunde fragt bei einem Hersteller an, ob eine bestimmte Ware zum Preis von maximal 320 Euro erhältlich ist. Der Hersteller sendet ihm ein schriftliches Angebot zu, in dem der Preis mit 290 Euro angegeben ist. Eine Anfrage ist kein Antrag! Erst das zugesandte, verbindliche Angebot stellt den Antrag dar, den der Kunde freudig annehmen wird.

Ein Kunde hat ein verbindliches telefonisches Angebot erhalten, konnte sich während des Telefonats jedoch noch nicht entschließen. Er bestellt am nächsten Tag schriftlich das angebotene Produkt zu dem im Telefonat genannten Preis. Die Bestellung stellt einen neuen Antrag dar, da mündlich (auch fernmündlich) gemachte Anträge sofort, d. h. innerhalb des Gesprächs angenommen werden müssen (Abb. 2.13).

Die *verspätete Annahme* eines Antrags gilt als *neuer Antrag*. Um das Problem zu umgehen, wie bei schriftlichen Anträgen *„unter regelmäßigen Umständen"* interpretiert werden soll, empfiehlt es sich, im Antrag eine *Annahmefrist* festzulegen, z. B. durch *„Angebot gültig bis"*.

Die hier am Beispiel des Kaufvertrags erläuterten *Voraussetzungen* für das Zustande- kommen von Verträgen *gelten für alle Vertragsarten*. Die folgende Übersicht stellt im Geschäftsverkehr wichtige Vertragsarten dar (Abb. 2.14):

Den *Werklieferungsvertrag* gibt es als Fachbegriff nicht mehr. Er ist heute eine *Kombination aus Kaufvertrag und Werkvertrag*. Der Unternehmer (Hersteller des Werks) besorgt das Ausgangsmaterial selbst und *verkauft* es an den Besteller.

Allgemeine Geschäftsbedingungen

In der Geschäftspraxis sind Verträgen, insbesondere Kaufverträgen häufig *Allgemeine Geschäftsbedingungen* (AGBs) beigefügt. Das sind *vorformulierte Vertragsbedingungen*, die als Standardbedingungen für alle üblichen Verträge eines Unternehmens eingesetzt werden.

Der *Vorteil von AGBs* ist, dass gerade im Massengeschäft die *rechtlichen Bedingungen* einheitlich und damit *effizient gestaltet* werden können. Sofern es zu Auseinander- setzungen kommt, gibt es dafür klare Regelungen.

Der Gesetzgeber hat *im BGB* (§§ 305 ff.) *strenge Regeln* festgelegt, um den Missbrauch von AGBs zu unterbinden (Abb. 2.15):

Vertrag	Definition	Pflichten
Kauf	Übereignung gegen Entgelt	Verkäufer
		Sache übergeben, Eigentum verschaffen
		Käufer
		Sache annehmen, Kaufpreis zahlen
Werk	Erstellung eines Werkes gegen Entgelt	Besteller
		Vergütung entrichten
	Erfolg wird geschuldet!	Unternehmer
		Herstellung des Werkes
Miete	Gebrauchsüberlassung gegen Entgelt	Vermieter
		Sache überlassen, Gebrauch gewähren
		Mieter
		Miete entrichten, Sache zurückgeben
Pacht	Gebrauchsüberlassung mit Fruchtgenuss gegen Entgelt	Verpächter
		Sache überlassen, Gebrauch und Fruchtgenuss gewähren
		Pächter
		Pacht entrichten, Sache zurückgeben
Dienst	Erbringung von Diensten gegen Entgelt (= Arbeitsvertrag)Erfolg wird nicht geschuldet!	Arbeitgeber
		Vergütung gewähren
		Arbeitnehmer
		versprochene Dienste leisten
Leihe	Unentgeltliche Gebrauchsüberlassung	Verleiher
		Sache überlassen, Gebrauch gewähren
	Rückgabe derselben Sache	Entleiher
		Sache zurückgeben
Darlehen	Überlassung von Geld oder vertretbaren Sachen	Darlehensgeber
		Sache überlassen, Gebrauch gewähren
	Rückgabe in gleicher Art, Güte und Menge	Darlehensnehmer
		vergleichbare Sache zurückgeben, evtl. Entgelt entrichten

Abb. 2.14 Übersicht Wichtige Vertragsarten

Ausdrücklicher Hinweis
AGBs werden nur dann Bestandteil eines Vertrages, wenn *bei Vertragsabschluss ausdrücklich* auf sie hingewiesen wird und die Gegenseite *mit ihrer Geltung einverstanden* ist.
Ein deutlich sichtbarer *Aushang* am Ort des Vertragsabschlusses und der *Hinweis* im Vertrag in der Form „Es gelten die Allgemeinen Geschäftsbedingungen" reicht dazu aus. Bei *Internet-Geschäften* müssen die AGBs *auf der Website* einsehbar sein.
Überraschende Klauseln
Klauseln in den AGB, die nicht dem üblichen Geschäftsverkehr entsprechen, werden *nicht Vertragsbestandteil.*
Unangemessene Benachteiligung
Ferner sind Bedingungen unwirksam, die den Vertragspartner *unangemessen benachteiligen.* Dazu gehören auch *nicht klar und verständlich* formulierte Regelungen.
Verbotene Klauseln
Das *BGB* enthält eine lange *Liste von verbotenen Klauseln* (§§ 308, 309), die nicht Bestandteil von AGBs sein dürfen.
Zweifel bei der Auslegung
Sind AGBs nicht klar verständlich formuliert, gehen sie zu Lasten des Unternehmens.
Individuelle Vereinbarungen
Sind im Vertrag Vereinbarungen getroffen worden, die den AGB widersprechen, so *gehen* diese den AGBs *vor.*

Abb. 2.15 Übersicht AGBs

Das BGB bezeichnet den Kunden im Gesetz als den „*Vertragspartner des Verwenders*" der AGB.

2.3.3 Vertragsstörungen

Kommt eine Vertragsseite im *Erfüllungsgeschäft* ihren Pflichten nicht nach, so liegt eine *Vertragsstörung* vor und es ergeben sich im Gesetz genau festgelegte Ansprüche der Gegenseite. Diese Ansprüche werden im Folgenden an den beiden für IT-Unternehmen wichtigsten Vertragsarten, dem *Kaufvertrag und* dem *Werkvertrag* verdeutlicht.

Kaufvertrag

Ein *Kaufvertrag* hat grundsätzlich die *Übertragung von Besitz und Eigentum* an einer Sache gegen Entgelt zum Inhalt. Im *Verpflichtungsgeschäft* geht jede Vertragspartei bestimmte *Verpflichtungen* ein.

Verkäufer

Der *Verkäufer* verpflichtet sich, die Kaufsache frei von Sachmängeln und Rechtsmängeln zu übergeben und dem Käufer das Eigentum an der Sache zu verschaffen.

Käufer

Der *Käufer* verpflichtet sich, die Sache anzunehmen und den Kaufpreis zu zahlen.

Aus diesen Verpflichtungen ergeben sich alle möglichen Kaufvertragsstörungen. Die Sache kann einen Mangel haben (*Mängelrüge*), der Verkäufer übergibt die Sache nicht (*Lieferungsverzug*), der Käufer nimmt die Sache nicht an (*Annahmeverzug*) oder er zahlt den vereinbarten Kaufpreis nicht (*Zahlungsverzug*).

Der *Übergang des Eigentums* auf den Käufer erfolgt grundsätzlich *bei Lieferung* (Übergabe der Sache), es sei denn, es wurde ein *Eigentumsvorbehalt* vereinbart. Dann geht das Eigentum mit *Abschickung der Bezahlung* (z. B. Übergabe des Überweisungsauftrags an die Bank) automatisch auf den Käufer über.

Die folgende *Übersicht* fasst *alle Kaufvertragsstörungen* mit ihrer Wirkung und den Rechten der beeinträchtigten Vertragspartei zusammen (Abb. 2.16):

höhere Gewalt

Der Verzug tritt nicht ein, wenn die *Leistung unmöglich* ist, z. B. bei *höherer Gewalt*. Das ist ein von außen kommendes und unvorhersehbares Ereignis, das nicht verhindert werden kann.

Mangelhafte Lieferung	
Beschreibung und Wirkung	Der Verkäufer übergibt die Sache nicht frei von Sach- und Rechtsmängeln, d. h. die Sache hat nicht die vereinbarte Beschaffenheit (Mangel in Art, Menge oder Qualität). Die Rüge des Mangels durch den Käufer muss unverzüglich nach Entdeckung erfolgen.
Rechte der Gegenseite	*Nacherfüllung*, d. h. Beseitigung des Mangels oder Ersatzlieferung *Minderung* des Kaufpreises *Rücktritt* vom Vertrag *Schadenersatz* (sofern durch die mangelhafte Lieferung ein Schaden entstanden ist)

Lieferungsverzug	
Beschreibung und Wirkung	Der Verkäufer übergibt die Sache nicht, d. h. die Lieferung erfolgt nicht oder ein vereinbarter Liefertermin wird nicht eingehalten.
Rechte der Gegenseite	*Mahnung und Nachfristsetzung* (nicht erforderlich bei Fix- und Terminkauf) *Rücktritt* vom Kaufvertrag *Schadenersatz* wegen Nichterfüllung (sofern ein Schaden entstanden ist)

Abb. 2.16 Übersicht Kaufvertragsstörungen

Ein Mangel liegt auch vor, wenn sich die Sache für die *übliche Verwendung* nicht eignet oder Eigenschaften nicht hat, die in der *Werbung* angegeben sind. Auch die Lieferung einer zu *geringen Menge*, eine *schlechte Montage* oder eine unverständliche *Gebrauchsanweisung* stellt einen Mangel dar.

Nacherfüllung

Das erste und wichtigste Recht des Käufers bei mangelhafter Lieferung ist die *Nacherfüllung*, d.h. *Ersatzlieferung* oder *Behebung des Mangels*. Grundsätzlich liegt das *Wahlrecht beim Käufer*. Wenn der Mangel leicht zu beheben ist, kann der Käufer nicht auf Ersatzlieferung bestehen. Alle anderen Rechte hat der Käufer erst, wenn die Nacherfüllung scheitert.

Annahmeverzug	
Beschreibung und Wirkung	Der Käufer nimmt die Sache nicht an. Die Sache muss ihm tatsächlich angeboten worden sein.
	Die Gefahr des zufälligen Untergangs geht auf den Käufer über.
	Der Käufer muss einen Mindererlös aus dem anderweitigen Verkauf der Sache und dadurch entstandene Kosten tragen, ein Mehrerlös daraus steht ihm zu.
Rechte der Gegenseite	*Klage* auf Abnahme
	Selbsthilfeverkauf (öffentliche Versteigerung)
	Notverkauf (bei leicht verderblichen Waren)
	Freihändiger Verkauf (bei Waren mit einem Marktpreis)

Wird der Käufer am Tag der Lieferung nicht angetroffen, so bedeutet dies noch keinen Annahmeverzug. Erst wenn er *wiederholt und trotz Terminvereinbarung* die Sache nicht annimmt oder die Annahme konkret ablehnt, liegt die Störung vor. Wird *beim Rücktransport* die Sache *zerstört*, z.B. bei einem Unfall, muss der Käufer sie bezahlen. Bei der *Versteigerung* darf der Käufer mitbieten.

Zahlungsverzug	
Beschreibung und Wirkung	Der Käufer zahlt den Kaufpreis nicht. Er gerät (ohne Mahnung) 30 Tage nach Fälligkeit und Zugang der Rechnung in Verzug.
Rechte der Gegenseite	Einleitung des gerichtlichen *Mahnverfahrens*
	Klage auf Zahlung
	Rücktritt vom Vertrag
	Schadenersatz (Verzugszinsen, Ersatz der Kosten)

Mahnbescheid

Um die Kosten niedrig zu halten, wird vor der Klage zunächst beim Amtsgericht ein *Mahnbescheid* beantragt. Das Amtsgericht stellt dem Kunden den Mahnbescheid zu. Legt der Kunde binnen zwei Wochen *Widerspruch* ein, kommt es sofort zur *Gerichtsverhandlung*. Unternimmt er nichts, kann beim Amtsgericht ein *Vollstreckungsbescheid* beantragt werden, der dem Kunden vom Amtsgericht zugestellt wird. Hier besteht auch eine *Widerspruchsfrist* von zwei Wochen. Unternimmt der säumige Kunde nichts, so erhält der Gläubiger einen *vollstreckbaren Titel*, mit dem er den *Gerichtsvollzieher* mit der *Zwangsvollstreckung* beauftragen kann.

Rücktritt

Der *Rücktritt* des Verkäufers vom Vertrag bedeutet, dass der Käufer die Sache herausgeben und einen Nutzungsverschleiß ersetzen muss.

Praxisbeispiele Werkvertrag

Ein Architekturbüro schließt mit einem IT-Dienstleister einen Vertrag zur Einrichtung eines PC-Netzwerkes. Das Architekturbüro hat dazu dem IT-Dienstleister ein Lastenheft übergeben, in dem genau festgelegt ist, welche Anforderungen an das Netzwerk gestellt werden. Bei Abnahme des fertig installierten Netzwerkes wird anhand des Lastenheftes überprüft, ob die Leistung in der vereinbarten Weise erbracht worden ist.

Ein großes Medienunternehmen schließt mit einem Software-Hersteller einen Vertrag über die Lieferung und Einrichtung einer Desktopmanagement-Software, mit der firmenweit die Softwareverteilung, Inventarisierung und Fernwartung organisiert werden soll. Hier liegt ein Kaufvertrag (über die Software) und ein Werkvertrag (Installation) vor.

Werkvertrag

Ein *Werkvertrag* beinhaltet die *Erstellung eines Werkes gegen Entgelt*. Der Erfolg wird geschuldet.

Unternehmer

Der *Unternehmer* verpflichtet sich zur Herstellung des Werkes.

Besteller

Der *Besteller* verpflichtet sich, die vereinbarte Vergütung zu entrichten.

Die sich aus diesen Verpflichtungen ergebenden *Rechte bei Werkvertragsstörungen* sind denen der Kaufvertragsstörungen sehr ähnlich. Insbesondere bei Lieferungsverzug, Annahmeverzug und Zahlungsverzug ergeben sich aus der Natur der Störung die gleichen Rechte wie beim Kaufvertrag.

Nacherfüllung	*Nachbesserung* oder *Neuherstellung*
	Das *Wahlrecht* liegt *beim Unternehmer*, nicht beim Besteller!
	Der Unternehmer muss den Mangel nicht verschuldet haben, kann aber die Nacherfüllung *verweigern*, wenn sie *unmöglich* oder nur mit *sehr hohem Aufwand* möglich ist.
Selbstvornahme	Erst nach erfolgloser Nacherfüllung kann der Besteller den Mangel *selbst beseitigen (lassen)*.
	Er kann vom Unternehmer den *Ersatz der Kosten im Voraus* verlangen.
Minderung	Der Besteller kann eine *Herabsetzung des Werklohns* (Vergütung) verlangen.
Rücktritt	*Nach Setzen einer Frist* für die Nacherfüllung oder wenn die Nacherfüllung fehlgeschlagen oder unzumutbar ist, kann der Besteller vom Vertrag zurücktreten.
Schadenersatz	Ist dem Besteller durch die mangelhafte Leistung ein *Schaden entstanden*, muss der Unternehmer ihm diesen Schaden ersetzen.

Abb. 2.17 Übersicht Mängelrüge beim Werkvertrag

Personengesellschaften	Kapitalgesellschaften
Offene Handelsgesellschaft (*OHG*)	Gesellschaft mit beschränkter Haftung (*GmbH*)
Kommanditgesellschaft (*KG*)	Aktiengesellschaft (*AG*)

Abb. 2.18 Übersicht Rechtsformen

Die *Mängelrüge beim Werkvertrag* enthält einige Unterschiede zur Mängelrüge beim Kaufvertrag (Abb. 2.17):

2.3.4 Rechtsformen

Die *Firma* ist der *Name* des Kaufmanns, mit dem er ins Handelsregister eingetragen wird. Der Name muss einen *Zusatz* tragen, der die *Rechtsform* kennzeichnet. Bei *Einzelkaufleuten* ist dies der Zusatz „*e. K.*" (eingetragener Kaufmann). Bei *Gesellschaften* mit Kaufmannseigenschaft gibt der Gesetzgeber *vier mögliche Zusätze* vor, die die rechtliche Ausgestaltung der Gesellschaft kennzeichnen (Abb. 2.18).

Das *Handelsregister* wird *beim Amtsgericht* geführt und *verzeichnet alle Kaufleute* des Amtsgerichtsbezirks. Es genießt *öffentlichen Glauben*, d. h. alle Eintragungen gelten als richtig, es sei denn, dem Betroffenen ist die Unrichtigkeit der Eintragung bekannt. Das Handelsregister dient dazu, die *Öffentlichkeit* über wichtige Sachverhalte und Rechtsverhältnisse zu *informieren*. Daher werden die Eintragungen im Bundesanzeiger und in einer

Abteilung A Einzelkaufleute, Personengesellschaften	Abteilung B Kapitalgesellschaften
Firmenbezeichnung, Ort der Niederlassung, Gegenstand des Unternehmens, Prokura-Erteilung und Löschung der Prokura, Eröffnung der Insolvenz, Liquidation	
Namen des Inhabers, der Gesellschafter Höhe der Kommanditeinlagen	Namen der Geschäftsführer, des Vorstands Höhe des Stamm- bzw. Grundkapitals

Abb. 2.19 Übersicht Handelsregister

Personengesellschaften		
OHG	*Alle Gesellschafter* haften persönlich, unbeschränkt und solidarisch.	*Jeder Gesellschafter* kann die Gesellschaft *alleine* vertreten (Grundsatz).
KG	*Komplementär* ist Vollhafter (wie bei der OHG) *Kommanditist* haftet nur mit seiner Kommanditeinlage	*Komplementär* kann die Gesellschaft *alleine* vertreten *Kommanditist* hat *keine* Geschäftsführungsbefugnis
Kapitalgesellschaften		
GmbH	Haftung ist auf das *Kapital* beschränkt, evtl. Nachschusspflicht	Vertretung durch die *Geschäftsführer*, *nicht* durch *Gesellschafter*
AG	Haftung ist auf das *Kapital* beschränkt	Vertretung durch den *Vorstand*, *nicht* durch *Aktionäre*

Abb. 2.20 Übersicht Haftung und Vertretung

Tageszeitung veröffentlicht, und *jedermann kann* ins Handelsregister *Einsicht nehmen*, ohne ein besonderes Interesse nachweisen zu müssen (Abb. 2.19).

Die *Unterschiede* zwischen den vier Gesellschaftsformen liegen in der Ausgestaltung der *Haftung und* der *Vertretungsbefugnisse*. Während es bei *Personengesellschaften* mindestens einen *Vollhafter* gibt, der auch mit seinem Privatvermögen haftet, ist bei *Kapitalgesellschaften* die Haftung auf das *Eigenkapital* der Gesellschaft beschränkt. Daher haben Kapitalgesellschaften eine *eigene Rechtsfähigkeit*, der *Gesellschaftsvertrag* muss *notariell beurkundet* sein (Abb. 2.20).

Die *Vollhafterstellung der OHG-Gesellschafter* (persönlich, unbeschränkt, solidarisch) bedeutet, dass *jeder Gesellschafter für alle Ansprüche* an die OHG in Anspruch genommen werden kann, ohne Beschränkungen.

Kommanditgesellschaft

Die *Kommanditgesellschaft* stellt eine *Mischung aus OHG und Kapitalgesellschaft* dar und eignet sich gut für Familienunternehmen, bei denen die Verwandtschaft sich finanziell beteiligen, aber weder haften noch die Geschäfte führen möchte.

	Gründungskapital	Kapitaleinlagen der Gesellschafter
AG	*Grundkapital* mindestens *50.000 Euro*	*Aktien* - *Nennwertaktien:* Mindestnennwert *1 Euro* - *Stückaktien:* Prozent-Anteil am Grundkapital
GmbH	*Stammkapital* mindestens *25.000 Euro*	*Stammeinlage* mindestens *100 Euro*

Abb. 2.21 Übersicht Kapitaleinlage

Während es für die Personengesellschaften keine gesetzlichen Vorschriften über die *Höhe der Kapitaleinlage bei der Gründung* gibt, ist dies für Kapitalgesellschaften im *GmbH-Gesetz* und im *Aktiengesetz* streng geregelt (Abb. 2.21):

Bei *Personengesellschaften* sind *mindestens zwei Gründer* erforderlich, hingegen kann eine *Kapitalgesellschaft* auch von *einer Person* alleine gegründet werden.

Der *Gesellschaftsvertrag* von *Kapitalgesellschaften* muss *notariell beurkundet* werden.

Die *Gesellschafterversammlung* der GmbH ist das *Kontrollorgan*, das die Geschäftsführung überwacht. Bei der AG nennt sich dieses Organ *Hauptversammlung*.

Der *Vorteil* einer Kapitalgesellschaft, dass das *Privatvermögen unangetastet* bleibt, ist mit dem *Nachteil* einer gegenüber Personengesellschaften *geringeren Kreditwürdigkeit* verbunden.

GbR

Die *GbR* (Gesellschaft bürgerlichen Rechts, siehe §§ 705 ff. BGB) stellt eine *Auffangregelung* dar, wenn mehrere Personen mit einem *gemeinsamen Zweck* handeln, dies aber *nicht konkret* in einem Vertrag *vereinbart* haben.

Partnerschaft

Die *Partnerschaft* ist eine Rechtsform für freie Berufe gemäß *Partnerschaftsgesellschaftsgesetz* (PartGG). Es erfolgt eine Eintragung im *Partnerschaftsregister*.

Vollmacht

Geschäftsinhaber können nicht alle Entscheidungen alleine treffen und vergeben daher *Vollmachten* an ihre Mitarbeiter. Die Vollmacht mit der stärksten Wirkung ist die *Prokura*, die ins Handelsregister eingetragen und damit öffentlich gemacht wird (Abb. 2.22).

Prokura

Die *Prokura* wird durch den *Inhaber oder Geschäftsführer* gegenüber dem Begünstigten *erklärt* und ist damit *wirksam*. Sie wird ins *Handelsregister* eingetragen, um sie *öffentlich bekannt* zu machen. Zum *Entzug der Prokura* reicht ebenfalls eine einfache Erklärung,

Prokura	Handlungsvollmacht	Artvollmacht
alle gerichtlichen und außergerichtlichen Geschäfte, die der Betrieb eines Handelsgewerbes mit sich bringt	alle Geschäfte und Rechtshandlungen, die der Betrieb gewöhnlich mit sich bringt	alle Rechtshandlungen einer bestimmten Art, z. B. Ladenvollmacht (übliche Verkäufe tätigen)

Abb. 2.22 Übersicht Vertretung

jedoch erst mit Löschung im Handelsregister wirkt der Entzug nach außen. Das HGB sieht klare Regelungen zum *Umfang* dieser Vollmacht vor. *Beschränkungen* im Innenverhältnis gelten im Außenverhältnis nicht. Ein Prokurist unterschreibt Geschäftspost mit einem Zusatz, der seine Prokura kennzeichnet, z. B. mit „*ppa.*" (per procura). Prokura kann auch *mehreren Mitarbeitern gemeinschaftlich* erteilt werden. Sie sind dann nur zusammen zeichnungsberechtigt.

Ein Prokurist soll die Geschäftsführung gut entlasten können. Die *Begrenzungen* der Prokura dienen dem *Schutz des Unternehmens*. Der *Verkauf* eines wichtigen *Grundstücks* ist wesentlich schwieriger rückgängig zu machen als der *Kauf* eines Grundstücks. Bilanzen und Steuererklärungen o. ä. unterschreiben dürfen nur die gesetzlichen Vertreter.

2.3.5 Arbeitsrecht

Ein für Unternehmen rechtlich bedeutsamer Aspekt der *sozialen Marktwirtschaft* ist, dass es eine *große Vielfalt gesetzlicher Regelungen zum Arbeitsrecht* gibt, die darauf abzielen, *abhängig Beschäftigte* zu *schützen* (Abb. 2.23):

Tarifvertrag
Ferner müssen von Arbeitgebern *tarifvertragliche Regelungen* beachtet werden, die im Rahmen der gesetzlichen Mindestregelungen von Arbeitnehmervertretern und Gewerkschaften ausgehandelt werden. Tarifverträge enthalten Vereinbarungen über *Löhne und Gehälter, Arbeitszeit, Urlaub, Kündigungsfristen usw.*

Mantel
Mantel- oder Rahmentarifverträge sind i. d. R. *längerfristig* und regeln *allgemeine Arbeitsbedingungen* wie Kündigungsfristen, Urlaubsanspruch, Arbeitszeit, etc.

Gehalt
Lohn- und Gehaltstarifverträge enthalten Lohn- und Gehaltssätze für die unterschiedlichen *Lohn- und Gehaltsgruppen*, auf Basis eines *Eck- oder Grundlohns*. Ihre Laufzeit beträgt meist *ein oder zwei Jahre*. Danach muss jeweils neu verhandelt werden.

Bürgerliches Gesetzbuch (BGB)
Der im BGB geregelte *Dienstvertrag* stellt die rechtliche Grundlage für den Ausbildungs- und den *Arbeitsvertrag* dar. Wichtig ist vor allem § 622 BGB, *Kündigungsfristen*.
Berufsbildungsgesetz (BBiG)
regelt die Begründung, den Inhalt und die Beendigung der Berufsausbildung, u.a. *Schriftform* für den Ausbildungsvertrag, *Probezeit* mindestens 1, höchstens 3 Monate, *Kündigungsrecht*.
Betriebsverfassungsgesetz (BetrVerfG)
Mitbestimmung der Arbeitnehmer über *Betriebsrat* und *Betriebsversammlung*, wichtig sind *Wahl* und *Rechte* des Betriebsrats (Mitbestimmung, Mitwirkung, Anhörung) und der Jugend- und Auszubildendenvertretung (JAV).
Jugendarbeitsschutzgesetz (JArbSchG)
verbietet vor allem zu lange *Arbeitszeiten* für Jugendliche: grundsätzlich nicht am *Wochenende*, maximal *40 Stunden* in der Woche, keine *Akkordarbeit*, Staffelung für 16 und 17-Jährige und in bestimmten Berufen, ärztliches Attest
Kündigungsschutzgesetz (KSchG)
erweitert die Fristenregelungen des BGB um den Schutz bestimmter *Personenkreise* und um die Regelung, wie eine Kündigung *gerechtfertigt* werden muss (insb. betriebsbedingte Kündigung).
Mutterschutzgesetz (MSchG)
Wichtig ist vor allem der *Kündigungsschutz* werdender Mütter und das Arbeitsverbot *sechs Wochen* vor und *acht Wochen* nach der Entbindung sowie leichtere *Arbeitsbedingungen*.
Entgeltfortzahlungsgesetz
Zahlung des Arbeitsentgelts an Feiertagen und im Krankheitsfall: *Sechs Wochen* muss der Arbeitgeber weiter zahlen, wenn der Arbeitnehmer (ohne eigenes Verschulden) arbeitsunfähig ist.
Arbeitsschutzgesetz (ArbSchG)
betrifft den *technischen* Arbeitsschutz (die Arbeitssicherheit) und enthält eine Reihe von *Pflichten* für den Arbeitgeber, z. B. Gefahrenbekämpfung, Erste-Hilfe-Einrichtungen, etc.
Arbeitszeitgesetz (ArbZG)
regelt die werktägliche Arbeitszeit, Nacht- und Schichtarbeit, Ruhezeiten, Sonn- und Feiertage.
Bundesurlaubsgesetz
Die wichtigste Regelung ist der Anspruch auf *mindestens 24 Tage* bezahlten *Erholungsurlaub* pro Jahr.

Abb. 2.23 Übersicht Wichtige Gesetze des Arbeitsrechts

Arbeitskampf

Jede der beiden Seiten hat *Arbeitskampfmittel* zur Verfügung um den Forderungen Nachdruck zu verleihen. Die *Arbeitnehmerseite* (Gewerkschaften) kann, wenn die Verhandlungen scheitern, nach einer Urabstimmung zum *Streik* aufrufen, wenn 75 Prozent der Gewerkschaftsmitglieder dem zustimmen. Die *Arbeitgeberseite* kann während eines

Streiks die Arbeitsverhältnisse aller Arbeitnehmer bestimmter Betriebe vorübergehend aufheben (*Aussperrung*). Der *Staat darf nicht* in Tarifverhandlungen *eingreifen*.

Betriebs-vereinbarung

Über die tarifvertraglichen Regelungen hinaus gehen *Betriebsvereinbarungen*, die auf der *betrieblichen Ebene* zwischen Unternehmensführung und Betriebsrat getroffen werden.

Im Prinzip kann jeder Bereich, bei dem der Betriebsrat *Mitbestimmungs- oder Mitwirkungsrechte* hat, zum *Gegenstand einer Betriebsvereinbarung* werden (Abb. 2.24).

Mitbestimmung

Die betriebliche Mitbestimmung ist umfassend im *Betriebsverfassungsgesetz* geregelt. Das wichtigste Organ der betrieblichen Mitbestimmung ist der *Betriebsrat*. Er kann in jedem Betrieb gebildet werden, in dem *mindestens fünf* wahlberechtigte Arbeitnehmer ständig beschäftigt sind. Er wird *alle vier Jahre* im Zeitraum März bis Mai gewählt.

Aus dem Betriebsrat ausgegliedert ist die *Jugend- und Auszubildendenvertretung* (JAV). Sie wird *alle zwei Jahre* im Zeitraum Oktober bis November gewählt und vertritt nicht nur die *nicht volljährigen Arbeitnehmer*, sondern auch *Auszubildende* und *Praktikanten* bis zum 25. Lebensjahr. Eine *JAV* kann in jedem Betrieb gebildet werden, in dem *mindestens fünf* wahlberechtigte Arbeitnehmer beschäftigt sind (Abb. 2.25).

Maßnahmen zur Verhütung von *Arbeitsunfällen* und *Gesundheitsschädigungen*
Maßnahmen des betrieblichen *Umweltschutzes*
Errichtung betrieblicher *Sozialeinrichtungen*
Maßnahmen zur Förderung der *Vermögensbildung*
Maßnahmen zur *Integration ausländischer Arbeitnehmer* sowie zur Bekämpfung von Rassismus und Fremdenfeindlichkeit im Betrieb

Abb. 2.24 Übersicht Inhalte von Betriebsvereinbarungen

Betriebsrat	
aktives Wahlrecht	*Wahlberechtigt* sind alle Arbeitnehmer, die das *18. Lebensjahr vollendet* haben.
passives Wahlrecht	*Wählbar* ist jeder Arbeitnehmer, der das 18. Lebensjahr vollendet hat *und sechs Monate* dem Betrieb angehört.
Jugend- und Auszubildendenvertretung (JAV)	
aktives Wahlrecht	*Wahlberechtigt* sind alle Arbeitnehmer, die das *18. Lebensjahr noch nicht vollendet* haben, und alle *Auszubildenden, Praktikanten, Umschüler* unter 25 Jahre.
passives Wahlrecht	*Wählbar* ist jeder Arbeitnehmer, der das *25. Lebensjahr noch nicht vollendet* hat und nicht bereits dem Betriebsrat angehört.

Abb. 2.25 Übersicht Wahl von Betriebsrat und JAV

Mitbestimmungsrechte bedeuten, dass der Arbeitgeber den Betriebsrat zur Entscheidung mit hinzuziehen muss.
- Beginn und Ende der täglichen Arbeitszeit, Pausenregelung,   - Aufstellung des Urlaubsplans, Entscheidung über Betriebsferien,   - Maßnahmen der Unfallverhütung und der Arbeitssicherheit,   - Entscheidungen zur betrieblichen *Lohngestaltung*,   - *Betriebliche Ordnung*: Stechuhren, Überwachungskameras, etc.,   - Grundsätze der *Personalbeurteilung*
Bei den **Mitwirkungsrechten** muss der Betriebsrat angehört werden, und seine Vorschläge sollen in die Entscheidung mit einbezogen werden.
- *Stilllegung* oder Verlegung von Betriebsteilen, *Sozialplan*,   - *Einstellung*, Gruppierung und Versetzung von Mitarbeitern,   - Einführung neuer *Arbeitsmethoden*,   - Anhörung bei *Kündigung*
Informationsrechte betreffen betriebliche Vorgänge und Entwicklungen, über die der Betriebsrat zu informieren ist.
- *wirtschaftliche Lage*: Produktion, Absatz, geplante Investitionen,   - gegenwärtige und zukünftige *Personalbedarfsplanung*,   - Anhörung in *persönlichen Angelegenheiten* der Mitarbeiter,   - Einsichtnahme in *Personalakten*, Überprüfung der Eintragungen

Abb. 2.26 Übersicht Rechte des Betriebsrats

Die *Rechte des Betriebsrats* lassen sich unterscheiden in Mitbestimmungsrechte, Mitwirkungsrechte und Informationsrechte (Abb. 2.26):

Einigungsstelle

Bei *Konflikten* zwischen Arbeitgeber und Betriebsrat kann die *Einigungsstelle* eingeschaltet werden. Sie wird hälftig aus Betriebsratsmitgliedern und Arbeitgebervertretern gebildet und hat einen *unparteiischen Vorsitzenden*. Wird auch über die Einigungsstelle keine Einigung erzielt, entscheidet das *Arbeitsgericht*.

Wirtschaftsausschuss

Ab 100 Mitarbeitern ist zudem ein *Wirtschaftsausschuss* zu bilden. Er berät wirtschaftliche Angelegenheiten mit dem Arbeitgeber und *unterrichtet* (informiert) *den Betriebsrat*.

Betriebsversammlung

Betriebsversammlungen werden vom Betriebsrat *vierteljährlich* einberufen. *Alle Arbeitnehmer* des Betriebs sind teilnahmeberechtigt. Der *Arbeitgeber* ist einzuladen und hat (einmal jährlich) über das *Personal- und Sozialwesen* sowie über *wirtschaftliche Fragen* zu berichten.

Praxisbeispiel Arbeitsvertrag

Die drei Gesellschafter der Xbix GbR haben eine Stellenanzeige geschaltet, da sie für die Betreuung des Telefons und für Büroarbeiten eine Aushilfe benötigen. Es wurden mit mehreren Bewerberinnen Gespräche geführt, und die Wahl fiel auf eine junge Informatikkauffrau mit viel Büroerfahrung. Am Ende des Gesprächs schüttelten ihr alle drei die Hand und fragten, wann sie anfangen könnte.

Wie jeder Vertrag kommt auch ein *Arbeitsvertrag* (Dienstvertrag) zustande durch *zwei übereinstimmende Willenserklärungen*, Antrag und Annahme. Da es für den Arbeitsvertrag *keine Formvorschriften* gibt, ist tatsächlich durch das Einstellungsgespräch ein rechtswirksamer Arbeitsvertrag zustande gekommen. Allerdings ist bei einem mündlich geschlossenen Arbeitsvertrag die *Beweislage* schwierig.

Tarifvertrag

Wird im Arbeitsvertrag Bezug auf einen *Tarifvertrag* genommen, so wird dieser *Bestandteil* der Vereinbarungen. Es können jedoch im Arbeitsvertrag vom Tarifvertrag *abweichende Regelungen* vereinbart werden, sofern sie den Arbeitnehmer nicht schlechter stellen.

Kündigung

Die *Kündigung* eines Arbeitsverhältnisses erfordert die *Schriftform* (§ 623 BGB). Die *Kündigungsfristen* sind in § 622 BGB geregelt, der dem *Arbeitgeber längere Fristen* auferlegt (Abb. 2.27):

Bei der Berechnung der Beschäftigungsdauer werden Zeiten, die vor der *Vollendung des 25. Lebensjahres* des Arbeitnehmers liegen, nicht berücksichtigt.

Dem *Betriebsrat* müssen die Gründe für die Kündigung dargelegt werden, und er kann sich dazu äußern (*Anhörung*). Wichtig ist, dass diese Anhörung *vor der Kündigung* erfolgt, damit der Betriebsrat die Chance hat, auf den Arbeitgeber einzuwirken und den Konflikt zu klären.

Arbeitnehmer:	*vier Wochen* zum Fünfzehnten oder zum Ende des Monats
Arbeitgeber:	
Dauer des Arbeitsverhältnisses	*Kündigungsfrist zum Ende des Monats*
zwei Jahre	einen Monat
fünf Jahre	zwei Monate
acht Jahre	drei Monate
zehn Jahre	vier Monate
zwölf Jahre	fünf Monate
fünfzehn Jahre	sechs Monate
zwanzig Jahre	sieben Monate

Abb. 2.27 Übersicht Kündigungsfristen

Zeugnis

Ein Arbeitnehmer hat bei Beendigung des Arbeitsverhältnisses *Anspruch* auf ein *schriftliches Zeugnis*, das Angaben zu *Art und Dauer der Tätigkeit* enthält. Dies bezeichnet man als *einfaches* Zeugnis. Ein *qualifiziertes* Zeugnis enthält *zusätzlich* eine *Leistungs- und Verhaltensbewertung*, z.B. „Frau Flinke hat die ihr übertragenen Aufgaben stets zur vollsten Zufriedenheit erfüllt." Wenn der Arbeitnehmer ein qualifiziertes Zeugnis *verlangt*, muss der Arbeitgeber dies auch ausstellen.

Kündigungsschutz

Im *Kündigungsschutzgesetz* ist geregelt, dass ein Arbeitnehmer, der seine Kündigung für sozial ungerechtfertigt hält, *innerhalb von drei Wochen* nach Zugang der Kündigung *Klage beim Arbeitsgericht* erheben kann. Inhaltlich bedeutet die Klage, dass vom Arbeitsgericht festgestellt werden soll, dass das Arbeitsverhältnis durch die Kündigung nicht aufgelöst ist.

Aufgrund des Betriebsverfassungsgesetzes stehen *Betriebsratsmitglieder* und *Jugend- und Auszubildendenvertreter* unter besonderem Kündigungsschutz. Aufgrund des Mutterschutzgesetzes sind *schwangere Mitarbeiterinnen* geschützt. Im neunten Buch des Sozialgesetzbuches (SGB IX) ist der Kündigungsschutz für *Schwerbehinderte* geregelt.

2.3.6 Grundzüge des Verwaltungsrechts

Der erste (und sicherlich nicht der letzte) Kontakt des Unternehmens mit der öffentlichen Verwaltung ist die in Deutschland erforderliche *Gewerbeanmeldung* vor Aufnahme der Geschäftstätigkeit *beim Gewerbeamt* und die Anmeldung beim zuständigen Finanzamt. *Vordrucke* und Fragebogen sind *auf den Websites der Behörden* im Internet abrufbar.

Gewerbe

Wichtigste Rechtsgrundlage dafür ist die *Gewerbeordnung*. § 1 GewO, der *Grundsatz der Gewerbefreiheit*, besagt:

Der Betrieb eines Gewerbes ist jedermann gestattet, soweit nicht durch dieses Gesetz Ausnahmen oder Beschränkungen vorgeschrieben oder zugelassen sind.

Es gibt in der Gewerbeordnung eine Aufzählung von *erlaubnispflichtigen Gewerben*, z.B. das Aufstellen von Spielautomaten oder das Betreiben von Discos oder Musikkneipen. Der *Handel* mit Waren aller Art ist *nicht* erlaubnispflichtig, es sei denn, es handelt sich um ein Reisegewerbe, für die eine *Reisegewerbekarte* erforderlich ist.

Die Abgrenzung von Gewerbe zu den *freien Berufen* ist in *§6 GewO* geregelt: Fischerei, Apotheken, Kindererziehung gegen Entgelt, Unterrichtswesen, Rechtsanwälte und Notare, Buchprüfer, Steuerberater u.ä. sind *kein Gewerbe*.

Praxisbeispiele Gewerbeanmeldung

Die Xbix GbR möchte regelmäßig LAN-Partys veranstalten und will dazu Räumlichkeiten fest anmieten. In einem Raum sollen auch Tanzmöglichkeiten zur Entspannung geboten werden. Die Gesellschafter erkundigen sich beim örtlichen Ordnungsamt, ob dazu eine Gewerbanmeldung oder sogar eine behördliche Erlaubnis erforderlich ist. Da auch Speise und Trank gereicht werden sollen, ist zusätzlich das Gaststättengesetz zu beachten.

Die Tätigkeit eines EDV-Beraters, der eine rein beratende Tätigkeit ausübt, ist kein Gewerbe. Die Tätigkeit eines IT-Supporters, der auf eigene Rechnung PC-Komponenten beschafft, bedarf der Gewerbeanmeldung.

Zusätzlich zur Gewerbeordnung gibt es eine Reihe weiterer *Spezialgesetze*, die die Erlaubnispflicht gewerblicher Tätigkeit anordnen, z. B.:

- Betrieb von *Gaststätten*: Gaststättengesetz
- *Güterfernverkehr*: Güterkraftverkehrsgesetz
- *Taxibetrieb*: Personenbeförderungsgesetz

Handwerk

Wer ein *Handwerk* betreiben will, bedarf der Anmeldung bei der *Handwerkskammer* und Eintragung in die *Handwerksrolle*. Er erhält dann eine *Handwerkskarte*. Rechtsgrundlage ist die *Handwerksordnung*. Wer, ohne in die Handwerksrolle eingetragen zu sein, ein zulassungspflichtiges Handwerk als stehendes Gewerbe selbständig betreibt, handelt ordnungswidrig.

Für das unternehmerische Tätigwerden innerhalb des Rechtssystems der Bundesrepublik Deutschland sind *weitere öffentlich-rechtliche Rechtsvorschriften* zu beachten, z. B. das *Polizei- und Ordnungsrecht*, das *Immissionsschutzrecht*, das *Baurecht*, das *Straßenrecht*, das *Ladenschlussgesetz*, etc.

Die Bundesrepublik Deutschland ist ein *Rechtsstaat*. Daher genießt der Bürger gerade auch gegenüber dem staatlichen Handeln einen umfassenden *Rechtsschutz*:

- Staatliches Handeln ist *an Recht und Gesetz gebunden* (Art. 20 III GG).
- Die Tätigkeit der Verwaltung muss sich *im Rahmen des geltenden Rechts* halten.
- Die Verwaltung darf *nur* dann tätig werden, *wenn* sie *durch Gesetz* dazu *ermächtigt* ist.
- Jeder Bürger kann gegen ihm ungerechtfertigt erscheinendes Handeln der Verwaltung rechtlich vorgehen (*Widerspruch* und *Klage*).

Die Rechtsgrundlagen dazu sind das *Verwaltungsverfahrensgesetz* (VerwVerfG) und die *Verwaltungsgerichtsordnung* (VwGO).

2.3.7 IT-Recht

Computer und *Informationstechnologie* sind heute *aus dem Wirtschaftsverkehr* der Markt-wirtschaft *nicht mehr wegzudenken*, und der *Gesetzgeber hat* inzwischen durch zahlreiche rechtliche Regelungen zum elektronischen Geschäftsverkehr darauf *reagiert*. Im *BGB* wurde im Anschluss an §126, Schriftform, der §*126a* eingefügt: Wird die Schriftform durch die *elektronische Form* ersetzt, muss das Dokument (die E-Mail) eine *Signatur* gemäß Signaturgesetz tragen. Eine *E-Mail ohne Signatur* entspricht der *Textform*, wie sie in §126b BGB beschrieben ist.

Signaturgesetz
Elektronische Signaturen sind *Daten* in elektronischer Form, die *zur Authentifizierung* dienen. Diese und weitere Begriffsbestimmungen finden sich in §*2 Signaturgesetz*, das angesichts des stetigen technologischen Wandels vom Gesetzgeber sehr allgemein formuliert ist und im Wesentlichen gesetzliche Vorschriften für *Zertifizierungsdien-steanbieter* enthält (Abb. 2.28).

Textform Schriftform
Der Unterschied zwischen Textform und Schriftform liegt darin, dass die *Schriftform* die *eigenhändige Unterschrift* erfordert, z. B. ein Ausbildungsvertrag nach §4 Berufsbil-dungsgesetz, während die *Textform*, z. B. eine Auftragsbestätigung, *nicht* unterschrieben werden braucht, da sie nur Dokumentationszwecken dient.

Fernabsatzverträge
§*312b BGB* regelt *Fernabsatzverträge*. Das sind *Verträge* über die Lieferung von Waren oder über die Erbringung von Dienstleistungen, die zwischen einem Unternehmer und einem Verbraucher *unter ausschließlicher Verwendung von Fernkommunikationsmitteln* abgeschlossen werden.

Qualifizierte elektronische Signaturen

- sind ausschließlich *dem* Signaturschlüssel-*Inhaber zugeordnet*,
- ermöglichen *Identifizierung* des Signaturschlüssel-Inhabers,
- werden mit Mitteln erzeugt, die der Signaturschlüssel-Inhaber unter seiner *alleinigen Kontrolle* halten kann,
- sind mit den Daten, auf die sie sich beziehen, so *verknüpft*, dass eine nachträgliche Veränderung der Daten erkannt werden kann,
- beruhen auf einem zum Zeitpunkt ihrer Erzeugung gültigen qualifizierten *Zertifikat* und
- wurden mit einer sicheren *Signaturerstellungseinheit* erzeugt.

Abb. 2.28 Übersicht Elektronische Signaturen

Informationspflichten des Unternehmers
- *Firmenname* und *Firmenanschrift* und andere wichtige Anschriften, Handelsregisternummer
- Name des zuständigen Mitarbeiters
- wichtige *Merkmale der Ware/Dienstleistung* und die Art, wie der Vertrag zustande kommt
- *Gesamtpreis* mit allen Preisbestandteilen und zusätzlich anfallenden *Kosten* (Versandkosten, etc.)
- *Zahlungs- und Lieferungsbedingungen*
- *Widerrufs- bzw. Rückgaberechte* mit Hinweisen dazu, wie dieser Widerruf zu erklären ist
- bei Verträgen mit Dauer die *Mindestlaufzeit* des Vertrages
- bei befristeten Angeboten die *Gültigkeitsdauer*

Abb. 2.29 Übersicht Fernabsatzverträge

Fernkommunikationsmittel

Unter *Fernkommunikationsmitteln* versteht der Gesetzgeber sehr weit gefasst Briefe, Kataloge, Telefonanrufe, Telekopien, E-Mails sowie Rundfunk, Tele- und Mediendienste.

Die Vorschriften des BGB begründen *umfassende Informationspflichten des Unternehmers* und ein *Widerrufs- und Rückgaberecht des Verbrauchers* (Abb. 2.29).

Widerruf   .

Dem Verbraucher steht bei einem Fernabsatzvertrag ein *Widerrufs- bzw. Rückgaberecht* zu. Der Widerruf muss *keine Begründung* enthalten und kann binnen *zwei Wochen* in *Textform* oder durch *Rücksendung* der Ware erfolgen. Diese Verbraucherrechte gelten auch allgemein, wenn zwischen einem *Unternehmer* (§ 14 BGB) und einem *Verbraucher* (§ 13 BGB) ein Vertrag geschlossen wird.

Die Vorschriften über Fernabsatzverträge finden *keine Anwendung* auf eine *lange Liste von Verträgen*, z. B. Abschluss von Versicherungen oder Lieferung von Lebensmitteln oder sonstigen Haushaltsgegenständen des täglichen Bedarfs, Verwendung von Warenautomaten, etc.

Internetgeschäfte

Wichtig für *Internetgeschäfte* ist ferner *§ 312e BGB*: Der *Unternehmer* hat dem Kunden

- angemessene, wirksame und zugängliche technische Mittel zur Verfügung zu stellen, mit deren Hilfe der Kunde *Eingabefehler* vor Abgabe seiner Bestellung *erkennen* und berichtigen kann,
- die oben genannten *Informationen* rechtzeitig *vor* Abgabe von der *Bestellung* klar und verständlich mitzuteilen,
- den Zugang von dessen *Bestellung unverzüglich* auf elektronischem Wege zu *bestätigen* und
- die Möglichkeit zu verschaffen, die *Vertragsbestimmungen* einschließlich der Allgemeinen Geschäftsbedingungen bei Vertragsschluss abzurufen und in wiedergabefähiger Form zu *speichern*.

Praxisbeispiel Internet-Anbieter

Ein Internet-Anbieter von Hardware und Software hat in das Bestellformular auf seiner Website Plausibilitätskontrollen eingebaut, die Eingabefehler des Kunden verhindern sollen. Zudem sind die Vertragsbedingungen und die AGB auf der Website gut einsehbar gestaltet, und nach Betätigung des Bestätigungs-Buttons wird der Inhalt der Bestellung auf dem Bildschirm noch einmal übersichtlich dargestellt. Nach der erneuten Bestätigung durch den Kunden wird eine automatische E-Mail generiert und dem Kunden als Auftragsbestätigung zugesandt.

Telekommunikationsgesetz

Das *Telekommunikationsgesetz* (TKG) dient dazu, den *Wettbewerb* auf dem Markt für Telekommunikation zu *fördern*, die *flächendeckende Versorgung* sicherzustellen und notwendige rechtliche Regelungen zur Vergabe von *Frequenzen und Nummern* (z. B. 0900-Nummern für Mehrwertdienstleistungen) und zu Maßnahmen der *Verkabelung* (Wegerechte) zu treffen. So fordert z. B. § 73 TKG, dass *Baumpflanzungen* geschont werden sollen.

Dazu war es für den Gesetzgeber notwendig, erst einmal einige *IT-Begriffe* rechtlich exakt zu *definieren*. § 3 TKG enthält insgesamt 34 Begriffsdefinitionen (Abb. 2.30):

Anruf	Anwendungs-Programmierschnittstelle
Bestandsdaten	beträchtliche Marktmacht
Dienst mit Zusatznutzen	Diensteanbieter
digitales Fernsehempfangsgerät	Endnutzer
Frequenznutzung	geschäftsmäßiges Erbringen von Telekommunikationsdiensten
Kundenkarten	nachhaltig wettbewerbsorientierter Markt
Nummern	Nutzer
öffentliches Münz- und Kartentelefon	öffentliches Telefonnetz
öffentlich zugänglicher Telefondienst	Rufnummer
Standortdaten	Teilnehmer
Teilnehmeranschluss	Telekommunikation
Telekommunikations-anlagen	Telekommunikations-dienste
telekommunikations-gestützte Dienste	Telekommunikations-linien
Telekommunikationsnetz	Übertragungsweg
Unternehmen	Verkehrsdaten
wirksamer Wettbewerb	Zugang
Zugangsberechtigungs-systeme	Zusammenschaltung

Abb. 2.30 Übersicht IT-Begriffe des TKG

Fernmeldegeheimnis

Das Erbringen von Telekommunikationsleistungen ist *anmeldepflichtig*. Eine Genehmigung ist nicht erforderlich. Das *Fernmeldegeheimnis* muss technisch sichergestellt sein. Unbefugtes Abhören wird mit Freiheitsentzug bestraft. Umstritten ist die *Vorratsdatenspeicherung* von personenbezogenen Daten der Telekommunikationskunden.

Beispiele aus dem TKG

Der Gesetzgeber hat versucht, alle nur erdenklichen IT-Bereiche gesetzlich zu regeln, wie die folgenden *Beispiele* zeigen:

- Analoge *Fernsehgeräte* mit mehr als 42 Zentimeter sichtbarer Diagonale müssen mit einer Schnittstellenbuchse ausgestattet sein, die den Anschluss digitaler Fernsehempfangsgeräte ermöglicht.
- Betreiber öffentlicher Telekommunikationsnetze, die digitale Fernsehsignale übertragen, müssen im *16:9-Bildschirmformat* erhaltene Signale auch in diesem Format weiterverbreiten.
- Jede *Frequenznutzung* bedarf einer vorherigen Frequenzzuteilung. Die Regulierungsbehörde erstellt den Frequenznutzungsplan auf der Grundlage des Frequenzbereichszuweisungsplanes.
- Die *Baumpflanzungen* auf und an den Verkehrswegen sind nach Möglichkeit zu schonen, auf das Wachstum der Bäume ist Rücksicht zu nehmen. Ausästungen sind auf das unbedingt notwendige Maß zu beschränken.

Das TKG enthält ferner *Straf- und Bußgeldvorschriften* und kann daher auch als eine Erweiterung des Strafgesetzbuches betrachtet werden.

Rahmenvorschriften

§ 45 TKG ermächtigt die Bundesregierung, zum besonderen *Schutz der Endnutzer* (Kunden), insbesondere der Verbraucher, *Rahmenvorschriften* für die *Inanspruchnahme von Telekommunikationsdiensten* und für die Sicherstellung der Genauigkeit und Richtigkeit der *Entgeltabrechnungen* zu erlassen. Dabei sind die *Interessen behinderter Menschen* besonders zu berücksichtigen und die *Befugnisse der Regulierungsbehörde* im Einzelnen festzulegen.

TKV

Die seit 2007 in das Telekommunikationsgesetz integrierte *Telekommunikationskundenschutzverordnung* (TKV) enthält insbesondere Regelungen über den *Vertragsabschluss*, den Gegenstand und die Beendigung der Verträge und die *Rechte und Pflichten* der Vertragspartner, einschließlich *Informationspflichten*, z. B.:

- Ein Anbieter von Universaldienstleistungen darf diese *Leistungen nur vorübergehend* aufgrund grundlegender Anforderungen einstellen oder *beschränken*.

- Bei längeren, vorübergehenden *Leistungseinstellungen* oder -beschränkungen sind die *Kunden* in geeigneter Form über Art, Ausmaß und Dauer der Leistungseinstellung zu *unterrichten.*
- Anbieter von Sprachtelefondiensten haben auf Verlangen des Kunden einer *Störung unverzüglich*, auch nachts und an Sonn- und Feiertagen, *nachzugehen.*
- Der Zugang zu festen öffentlichen Telekommunikationsnetzen ist mit einer *räumlich frei zugänglichen Schnittstelle* zu versehen. Er ist an einer mit dem Kunden zu vereinbarenden geeigneten Stelle zu installieren.
- Der Kunde muss die Möglichkeit haben, im Rahmen des Sprachtelefondienstes die Nutzung seines Netzzugangs durch eine netzseitige *Sperrung bestimmter* Arten von *Rufnummern* zu beschränken.
- Der Kunde kann von einem Anbieter von Sprachtelefondiensten verlangen, dass die *Anzeige* der Teilnehmerrufnummer *des Anrufenden* möglich ist.
- Verlangt der Kunde eine nach Einzelverbindungen aufgeschlüsselte Rechnung, so hat der Anbieter diesen *Einzelverbindungsnachweis* zu erteilen.

BDSG

Von praktischer Bedeutung für Unternehmen ist das *Bundesdatenschutzgesetz* (BDSG). Die beiden wichtigsten *Regelungen des Datenschutzes* sind, dass ein *Kunde*, dessen Daten gespeichert werden, darüber *informiert werden muss*, und dass Unternehmen einen betrieblichen *Datenschutzbeauftragten* ernennen müssen (Abb. 2.31).

personen-bezogene Daten

Personenbezogene Daten sind z. B. *Arbeitnehmerdaten* in der Personalabteilung, *Kunden- und Interessentendaten*. Das Datenschutzgesetz versucht, die *missbräuchliche Verwendung* solcher Daten zu *verhindern.* Der betriebliche Datenschutzbeauftragte soll *direkt der Geschäftsleitung unterstellt* werden. Oft wird in Unternehmen eine externe Person zum Datenschutzbeauftragten bestellt, insbesondere wenn kein Mitarbeiter die erforderliche fachliche Qualifikation hat.

In Unternehmen, in denen *fünf Mitarbeiter* oder mehr mit der *Verarbeitung personenbezogener Daten* beschäftigt sind, ist ein *Datenschutzbeauftragter* zu *ernennen.*
Besteht der *Geschäftszweck* des Unternehmens in der *Verarbeitung und Übermittlung personenbezogenen Daten*, so ist unabhängig von der Mitarbeiterzahl ein Datenschutzbeauftragter zu ernennen.
Der Datenschutzbeauftragte wirkt auf die *Einhaltung der Datenschutzbestimmungen* hin. Er hat den Mitarbeitern des Unternehmens gegenüber *kein Weisungsrecht.*
Der Datenschutzbeauftragte ist in seinem Gebiet weisungsfrei und *unabhängig* von Vorgesetzten. Er darf wegen Erfüllung seiner Aufgaben *nicht benachteiligt* werden.
Zum Datenschutzbeauftragten darf nur bestellt werden, wer die *notwendige Fachkunde und Zuverlässigkeit* besitzt. Der Datenschutzbeauftragte ist *schriftlich* zu bestellen.

Abb. 2.31 Übersicht Datenschutzbeauftragter

Aufgaben

Der Datenschutzbeauftragte ist im Unternehmen zuständig für die folgenden *Aufgaben*:

- Er hat zu überwachen, dass die *betriebliche Organisation* an die Anforderungen des Datenschutzgesetzes angepasst wird.
- Er hat zu kontrollieren, dass *Datenträger* nicht von Unbefugten gelesen, verändert oder entfernt werden können.
- Er hat sicherzustellen, dass *Daten* nicht unbefugt gespeichert werden.
- Er hat die *Zugriffsberechtigung* auf gespeicherte Daten zu überwachen.

Datenschutz und *Datensicherheit* sind nicht dasselbe! Datensicherheit bedeutet *Schutz vor Datenverlust*. Datenschutz ist *Missbrauchsschutz*.

Praxisbeispiel Datenschutz

Der Datenschutzbeauftragte und gleichzeitig Sicherheitsexperte der Ewald GmbH hat in einem Rundschreiben an alle Mitarbeiter an PC-Arbeitsplätzen die folgenden Regeln aufgestellt.

Datenschutz:
- Notieren Sie nie Ihr Passwort und geben Sie es nie telefonisch, schriftlich, mündlich oder per E-Mail weiter, damit Unbefugte sich keinen Zugriff verschaffen können.
- Ändern Sie regelmäßig Ihr Passwort. Verwenden Sie dabei Kombinationen aus Buchstaben und Zahlen, die nur für Sie persönlich nachvollziehbar sind.

Datensicherheit:
- Erstellen Sie von wichtigen Daten jeden Tag eine Sicherungskopie auf dem Server. Nutzen Sie dazu ausschließlich den Ihnen zugewiesenen Pfad.
- Bewahren Sie alle Daten so lange auf Ihrem Rechner auf, bis sichergestellt ist, dass veränderte Daten fehlerfrei sind oder dass die Daten nicht mehr benötigt werden.
- Installieren Sie keine mitgebrachte Software auf Ihrem PC. Die Verwendung privater USB-Sticks ist verboten, da sie Viren enthalten könnten.
- Verständigen Sie bei ungewöhnlichen Ereignissen, z. B. ungewöhnlichem Verhalten von Programmen sofort den Administrator. Es könnte ein Virus auf Ihrem Rechner sein.

Die *Anlage zu § 9 BDSG* enthält eine Auflistung von *Kontrollen*, die dem Datenschutz dienen (Abb. 2.32):

TMG

Das *Telemediengesetz* (TMG, früher: Teledienstegesetz, auch als *Internetgesetz* bezeichnet) schafft *einheitliche rechtliche Rahmenbedingungen* für die verschiedenen Nutzungsmöglichkeiten der elektronischen Informations- und Kommunikationsdienste inklusive Regelungen zum Datenschutz.

Zutrittskontrolle	Unbefugten den *Zutritt zu Datenverarbeitungsanlagen*, mit denen personenbezogene Daten verarbeitet oder genutzt werden, verwehren.
Zugangskontrolle	Verhindern, dass Datenverarbeitungssysteme *von Unbefugten genutzt* werden können.
Zugriffskontrolle	Gewährleisten, dass die zur Benutzung eines Datenverarbeitungssystems Berechtigten ausschließlich auf die ihrer *Zugriffsberechtigung* unterliegenden Daten zugreifen können, und dass personenbezogene Daten bei der Verarbeitung, Nutzung und nach der Speicherung *nicht unbefugt gelesen, kopiert, verändert oder entfernt* werden können.
Weitergabekontrolle	Gewährleisten, dass personenbezogene Daten bei *Übertragung* oder Transport oder Speicherung auf Datenträger *nicht unbefugt gelesen, kopiert, verändert oder entfernt* werden können, und dass überprüft und festgestellt werden kann, *an welche Stellen* eine *Übermittlung* personenbezogener Daten durch Einrichtungen zur Datenübertragung *vorgesehen* ist.
Eingabekontrolle	Gewährleisten, dass nachträglich überprüft und festgestellt werden kann, *ob und von wem* personenbezogene Daten in Datenverarbeitungssysteme *eingegeben, verändert oder entfernt* worden sind.
Auftragskontrolle	Gewährleisten, dass personenbezogene Daten, die *im Auftrag verarbeitet* werden, nur entsprechend den Weisungen des Auftraggebers verarbeitet werden können.
Verfügbarkeitskontrolle	Gewährleisten, dass personenbezogene Daten *gegen zufällige Zerstörung oder Verlust geschützt* sind.
Verarbeitungskontrolle	Gewährleisten, dass *zu unterschiedlichen Zwecken erhobene* Daten *getrennt verarbeitet* werden können.

Abb. 2.32 Übersicht Anlage zu § 9 BDSG

Teledienste sind Informations- und Kommunikationsdienste, die *individuell* genutzt werden.

Mediendienste sind hingegen an die *Allgemeinheit* gerichtet.

Telemedien

Beide werden mit dem Begriff *Telemedien* zusammengefasst. Zu den Telemedien gehören *alle Angebote im Internet*, beispielsweise Webshops, Online-Auktionshäuser und Webportale. Auch private Websites gelten als Telemedien.

Informationspflichten

Bedeutsam sind insbesondere die *Informationspflichten* von Diensteanbietern: Leicht erkennbar, unmittelbar erreichbar und ständig verfügbar müssen *Name* und *Anschrift*, *Handelsregister-Nr*, *E-Mail-Adresse*, *Umsatzsteuer-ID-Nr.* o. ä. auf der Website angegeben sein.

Spam

Kommerzielle Kommunikationen, Angebote zur Verkaufsförderung wie Preisnachlässe, Zugaben und Geschenke, Preisausschreiben oder Gewinnspiele mit Werbecharakter müssen *klar erkennbar* und die *Bedingungen* für die Inanspruchnahme müssen *leicht zugänglich* sein. Bei *kommerziellen E-Mails* darf weder der Absender noch der kommerzielle Charakter der Nachricht verschleiert oder verheimlicht werden (*Spam*).

Marketing

3

Zusammenfassung

Marketing ist die *bewusst marktorientierte Führung des Unternehmens*. Unternehmen sind erfolgreich, wenn sie sich in ihrem Handeln an den Wünschen und Bedürfnissen ihrer Kunden ausrichten. Dazu können sie sich *in der Wahrnehmung der Kunden positionieren* und anhand des *Marketing-Management-Prozesses* systematisch vorgehen. Hilfreich dabei, für alle Arten von Unternehmen, sind die Instrumente des *E-Marketing*.

3.1 Kundenorientierung und Positionierung

Durch Befriedigung der Kundenbedürfnisse soll der *Erfolg des Unternehmens* bewirkt werden. Dieser Denkansatz ist relativ neu, es geht heute *angesichts gesättigter Märkte* nicht mehr darum, den Kunden mit allen Mitteln zum Kauf des hergestellten Produkts zu bewegen, auch wenn er anschließend nicht zufrieden ist, sondern es geht darum, die Unternehmensleistung so bereitzustellen, dass eine langfristige *Zufriedenheit der Kunden* eintritt.

IT-Markt

Wie bei anderen Branchen war auch der *IT-Markt* in der *Anfangsphase* ein *Verkäufermarkt*. Das Angebot bestimmte den Markt, der Konkurrenzdruck war gering. Die gesammelten Markterfahrungen aus anderen Branchen zeigten aber schnell auf, dass sich auch der IT-Markt auf absehbare Zeit zu einem *Käufermarkt* entwickeln würde. In der Betriebswirtschaftslehre wird etwa seit den 70er-Jahren der *funktionale Ansatz*, dass ein Unternehmen eine *Verkaufsabteilung* hat, wie es auch eine *Einkaufsabteilung* hat (Beschaffung, Produktion, Absatz als Kernfunktionen) *verdrängt durch* den *Marketing-*

© Springer Fachmedien Wiesbaden 2015

M. Wünsche, *BWL für IT-Berufe*, DOI 10.1007/978-3-658-10430-6_3

Unternehmensimage
- Welches Image hat das Unternehmen in der Wahrnehmung der Kunden?
- Welches Image haben die wichtigsten Konkurrenten?
Produktimage
- Welche Eigenschaften verbinden Konsumenten mit dem jeweiligen Produkt?
- Wie beeinflusst das Image das Verhalten der Kunden?
Imageänderung
- Wie wird sich eine Änderung des Images voraussichtlich auf die Kunden auswirken?
- Vertreibt sie bisherige Kunden?
- Können neue Kunden hinzugewonnen werden?
- Welche Image-Strategie könnte langfristig erfolgreich sein?
- Mit welchen Maßnahmen kann die Imageänderung herbeigeführt werden?

Abb. 3.1 Übersicht Image-Analyse

Gedanken (Marketing als Führungsaufgabe). Diese Erkenntnis ist zu einigen Führungsetagen in der Unternehmenspraxis bis heute nicht vorgedrungen. Wissenschaftliche Untersuchungen bestätigen nachhaltig, dass *Marketing als Chefsache* ein wichtiger Erfolgsfaktor ist.

Image

Das *Image* eines Produktes oder eines Unternehmens *bestimmt* maßgeblich das *Konsumentenverhalten*. Der Eindruck, der beim Konsumenten bewusst oder unbewusst entsteht, beeinflusst sein Verhalten. Ein Image bildet sich dabei nicht nur aus Tatsachen und technischen Merkmalen, sondern *Gefühle, Meinungen und Einstellungen* der Konsumenten spielen eine wichtige Rolle.

Der *Erfolg oder Misserfolg* eines Unternehmens oder Produkts lässt sich oft nur über diese so genannten *weichen Faktoren* erklären. Diese können durch eine *Image-Analyse* ermittelt werden (Abb. 3.1).

Kundenbefragung

Das *Unternehmensimage* kann durch *Kundenbefragungen* und Presseberichte ermittelt werden. Hierzu lassen sich auch Marktforschungsunternehmen beauftragen. Die gleiche Vorgehensweise empfiehlt sich für die Ermittlung des Produktimages. Die *Eigenschaften von Produkten*, die die Kunden wahrnehmen, wie modern, schick, zuverlässig, schnell, teuer, preiswert, leistungsfähig, gut ausgestattet, etc. müssen und werden nicht mit den *Vorstellungen des Herstellers bzw. Dienstleisters* übereinstimmen. So gibt es z. B. durchaus unterschiedliche Auffassungen von „Pünktlichkeit".

Praxisbeispiel Image von PCs

Lange Zeit war in der Wahrnehmung der Konsumenten wichtig, dass Prozessoren möglichst hohe Taktfrequenzen haben, da diese Eigenschaft mit dem Merkmal

„schnell" verknüpft war. PC-Händler warben daher besonders mit diesem Leistungsmerkmal.

Die Ansprüche der Konsumenten sind jedoch inzwischen gestiegen, und der Trend geht zum leisen, energiesparenden PC, der auch noch gut aussieht. Die Zeiten der hässlich-beigen Einheitskisten sind noch nicht ganz vorbei.

Hersteller gehen sogar dazu über, in Desktop-PCs Prozessoren einzubauen, die eigentlich für Notebooks gedacht sind. Mehr und mehr Hersteller entwickeln zudem ausgefeiltere und damit leisere Kühlkonzepte, von der Anordnung der Komponenten über strategische Berechnungen des Luftstroms bis hin zur genaueren Lüfterauswahl und leiseren Festplatten in gummigepufferten Aufhängungen, da immer weniger Konsumenten bereit sind, sich im Wohnzimmer den Sound eines Düsentriebwerks anzuhören.

Maßgeblich zu dieser Entwicklung beigetragen haben veränderte Nutzungskonzepte. Der Multimedia-PC, der die Musiksammlung beherbergt und über den TV-, Video- und DVD-Genuss gewünscht wird, fordert andere Maßstäbe bei Design und Geräuschentwicklung.

USP

Wichtig bei der Image-Analyse ist, die *Wahrnehmung der Konkurrenzprodukte* mit zu analysieren. Gilt z. B. bei den Konsumenten ein Konkurrenzprodukt als besonders leise, so wäre es fatal, in der Werbung auch auf dieses Merkmal zu setzen. Es gilt daher, die *USP* (Unique Selling Position), d. h. das *Einzigartigkeitsmerkmal* zu *finden und* zu *definieren*. Was ist das Besondere an unseren Produkten, das Einzigartige, das uns von der Konkurrenz abhebt und auf das unsere Werbebotschaft aufbauen kann?

Positionierung

Unter *Positionierung* versteht man die *Gestaltung des Images* in der Wahrnehmung des Kunden unter Abgrenzung von der Konkurrenz. Ein bestimmtes *Image aufzubauen* oder gar ein negatives Image in ein positives umzuwandeln, *ist schwierig* und bedarf genauer Planung, mit welchen Maßnahmen das neue Image *glaubwürdig* so weit in die Wahrnehmung der Kunden gebracht werden kann, dass es sich dort nachhaltig festsetzt. *Umso schneller* ist ein gutes Image durch eine unbedachte Äußerung oder einmaliges Fehlverhalten *zerstört*.

Hilfreich bei der Gestaltung des Images ist die Festlegung einer passenden *Corporate Identity* (Unternehmensidentität, einheitliches Erscheinungsbild). Eine Corporate Identity besteht aus den folgenden *drei Merkmalen* (Abb. 3.2):

Mitarbeitermotivation

Die Corporate Identity erleichtert es auch den *Mitarbeitern*, sich *mit der Image-Strategie* des Unternehmens zu *identifizieren*. Dies kann einen positiven Einfluss auf die *Motivation* und damit auf ihre *Leistungsbereitschaft* haben.

corporate design
Einheitliches Erscheinungsbild, z. B. Logo, Schriftzug, Unternehmensfarben etc., auf Briefbögen, in der Gebäudegestaltung, bei Produkten und Verpackungen und in Werbemaßnahmen.
corporate behaviour
Verhalten eines Unternehmens *nach innen* (Mitarbeiter) *und außen* (Kunden, Öffentlichkeit etc.) in Bezug auf Preispolitik, Führungsstil, Verhalten der Mitarbeiter, Auftreten in den Medien, Stil der Öffentlichkeitsarbeit, Verhältnis zu Journalisten, Werbestil, Auswahl der Werbemedien, etc.
corporate communication
Informationsverhalten der Unternehmensleitung gegenüber der Öffentlichkeit und gegenüber den Mitarbeitern, um ein klares Vorstellungsbild vom Unternehmen (corporate image) zu schaffen, z. B. Umfang von Mitteilungen über neue Investitionsprojekte oder über Probleme im Unternehmen, Diskussionsbereitschaft oder die Bereitschaft zur Auseinandersetzung mit Interessengruppen, Bürgerinitiativen etc.

Abb. 3.2 Übersicht Corporate Identity

Praxisbeispiel USP und ISO 9000

Die Ewald GmbH ist ein mittelständisches Unternehmen mit Sitz in Bergmannsthal, das im Kundenauftrag PCs zusammenbaut und nach Kundenwunsch konfiguriert.

Zur Verbesserung des Images hat die Ewald GmbH nach einem umfassenden Business Process Reengineering eine ISO 9000-Zertifizierung beantragt und auch erhalten. Der Prüfer konnte folgende Anforderungen testieren:

– Die Ewald GmbH dokumentiert ihre Qualitätspolitik und ihre Qualitätsziele.
– Sie dokumentiert alle relevanten Unternehmensprozesse und hat auf konsequente Prozessorientierung umgestellt.
– Sie hat ein Qualitätsmanagementsystem festgelegt.
– Die Geschäftsleitung der Ewald GmbH überwacht die definierte Unternehmenspolitik und die Unternehmensziele.
– Sie hat sich zur Bewusstseinsschaffung für eine optimale Erfüllung aller Kundenanforderungen verpflichtet.
– Sie stellt sicher, dass alle Kundenanforderungen ermittelt, verstanden und erfüllt werden, mit dem Ziel der Verbesserung der Kundenzufriedenheit.
– Sie stellt rechtzeitig alle erforderlichen Mittel zur Aufrechterhaltung und Weiterentwicklung des Qualitätsmanagementsystems sowie zur Verbesserung der Kundenzufriedenheit bereit.
– Sie stellt die gleichbleibende Qualität von beschafften Produkten und Dienstleistungen durch eine enge Zusammenarbeit mit ausgesuchten Lieferanten sicher.

Die Ewald GmbH hebt sich durch die Zertifizierung nun von der Konkurrenz ab und setzt sie werbewirksam ein. Die Kunden verbinden mit dem Zertifikat besonders hohe Produkt- und Prozessqualität.

Die Zertifizierung nach *ISO 900x*, die von einem *unabhängigen Sachverständigen* (TüV o. ä.) vorgenommen wird, mit strenger Prüfung, bedeutet einen *Image-Gewinn* für das Unternehmen und schafft so *Wettbewerbsvorteile* und Ertragsverbesserungen. Die Zertifizierungskosten sind dementsprechend hoch.

Geschäftsprozessverbesserung
Durch die *interne Straffung* des Unternehmens und *Ausrichtung an den Prozessen* (Business Process Reengineering), mit deutlich *verbessertem Informationsmanagement* und fortgesetzten Verbesserungsversuchen können insbesondere in den Gemeinkostenbereichen deutliche *Kostensenkungspotentiale* aufgetan und genutzt werden: durch Reduzierung der Fehler und Straffung der Prozesse, Vermeidung von allem Unnötigen. Durch die externe Kontrolle setzt man sich dabei einem gewissen Druck aus, die formulierten Ziele auch tatsächlich umzusetzen.
Bei der *Umsetzung der ISO 900x-Regeln* spielen drei Aspekte eine bedeutsame Rolle:

Qualitätsmanagement
Das *Qualitätsmanagementsystem*, das eingerichtet, dokumentiert, überwacht und ständig verbessert werden soll, in das die Lieferanten mit einbezogen und für das die Mitarbeiter auch sensibel gemacht werden sollen.

Prozessorientierung
Die *Prozessorientierung*, die zunächst bedeutet, dass die Prozesse dokumentiert und dann bestmöglich ausgestaltet werden, aber auch, dass von der funktionalen oder divisionalen auf eine Prozessorganisation umgestellt wird (mehr dazu in Kap. 5).

Kundenorientierung
Die *Kundenorientierung*, in die die ersten beiden Aspekte mit einfließen, d. h. die genauen Kundenanforderungen ermitteln und möglichst gut erfüllen, aber auch die Kundenzufriedenheit ermitteln und auswerten und diese Informationen für die Verbesserung der Prozesse und der Qualität nutzen.

3.2 Der Marketing-Management-Prozess

Die bewusst marktorientierte Führung des Unternehmens, das *kundenorientierte Entscheidungsverhalten* lässt sich mit Hilfe des Marketing-Management-Prozesses systematisch gestalten. *Kaufmännisches Denken* bedeutet immer zunächst Informationsbeschaffung und *Situationsanalyse*, um dann auf Grundlage der gewonnenen

Analysephase	
Wo stehen wir?	- Marktforschung - Kundenanalyse - Konkurrenzanalyse - SWOT-Analyse - Lebenszyklusanalyse
Prognosephase	
Wohin geht die Entwicklung?	- Trendberechnungen - Szenario-Bildung - Frühwarnsysteme
Strategiephase	
Was wollen wir erreichen?	Welche grundlegende Vorgehensweise ist bei der Marktbearbeitung zu wählen? - Segmentierung - Produkt-Markt-Kombinationen - Anwendung von Normstrategien (BCG)
Maßnahmenphase	
Welche konkreten Maßnahmen ergreifen wir?	Marketing-Mix: - Leistungs-Mix - Kommunikations-Mix - Konditionen-Mix - Distributions-Mix
Kontrollphase	
Haben wir unser Ziel erreicht?	Informationsgewinnung für zukünftige Entscheidungen

Abb. 3.3 Übersicht Marketing-Management-Prozess

Informationen *Entscheidungen* zu treffen, *Maßnahmen* zu ergreifen und zu überprüfen, ob die angestrebten Ziele auch erreicht wurden. Diese *Überprüfung* liefert wertvolle Informationen für zukünftige Entscheidungen (Abb. 3.3):

3.2.1 Analysephase

In der Analysephase werden verschiedene Methoden der *Marktforschung, Kunden- und Konkurrenzanalyse* eingesetzt. Dazu ist es zunächst erforderlich, den *Markt*, auf dem man tätig ist oder tätig sein möchte, nach den folgenden vier Kriterien *abzugrenzen* (Abb. 3.4):

Substitutionsgüter
Diese Abgrenzung ist *nicht einfach* und sollte immer wieder überprüft werden. Wichtig ist die *Sicht der Kunden*, welche Produkte sie als Substitutionsgüter ansehen. Gibt es z. B. in

räumlich	geographische Definition des Marktes, z. B. weltweit, bundesweit, Nord oder Süd, regional, lokal
persönlich	Definition der Zielgruppen, z. B. Privatkunden, Firmenkunden, Jugendliche, Besserverdienende
sachlich	Definition der Leistungsarten, z. B. Desktop-PCs, Server, Mobiles
zeitlich	Definition von Zeitpunkt bzw. Zeitraum eines Marktes, z. B. Weihnachtsgeschäft, Urlaubszeit, Fußballweltmeisterschaft, Auktionen, Messen

Abb. 3.4 Übersicht Kriterien der Marktabgrenzung

der sachlichen Abgrenzung einen Markt für Smartphones, oder müssen Handys und Tablets mit hinzugerechnet werden? Diese Frage ist insbesondere wichtig für die Ermittlung der Konkurrenten.

Es lassen sich *weitere Abgrenzungskriterien* für Märkte finden, z. B. ob es ein *junger oder* ein *etablierter Markt* ist, *groß oder klein* (Marktvolumen), *hart umkämpft oder nicht* (Käufermarkt oder Verkäufermarkt), ob es *Zugangsbeschränkungen* gibt, etc.

Marktforschung

Bei den Methoden der *Marktforschung* wird vor allem unterschieden zwischen der zeitpunktbezogenen *Marktanalyse* und der zeitraumbezogenen *Marktbeobachtung* und zwischen Primär- und Sekundärforschung: Bei der *Primärforschung* führt das Unternehmen *selbst* die *Erhebung des Datenmaterials* durch bzw. beauftragt ein Marktforschungsinstitut mit der Erhebung. Dazu eignen sich die Methoden *Befragung, Beobachtung* und *Experiment*.

Bei der *Sekundärforschung* wird von anderen, insbesondere Marktforschungsinstituten und Branchenverbänden und Statistischen Ämtern *allgemein erhobenes Informationsmaterial* verwendet.

Praxisbeispiele Marktforschung

Ein Internetanbieter von Hardware und Software führt mittels einer Mailing-Aktion eine Befragung bei seinen Kunden durch, inwieweit sie mit den Produkten bisher zufrieden sind und welche Verbesserungswünsche sie haben. Wer an der Befragung teilnimmt, hat die Chance, einen USB-Stick mit MP3-Player zu gewinnen und erhält einen Einkaufsgutschein von zehn Euro.

Die Videoüberwachungsanlage eines PC-Discounters wird von den Mitarbeitern der Marketing-Abteilung dazu genutzt, die Kunden in ihrem Verhalten zu beobachten, welche Wege sie durch die Geschäftsräume wählen, wo sie länger stehen bleiben, etc. Mittels geschätztem Alter, Geschlecht, Kleidung und Verhaltensweisen wird versucht, aus der Beobachtung Zielgruppen und spezifische Interessen zu identifizieren. Dies soll Auswirkungen auf die Anordnung der Waren in den Verkaufsräumen haben.

Ökonomische Erklärungsansätze
Die Kaufentscheidung ist das Ergebnis einer rationalen und bewussten ökonomischen *Wahlhandlung* (Homo oeconomicus). Der Konsument entscheidet sich für die Güter, die ihm bei gegebenem Einkommen und gegebenen Preisen den höchsten *Nutzen* bringen.
Psychologische Erklärungsansätze
Kaufentscheidungen werden durch Empfindungen, Motive und Einstellungen bestimmt.
- *Empfindungen*, Gefühle oder Emotionen werden als angenehm oder unangenehm erlebt. Man spricht auch von psychischer Erregung.
- *Motive* oder Motivationen sind Beweggründe für ein bestimmtes Verhalten. Bedürfnisse setzen den Konsumenten in Bewegung und bringen ihn zu zielorientiertem Verhalten.
- *Einstellungen* führen dazu, dass Konsumenten auf Anreize in bestimmter Art und Weise, positiv oder negativ reagieren.
- *„Kognitive Dissonanzen"* (Unstimmigkeiten im Denken) ergeben sich durch Erfahrungen oder Informationen und führen zu Handlungen, die die Störung beseitigen sollen.
Soziologische Erklärungsansätze
Das *Zugehörigkeitsgefühl* zu bestimmten Gruppen, Subkulturen oder sozialen Schichten wirkt sich auf das Kaufverhalten umso mehr aus, je stärker die *Identifikation* des Einzelnen mit der Gruppe ist und wie bedeutsam *Prestige und Konkurrenz* in der Gruppe sind. *Gruppennormen* werden in der Familie, der Betriebsgemeinschaft, dem Kulturkreis und anderen Sozialgebilden geprägt.

Abb. 3.5 Übersicht Erklärungsansätze für das Käuferverhalten

Ein großer Software-Hersteller lässt über eine renommierte Computerfachzeitschrift Beta-Versionen einer neuen Office-Software verteilen und bittet die Leser bei der obligatorischen Online-Aktivierung um eine Bewertung der Software (Experiment).

Ein Telekommunikationsunternehmen verwendet Erhebungen der statistischen Landesämter über Einkommen, Arbeitslosigkeit, Bevölkerungsstruktur (Alter), Migrationen (Umzüge), etc., um die Versorgungsdichte mit DSL-Anschlüssen und Funkzellen exakter planen zu können (Sekundärforschung).

Käuferverhalten

Im Rahmen einer bewussten Kundenorientierung stellt das *Käuferverhalten* den *Ausgangspunkt aller Überlegungen* dar. Marketingmaßnahmen können umso effizienter eingesetzt werden, je mehr über die Wirkungen auf das *Entscheidungsverhalten der Konsumenten* bekannt ist. Dazu wurden in der Betriebswirtschaftslehre in Verbindung mit der Psychologie und der Soziologie *zahlreiche theoretische Erklärungsansätze* entwickelt, die jedoch nicht den gewünschten Erklärungserfolg brachten (Abb. 3.5).

Das *Verhalten von Konsumenten* vollständig zu erklären, ist nicht möglich, es *besser* zu *verstehen* ist hilfreich für Marketingentscheidungen. Das *AIDA-Konzept* fasst das Prinzip des Käuferverhaltens zusammen (Abb. 3.6):

A =	**Attention (Aufmerksamkeit)**
	Zunächst muss der Kunde eine Werbung, ein Angebot, ein Produkt überhaupt erst wahrnehmen.
I =	**Interest (Interesse)**
	Vieles, was wir im Alltag kurz wahrnehmen, wird sofort wieder vergessen: Aufgrund der Wahrnehmung des Kunden muss sich bei ihm Interesse an dem Produkt einstellen.
D =	**Desire (Kaufwunsch)**
	Nachdem der Kunde sich näher für das Produkt interessiert und eine Reihe von Informationen dazu erhalten hat, kann sich bei ihm der Kaufwunsch einstellen.
A =	**Action (Aktion, Kauf)**
	Der Kaufwunsch alleine reicht jedoch noch nicht; der Kunde muss, nach Überprüfung seiner finanziellen Möglichkeiten, den Entschluss fassen, tatsächlich das Produkt auch zu erwerben.

Abb. 3.6 Übersicht AIDA-Konzept

Wenn der Kunde dann mit seiner Kaufentscheidung zufrieden ist, stellt sich *Kundenzufriedenheit* ein, und er wird das Produkt wieder kaufen oder/ und es weiterempfehlen.

Praxisbeispiel Kundenzufriedenheit

Die Marketing-Abteilung der Ewald GmbH misst kontinuierlich die Zufriedenheit ihrer Kunden, indem sie die Anzahl der Kunden (Anzahl abgeschlossener Verträge), die Häufigkeit von Folgegeschäften und die Anzahl der Kundenbeschwerden beobachtet und durch Befragung von Neukunden ermittelt, wie sie auf das Angebot aufmerksam geworden sind, insbesondere ob sie der Empfehlung eines anderen Kunden gefolgt sind.

Konkurrenzanalyse

Für die *Konkurrenzanalyse* ist es erforderlich, die *Konkurrenten* zu *identifizieren* und in ihrer *Bedeutung einzuschätzen*. Dabei sind nicht nur die vorhandenen Konkurrenten, sondern auch *Anbieter von Substitutionsprodukten* und *Unternehmen, die in ähnlichen Bereichen* tätig sind, zu berücksichtigen.

Praxisbeispiel Konkurrenzanalyse

Ein Anbieter von Prozessoren für Server beobachtet auch die am Markt für Desktop-PCs und Mobiles bedeutenden Unternehmen, da diese durchaus die Möglichkeit haben, in den Serverbereich zu diversifizieren.

Es werden Presseberichte über die Konkurrenzunternehmen gesammelt und ausgewertet, ebenso werden Auftritt und Mitteilungen auf der Website und auf Messen und Ausstellungen analysiert, um Informationen über Zielsetzungen und Strategien der

Konkurrenten, Kostenstrukturen, Stärken und Schwächen, Verbesserungsansätze und Maßnahmen zur Stärkung der Wettbewerbssituation zu gewinnen.

Auch Anbieter von Chipsätzen oder PC-Komponenten wie Motherboards oder Festplatten werden beobachtet. Ferner wird ein Blick auf staatliche Fördermaßnahmen und Forschungsleistungen in bestimmten Ländern gerichtet, in denen sich starke Konkurrenzunternehmen entwickeln können.

Stärken-Schwächen-Analyse

Neben der Kundenanalyse und der Konkurrenzanalyse ist der dritte wichtige Analysebereich das eigene Unternehmen. Die *Stärken-Schwächen-Analyse* muss sich auf alle Unternehmensbereiche beziehen, von den *Kapitalbeschaffungsmöglichkeiten*, über die *Lieferantenauswahl*, die Gestaltung der unternehmensinternen *Prozesse*, Qualifikation und Leistungen der *Führungskräfte* und *Mitarbeiter* bis hin zu den *Fertigungsverfahren* und dem *Vertriebssystem*.

Im Zusammenhang mit den Stärken und Schwächen des Unternehmens steht auch die *Anzahl und* die *Verschiedenartigkeit der Produkte*, die das Unternehmen *im Programm* hat, wie lange diese Produkte bereits im Programm sind, wie viele Innovationen, neue Markteinführungen und Weiterentwicklungen von Produkten das Unternehmen leistet.

Produktlebenszyklus

Nach allgemeiner Auffassung hat jedes Produkt eine begrenzte Lebensdauer, auch wenn es bisher jedoch nicht gelungen ist, einen solchen *Lebenszyklus* für ein konkretes Produkt vorherzusagen. Der Lebenslauf eines Produktes lässt sich in folgende *Phasen* einteilen (Abb. 3.7):

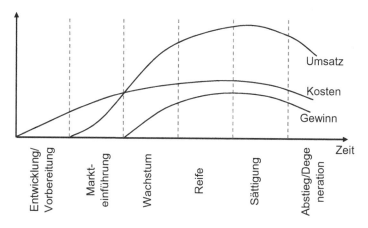

Abb. 3.7 Übersicht Produktlebenszyklus

Vor der Markteinführung entstehen bereits *Entwicklungskosten*, die später über den Gewinn aus dem Verkauf des Produktes mit abgedeckt werden müssen. Nach der Markteinführung gilt es, das Produkt möglichst bald aus der *Verlustzone* zu bringen. Der *Umsatz* steigt zunächst überproportional, dann unterproportional und sinkt schließlich ab. Die Kosten sinken mit der Zeit aus zwei Gründen: zum einen können aufgrund der *Erfahrung* die Produktionsprozesse verbessert und die Produktionskosten gesenkt werden, zum anderen sind bei am Markt gut etablierten Produkten die *Marketingkosten* geringer.

Über den gesamten Lebenszyklus hinweg gerechnet ist ein *Produkt umso erfolgreicher*, je mehr der insgesamt erzielte *Umsatz die* insgesamt aufgewendeten *Kosten übersteigt*. Dies ist umso eher der Fall, je länger die *Lebensdauer* des Produktes ist bzw. die Degenerationsphase durch weitere Maßnahmen wie Produktveränderungen, z. B. im Design, *hinausgezögert* werden kann.

Unternehmen müssen angesichts der begrenzten Lebensdauer ihrer Produkte *ständig neue Produkte entwickeln* und in den Markt einführen, um das Unternehmen erhalten und erfolgreich weiterentwickeln zu können.

Dies gilt *auch für kleine Unternehmen* oder Freiberufler wie z. B. EDV-Berater und IT-Supporter, die mit der Entwicklung der Hardware und Software mithalten müssen.

Praxisbeispiel Lebenszyklus

Die IT-Branche ist sowohl bei der Hardware als auch bei der Software geprägt von kurzen Lebenszyklen, wie sich z. B. an den Prozessorgenerationen oder bei den Betriebssystemen zeigt.

Das Moore'sche Gesetz besagt, dass sich die Anzahl der Transistoren pro Prozessor etwa alle 18 Monate verdoppelt. Nach einer ständigen Steigerung der Taktfrequenzen betreffen die neuesten Innovationen Dual-Core-Prozessoren (Doppelkerne) und Mehrprozessorsysteme für den Massenmarkt.

Ebenso rasant ist die Entwicklung der Betriebssysteme: Multi-Tasking-Fähigkeit (mehrere Aufgaben gleichzeitig erledigen können) und dann Multi-User-Fähigkeit (mehrere Nutzer gleichzeitig) gelten heute als selbstverständlich.

Portfolio-Analyse

Basierend auf dem Lebenszykluskonzept können Mehrproduktunternehmen zu Analysezwecken in einer Grafik veranschaulichen, wo ihre Produkte nach *Marktwachstum und Marktanteil* stehen. Diese Analyse wird auch als Portfolio-Analyse oder *Portfolio-Matrix* bezeichnet. Es ergeben sich vier Felder, in die die Produkte eingeordnet werden können (Abb. 3.8):

Question Mark – Wachstum hoch, Anteil gering

Kurz *nach der Markteinführung* eines neuen Produktes ist das *Marktwachstum hoch* und der *Marktanteil* noch *gering*. Das Produkt muss sich auf den etablierten Märkten erst

Marktwachstum	hoch	Question Mark	Star
	niedrig	Poor Dog	Cash Cow
		niedrig	hoch
		Marktanteil	

Abb. 3.8 Übersicht Portfolio-Matrix

durchsetzen, und wenn es eine erfolgversprechende Innovation ist, werden schnell Konkurrenzunternehmen mit auf den Zug aufspringen wollen.

In dieser Phase bezeichnet man die Produkte als *Question Marks* (Fragezeichen), da fraglich ist, ob sie den Markteinstieg gut schaffen und erfolgreich werden. Die Unternehmensführung steht vor der schwierigen Frage, ob sie das *Produkt weiter fördern und unterstützen* soll *oder* angesichts des wachsenden Konkurrenzdrucks aus dem Markt wieder *aussteigen und Verluste begrenzen* soll. Bedeutsam für diese Entscheidung sind die *Zukunftsaussichten* und Erwartungen in der technologischen und wirtschaftlichen Entwicklung.

Star – Wachstum hoch, Anteil hoch

Entscheidet man sich für das Produkt, ist es wichtig, mit entsprechendem Marketingaufwand das Produkt bald zum *Star* zu machen, einen *hohen Marktanteil* zu *erzielen*, *und* diesen dann gegen die stärker werdende Konkurrenz zu *verteidigen*.

In dieser Phase werden massive und *kostenintensive Werbekampagnen* gestartet, um das Produkt in den Markt zu bringen und die Konkurrenten auszustechen.

Cash Cow – Wachstum gering, Anteil hoch

In dem Maße wie das Produkt in die *Reife- und Sättigungsphase* eintritt, geht die Nachfrage zurück (Sättigung des Marktes) und mehr und mehr Konkurrenten springen ab, das *Marktwachstum sinkt*.

Für ein Unternehmen mit hohem Marktanteil wird das Produkt dann zur *Cash Cow* (Melkkuh oder Milchkuh), die hohe Gewinne einfährt, da die *Kosten sinken* und der *Umsatz hoch* und noch relativ stabil ist. Insbesondere entfallen die Marketingkosten, die in der heißen Phase zur Verteidigung des Produktes am Markt gegen die Konkurrenz erforderlich waren.

Poor Dog – Wachstum gering, Anteil gering

Ist der Marktanteil in dieser Phase jedoch immer noch gering, spricht man von *Poor Dogs* (Armen Hunden), Produkten, denen kein Erfolg beschieden war und die die

Unternehmenskasse unnötig belasten. Es empfiehlt sich, solche Produkte aus dem Produktprogramm zu entfernen (*Produkteliminierung*).

Praxisbeispiel Portfolio-Matrix

Ein Berliner EDV-Schulungsunternehmen hat sein Kursangebot thematisch in sechs Gruppen eingeteilt und nach Marktwachstum und Marktanteil wie folgt eingeordnet:

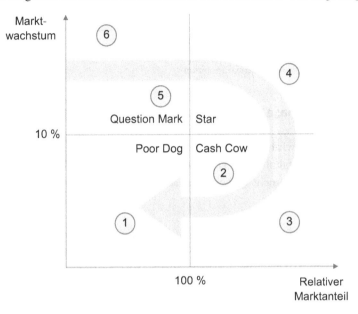

Aufgrund dieser Analyse und Visualisierung hat es nun mehr Klarheit darüber gewonnen, welche Kursangebote stärker beworben werden sollen und welche Kursangebote eventuell ganz aus dem Programm zu nehmen sind.

Der nächste Analyseschritt ist nun, im Rahmen einer Konkurrenzanalyse die Angebote der stärksten Konkurrenten in ebensolcher Weise grafisch zu veranschaulichen, um mehr darüber zu erfahren, welche strategischen Überlegungen die Konkurrenz wohl anstellen mag.

Schwierig und von Fall zu Fall festzulegen ist die *Grenze zwischen „hoch" und „niedrig"*. Beim *Marktwachstum* kann dies nur eine *Schätzgröße* sein, da niemand weiß, wie sich der Markt entwickeln wird. Beim *relativen Marktanteil* hängt sie von der *Konkurrenzsituation* ab. In der Regel wird sie mit 100 Prozent definiert, wenn es nur einen starken Konkurrenten gibt oder der Abstand des Marktführers zur Konkurrenz besonders groß ist. Bei vier etwa gleich starken Unternehmen kann als Grenze auch 25 Prozent angenommen werden.

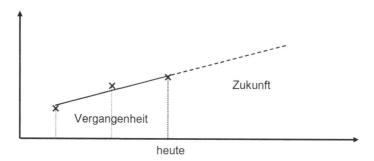

Abb. 3.9 Übersicht Lineare Trendextrapolation

3.2.2 Prognosephase

In der *Prognosephase* wird versucht, die *zukünftige Entwicklung* abzusehen, was durchaus nicht einfach ist. Oft kommt es zu *Trendbrüchen* oder anderen unerwarteten Ereignissen oder Entwicklungen, die nicht vorhersehbar sind.

Absatzprognose

Eine *Absatzprognose* dient dazu, den zukünftigen Absatz der Produkte oder Leistungen und damit die *Entwicklung des Unternehmens* abzuschätzen. Als Prognosegrößen lassen sich *Umsatz*, verkaufte *Stückzahl*, *Gewinn* und der *Marktanteil* verwenden. Eine einfache Prognosemethode ist die *lineare Trendextrapolation* (Trendhochrechnung) (Abb. 3.9):

Vergangenheitswerte werden in ein Koordinatensystem eingetragen, eine *Gerade* (daher „linear") wird durch sie hindurchgelegt und *in die Zukunft verlängert*. Dieses Verfahren ist etwas willkürlich, und der Informationsgehalt ist gering, andere Entwicklungen sind denkbar.

Der *Grundgedanke aller Trendverfahren* ist die Verknüpfung der Beobachtungswerte mit der Zeit. Bei der Trendextrapolation fragt man nicht nach den genauen *Ursachen*, sondern fasst die Entwicklung in der Vergangenheit als *Gesetzmäßigkeit* auf, die auch für die Zukunft gilt.

Es gibt verschiedene Verfahren, *neue Trends* zu identifizieren. Man spricht auch von *Verortung* von Trends (Abb. 3.10):

Strategische Frühaufklärung

Unter *Strategischer Frühaufklärung* versteht man ein unternehmerisches *Radarsystem*, ein flexibles und offenes Informationssystem, das Signale aus dem Unternehmen und seiner Umwelt erfasst und bereitstellt, *Veränderungen* in den für das Unternehmen wichtigen Umsystemen *aufdeckt* und neue Entwicklungen aufzeigt.

Wichtig dabei ist, dass es gelingt, die Hinweise in Aktivitäten bzw. Reaktionen umzusetzen. Der Hintergrund ist auch hier, intuitives *kaufmännisches Denken* bewusst zu machen und zu dokumentieren, um mittels der *Lernerfahrung* immer schneller und

Markt- und Szenenmonitoring,Trendscouting
Identifizierung aktueller *Moden*, *Streams*, *Hypes* mittels qualitativer Markt und Szenechecks; anschließende *Aggregation zu Trends*, Megatrends, Metatrends, etc.
Klassische Markt- und Meinungsforschung
Ermittlung von *Einstellungen und Werten* und ihrer Veränderung über die Zeit, um daraus qualitative Aussagen über die zukünftigen Entwicklungsmöglichkeiten zu ziehen.
Komplexe Umfeldanalysen
Ermittlung von Entwicklungen in den gedanklichen *Wissensstrukturen* (kognitive Muster), welche die individuelle Wahrnehmung und das Sozialverhalten bestimmen, z. B. Kaufempfehlungen über Like-Buttons *(Wo ist der Dislike-Button?)* oder Followers.

Abb. 3.10 Übersicht Trendverortung

Scanning
ungerichtete Suche (Rundum-Radar) nach neuen Signalen und neuen Analysebereichen und Einflussfaktoren, geringe Konkretisierung, Outside-In-Betrachtung
Monitoring
gerichtete Suche nach spezifischen Informationen in konkreten Bereichen, hohe Konkretisierung, Inside-Out-Betrachtung

Abb. 3.11 Übersicht Strategische Frühaufklärung

besser auf Veränderungen reagieren zu können. Es werden zwei Methoden der strategischen Frühaufklärung unterschieden (Abb. 3.11):

Szenario-Technik

Eines der bedeutendsten Prognoseverfahren ist die *Szenario-Technik*. Szenarios sind *mögliche Zukunftssituationen*, die auf Grundlage verschiedener Annahmen über die zukünftige Entwicklung *formuliert und analysiert* werden.

Wichtig bei der Szenario-Technik ist die Formulierung von *Extrem-Szenarien* (best case, worst case) und verschiedener Alternativszenarien sowie die Untersuchungen, welche *Störfaktoren* in der Entwicklung auftreten können, welche Maßnahmen dann ergreifbar wären und wie das angestrebte Zukunftsszenario verändern.

Praxisbeispiel Szenario-Technik

Die Ewald GmbH hat in Bezug auf die Vermarktung ihrer „Home Multi Media Systeme" verschiedene Zukunftsszenarien aufgestellt. Ausgangspunkt war die Frage: Wo stehen wir in fünf Jahren?

Marktarealstrategien	
Bestimmung des geographischen Absatzraumes	lokal, regional, national, international oder global
Marktparzellierungsstrategien	
Festlegung des Umfangs der Marktbearbeitung	- Massenmarktbearbeitung oder - Bildung und Auswahl von Marktsegmenten für die Bearbeitung
Marktfeldstrategien	
Festlegung der Produkt-/Marktkombinationen: gegenwärtige oder neue Produkte in gegenwärtigen oder neuen Märkten	- Intensivierung, - Produktentwicklung, - Marktentwicklung, - Diversifikation
Marktstimulierungsstrategien	
Bestimmung der Art der Marktbeeinflussung	Qualitätswettbewerb oder Preiswettbewerb

Abb. 3.12 Übersicht Arten von Marketing-Strategien

Als best case wurde eine Verfünffachung des Umsatzes angenommen, sofern die konjunkturelle Entwicklung weiter bergauf geht und die Konkurrenz wie bisher wenig Anstrengungen unternimmt, ein integratives Gesamtsystem zu entwickeln.

Der worst case ist ein Trendbruch in den Werten und Einstellungen der Besserverdienenden, die angesichts der multimedialen Überfrachtung unserer Infotainment-Gesellschaft ihre Lebensinhalte wieder in anderen, traditionellen Bereichen suchen, wie z. B. Bücher lesen oder Natur erleben. Notwendig wäre dann eine Umorientierung, z. B. auf die Zielgruppe der Geringverdiener.

3.2.3   Strategiephase

Aufgrund der bis hierhin gesammelten und ausgewerteten Informationen und Zukunftsbetrachtungen kann nun eine *grundsätzliche Marschrichtung* festgelegt werden, die *Marketingstrategie* (Abb. 3.12).

Alle vier Strategiebereiche *wirken ineinander* und können *mit weiteren Strategien*, wie sie bereits in Kap. 1 vorgestellt wurden, *verknüpft* werden.

Absatzraum

Die *Wahl des Absatzraumes* ist nicht nur eine Frage der *Größe des Unternehmens*, sondern bestimmt sich auch nach der *Art des Produktes*, der *Zielgruppe* und der *Konkurrenz* auf den verschiedenen Märkten.

Eine *Ausdehnung des* bearbeiteten *Marktareals* kann auch mit Hilfe einer *Kooperationsstrategie* (Zusammenarbeit mit anderen Unternehmen) oder einer *Akquisitionsstrategie* (Erwerb von Beteiligungen) erreicht werden.

Praxisbeispiele Marktarealstrategien

Es gibt kleine mittelständische Unternehmen (small business), z. B. Hersteller von Spezialmaschinen, die ihre Produkte weltweit verkaufen. Mit der Entwicklung des E-Commerce verschwimmen für viele Produkte die Marktarealgrenzen mehr und mehr. Das Internet macht die Welt zu einem globalen Dorf.

Für einen deutschen Hersteller von Lernsoftware hingegen ist es mit größerem Aufwand verbunden, die Sprachbarriere und die landesspezifische Anpassung der Inhalte bei der Internationalisierung zu überwinden. Hier bietet sich die Kooperation mit ausländischen Unternehmen an, sofern sich daraus Vorteile ergeben können.

Massenmarktstrategie

Der Vorteil einer undifferenzierten Marktbearbeitung (*Massenmarktstrategie*) liegt in der Standardisierung und Massenproduktion. Dies widerspricht jedoch den Prinzipien modernen Marketings, das eine *Personalisierung* des Angebots anstrebt.

Marktsegmentierung

Unter *Marktsegmentierung* versteht man die Aufteilung des Gesamtmarktes in *möglichst gleichartige* (homogene) *Käufergruppen*. Ziel der Segmentierung ist es, die Produkte und Leistungen besser auf die jeweilige Zielgruppe anzupassen und damit *Wettbewerbsvorteile* und bessere Markterfolge zu erreichen.

Aufgrund der Segmentierung kann sich die *Marktbearbeitung auf* ein bzw. *wenige* besonders lukrative *Marktsegmente* (wachsender Markt, nicht zu viel Konkurrenz) *konzentrieren oder* die Strategie kann sein, *alle Segmente* mit unterschiedlichen Produkten zu bedienen.

Kriterien

Es gibt eine Vielzahl von Kriterien, anhand derer die Segmentierung vorgenommen werden kann. Demographische *Segmentierungskriterien* wie Alter, Familienstand, Einkommen, etc. sind leicht erfassbar, eignen sich aber in der modernen Konsumgesellschaft weniger für eine genaue Zielgruppenbestimmung.

Milieustudien

Interessanter für die auf die Zielgruppe ausgerichteten Leistungen sind Einordnungen nach *psychologischen Kriterien* wie Single, Yuppi, Kleinfamilie, rüstige Rentner, etc. Gut eignen sich dazu auch die von Marktforschungsinstituten durchgeführten *Milieustudien*.

Praxisbeispiel Milieustudien

Marktforschungsinstitute haben in unserer Gesellschaft unterschiedliche Milieus ausgemacht und wie folgt definiert:

Adaptives Milieu: Der gut ausgebildete, mobile und pragmatische Mainstream der jungen modernen Mitte.

Statusorientiertes Milieu: Die beruflich und sozial aufstrebende untere Mitte – die Erfolgsinsignien unserer Konsumgesellschaft im Blick.

Modernes bürgerliches Milieu: Die konventionelle neue Mitte, die nach einem harmonischen, behüteten Leben in gesicherten Verhältnissen strebt.

Traditionelles bürgerliches Milieu: Die Sicherheits- und Status quo-orientierte Kriegsgeneration, die an den traditionellen Werten wie Pflicht und Ordnung festhält.

Traditionelles Arbeitermilieu: Die an den Notwendigkeiten des Lebens ausgerichtete traditionelle Arbeiterkultur der Eckkneipen, Kleintierzüchter und Schützenvereine.

Konsum-materialistisches Milieu: Die stark materialistisch geprägte Unterschicht, die Anschluss halten will an die Konsum-Standards der breiten Mitte.

Hedonistisches Milieu: Die unangepasste junge Unterschicht, die Spaß haben will und sich den Konventionen und Verhaltenserwartungen der Leistungsgesellschaft verweigert.

Aus der Bildung und Abgrenzung von Marktsegmenten folgt eine präzisere *Marktfeldbearbeitung*.

bisherige Produkte - bisherige Märkte
Die *Marktdurchdringungsstrategie* (Intensivierung) besteht darin, mit den *bisherigen Produkten* auf den *bisherigen Märkten* ein Wachstum, insbesondere über eine Marktanteilssteigerung, zu erreichen. Auf Basis der Portfolio-Analyse kommen hierfür insbesondere gut entwickelte *Question Marks und Stars* in Frage.

bisherige Produkte - neue Märkte
Bei der *Marktentwicklungsstrategie* sucht man nach *neuen Märkten* für die *bestehenden Produkte*, z. B. bei einer Internationalisierungsstrategie oder wenn zusätzlich zu Privatkunden auch Firmenkunden bedient werden.

neue Produkte - bisherige Märkte
Bei der *Produktentwicklungsstrategie* wird über die *Neuentwicklung von Produkten* der *bisherige Markt* bedient. Dies bietet sich insbesondere an, wenn der *Lebenszyklus* in die *Degenerationsphase* eintritt und *Innovationen* gefordert sind.

neue Produkte - neue Märkte
Bei der *Diversifikationsstrategie* sucht ein Unternehmen mit neuen Produkten neue Märkte: Eine *horizontale* Diversifikation liegt vor, wenn sich die Produkte *auf derselben Ebene* befinden und das Unternehmen besondere Stärken in einem Bereich auf einen anderen überträgt. Bei einer *vertikalen* Diversifikation wird entweder auf vorausgehende oder auf nachfolgende Produktionsstufen diversifiziert. Bei einer *konglomeraten* (heterogenen) Diversifikation liegen keinerlei Beziehungen zwischen den Märkten vor.

Praxisbeispiele Diversifikation

Horizontal: Ein Chipsatz-Hersteller bietet auch Speicherriegel an.

Vertikal: Ein Chipsatz-Hersteller bietet auch Motherboards an.

Heterogen: Ein Lebensmitteldiscounter bietet auch PCs an.

Der *Vorteil* der konglomeraten Diversifikation liegt in der Risikostreuung. Die *Gefahr* bei solchen *Mischkonzernen* liegt darin, dass die Manager sich überschätzen und verzetteln.

In Bezug auf die Frage, wie man die *Konsumenten* dazu *stimulieren* kann, sich für die Produkte zu interessieren, den Kaufwunsch zu hegen und sie dann sogar zu kaufen (vgl. *AIDA-Konzept*), bieten sich zwei Wege an: *Preis* oder/und *Qualität*.

Kostenführer

Das Ziel der *Kostenführerstrategie* (Preisführer) besteht darin, der *preisgünstigste Anbieter* zu sein. Dies erfordert eine rigorose Politik der Kostensenkung, allerdings muss die *Qualität* der Produkte stimmen.

Qualitätsführer

Das Ziel der *Differenzierungsstrategie* (Qualitätsführer) besteht in der Herstellung und dem Angebot von Produkten, die sich in *Qualität und Service* von den Konkurrenzprodukten deutlich abheben, die *Kosten* sind jedoch nicht zu vernachlässigen.

Marketing-Konzeption

Die in den vier Bereichen gewählten Strategien werden als *Marketing-Konzeption* in einem kreativen Prozess zu einem *Strategieprofil* zusammengefasst, mit geeigneten *Maßnahmen* zur Umsetzung verknüpft und *mit anderen Unternehmensstrategien*, insbesondere der Positionierungsstrategie *abgeglichen*. Verschiedene Marketing-Konzeptionen können auch mittels *Szenario-Technik* miteinander verglichen oder/und mit einer *Nutzwertanalyse* bewertet werden. Mit einfließen müssen Überlegungen zur praktischen Umsetzung im Unternehmen, zu notwendigen *Ressourcen* wie Mitarbeiterkapazitäten, finanziellen Reserven, organisatorischen Umgestaltungen etc.

Eine solch komplexe Vorgehensweise verursacht *Kosten*, die aber über den deutlich verbesserten *Markterfolg* erwirtschaftet werden können.

3.2.4 Maßnahmenphase

Der Katalog möglicher Marketing-Maßnahmen wird als *Marketing-Mix* bezeichnet, da aus den verschiedenen Maßnahmen eine *Mischung* zusammengestellt werden muss, die zur Strategieerreichung geeignet ist (Abb. 3.13).

Produktpolitik			
Marktgerechte Gestaltung der Produkte			
Produktqualität	Sortiment	Marke	Kunden-dienst
Kontrahierungspolitik			
Gestaltung von Preisen und Zahlungsbedingungen			
Preis	Kredite	Rabatt	Skonto
Kommunikationspolitik			
Gestaltung der Informationen für den Markt			
Public Relations	persönlicher Verkauf	Verkaufs-förderung	Werbung
Distributionspolitik			
Gestaltung der Absatzwege			
Absatzkanal		Logistik	

Abb. 3.13 Übersicht Marketing-Mix

Praxisbeispiel Marketing-Mix

Die Ewald GmbH hat in Bezug auf die Vermarktung ihrer „Home Multi Media Systeme" folgenden Marketing-Mix gewählt:

Produktpolitik: Die Ewald GmbH legt Wert auf eine hohe Qualität der Produkte, bietet jedoch nur wenige Modellvarianten an. Sie verwendet ausschließlich Markenprodukte und weist den Kunden ausdrücklich darauf hin. Entscheidendes Merkmal für den nachhaltigen Erfolg ist der zuverlässige und schnelle Service. Der Support soll beim Kunden auftretende Probleme möglichst innerhalb von 24 Stunden gelöst haben.

Kontrahierungspolitik: Der Preis ist aufgrund einer Marktstudie an der Zahlungs-bereitschaft der potentiellen Kunden ausgerichtet, Rabatte oder Skonto werden nicht gewährt. Finanzierungswünsche von Kunden werden über die Hausbank der Ewald GmbH abgewickelt.

Kommunikationspolitik: Im Rahmen der Öffentlichkeitsarbeit führt die Ewald GmbH in Schulen und Seniorenheimen kostenfrei die Vernetzung und Internet-anbindung von Rechnern durch. Sie schaltet Anzeigen in zielgruppenspezifischen Zeitungen und Zeitschriften (Werbung) und ist regelmäßig auf geeigneten Konsumgü-termessen vertreten (Verkaufsförderung). Das Verkaufspersonal ist fachlich versiert und wird regelmäßig geschult (persönlicher Verkauf).

Distributionspolitik: Angesichts der Art der Leistung kann als Absatzweg nur der Direktvertrieb gewählt werden. Für den Antransport der Anlagen wird mit einem ortsansässigen Speditionsunternehmen zusammengearbeitet. Der Support erfolgt weit-gehend telefonisch oder per Remote Access, ferner unterhält die Ewald GmbH einen

Produktpolitik	= Marktgerechte Gestaltung der Produkte
Produktqualität	Güte eines Produkts im Hinblick auf seine Eignung für den Verwender vom Kunden wahrgenommene Eigenschaften des Produktes, z. B. Displaygröße
Sortiment	alle Produkte, die den Kunden angeboten werden, z. B. verschiedene Arten und Ausstattungen von Motherboards
Marke	Name, Farbe, Logo, Design, Form, etc. Wiedererkennung und Qualitätsgarantie
Kundendienst	Serviceleistungen im Zusammenhang mit dem Kauf, z. B. Hotline oder Vor-Ort-Support, Update-Service

Abb. 3.14 Übersicht Produktpolitik

kleinen Fuhrpark mit Pkws (Logistik) und arbeitet mit ausgesuchten IT-Supportern vor Ort zusammen.

Die *Produkt- und Sortimentspolitik* umfasst alle Entscheidungen, die sich auf die marktgerechte Gestaltung des Leistungsprogramms beziehen. Die *attraktive Gestaltung des Absatzprogramms*, Entwicklung neuer Erzeugnisse, Verbesserung, Erweiterung und Eliminierung vorhandener Produkte, ist für die Stellung im Wettbewerb, Wachstum und Sicherheit von zentraler Bedeutung (Abb. 3.14).

Produktinnovation
Produktinnovationen entstehen aus *Produktideen*, die zu analysieren und zu bewerten sind. Regelmäßige *Kundenbefragungen* und ein gut organisiertes innerbetriebliches *Vorschlagswesen* sowie Förderung der *Kreativität* sind wichtige Voraussetzungen, dass neue Produkte entwickelt werden können. Ein Blick über den Tellerrand hinaus auf *Konkurrenzprodukte* und in *andere Branchen* kann auch nicht schaden.

Produkttest
Mit *Produkttests*, der Erprobung neuer Produkte durch *Testpersonen* oder auf *Testmärkten* kann das Risiko eines Fehlschlags vermindert werden.

Adoptionsprozess
Kenntnisse über den *Adoptionsprozess* der Konsumenten (insb. early adopters und Meinungsführer) von der Wahrnehmung der ersten Informationen bis zur vollen Übernahme der Neuerung lassen zuverlässiger planen, wie lange die Einführung in den Markt bis hin zu einem stabilen Umsatzprozess dauert.

Produktvariation

Ziel der *Produktvariation* ist es, das Produkt in den Augen der Konsumenten attraktiver erscheinen zu lassen (*Produktverbesserung*) oder das Produkt dem Bedarf bestimmter Marktsegmente anzupassen (*Produktdifferenzierung*). Ziel ist die *Vorteilsmehrung*, d. h. eine Erhöhung der wahrgenommenen Vorteile, die das Produkt dem Konsumenten bringt.

Produkteliminierung

Die *Produkteliminierung* bedeutet eine Programmbereinigung, d. h. die Aussonderung von unrentablen oder nicht mehr ins Imageprofil passenden Produkten.

Qualität

Produktqualität ist als die von den Kunden *wahrgenommenen Eigenschaften* des Produktes zu verstehen. Wichtig ist es daher, durch Kundenanalyse die von den Kunden gewünschten und geschätzten Produkteigenschaften in Erfahrung zu bringen und diese *bei der Produktgestaltung* bestmöglich zu *berücksichtigen*.

Sortiment

Sortimentspolitik bedeutet, unter Berücksichtigung der gegebenen räumlichen, personellen und finanziellen Beschränkungen das optimale Sortiment zusammen-zustellen. *Sortimentsbreite* (Programmbreite) ist die Anzahl der Produktgruppen (bedarfsverwandter Produktarten), z. B. verschiedene Arten von PC-Komponenten: Motherboards, Prozessoren, Lüfter, Festplatten, USB-Sticks, etc. Unter *Sortimentstiefe* (Programmtiefe) versteht man die Zahl der verschiedenen Varianten (Modelle, Typen) einer Produktgruppe im Produktprogramm, z. B. zehn verschiedene Prozessortypen.

Marke

Die *Markenpolitik* umfasst alle mit der besonderen *Markierung* von Produkten zusammenhängenden Entscheidungen und Maßnahmen.

Die *Vorteile* eines etablierten Markenprodukts für das Unternehmen sind der höhere Verkaufspreis und die stabilere Nachfrage, für den Kunden ist es die gleichbleibende hohe Qualität, die ihm den Auswahlprozess beim Einkauf erleichtert und daher die Bereitschaft in ihm erzeugt, einen höheren Preis zu zahlen.

Das *Risiko* liegt in den hohen Kosten bei der Entwicklung und Etablierung der Marke am Markt, wenn die Konsumenten *die Marke nicht wahrnehmen* oder akzeptieren.

Angesichts der Vielzahl gut bekannter Marken und einer Tendenz, die *Qualität von No-name-Produkten* (Bulkware), die oft aus derselben Herstellung wie Markenprodukte stammen, richtig einzuschätzen, machen es immer schwieriger, neue Marken zu etablieren. Erschwerend kommen *Produktvergleiche in Zeitschriften* hinzu.

Service

Der *Kundendienst* soll den Gebrauchsnutzen der Marktleistung sicherstellen, d. h. einen störungsfreien Einsatz der Problemlösung beim Kunden. Eine konsequente Kunden-

Kontrahierungspolitik	=Gestaltung von Preisen und Zahlungsbedingungen
Preis	3 Ks: Kosten, Kunden, Konkurrenz Preisstrategien (s.a. Abb. 3.16): - Penetrationspreisstrategie - Abschöpfungspreisstrategie - Prämienpreisstrategie - Promotionspreisstrategie - Preisdifferenzierung - Preispolitischer Ausgleich - Strategie psychologischer Preise
Kredite	Entscheidung, ob und wie den Kunden ein Kredit eingeräumt werden soll.
Rabatt	Entscheidung, ob den Kunden Preisnachlass gewährt werden soll.
Skonto	Entscheidung, ob den Kunden Preisnachlass bei schneller Bezahlung gewährt werden soll. Kredit vom Kunden gegen Zins!

Abb. 3.15 Übersicht Kontrahierungspolitik

dienstpolitik kann ein *Vertrauensverhältnis* zwischen Kunden und Unternehmen schaffen und damit die *Umsätze stabilisieren*. Kriterien für *Servicequalität* sind: Termintreue, Schnelligkeit und Zuverlässigkeit (Abb. 3.15).

Preisbildung

Der *Preis* eines Produkts kann auf dreierlei Weise festgelegt werden (*3 Ks*): aufgrund einer *Kostenkalkulation* (mit Gewinnaufschlag, vgl. 9.3), orientiert an den *Preisen der Konkurrenz* oder nach der *Zahlungsbereitschaft der Kunden*, die durch Marktforschung ermittelt wird.

Im Hintergrund steht immer die Kalkulation! Weit verbreitet ist die *Zuschlagskalkulation*: Auf die Einzelkosten werden die Gemeinkosten zugeschlagen. Alternativ, z. B. bei Dienstleistungen, wird die *Divisionskalkulation* angewandt: Alle Kosten werden durch die Anzahl der Leistungen geteilt. Ein *Gewinnzuschlag* auf die *Stückkosten* ergibt den *Verkaufspreis*.

Zahlungsbedingungen

Bei der Gestaltung der *Zahlungsbedingungen* geht es vor allem um die Frage, ob dem Kunden *Rabatt* oder/und *Skonto* gewährt werden soll oder gar eine *Ratenzahlung* oder andere Form der Kreditgewährung, um den Verkauf zu fördern. Die dadurch entstehenden zusätzlichen Kosten müssen in der *Preiskalkulation* hinzugerechnet werden. *Preise sind* ferner unter verschiedenen Aspekten *strategisch gestaltbar* (Abb. 3.16). Entscheidend für die Gestaltung der Zahlungsbedingungen sind die damit verfolgten *Ziele* und die *Wettbewerbssituation* bzw. das Verhalten der Konkurrenten (Abb. 3.17).

Markteinführung	
Penetrationspreis	Abschöpfungspreis
Mit einem niedrigem Preis in den Markt gehen, um schnell einen hohen Bekanntheitsgrad zu erzielen. Später den Preis erhöhen.	Mit hohem Preis in den Markt gehen, um die Kaufkraft der Gutverdiener abzuschöpfen. Später nach und nach den Preis senken.
Qualität	
Prämienpreis	Promotionspreis
Ein hoher Preis signalisiert dem Käufer eine hohe Qualität.	Ein niedriger Preis signalisiert „günstig", Qualität muss stimmen.
Preisdifferenzierung	
Das gleiche Produkt zu unterschiedlichen Preisen verkaufen	
räumlich	PCs werden in den neuen Bundesländern günstiger angeboten.
zeitlich	Business- und Weekendtarif bei Handy-Verträgen
persönlich	Seniorentarife bei DSL-Verträgen
sachlich	Markenprodukte sind teurer als No-Name-Produkte.
Preispolitischer Ausgleich	
Quersubventionierung kostenintensiver Produkte, um die Marktchancen zu verbessern. Cash Cows subventionieren Question Marks und Stars.	
Strategie der psychologischen Preise	
Preis knapp unter dem nächsten vollen Euro-Betrag, z. B. 9,95 € suggerieren „günstig".	

Abb. 3.16 Übersicht Preisstrategien

Kommunikationspolitik	= Gestaltung der auf den Markt gerichteten Informationen
Public Relations	Öffentlichkeitsarbeit, systematische Gestaltung und Pflege der Beziehungen zur Öffentlichkeit mit dem Ziel, das Image des Unternehmens zu erhalten und zu verbessern.
persönlicher Verkauf	Kundenberatung, direktes Gespräch mit dem Kunden, um seine Probleme und Wünsche zu erfahren und ihn entsprechend zu beraten.
Verkaufs-förderung	Sales Promotion, zeitlich begrenzte Aktionen zur Steigerung des Absatzes, Verkäuferschulungen, Info-Stände, etc. (auf die Zielgruppe gerichtet)
Werbung	Beeinflussung von Konsumenten zur Erhöhung ihrer Kaufbereitschaft durch zielgerichtete Informationen (Werbebotschaften) Werbeträger: Fernseh- bzw. Radiosender, Zeitung, Zeitschrift, Plakatwand, Internet-Provider Werbemittel: Werbespot, Anzeige, Plakat, Website, Banner, etc.

Abb. 3.17 Übersicht Kommunikationspolitik

Streubreite

Unter *Kommunikation* ist das zu verstehen, was vielfach mit Marketing gleichgesetzt wird: *Werbung* und *Verkaufsförderung*. Der Unterschied ist, dass bei Verkaufsförderung die Zielgruppe direkt angesprochen wird, Werbung wirkt breiter und trifft auch Personen, die keinerlei Bedarf für das Produkt haben (größere *Streubreite*).

Das *Ziel der Kommunikation* ist, Informationen zu übermitteln, um *Meinungen, Einstellungen, Erwartungen und Verhaltensweisen* zielorientiert zu beeinflussen.

Werbeplan

Im Rahmen Marketingkonzeption ist ein *Werbeplan* zu entwickeln, der die grundsätzlichen Richtlinien und Aussagen für die *Werbebotschaften* enthält, die *zum* angestrebten *Image* des Unternehmens *passen* müssen. Wer das Image „günstig" anstrebt, kann in der Werbung z. B. die *Geiz-Dimension* ansprechen.

In der kurzfristigen, *taktischen Werbeplanung* werden die anzusprechenden Zielgruppen und die konkreten Aktionen und Maßnahmen festgelegt. Erstes Ziel aller Werbemaßnahmen ist es, *Aufmerksamkeit* zu *erregen* (AIDA-Konzept).

Werbemittel

Die *Auswahl der Werbeträger und* damit auch der *Werbemittel* erfolgt nach den Kriterien *Streubreite* (Erreichbarkeit der Zielgruppe) und *Kosten*.

Werbebudget

Für die Festlegung der *Höhe des Werbebudgets* gibt es kein Patentrezept. Es richtet sich zunächst nach den *finanziellen Möglichkeiten* des Unternehmens. Ein gewisser Werbeaufwand ist schon allein zur *Kompensation von Gegenkräften* notwendig (Maßnahmen der Konkurrenz). Außerdem muss die *Treue der Kunden* aufgebaut und gepflegt werden.

Die Höhe des Budgets kann am *Umsatz*, am *Gewinn*, am *Marktanteil* oder auch an den Werbeausgaben der *Konkurrenz* orientiert werden. Im Hintergrund steht dabei aber immer das *Werbeziel*, das erreicht werden soll.

Praxisbeispiel Werbebudget

Auf einem Meeting der Ewald GmbH werden verschiedene Ansätze zur Festlegung des Werbebudgets diskutiert. Vorschläge sind, fünf Prozent vom Umsatz oder ein Prozent vom Gewinn für Werbung auszugeben. Aufgrund der Konkurrenzanalyse wurde anhand von Häufigkeit und Kosten von Anzeigen und Maßnahmen hochgerechnet, dass ein maßgeblicher Konkurrent jährlich etwa 40.000 Euro für Werbung ausgibt. Angesichts der hohen Streubreite der Werbung wird beschlossen, das im Vorjahr festgelegte Budget nicht aufzustocken, sondern den Schwerpunkt auf die Verkaufsförderung zu setzen.

Zielgruppen	Maßnahmen
eigenes Verkaufspersonal	Schulung, Verkaufstraining, Weiterbildung, etc.
Absatzmittler (Handel)	Ausstattung mit Prospekten, Handbüchern, Foldern, Mustern, Präsentationen, etc.
Kunden	direktes Ansprechen am Verkaufsort mit speziellen Maßnahmen und Methoden (z. B. Produktproben), Mailingaktionen, begrenzt nutzbare Freeware, Shareware, Online-Update-Angebote

Abb. 3.18 Übersicht Verkaufsförderung

Abb. 3.19 Übersicht
Merkmale einer guten
Kundenberatung

Fachkompetenz zielgruppengerecht anwenden
Freundlichkeit
tatsächliches Problem erkennen
individuelle Wünsche berücksichtigen
Vorteil bzw. Nutzen für den Kunden betonen
überzeugen, nicht überreden
verbindliche Aussagen machen

Verkaufsförderung

Das *Ziel der Verkaufsförderung* ist, aufbauend auf die Werbung die Streubreite der Marketingmaßnahmen zu verringern und damit die *Effizienz* des Marketings zu *erhöhen*. Die Kunden, aber auch der Handel (Absatzmittler) und das eigene Verkaufspersonal sollen besser und umfassender über die Produkte informiert werden, wodurch *zusätzliche Anreize* auf die Zielgruppe ausgelöst werden (Abb. 3.18).

Kundenberatung

Die Qualität des *Kundenberatungsgesprächs* ist in vielen Bereichen der IT-Branche angesichts der technologischen Komplexität und der hohen Innovationszyklen ein wichtiger Erfolgsfaktor. *Vom* geringinformierten, orientierungslosen *Privatkunden*, oft mit unpräzisen Begriffsvorstellungen, *bis* hin *zum* hochspezialisierten *Administrator* hat der Berater Erfolg, der seine Fachkompetenz mit Freundlichkeit und kundengerecht anwenden, das tatsächliche Problem erkennen und individuelle Wünsche berücksichtigen kann (Abb. 3.19).

Im Gegensatz zu den unpersönlichen Formen der Kommunikation ergibt sich durch den persönlichen Kontakt mit dem Kunden ein *direkter, interaktiver Dialog* mit gegenseitigen Fragen und Antworten. Ferner dient der persönliche Verkauf der

Distributionspolitik		= Gestaltung der Absatzwege
Absatzkanal	alle Wege, die das Produkt nimmt, um vom Hersteller zum Kunden zu gelangen	
	Direktvertrieb	eigene Verkäuferfestangestellt oder/und auf Provisionsbasis
	Absatzmittler	Handel (Groß-, Einzel-),Makler, etc.
	Absatzhelfer	Transportunternehmen,Versicherungen, etc.
Logistik	alle Tätigkeiten, die in Verbindung mit Transport- und Lagervorgängen erforderlich sind	

Abb. 3.20 Übersicht Distributionspolitik

Informationsgewinnung (Kundenanalyse). Für den Marketingerfolg wichtig ist daher die *Schulung der Verkäufer* im Verhalten gegenüber dem Kunden.

Public Relations

Zur Kommunikation gehört auch die *Öffentlichkeitsarbeit* (Public Relations), das bewusste, zielorientierte Auftreten des Unternehmens in der Öffentlichkeit, z. B. die Veranstaltung von Straßenfesten, Bäumepflanzaktionen, öffentlichkeitswirksames Verschenken von PCs an Schulen, u. ä. zwecks *Imagepflege*.

Öffentlichkeitsarbeit muss auf das angestrebte Image ausgerichtet sein, und sie muss *Aufmerksamkeit erregen*. Damit die Maßnahmen von der Öffentlichkeit überhaupt wahrgenommen werden, müssen sie *außergewöhnlich und kreativ* sein (Abb. 3.20).

Weg zum Kunden

Unter *Distribution* versteht man alle Entscheidungen und Handlungen im Zusammenhang mit dem *Weg* eines Produkts vom Hersteller *zum Kunden*.

Direktvertrieb

Die *Wahl des Absatzkanals* hängt von der *Art des Produktes* sowie von den Kriterien *Kosten* und *Effizienz* ab. Ein *eigenes Vertriebssystem* mit Außendienstmitarbeitern und eigenem Fuhrpark (Direktvertrieb) verursacht *fixe*, d. h. von den Verkaufszahlen weitgehend unabhängige *Kosten*. Wird den Mitarbeitern ein Teil des Gehalts in Form von *Verkaufsprovision* gezahlt oder bei freien Mitarbeitern kann ein Teil der Personalkosten an den Umsatz gebunden werden. Der entscheidende *Vorteil des Direktvertriebs* liegt im direkten *Kontakt zum Kunden*. Der geht *beim indirekten Vertrieb* über Absatzmittler verloren, die Produkte werden im Handel neben *Konkurrenzprodukten* angeboten, und die *Kontrolle über* die Beratungsleistung des *Verkaufspersonals* geht verloren.

Aus Kostengründen ist der Direktvertrieb dann vorteilhaft, wenn bei gleichem Umsatz die zusätzlichen *Vertriebskosten kleiner* sind *als* die *Ertragsminderung* aufgrund der Handelsspanne.

Ein Anbieter von Servern kann beim Endkunden einen Stückpreis von 5.400 Euro erzielen. Der Aufbau eines eigenen Vertriebssystems würde bei derzeitigen Absatzzahlen zusätzliche Vertriebskosten pro Stück von ca. 970 Euro erzeugen. Die Handelsspanne liegt bei 25 Prozent, d. h. der Handel behält vom Verkaufspreis 1.350 Euro ein. Damit lohnt sich aus Kostengründen der Aufbau eines eigenen Vertriebssystems.

Für *Telekommunikationsunternehmen* macht Direktvertrieb den *Aufbau eines eigenen Netzes* erforderlich. Hier ist es meist kostengünstiger, ein vorhandenes Netz zu nutzen, auch wenn man dann von den *Konditionen des Netzanbieters* abhängig ist. Die *Bundesnetzagentur* hat daher den Auftrag, Marktmachtmissbrauch zu verhindern.

Absatzmittler

Absatzmittler sind in der Absatzkette zwischengeschaltete Unternehmen des Groß- und Einzelhandels, die bestimmte *Funktionen* übernehmen: Sie stellen Lager- und Verkaufsfläche zur Verfügung, versehen die Waren mit Preisen, ändern evtl. die Verpackungsgröße, bieten Kredite etc.

Absatzhelfer

Zur Unterstützung werden *Absatzhelfer* eingesetzt, z. B. Spediteure, Lagerhalter, Reeder, Kommissionäre, Makler, Handelsvertreter, Reisende, Werbeagenturen, Marktforschungsinstitute, Kreditinstitute, Leasingunternehmen, Factoring-Unternehmen, Inkassounternehmen, etc.

Die *Abgrenzung* zwischen Absatzmittler und Absatzhelfer ist *nicht immer eindeutig*, und die Begriffe können eng oder weit gesehen werden.

Logistik

Aufgabe der Logistik ist es, dafür zu sorgen, dass das richtige *Produkt* zur gewünschten *Zeit* in der richtigen *Menge* an den gewünschten *Ort* gelangt.

Standort

Die *Standortentscheidung* ist die erste wichtige Logistik-Entscheidung, denn aus ihr ergeben sich *Transportkosten* und *Liefergeschwindigkeit*. Eine optimale Kombination von dezentralen Verkaufslagern ist insbesondere für *Internetanbieter* ein wichtiger Wettbewerbsaspekt, wenn die Ware schnell beim Kunden sein soll. *Verfügbarkeitsanzeigen* auf der Website und *Tracing-Systeme* erleichtern die Logistik.

SCM

Statt von Logistik wird vielfach auch von *Supply Chain Management* (SCM) gesprochen. Unter Supply Chain (Lieferkette, logistische Kette) wird ein *unternehmensübergreifendes*

Netzwerk verstanden, das von der Beschaffung über die Verarbeitung bis hin zum Transport zum Endkunden alle Schritte enthält und möglichst effizient gestaltet werden soll. Insofern geht der Begriff über die reine Absatz-Logistik hinaus. *Ziele* des SCM bzw. *der Logistik* sind:

- Steigerung der Kundenzufriedenheit
- Verkürzung von Lieferzeiten
- Rasche Anpassung an Änderungen des Marktes
- Vermeidung von „out of stock"
- Senkung der Lagerbestände
- Kostenvorteile durch Optimierung
- Vereinfachung des Güterflusses

3.2.5 Kontrollphase

Ein wichtiger Bestandteil des Marketing-Prozesses ist die laufende *Kontrolle*, ob die gesetzten Ziele erreicht worden sind, denn aus dieser Kontrolle ergeben sich *neue Informationen* für eine verbesserte Planung der Maßnahmen.

Abweichungen erkennen
Nur bei ständiger Kontrolle der Marktgegebenheiten und der Ergebnisse der Marketing-Arbeit können *Abweichungen schnell erkannt* und *in neue Maßnahmen und Ziele umgesetzt* werden.

Oft genug ist es jedoch schwierig, die *Ursache-Wirkungs-Zusammenhänge* richtig einzuschätzen und die richtigen Einflussfaktoren für Veränderungen zu identifizieren.

Praxisbeispiel Werbeerfolgskontrolle

Die Ewald GmbH erlebt kurz nach einer Mailing-Aktion eine Umsatzsteigerung. Die regelmäßig und systematisch durchgeführte Kundenbefragung ergab jedoch keinen Zusammenhang zwischen den Werbemails und der gestiegenen Nachfrage. Viele Kunden erinnerten sich gar nicht, die Mail erhalten zu haben.

Die meisten Kunden gaben an, durch Internet-Recherche auf das Angebot aufmerksam geworden zu sein. Nur wenige hatten die Anzeige in einer Zeitschrift gesehen. Etwa 20 Prozent der Neukunden gaben an, bei Freunden oder Bekannten die Anlage gesehen zu haben.

Vor einem halben Jahr hatte die Ewald GmbH auf einer Messe eine größere Präsentation veranstaltet, die zwar ein großes Interesse weckte, aus der sich jedoch nur sehr wenig direkte Aufträge ergaben.

Aufgrund der Ergebnisse entschließt sich die Ewald GmbH zu einer Suchmaschinenoptimierung und mehr Bannerwerbung auf ausgesuchten, zielgruppenspezifischen Websites.

Umsatzsteigerungen lassen sich nicht eindeutig auf eine bestimmte Werbemaßnahme zurückführen, da *verschiedene Einflussfaktoren* eine Umsatzsteigerung bewirken können. Die Wirkung von Maßnahmen kann unterschiedlich lange dauern, und oft landen Botschaften im *Unterbewusstsein* der Kunden und führen zu Handlungen, ohne dass der Kunde sich der Ursache bewusst wird. *Marketing-Kontrolle* ist nicht einfach, aber notwendig.

3.3   E-Marketing

Die Entwicklung der Informationstechnologie in den letzten Jahren hat viele neue Möglichkeiten und Wege für *Marketing-Maßnahmen* geschaffen, stellt aber auch neue Anforderung an die Unternehmen im Wettbewerb.

Content

Die *Qualität des Designs und* die Qualität *des Contents* (Inhalts) einer *Unternehmens-Website* sind wichtige Erfolgsfaktoren für den Internet-Auftritt. *Visiter* erwarten einladende und verständliche Seiten mit umfassenden, zielgruppengerechten Informationen, einer klaren Benutzerführung und gutem Service. Das *Design* muss dem *Corporate Design* angepasst und sollte kreativ gestaltet sein, um *Aufmerksamkeit* zu erwecken, aber auch nach dem Grundsatz *„form follows function"*, Design ist Teil der Funktionalität.

CMS

Die Zeiten, in denen *ein Mitarbeiter nebenbei* mit seinen dürftigen HTML-Kenntnissen mal eine Website bastelte, vielleicht noch mit hüpfenden Figuren und anderlei Schnickschnack, sind für die meisten Unternehmen gottseidank vorbei. Der Auftrag an einen *professionellen Webdesigner* muss auf Basis eines *Pflichtenheftes* und einer genauen Auswahl nach Vorlage von detaillierten Entwürfen erfolgen. Ein *Content-Management-System* (CMS) hilft, den Aktualisierungsaufwand gering und die *Aktualität* hoch zu halten.

Bei der *Planung der Online-Präsenz* müssen zunächst das *Ziel* der Website und die *Zielgruppe* festgelegt werden, ferner, mit welchen *Besonderheiten* die Präsenz den bisherigen Kommunikations-Mix ergänzen kann.

Praxisbeispiel Online-Präsenz

Die Ewald GmbH, ein Anbieter von Home Multi Media Systemen mit WLAN-Vernetzung und Internet überall, bietet auf ihrer Website die Möglichkeit, virtuell durch Musterwohnung zu navigieren, die mit den Systemen ausgestattet sind. Die Merkmale und Besonderheiten werden sprachunterstützt erklärt. Mit Rechtsklick auf die Geräte öffnet sich ein Info-Fenster mit detaillierten technischen Erläuterungen.

Informationen über das Unternehmen und die Produkte sowie Ansprechpartner und Möglichkeiten zur Kontaktaufnahme sollten nicht nur aufgrund der *Anforderungen des Telemediengesetzes* vorhanden sein. Sinnvolle *Downloads* (z. B. Handbücher) und ein integrierter *Online-Shop* runden den Web-Auftritt ab.

Banner

Eine weitere Möglichkeit des E-Marketings sind *Banner* auf fremden Websites. Im Rahmen der Marketing-Kontrolle müssen hier *Klick-Häufigkeit* und *Kosten* gegeneinander abgewogen werden. Auch für *Werbemails* gilt neben den Anforderungen des Telemediengesetzes, dass sie in Stil und Inhalt den *Regeln einer guten Kundenberatung* entsprechen, d. h. freundlich, verständlich, problembezogen und knapp formuliert sind.

Mobile Marketing

Mobile Marketing wird angesichts zunehmender Übertragungsraten im Mobilfunk immer attraktiver. Marketing-Maßnahmen in TV, Print oder am Point-of-Sale können durch *SMS-Kampagnen* unterstützt werden, Werbe-Jingles können als Klingeltöne zum *Download* bereitgestellt werden, Produktverpackungen können Adressen für *Handy-fähige Websites* mit Produktinformationen enthalten, etc. Wichtig ist, dass der *Nutzen und* der *Unterhaltungsfaktor* für den Kunden stimmt.

CRM

Customer Relationship Management (CRM) ist die Pflege der Beziehung zum Kunden, die Kenntnis der *Konsumgewohnheiten, Bedürfnisse und Kaufmotive.* Der Kunde ist König, und ihm seine Wünsche von den Lippen abzulesen, macht ihn glücklich und zufrieden. Mit *CRM-Software* lassen sich *Kundenkontakte verwalten* und bearbeiten. Bei einer Kontaktaufnahme stehen dem Mitarbeiter sofort alle Informationen über den Kunden inklusive einer *Einordnung und Bewertung* des Kunden zur Verfügung.

ABC-Analyse

Die *ABC-Analyse* teilt Kunden in *A-Kunden* (besonders bedeutsam), *B-Kunden* (weniger bedeutsam) und *C-Kunden* (unbedeutend) ein. Mittels CRM-Software kann die *Einordnung verfeinert* werden, und es können z. B. termingerecht an den Interessen des Kunden ausgerichtete *Angebote und Informationen über Neuerungen* versandt werden. Wichtig für den Erfolg solcher Systeme ist die sorgfältige *Schulung der Mitarbeiter* insbesondere in Bezug auf die *Regeln einer guten Kundenberatung.*

E-Payment-Systeme

Im *Kontrahierungs-Mix* können *E-Payment-Systeme* eingesetzt werden, insbesondere beim Vertrieb *digitaler Güter*, z. B. Music-Stores oder kostenpflichtigen Zeitungsarchiven. Es gibt inzwischen eine Reihe von elektronischen Bezahlsystemen, bei denen über eine *Zertifizierungsstelle* (TTP, Thrusted Third Party) die Sicherheit für beide Seiten gewährleistet wird. Fraglich ist jedoch, inwieweit sie sich neben den klassischen Bezahlformen, insbesondere *Bankeinzug und Kreditkartenzahlung* durchsetzen werden.

SCM

Schließlich lassen sich im *Distributions-Mix* mit Hilfe von *SCM-Software* (Supply Chain Management) *Lieferketten in Echtzeit* darstellen. Dazu werden die Güter entlang der Kette mit Hilfe von *BDE-Systemen* (Betriebsdatenerfassung) über *Barcode-Scanning* oder Auslesen von *RFID-Tags* erfasst. Der Vergleich der Ist-Zeiten mit den Soll-Zeiten ermöglicht eine kontinuierliche *Optimierung der E-Logistik*. Mit einem *SCEM-System* (Supply Chain *Event* Management) kann steuernd in das Logistiksystem eingegriffen werden. Mittels *Transportmanagement-Software* können Transportstrecken optimiert werden.

Kosten und Erträge

Beim *Einsatz von E-Marketinginstrumenten* müssen, wie bei den traditionellen Maßnahmen, aus betriebswirtschaftlicher Sicht immer *Kosten und Erträge* abgewogen werden, aber auch erzielbare *Wettbewerbsvorteile* gegenüber der Konkurrenz.

Beschaffung und Produktion

4

Zusammenfassung

Voraussetzung für die Vermarktung von Gütern und Dienstleistungen (*Leistungs-verwertung*) ist ihre Herstellung (*Leistungserstellung*). Die große Vielfalt an Angeboten in einer modernen Marktwirtschaft beruht auf *Arbeitsteilung und Spezialisierung*.

4.1 Wertschöpfung

Während in der urzeitlichen *Jäger- und Sammlergesellschaft* jedes Gesellschaftsmitglied noch alle zum Überleben notwendigen Tätigkeiten (Jagen und Sammeln) beherrschen musste, leben wir heute in einer *hochgradig spezialisierten, arbeitsteiligen Industriege-sellschaft*, ohne die unser heutiger *Wohlstand* nicht denkbar wäre.

Praxisbeispiel Arbeitsteilung

Ein Bankangestellter stellt an seinem Arbeitsplatz-PC Informationen für ein bevorstehendes Beratungsgespräch mit einem Kunden zusammen. Er ist auf Anlageberatung spezialisiert, hat dazu eine Ausbildung und mehrere Fortbildungen bewältigt und viel Praxiserfahrung gesammelt.

Der verwendete PC wurde von einem Unternehmen hergestellt, das dazu die notwendigen Komponenten bei anderen Unternehmen (Lieferanten) beschafft hat. Das Gehäuse und viele andere Teile bestehen aus in einem Spritzgussverfahren hergestellten Kunststoffteilen und aus den verschiedensten Metallen. Kunststoff wird aus Erdöl hergestellt, die Metalle müssen im Bergbau gewonnen und aufbereitet werden, ebenso der in den elektronischen Bauteilen verwendete Sand (Silizium). Die

© Springer Fachmedien Wiesbaden 2015
M. Wünsche, *BWL für IT-Berufe*, DOI 10.1007/978-3-658-10430-6_4

Produktionsanlagen, z. B. für die Waferproduktion, werden von darauf spezialisierten Unternehmen bereitgestellt.

Das Bankgebäude wurde von einem Bauunternehmen errichtet, das dazu Baumaterialien und z. B. die Architektendienstleistung beschaffen musste. Für den Internet-Zugang müssen Kabel verlegt sein und Zugangsdienstleistungen erbracht werden, etc.

Der Staat stellt Infrastruktur, ein Rechtssystem und Geld (Tauschmittel, Wertaufbewahrungsmittel und Recheneinheit) bereit.

Gebrauchswert und Geldwert

Wertschöpfung ist das Ziel jeder produktiven Tätigkeit. Rohstoffe und Vorprodukte werden zu *Gütern mit höherem Nutzen* (Gebrauchswert) verarbeitet. Der *Geldwert* eines Gutes ergibt sich aus *Angebot und Nachfrage*.

Im *Angebot* drückt sich der Wert der Vorprodukte und der für die Herstellung notwendigen Leistungen (Arbeitslohn, Abschreibungen, etc.) aus.

Die *Nachfrage* zeigt die Zahlungsbereitschaft der Nachfrager, die sich nach dem Nutzen der Leistung bemisst.

Wertschöpfung

Wertschöpfung kann als *Umsatz minus Kosten* berechnet werden und stellt daher den vom Unternehmen bzw. in der gesamten Wirtschaft erwirtschafteten *Gewinn* (Überschuss, Mehrwert) dar. Der erwirtschaftete Überschuss kann für *Forschung und Entwicklung* und zur Herstellung weiterer *Produktionsanlagen* (Investitionen) verwendet werden, und damit zur weiteren *Erhöhung des Wohlstands*.

Praxisbeispiel Wertschöpfung

Ein Landwirt, der sich und seine Familie von den Produkten seines Hofes ernährt, beschließt, Konsumverzicht zu üben und verkauft einen Teil seiner Ernte auf dem Markt. Von den Verkaufserlösen kauft er Dünger und einen Traktor und kann so den Ertrag seines Hofes steigern.

Sein Enkel überredet ihn zur Anschaffung eines GPS-gestützten Dünge- und Bewässerungsoptimierungssystems, mit dem die Kosten gesenkt und die Erträge gesteigert werden können.

Die Gesamtwirtschaft lässt sich anhand der *Wertschöpfungskette* in die *drei* aufeinander aufbauenden *Sektoren* einteilen (Abb. 4.1):
Während um 1800 noch 80 Prozent der gesamten Wirtschaftsleistung im primären Sektor erfolgte und der tertiäre Sektor keine 10 Prozent ausmachte, haben sich die Verhältnisse *heute* umgekehrt. Über *70 Prozent* unserer gesamten Wirtschaftsleistung wird im Sektor *Dienstleistungen* erbracht, während die Urproduktion nur noch etwa 10 Prozent der Wirtschaftsleistung erbringt (Abb. 4.2).
Die Wertschöpfung jedes einzelnen Unternehmens ist in die Gesamtwirtschaft eingebunden. Sie lässt sich anhand einer *Wertschöpfungskette* darstellen (Abb. 4.3):

Primärer Sektor	*Urproduktion:* Land- und Forstwirtschaft, Fischerei, Bergbau
Sekundärer Sektor	*Produktion:* Industrie, Handwerk, Energiewirtschaft etc.
Tertiärer Sektor	*Dienstleitungen:* Handel, Banken, Versicherungen, IT-Support, etc.

Abb. 4.1 Übersicht Wirtschaftssektoren

Volkswirtschaftliche Arbeitsteilung
Unternehmen der *Urproduktion* liefern Rohstoffe an *Industrieunternehmen,* die damit ganz verschiedene Produkte herstellen, z. B. Maschinen, die dann in der Urproduktion zur Rohstoffgewinnung eingesetzt werden können, oder Schreibtische und PCs, die in *Dienstleistungsunternehmen* zur Erbringung von Dienstleistungen genutzt werden können. Der Dienstleistungssektor erbringt Leistungen für *Industrieunternehmen* und die *Urproduktion,* z. B. Installation von Hard- und Software, Beratungs- und Finanzierungsleistungen, etc.
Internationale Arbeitsteilung
Unsere Volkswirtschaft ist mit den Volkswirtschaften anderer Länder durch *Außenwirtschaftsbeziehungen* hochgradig verflochten. Der *Vorteil des Außenhandels* ergibt sich dadurch, dass jedes Land sich auf die Produktion der *Güter und Dienstleistungen* spezialisiert, die es besser oder günstiger herstellen kann. Wichtig sind auch die *Verfügbarkeit von Rohstoffen* und die internationalen *Kapitalbewegungen.*
Zwischenbetriebliche Arbeitsteilung
Die betriebswirtschaftliche *Entscheidung über* die *Fertigungstiefe* kann dazu führen, dass Teile der Produktion an andere Unternehmen ausgelagert werden (*Outsourcing*). Eine mögliche Strategie ist es, sich auf die *Kernkompetenzen* zu beschränken, d. h. alles auszulagern, was man nicht besser kann als andere (*Lean Production*). Eine *Fertigungstiefe von Null* bedeutet, dass das Unternehmen nur noch die Koordination anderer Produktionsunternehmen übernimmt. Die Extremform der zwischenbetrieblichen Arbeitsteilung ist das *virtuelle Unternehmen.* Es handelt sich dabei um die zeitlich begrenzte Zusammenarbeit von Menschen weltweit ohne dauerhafte Organisationsstruktur und ohne geographischen Standort (*Projekte*).
Berufliche Arbeitsteilung
Während in kleinen und mittelständischen Unternehmen die Mitarbeiter vielfältige Aufgaben übernehmen, ist mit zunehmender Größe des Unternehmens eine *Spezialisierung der Mitarbeiter* auf bestimmte Tätigkeiten erforderlich. Während die Erstausbildung in den *IT-Berufen* eine breite Wissensbasis vermittelt, sieht das darauf aufbauenden *Weiterbildungssystem* eine Spezialisierung zu *Specialists* und *Professionals* vor.

Abb. 4.2 Übersicht Arbeitsteilung

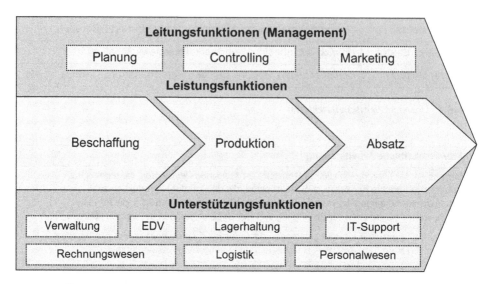

Abb. 4.3 Übersicht Wertschöpfungskette

Kaufmännisch denken bedeutet, die *Entscheidungen und Abläufe* in der betrieblichen Wertschöpfungskette und die Einbindung in das Umsystem *so effizient wie möglich* zu *gestalten und* kontinuierlich zu *verbessern*.

4.2 Beschaffung

Für die *Leistungserstellung* (Produktion) und die *Leistungsverwertung* (Absatz) ist es in unterschiedlichem Umfang notwendig, Leistungen von anderen Unternehmen oder Personen zu beschaffen. Ziel von *Beschaffungsentscheidungen* ist es festzulegen,

was	*wann*	*wo*	*in welcher Menge*	*zu welchem Preis*

beschafft werden soll. Beschaffungsentscheidungen sind *effizient*, wenn sie mit *Bezug auf die anderen Ziele* des Unternehmens zwischen den Kriterien *Kosten und Qualität* der beschafften Leistungen optimal abwägen (Abb. 4.4).

GPL
Die *GPL* (General Public Licence) geht mit dem *Copyleft*-Konzept über das Prinzip der freien Lizenz hinaus: Die Software muss mit *Quellcode* weitergegeben werden, und *veränderte Versionen* dürfen nur dann verbreitet werden, wenn sie auch unter die GPL gestellt sind.

Grundstücke und Gebäude
Mieten, kaufen oder bauen?
Bei der *Gründung* und bei *Erweiterungen* des Unternehmens müssen *Geschäftsräume* oder/und *Betriebsgelände* beschafft werden. Eventuell müssen Gebäude für Produktionsanlagen und Lagerhallen errichtet werden, sofern am gewünschten Ort nichts Geeignetes vorhanden ist. Aus Repräsentationsgründen kann auch die Errichtung von Büro- oder Geschäftsgebäuden sinnvoll sein. Der *Vorteil des Mietens* liegt in der höheren Flexibilität und dem geringeren Investitionsvolumen.
Betriebs- und Geschäftsausstattung
Tische und Stühle, PCs, Drucker, Faxgeräte, Netzwerk-Komponenten, Kopiergeräte, etc.
Solche Beschaffungen müssen an Betriebszweck und Betriebsumfang orientiert werden. Es handelt sich um *Gebrauchsgüter*, die dem *Verschleiß* unterliegen. Daher sind immer wieder *Ersatzbeschaffungen* erforderlich. Verschleiß wird unterschieden in *Gebrauchsverschleiß* und *Zeitverschleiß* und wird im betrieblichen Rechnungswesen durch *Abschreibung* (siehe 7.2) erfasst.
Die Anschaffung von Betriebs- und Geschäftsausstattung zieht regelmäßig *weitere Beschaffungsentscheidungen über* die benötigten *Verbrauchsgüter* wie Papier, Toner, etc. nach sich. Auch die Beschaffung von zugehörigen *Dienstleistungen* (z. B. Wartungsverträgen für Kopiergeräte) muss in die Entscheidung mit einbezogen werden.
Maschinen und maschinelle Anlagen
Eigenfertigung oder Fremdbezug, Fertigungstiefe
Besteht der Betriebszweck darin, Güter herzustellen, müssen, *ausgerichtet am* angestrebten *Produktprogramm*, Produktionsanlagen beschafft werden. Starken Einfluss auf diese Entscheidungen hat das *Marketing*, denn Umfang und Kosten der Produktion müssen sich daran orientieren, ob und wie sich die Güter am Markt verkaufen lassen. Für die Entscheidung, welche Produktionsanlagen beschafft werden sollen, werden die Verfahren der *Investitionsrechnung* eingesetzt (siehe 6.1). Die *Make-or-Buy-Entscheidung* (Eigenfertigung oder Fremdbezug) richtet sich nach den Kriterien *Kosten und Qualität*. Dem *Lean-Production-Ansatz* (verschlankte Produktion) zufolge soll die Produktion all dessen ausgelagert werden (*Outsourcing*), bei dem keine besonderen Fähigkeiten (*Kernkompetenzen*) im Unternehmen vorhanden sind.
Lizenzen und Rechte
Software-Lizenzen, Patente, Wegerechte, etc.
Für die Verwendung von Software müssen die notwendigen *Lizenzen* beschafft werden.
Eine Lizenz ist das Recht, Dinge zu tun, die ohne Erlaubnis verboten sind. Bei *Freeware* wird die Lizenz (das Nutzungsrecht) pauschal an jedermann eingeräumt, der die Software nutzt. Die *Zustimmung zur Lizenzvereinbarung* erfolgt durch die Nutzung der Software. Der Rechteinhaber fordert keine Gegenleistung.

Abb. 4.4 Übersicht Beschaffung

EULA

Eine Lizenz wird oft auch als *EULA* bezeichnet, als *Endbenutzer-Lizenzvertrag* (End User License Agreement), der vor oder bei Installation der Software akzeptiert werden muss, um die Software nutzen zu können.

Patent

Um patentierte *Warenmuster*, *Produktionsverfahren*, etc. nutzen zu können, muss ebenfalls eine *Lizenz* erworben werden. *Grundstücksbezogene Rechte*, z. B. Wegerechte oder andere Nutzungsrechte auf fremden Grundstücken, können ins *Grundbuch* eingetragen werden.

DRM

Mehr und mehr digitale Güter, insbesondere Filme und Musikdateien, aber auch Software, unterliegen einem *Digital Rights Management* (DRM), das eine Nutzung ohne Zahlung, insbesondere das Anfertigen von Kopien, verhindern soll. So ist bei Software neben dem Erwerb des Datenträgers und damit der Lizenz eine *Aktivierung* online oder per Telefon erforderlich.

Dienstleistungen
von Banken, Versicherungen, Spediteuren, Lagerhaltern, diversen Beratern, IT-Supportern, etc.
Banken bieten Kontoführungs- und Überweisungs-Service, Lastschrifteinzug und Online-Banking, aber auch Finanzberatungen an. Der Umfang an notwendigem *Versicherungsschutz* muss in einer Abwägung zwischen Kosten und Risiken festgelegt werden.
Die Inanspruchnahme von fremden *Transport- und Lagerhaltungsleistungen* ist abzuwägen gegen das Unterhalten eines eigenen Fuhrparks bzw. eigener Lager.
Berater übernehmen vielfältige Aufgaben, von der *Steuererklärung* (Steuerberater), *Personalbeschaffung* (Head Hunter), Auswahl von EDV-Lösungen (*EDV-Berater*) bis hin zur *Unternehmensberatung*, um Betriebsabläufe effizienter zu gestalten. *IT-Supporter* lösen IT-Probleme, *Bildungsträger* bieten Weiterbildung an, Makler vermitteln Grundstücke, etc.
Personal
Anzahl und Qualifikationen der Mitarbeiter
Die Personalbeschaffung wird auf Grundlage der *Personalbedarfsplanung* (siehe 5.2) vorgenommen, die auf die anderen Pläne, insbesondere den *Produktions- und Absatzplan* ausgerichtet sein muss. Es wird abgewägt zwischen *Lohnkosten* und *Qualifikation* der Mitarbeiter, die Anzahl der benötigten Mitarbeiter hängt auch von *Auslastung* und *Motivation* der Mitarbeiter ab.
Finanzielle Mittel
Innen- oder Außenfinanzierung, Eigen- oder Fremdkapital, Kreditformen, Kreditsicherheiten
Die Notwendigkeit zur Mittelbeschaffung ergibt sich aus der *finanziellen Lücke* zwischen den *Auszahlungen* zur Beschaffung von Rohstoffen und Vorprodukten, für Maschinen, Miete und Löhnen, und den *Einzahlungen* aus dem Verkauf der Produkte und Dienstleistungen. *Kundenkredite* (siehe 3.2.4 Kontrahierungspolitik) vergrößern die finanzielle Lücke. Entscheidungskriterien sind die *Kosten* und die *Einflussnahme* der Kapitalgeber (siehe 6.2).
Rohstoffe und Vorprodukte
Für die Leistungserstellung benötigte Güter: Bedarfsermittlung, Bestellsysteme, RSU-Analyse, Wareneingangsprüfung, Lagerhaltung, etc.

Leistungsfaktoren

Roh-, Hilfs- und Betriebsstoffe, Werkzeuge, Produktfertigteile und Handelswaren werden zusammenfassend auch *Leistungsfaktoren* genannt, da sie die Faktoren für die Leistungserstellung darstellen. Alle anderen Beschaffungsentscheidungen sind auf die Beschaffung der Leistungsfaktoren abzustimmen. Daher wird die Beschaffung von Leistungsfaktoren auch als *Beschaffung im engeren Sinne* bezeichnet. Sie ist an der Produktions- und Absatzplanung auszurichten und wird von den Kriterien *Kosten*, *Qualität* und *Sicherheit* bestimmt.

4.2.1   Ermittlung des Leistungsfaktorbedarfs

In der *Bedarfsplanung* wird vorausschauend der Bedarf an Leistungsfaktoren *für einen festgelegten Planungszeitraum* ermittelt. Oberstes Ziel dabei ist, die *Leistungserstellung und Leistungsverwertung* aufrechtzuerhalten und *sicherzustellen.* Dazu werden die folgenden Bedarfskategorien unterschieden (Abb. 4.5):

Roh-, Hilfs- und Betriebsstoffe

Rohstoffe sind Grundstoffe, die in das Erzeugnis eingehen und die stofflichen Hauptbestandteile der Produkte bilden. *Betriebsstoffe* sind Stoffe, die zur Durchführung des Fertigungsprozesses benötigt werden, ohne selbst in die Produkte direkt einzugehen z. B. Schmiermittel, Reparatur- und Büromaterial. *Hilfsstoffe* sind Stoffe, die lediglich eine Hilfsfunktion im fertigen Produkt erfüllen, z. B. Schrauben oder Wärmeleitpaste. Die Abgrenzung ist nicht immer einfach.

Bruttobedarf und Nettobedarf

In der Bedarfsplanung wird ferner unterschieden in Bruttobedarf und Nettobedarf. Daran zeigt sich, dass die Bedarfsplanung produktions- und absatzbezogen ist. Der *Bruttobedarf*

Primärbedarf
Bedarf an fertigen und unfertigen Erzeugnissen (betrieblichen Leistungen), die zur Existenz am Markt benötigt werden.
Sekundärbedarf
Bedarf an Rohstoffen, Hilfsstoffen, Bauteilen und erzeugnisbezogenen Dienstleistungen. Wird aus dem Primärbedarf abgeleitet.
Tertiärbedarf
Bedarf an Betriebsstoffen, Verschleißwerkzeugen und auf die Leistungserstellung und Leistungsverwertung bezogenen Dienstleistungen.

Abb. 4.5 Übersicht Bedarfskategorien

ist der gesamte Primär-, Sekundär- und Tertiärbedarf einer Periode. Zieht man davon die vorhandenen und verfügbaren *Lagerbestände* ab, erhält man den *Nettobedarf*, der die Beschaffung auslöst.

Praxisbeispiel Bedarfskategorien

Die Ewald GmbH ist ein mittelständisches Unternehmen mit Sitz in Bergmannsthal, das im Kundenauftrag PCs zusammenbaut und nach Kundenwunsch konfiguriert.

Primärbedarf: Sie benötigt dazu verschiedene PC-Komponenten wie Gehäuse, Motherboards, Festplatten, Netzwerkkarten, etc.

Sekundärbedarf: Es werden ferner Schrauben, Kabel, Wärmeleitpaste, Lötmittel, Büromaterial, Kabelbinder, etc. benötigt.

Tertiärbedarf: Dies ist der Bedarf an elektrischem Strom und Heizung für die Produktions- und Büroräume und Reinigungsdienstleistungen.

Kapitalbindung

Die *Einordnung des Bedarfs* in verschiedene Kategorien ist notwendige *Voraussetzung für* eine effiziente *Beschaffungsplanung* und Lagerhaltung. Während *Kleinteile*, die immer wieder gebraucht werden, wie Schrauben, Kabelbinder, und auch Büromaterial, *in ungefähr benötigten Mengen* beschafft und auf Vorrat gehalten werden, müssen für die *wertvolleren Leistungsfaktoren* des Primärbedarfs *genauere Beschaffungsentscheidungen* getroffen werden. Beschaffung bedeutet immer auch *Kapitalbindung*, denn die beschafften Güter müssen bezahlt werden, und je länger sie auf Lager liegen, ehe sie verarbeitet und veräußert werden, umso größer ist die *finanzielle Lücke*.

Die *ABC-Analyse* ist ein wichtiges Instrument der Beschaffungsplanung. Sie klassifiziert die zu beschaffenden Güter *nach Menge und Wert* in *A-Güter* (geringe Menge, hoher Wert) und *C-Güter* (hohe Menge, geringer Wert). Dazwischen liegen die *B-Güter* (weder A noch C) (Abb. 4.6):

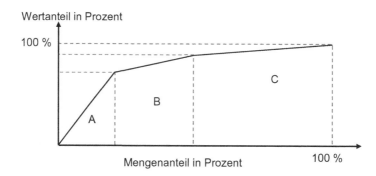

Abb. 4.6 Übersicht ABC-Analyse

Abb. 4.7 Übersicht
RSU-Analyse

R-Güter	*R*egelmäßiger Verbrauch
S-Güter	*S*chwankender Verbrauch
U-Güter	*U*nregelmäßiger Verbrauch

Einzelbeschaffung im Bedarfsfall
Beschaffung bei Auftreten des Bedarfs
- sofort beschaffbare Leistungsfaktoren - Vorratshaltung nicht möglich - für nicht vorhersehbaren Bedarf- bei Auftragsfertigung
Einsatzsynchrone Anlieferung (just in time)
Anlieferung zum Produktionstermin
- genau vorhersehbarer Bedarf - sofortige Weiterverarbeitung notwendig - Großserien- und Massenfertigung
Vorratshaltung
Beschaffung auf Vorrat
- nicht sofort beschaffbare Güter - für vorhersehbaren Bedarf - Kleinteile- Serien- und Massenfertigung

Abb. 4.8 Übersicht Bedarf und Beschaffung

Stückliste

A-Güter werden aufgrund von *Stücklisten* beschafft, die sich aus der *konkreten Produktionsplanung* ergeben. Es wird nur eine geringe Stückzahl auf Lager gehalten, oft erfolgt die *fertigungssynchrone Anlieferung* (just in time).

C-Güter werden mit standardisierten *Bestellverfahren* beschafft und in ausreichender Menge vorrätig gehalten. Bei *B-Gütern* muss von Fall zu Fall entschieden werden.

Eine weitere Anwendung der ABC-Analyse ist die *RSU-Analyse* (Abb. 4.7):

Diese Analysen sind hilfreich für eine genauere *Bedarfsermittlung* sowie für die Minimierung der *Lagerhaltungskosten* und des *Planungsaufwands* (Abb. 4.8).

Lieferantenauswahl

Für die *Lieferantenauswahl* kann das Entscheidungsinstrument der *Nutzwertanalyse* eingesetzt werden. Es werden Angebote von verschiedenen Lieferanten eingeholt und anhand *kaufmännischer und technischer Kriterien* miteinander verglichen. Als kaufmännische Kriterien sind neben dem *Preis* auch *Zuschläge* (für Verpackung,

Transport, Versicherung) und *Abschläge* (Skonto, Rabatt, Bonus) zu berücksichtigen. Ferner spielen die *Lieferungsbedingungen* (Lieferzeit) und die *Zahlungsbedingungen* (Vorauszahlung, Zahlung bei Lieferung oder Zahlungsziel) eine Rolle.

Praxisbeispiel Lieferantenauswahl

Die Ewald GmbH arbeitet seit mehreren Jahren erfolgreich und zufrieden mit einem Hauptlieferanten zusammen, bei dem sie die meisten für die Leistungserbringung benötigten PC-Komponenten beschafft. Aufgrund einer neuen Nutzwertanalyse zur Lieferantenauswahl wird festgestellt, dass bei einem anderen Lieferanten die PC-Komponenten teilweise günstiger sind, jedoch gibt es auch Informationen darüber, dass es bei dem anderen Lieferanten gelegentlich zu Lieferschwierigkeiten kommt. Aufgrund des Kriteriums Liefertreue wird die Entscheidung getroffen, beim bisherigen Lieferanten zu verbleiben.

4.2.2 Bestellsysteme und optimale Bestellmenge

In einem *kundenorientiert geführten Unternehmen* richtet sich der Bedarf *grundsätzlich* danach, was für die Erbringung der Leistungen an den Kunden benötigt wird (*produktions- bzw. kundenorientierte Bedarfsermittlung*).

Für *C-Güter*, z. B. Schrauben oder Büromaterial, soll der Aufwand der Beschaffungsentscheidung jedoch gering gehalten werden. Daher werden Verfahren der *verbrauchsorientierten Bedarfsermittlung* angewandt. Die Bestellmenge wird aufgrund des *Verbrauchs in der Vergangenheit* festgelegt, entweder flexibel durch einen Mitarbeiter als *Disponenten* oder durch eine fest definierte Entscheidungsregel *automatisiert*. Durch Anbindung des Lieferanten via Internet an die Lagerdatenbank und Erfassung des Lagerabgangs durch Materialentnahmebuchungen kann der Bestellvorgang *elektronisch* ausgelöst werden.

Bestellsysteme

Beim *Bestellpunktsystem* wird die Bestellung ausgelöst, wenn das Lager durch Entnahmen den *Meldebestand* erreicht hat. Der Meldebestand setzt sich zusammen aus *eisernem Bestand* plus der Menge, die voraussichtlich verbraucht wird, bis die neue Lieferung eintrifft. Die *Bestellmenge* ergibt sich als *Differenz aus Lagerkapazität und eisernem Bestand*. Das Lager wird wieder aufgefüllt. Der Zeitpunkt der Bestellung hängt bei diesem Verfahren von der Verbrauchsgeschwindigkeit ab. Die *Gefahr* dieses Verfahrens besteht darin, dass der Verbrauch zwischen Auslösung der Bestellung und Auffüllung des Lagers den eisernen Bestand überschreitet und es zu *Produktionsstillstand* kommt, z. B. bei Lieferungsverzögerung. Der eiserne Bestand muss entsprechend hoch angesetzt werden, oder der Vertrag mit dem Lieferanten wälzt die Kosten eines Produktionsausfalls auf diesen ab (Abb. 4.9).

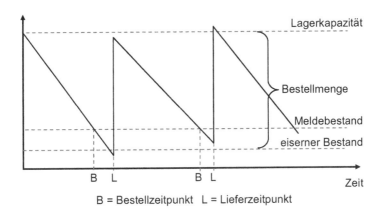

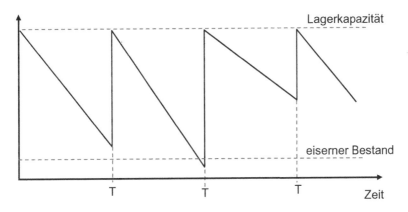

Abb. 4.9 Übersicht Bestellpunktsystem

Abb. 4.10 Übersicht Bestellrhythmussystem

Bei *schwankendem Verbrauch* zwischen Auslösung des Bestellvorgangs und Eingang der Ware und bei schwankenden *Lieferzeiten* wird die Lagerkapazität über- oder unterschritten.

Beim *Bestellrhythmussystem* werden zu regelmäßigen Zeitpunkten, d. h. *im zeitlichen Rhythmus* die Nachbestellungen ausgelöst. Die Bestellmenge hängt davon ab, wie viel tatsächlich verbraucht wurde. Das Lager wird aufgefüllt (Abb. 4.10).

Auch bei diesem Verfahren besteht die *Gefahr* darin, dass bis zum nächsten Bestellzeitpunkt der Lagerbestand aufgebraucht ist und es zu *Produktionsstillstand* kommt.

Risikoabwägen

Kaufmännisch denken bedeutet das *Risiko* des Produktionsausfalls *abwägen* gegen die Höhe des eisernen Bestandes und damit die Größe des Lagers.

Lagerhaltung verursacht umso höhere *Kosten*, je größer das Lager ist: Raumkosten (Miete, Regalsysteme, Gabelstapler, Stromkosten, evtl. Heizung, etc.) und Mitarbeiterkosten (Lagerverwaltung, Lagerarbeiten).

Bestellungen verursachen in erster Linie *Personalkosten* für die Ausführung der Bestellung, die Wareneingangskontrolle, etc.

Produktionsausfälle verursacht Kosten: Die Mitarbeiter erhalten weiterhin ihren Lohn, Maschinen müssen u. U. im Leerlauf betrieben werden. Der größte Schaden kann jedoch dadurch entstehen, dass kundenseitige Liefertermine nicht eingehalten werden können (*Imagekosten*).

optimale Bestellmenge

Die *optimale Bestellmenge* und damit auch optimale Lagergröße ergibt sich beim *Minimum der Summe aus Bestellkosten und Lagerkosten* bei minimalem Risikos eines Produktionsausfalls.

Praxisbeispiel Bestellsysteme

Ein Chip-Hersteller benötigt für die Produktion hochreine Silizium-Einkristallsubstrate und hat sein Lager nach dem Bestellpunktsystem eingerichtet. Das Lager ist auf 5.000 Verpackungseinheiten ausgelegt, der eiserne Bestand wurde bei 500 Verpackungseinheiten definiert. Da von Auslösung der Bestellung bei Erreichen des Meldebestands bis zum Eingang der neuen Lieferung etwa drei Tage vergehen (Erfahrungswert) und pro Tag etwa 100 Verpackungseinheiten verbraucht werden, liegt der Meldebestand bei 800 Verpackungseinheiten.

Die Lagerentnahme wird per Barcode-Scanning automatisch erfasst. Das Unternehmen ist via VPN-Verbindung über das Internet mit dem Lieferanten verbunden, so dass bei Erreichen des Meldebestandes die Bestellung automatisch ausgelöst wird. Durch Einführung dieses Verfahrens konnten die Bestellkosten deutlich gesenkt werden.

Die Größe des Lagers wurde aufgrund der Analyse folgender Vergleichswerte kostenoptimal festgelegt (in Tausend Euro):

Lagergröße (VE)	3.000	4.000	5.000	6.000	7.000
Lagerkosten	15,2	16,3	16,7	17,8	19,2
Bestellkosten	5,4	4,7	3,2	2,4	1,9
Gesamtkosten	20,6	21	19,9	20,2	21,1

4.2.3 Wareneingangsprüfung

Beim *zweiseitigen Handelskauf* (§ 377 HGB) hat der Käufer kein *Rügerecht* für offensichtliche Mängel mehr, wenn er die gelieferte Ware bei Zugang nicht sofort überprüft. Aber auch aus *kaufmännischen Gründen* ist es empfehlenswert, die Ware zu prüfen, um späteren *Aufwand* zu vermeiden.

Lieferschein

Die Prüfung beginnt mit den Begleitpapieren, insb. dem *Lieferschein*, auf dem vor allem die *Warenbezeichnung* und die *Menge* mit der Bestellung verglichen wird. Mögliche *Abweichungsursachen* sind, dass der *Lieferschein fehlerhaft* ist oder ein *falscher Lieferschein* mitgegeben wurde, dass die *eigenen Unterlagen fehlerhaft* sind oder das tatsächlich die *falsche Ware* geliefert wurde (sofern dies bei noch verpackter Ware schon feststellbar ist).

Nur im letzten Fall ist es sinnvoll, die *Annahme zu verweigern*, in allen anderen Fällen kann das Problem sofort geklärt oder für eine spätere Klärung notiert und *vom Lieferanten bestätigt* werden.

Verpackung

Dann wird die äußere *Verpackung* der Ware auf Beschädigungen geprüft. Eine beschädigte Verpackung muss nicht bedeuten, dass die Ware selbst auch beschädigt ist. Zur Sicherheit sollten solche Schäden jedoch notiert und *vom Lieferanten bestätigt* werden. Nur wenn offensichtlich ist, dass die Beschädigung so massiv ist, dass auch die Ware in Mitleidenschaft gezogen wurde, sollte die *Annahme* der Ware *verweigert* werden.

Eigentumsübergang

Dem Lieferanten, der i. d. R. unter Zeitdruck steht, ist es nicht zuzumuten, auch beim Auspacken der Ware noch anwesend zu sein. Daher wird ihm nun die *Annahme der Ware* durch Unterschrift bestätigt, damit er seine Tour fortsetzen kann. In diesem Moment *geht* das *Eigentum* an der Ware auf den Käufer *über* (sofern nicht ein Eigentumsvorbehalt vereinbart wurde), das *Erfüllungsgeschäft* ist erbracht und der Verkäufer ist aus seinen *Kaufvertragspflichten* befreit (siehe 2.3.3).

Verzögern ohne Absicht

Der Gesetzgeber hat sich an den *Gepflogenheiten des Geschäftsverkehrs* orientiert. Für die *Prüfung der Ware* selbst bleibt nun Zeit. Sie soll laut *§ 377 HGB* unverzüglich, d. h. *ohne schuldhaftes* (absichtliches) *Verzögern* erfolgen. Wird nun ein *Mangel* festgestellt, liegt eine *Kaufvertragsstörung* vor, und dem Verkäufer ist der Mangel mitzuteilen. Aus der *Mängelrüge* ergibt sich für den Käufer vorrangig das Recht der *Nachbesserung*, d. h. Neulieferung oder Beseitigung des Schadens. Das *Wahlrecht* liegt beim Käufer, *sofern* der Mangel *nicht* leicht zu beheben ist und daher eine Neulieferung *„untunlich"* ist.

Zeitüberbrückung	Ausgleich des Zeitraums zwischen Anlieferung und Verbrauch bzw. Produktion und Verkauf
Sicherung der Verfügbarkeit	Verfügbarkeit von Leistungsfaktoren bei Bedarf bzw. von Produkten bei Nachfrage
Spekulation	Ausnutzung von Preisschwankungen und Vorteilen aufgrund von Mengenrabatten
Sortimentsbereitstellung	Bereitstellung einer Auswahl an Produkten, die benötigt bzw. nachgefragt werden könnten.

Abb. 4.11 Übersicht Aufgaben der Lagerhaltung

auf Lager

Ist die Ware in Ordnung, wird sie *auf Lager* genommen und in die *Lagerdatenbank* eingebucht, sofern sie nicht sofort benötigt wird. Für *versteckte Mängel*, die selbst bei der Verarbeitung der Ware nicht entdeckt werden, sieht der Gesetzgeber eine *Rückgriffshaftung* auf den Lieferanten vor (§ 478 BGB).

4.2.4 Lagerhaltung

Das *Lagerbestandsmanagement* umfasst alle Entscheidungen und Handlungen in Bezug auf die Lagerhaltung. Dem *Ziel der Gewinnmaximierung* und den anderen Unternehmenszielen untergeordnet sollen die Aufgaben der Lagerhaltung so *effizient* wie möglich durchgeführt werden (Abb. 4.11).

Eine weitere Funktion von Lagern, die in der IT-Branche keine Rolle spielt, ist die Produktions- oder Veredelungsfunktion, z. B. bei Wein oder Champagner.

Lagerplanung

In der *Lagerplanung* wird *Anzahl*, *Standort* und *Größe* der Lager festgelegt. Die Entscheidung, ob die Lagerhaltung *zentral oder dezentral* erfolgen soll, hängt nicht nur von den Lagerkosten, sondern auch von den logistischen Erfordernissen im Wettbewerb um die Kunden ab. Neben der Planung der Lagerstandorte müssen die *Lagereinrichtung*, das *Transportsystem*, die *Lagererfassung und -verwaltung* und die *Lagerbestandskontrolle* geplant werden. Dazu gehört auch die Minimierung der *Lagerverluste*, die durch Schwund, Diebstahl, Veralten, Güteminderung, Preisverfall etc. entstehen.

Lagerkarte

Die *Lagerkarte* ist ein Mittel der Lagerbuchführung zur *Erfassung der Bestände* sowie der *Zu- und Abgänge* von Material. Sie enthält *Spalten* für Datum, Beleg, Zugang, Abgang und Bestand (Menge und Wert). Die *Kopfzeile* enthält die Bezeichnung des Materials, Maßangaben, die Lagernummer, die Nummer des Lagerkontos der Geschäftsbuchhaltung sowie Angaben über den Mindestbestand. Die Lagerkarte steht in der *Lagerdatenbank* als entsprechende *Eingabemaske* zur Verfügung. Wichtig ist die exakte Definition der *Zugriffsrechte*, damit Unberechtigte keine Manipulationen vornehmen und Änderungen zurückverfolgt werden können.

Lagerautomatisierung

Lagerautomatisierung hat das Ziel, durch elektronische Steuerung der Ein- und Auslagerungsprozesse die *Effizienz* der Lagerhaltung zu *steigern*. Durch Erhöhung des Lagerumschlages und damit Reduzierung der Lagerbestände können die Lagereinrichtungen besser ausgelastet werden und die *Lagerkosten*, insbesondere auch Mitarbeiterkosten, deutlich reduziert werden. Bei *automatisierter Einlagerung* (mit Lagerplatzmanagement) über Barcode-Scanning oder RFID-Tags ist kein Lagerordnungssystem mehr erforderlich (*chaotische Lagerung*), da bei Abruf eines eingelagerten Gegenstandes dem Fahrbefehl an das Lagerbedienungsgerät der Standort aus der Datenbank automatisch mitgeteilt wird. Automatisierte *Lageroptimierung* (Umlagerung) kann die Abrufdauer weiter reduzieren. Manuelle Eingriffe in das Lagersystem können so auf *Supportmaßnahmen* (Wartung und Instandhaltung) beschränkt werden.

Lagerkennziffern

Lagerkennziffern dienen dazu, die Lagereffizienz zu messen. Sie liefern wichtige *Informationen für das Controlling*. Im Vordergrund stehen Informationen über die Lagerdauer und die Lagerkosten. Lagerkennziffern haben *Aussagekraft* nur im Vergleich mit anderen Lagern oder mit Vergangenheitswerten und können als anzustrebende *Zielgrößen* definiert werden (Abb. 4.12).

Ein *durchschnittlicher Bestand* ergibt sich allgemein, wenn man die Summe aus Anfangsbestand und Endbestand durch 2 teilt.

durchschnittlicher Lagerbestand = $\dfrac{\text{Jahresanfangsbestand} + 12\ \text{Monatsendbestände}}{13}$
Der durchschnittliche Lagerbestand kann als *Mengengröße* (z. B. Stückzahl) *oder* als *Wertgröße* (z. B. Stückzahl bewertet mit Einkaufspreis) berechnet werden und liefert im Branchenvergleich Informationen darüber, *wie effizient* die Lagerhaltung unter Berücksichtigung des Produktionsausfallrisikos ist. Je geringer der Wert, umso besser, da Lagerhaltung Kosten verursacht.

Abb. 4.12 Übersicht Lagerkennzahlen

$$\text{Vorratsintensität} = \frac{\text{Vorräte x 100 \%}}{\text{Vermögen}} \text{ oder } \frac{\text{Vorräte x 100 \%}}{\text{Umsatz}}$$

Die Vorratsintensität informiert über die *Kapitalbindung* durch die Vorräte (Roh-, Hilfs-, Betriebsstoffe sowie Halb- und Fertigfabrikate). Sie wird auch als *Vorratsquote* bezeichnet und *in Prozent* angegeben.

Eine *Quote* gibt immer das Verhältnis eines *Teils zum Ganzen* an. Vorräte sind eine Position auf der *Aktivseite der Bilanz*. Die gesamte Aktivseite ist das *Vermögen*.

Absatzschwierigkeiten

Eine hohe Vorratsintensität kann auf *Absatzschwierigkeiten* hindeuten. Es besteht das Risiko des *Preisverfalls* und der *Veralterung*. Geringe Werte lassen eine effiziente Organisation der Beschaffung vermuten. Je geringer die *Fertigungstiefe*, umso geringer ist i. d. R. auch die Vorratsintensität. Daher kann eine geringe Vorratsquote auch auf *Outsourcing* hinweisen.

$$\text{Lagerumschlagshäufigkeit} = \frac{\text{Lagerentnahmen}}{\text{durchschnittlicher Lagerbestand}}$$

Die Lagerumschlagshäufigkeit zeigt, *wie oft* ein Lager innerhalb eines bestimmten Zeitraums *umgeschlagen* (gefüllt und wieder geleert) wurde.

Da im Zähler *alle Entnahmen* des gesamten betrachteten Jahres stehen und im Nenner die Menge, die sich durchschnittlich im Lager befindet, ist diese Kennzahl *dimensionslos*, d. h. eine Umschlagshäufigkeit von z. B. 40 bedeutet, dass die Durchschnittsmenge 40 mal verbraucht wurde.

Niedrige Werte bedeuten eine *lange Verweildauer* der Vorräte und *hohe Sicherheitsbestände* und damit eine *hohe Kapitalbindung*.

Je niedriger die Umschlagshäufigkeit, umso höher ist gerade in der IT-Branche angesichts der schnellen technologischen Entwicklung die Gefahr, dass die gelagerten *PC-Komponenten* an Wert verlieren. Eine *hohe Lagerumschlagshäufigkeit* kann daher gut als *Unternehmensziel* formuliert werden.

$$\text{Durchschnittliche Lagerdauer} = \frac{\text{durchschnittlicher Lagerbestand x } 360}{\text{Verbrauch pro Jahr}}$$

Die durchschnittliche Lagerdauer (in Tagen) gibt an, wie lange die Vorräte durchschnittlich im Lager verbleiben. *Je kürzer* die Lagerdauer, *desto besser*.

$$\text{Lagerzinssatz} = \frac{\text{Jahreszins x durchschnittliche Lagerdauer}}{360}$$

Der Lagerzinssatz gibt an, *wie viel Prozent* Zinsen das im durchschnittlichen Lagerbestand gebundene Kapital *kostet*. Als Jahreszins wird ein *üblicher Bankzins*, z. B. der für die Kontoüberziehung, genommen.

$$\text{Zinskosten} = \text{Lagerzinssatz} * \text{durchschnittlicher Lagerbestand}$$

Die *Zinskosten* in Euro ergeben sich, wenn man den Lagerzinssatz mit dem Wert des durchschnittlichen Lagerbestands multipliziert. Durch Senkung des durchschnittlichen Lagerbestandes können Kosten eingespart werden.

$$\text{Lagerreichweite} = \frac{\text{durchschnittlicher Lagerbestand}}{\text{durchschnittlicher Verbrauch pro Tag}}$$

Die Lagerreichweite gibt an, *wie lange* (wie viele Tage) der durchschnittliche *Lagerbestand* bei einen durchschnittlichen Verbrauch *ausreicht*. Sind z. B. 200 Stück durchschnittlich im Lager und werden pro Tag im Durchschnitt 20 Stück verbraucht, beträgt die Lagerreichweite 10 Tage.

Lagernutzungsgrad

$$\text{Flächennutzungsgrad} = \frac{\text{genutzte Lagerfläche x } 100\,\%}{\text{verfügbare Lagerfläche}}$$

$$\text{Raumnutzungsgrad} = \frac{\text{genutzter Lagerraum x } 100\,\%}{\text{verfügbarer Lagerraum}}$$

Je nach Art des Lagers dient die Fläche oder der Raum als Bezugsgröße. Die Kennziffer deckt sowohl *Engpässe* (Überbelegung) als auch *Unterauslastung* (Überkapazitäten) auf.

Lieferbereitschaftsgrad

Der Lieferbereitschaftsgrad des Lagers gibt die *Zeitspanne* zwischen der *Bedarfsanforderung* und der *Bereitstellung* des Materials an.

Er wird im Rahmen einer *Prozessanalyse* gemessen (Stoppuhr) und kann evtl. durch eine *Reorganisation* verbessert werden.

Kennzahlen der Transportmittelnutzung

$$\text{Einsatzgrad} = \frac{\text{Einsatzzeit des Transportmittels x } 100\,\%}{\text{gesamte Arbeitszeit}}$$

$$\text{Ausfallgrad} = \frac{\text{Stillstandzeit x } 100\,\%}{\text{Einsatzzeit}}$$

4.2.5 E-Procurement

Elektronische Beschaffung (E-Procurement) ist die *Beschaffung* von Gütern und Dienstleistungen *über das Internet*. Die Verbindung zwischen Unternehmen und Lieferanten wird über das *Extranet* mittels *VPN* (virtual private network) hergestellt, um den *Datenschutz* zu gewährleisten.

ohne Medienbruch
Durch die Verbindung zweier interner Netze über das Extranet können auf beiden Seiten in erheblichem Umfang *Prozesskosten eingespart* werden, vor allem weil die Bestellvorgänge mit Hilfe *standardisierter Formate* für Katalogdaten auf Basis von XML und standardisierter *elektronischer Dokumente* (Auftrag, Auftragsbestätigung, Lieferschein, Rechnung, etc.) *ohne Medienbruch* ablaufen.

Praxisbeispiele E-Procurement

BMEcat ist eine in der Praxis weit verbreitete elektronische Katalogsprache. Sie ist eine speziell auf die Anforderungen des E-Procurement zugeschnittene XML-Version und ermöglicht den elektronischen Austausch von Katalogdaten und von Produktklassifikationssystemen.

eCl@ss ist ein in Deutschland häufig verwendetes elektronisches Produktklassifikationssystem. Es ist mit dem amerikanischen UNSPSC kompatibel.

OpenTRANS ist ein elektronischer Standard für die System-zu-System-Kommunikation. Er definiert auf XML-Basis die im Geschäftsverkehr verwendeten elektronischen Dokumente (Auftrag, Auftragsbestätigung, Lieferschein, Rechnung, etc.) einheitlich und bietet Integrationslösungen für Einkäufer, Lieferanten und Marktplatzbetreiber.

Bestellungen wurden *früher* in der EDV erstellt, dann auf Papier *ausgedruckt*, dem Lieferanten per Post oder Fax *übermittelt* und dort wieder in die EDV *eingegeben*. Die Vermeidung dieser *Medienbrüche* spart *Kosten* und *Zeit* und reduziert die Gefahr von *Übertragungsfehlern*. Die *Verfügbarkeit* der Ware kann online geprüft werden.

Intranet
Ein *weiterer Vorteil* des E-Procurement besteht darin, dass im Organisationssystem des Unternehmens der jeweilige *Mitarbeiter* webbasiert seine *Bestellung selbst vornehmen* kann. Die Einkaufsabteilung stellt dazu im Intranet einen *Online-Katalog* bereit, in dem der Mitarbeiter einen *Warenkorb* befüllen kann. *Genehmigungspflichtige Bestellungen* werden dann vom Mitarbeiter an die vorgesetzte Stelle weitergeleitet, die mit der elektronischen Genehmigung den tatsächlichen Bestellvorgang auslöst. So reduziert sich auch die *interne Bearbeitungszeit*. Auch die *Rechnungsstellung* des Lieferanten kann über das System erfolgen, wobei die *steuerrechtlichen Vorschriften* für elektronische Rechnungen (§ 14 Abs 3 UStG) zu *beachten* sind.

Lieferantenmodell
Der *Lieferant implementiert* ein E-Procurement-System und nennt seinen Kunden die Anforderungen, die sie erfüllen müssen, um das System nutzen zu können. Er stellt i. d. R. den Kunden die notwendige Client-Software (entgeltlich oder unentgeltlich) zur Verfügung.
Bestellermodell
Der *Abnehmer implementiert* das E-Procurement-System und bindet seine Lieferanten darin ein. Verfügt der Abnehmer über genügend Marktmacht auf dem Beschaffungsmarkt, kann er die Investitionskosten auf die Lieferanten abwälzen.
Marktplatzmodell
Ein drittes Unternehmen, das auf *elektronische Marktplätze* spezialisiert ist, bietet sowohl Lieferanten als auch Abnehmern gegen Entgelt eine *Plattform* für die Abwicklung der Beschaffung. Dies bedeutet für beide Seiten eine deutliche Kostenersparnis und lohnt sich für den Marktplatzbetreiber, wenn er genügend Kunden gewinnen kann.

Abb. 4.13 Übersicht E-Procurement-Modelle

Implementierungsaufwand

Den Vorteilen des E-Procurement steht der hohe *Implementierungsaufwand* einer solchen Software in das Unternehmenssystem gegenüber. In der Praxis werden daher drei *E-Procurement-Modelle* unterschieden, vgl. Abb. 4.13.

SCM, SRM

E-Procurement-Systeme sind ein erster Schritt in der Umsetzung eines lückenlosen *Supply Chain Management* (SCM). Sie werden bisher hauptsächlich für *C-Güter* eingesetzt, bei denen der Entscheidungsaufwand gering gehalten werden soll. E-Procurement-Lösungen können weiterentwickelt werden zum *Supplier Relationship Management* (SRM), d. h. die aktive Gestaltung aller Lieferantenbeziehungen über sämtliche Geschäftsbereiche hinweg. Gerade über *E-Marktplätze* sind auch *Online-Ausschreibungen* und *Online-Bidding-Systeme* (Auktionen) möglich, die bei Auswahl und Beschaffung von *A-Gütern* Einsatz finden.

Fragen zum Procurement

Kaufmännisch denken bedeutet, bei der Entscheidung über die Implementierung von elektronischen Beschaffungslösungen *folgenden Fragen nachzugehen*:

– Wie laufen die Beschaffungsprozesse in unserem Unternehmen ab (*Prozessanalyse*) und welche *Kosten* entstehen dabei? Wo kommt es zu *Medienbrüchen* (intern und extern)?
– Anhand welcher *Kennzahlen* können Veränderungen im Beschaffungssystem gemessen werden?
– *Welche Lieferanten* sollen wie in den Katalog eingebunden werden?

– Werden *Ausschreibungen* und *Auktionen* durchgeführt und sind sie überhaupt notwendig?
– Mit welchen *Kosten* ist für verschiedene Systeme zu rechnen (*TCO-Ansatz*: Implementierungskosten, Schulungskosten, Wartungs- und Pflegekosten)?
– Wie hoch ist die *Abhängigkeit* bei Einbindung in vorhandene Lieferantensysteme? Welche *Kommunikationsstandards* verwenden die Lieferanten, wie *kompatibel* sind diese untereinander? Bieten wichtige Lieferanten überhaupt E-Procurement an?
– Wie verhält sich die *Konkurrenz*? Haben wichtige Konkurrenten Kostenvorteile aus der Nutzung solcher Systeme, die uns zum *Wettbewerbsnachteil* gereichen können?

4.3   Produktion

Management bedeutet Planung, Steuerung und Kontrolle. *Produktionsplanung* (Fertigungsplanung) umfasst die *Produktionsprogrammplanung* und die *Produktionsprozessplanung*.

Produktionssteuerung ist die auf die Produktionsplanung aufbauende *Feinstplanung und Umsetzung* des Produktionsprogrammes.

Produktionskontrolle ist der *Vergleich* der Solldaten der Produktionsplanung mit den Istdaten in Bezug auf *Menge, Termineinhaltung, Qualität, Produktivität* (Kapazitätsauslastung, Ausschuss) und *Kosten*, sowie die Analyse der *Abweichungsursachen*, die Informationen für die Verbesserung der *Produktionsplanung* liefert.

Programmplanung

In der *Produktionsprogrammplanung* werden – *aufbauend auf* Produkt- und Marktanalysen, entsprechenden Prognosen und daraus entwickelten *Marketingstrategien* – Art und Menge der künftig zu fertigenden Produkte festgelegt.

Für die in Frage kommenden Produktalternativen müssen *Lebenszykluskurven* geschätzt werden, um *Produktbewertungsprofile* (z. B. Question Mark, Star, Cash Cow, Poor Dog) und *Umsatz-Kosten-Schätzungen* (Kostenträgerzeitrechnungen) als Überschlagsrechnung für die Produkte erstellen zu können. Daraus ergibt sich auch, welche Produkte wann aus dem Produktionsprogramm herauszunehmen sind (*Produkteliminierung*).

Programmalternativen

Die Produktionsprogrammalternativen bilden mögliche *Kombinationen neuer und beizubehaltender Produkte* mit jeweils bestimmten Mengen für die Zukunft. Eng verbunden mit der Produktionsprogrammplanung sind *Make-or-Buy-Entscheidungen* und die *Potentialplanung*, d. h. die Bestimmung der zur Umsetzung des Produktionsprogramms notwendigen *Sachgüter* (Gebäude, Maschinen, Werkzeuge, etc.) *und Mitarbeiter*.

Die Produktionsplanung ist damit, ausgehend von den Marketingentscheidungen, *mit vielen anderen Unternehmensplänen verbunden* und wirkt auf diese, wie z. B. auch auf die Beschaffungsplanung ein.

In der Unternehmensplanung wird unterschieden zwischen der *strategischen und* der *operativen Planung.* Strategische Pläne werden auf lange Frist, meist mehrere Jahre, formuliert und enthalten nur die *grundsätzliche Vorgehensweise.* In der operativen Planung erfolgt die praktische Umsetzung und Kontrolle der strategischen Überlegungen. Dazu werden die strategischen Pläne auf kürzere Zeiträume, z. B. Monate, heruntergebrochen und *in Teilschritte zerlegt.*

Praxisbeispiel Strategische und operative Planung

Ein großer Softwareproduzent hat aufgrund von Umfeldanalysen festgestellt, dass es in der Geschäftswelt mehr und mehr zum Einsatz von Linux-Betriebssystemen kommt, und möchte daher langfristig seine Produkte zumindest auch in einer Linux-Version anbieten, um der sich verändernden Umwelt folgen zu können.

Eine Analyse der Mitarbeiter-Skills (Fähigkeiten und Kenntnisse) hat ergeben, dass bisher nur wenig praktische Kenntnisse und Erfahrungen im Umgang mit Linux vorliegen. Der strategische Plan „Ergänzung der Produktpalette um Linux-Produkte" wird nun in die folgenden operativen Teilpläne zerlegt:

- Mitarbeiterschulung
- Beschaffung und Einrichtung gängiger Linux-Betriebssysteme(inklusive notwendige Hardware-Anschaffungen)
- Einrichtung bzw. Anpassung der erforderlichen Software-Entwicklungsumgebungen
- Code-Übersetzungen bzw. Anpassungen für die vorhandenen Produkte (inklusive Nutzung von Qualitätsverbesserungsoptionen)
- Planung und Entwicklung von Open Source Beta-Versionen für den Markttest mit dem Ziel, Praktiker-Feedback zu erhalten
- Aufbereitung der Produkte zur Marktfähigkeit
- etc.

Engpässe

In der *operativen Produktionsplanung* werden Art und Menge der in den nächsten Monaten zu fertigenden Produkte auf der Basis *gegebener Produktionskapazitäten* festgelegt. Kommt es dabei zu vorhersehbaren *Engpässen,* muss entschieden werden: Das Produkt mit dem *höheren Gewinnbeitrag* (relativer Deckungsbeitrag, siehe 9.4) erhält i. d. R. den Vorzug.

Produktbezogene Merkmale	
Zahl der produzierten Produkteinheiten	
ein Produkt	mehrere Produkte
Kundeneinfluss auf Produktgestaltung	
Unmittelbar (Auftragsproduktion)	mittelbar (Produktion für den Markt)

Abb. 4.14 Übersicht Produktbezogene Fertigungstypen

4.3.1 Fertigungstypen

Die *Produktionsprozessplanung* hängt ab von dem zu wählenden bzw. geeigneten *Produktionsverfahren*. Diese lassen sich nach verschiedenen, miteinander kombinierbaren *Anforderungen und Merkmalen* identifizieren. Die folgende, unvollständige Einordnung stammt aus der Industrie, lässt sich im Prinzip aber auf *jede Art der Leistungserstellung*, z. B. auch auf die Produktion von Dienstleistungen anwenden (Abb. 4.14).

Wer nur ein oder wenige Produkte herstellt, muss sich Gedanken über die *Lebenszyklen* seiner Angebote machen und sie rechtzeitig *weiterentwickeln* oder auf andere Produkte *diversifizieren*, um sein Unternehmen zu erhalten.

mass costumization

Leistungserstellung im *Kundenauftrag* ist meist *Einzelfertigung* und teurer als Massenfertigung. Über die *Standardisierung* der Produkte können massiv Kosten gespart werden, was jedoch zu Lasten der *Kundenzufriedenheit* gehen kann. Die neueste Entwicklung geht mit Hilfe von computergesteuerten Fertigungsanlagen in Richtung *mass costumization* (kundenindividuelle Massenproduktion), d. h. der Kunde kann individuelle Wünsche äußern, ohne dass der Kostenvorteil der Massenproduktion verloren geht.

Praxisbeispiele Produkt-bezogene Fertigungs-typen

Die Xbix GbR bietet kundenindividuelles Webdesign. Sie verwendet dazu standardisierte Masken und Vorlagen, die jeweils an die individuellen Anforderungen des Kunden angepasst werden.

In der Softwareproduktion kann mit Hilfe von Programmbibliotheken und CASE-Tools (Computer Aided Software Engineering) die Herstellung von Individualsoftware massiv vereinfacht werden (Abb. 4.15).

Prozessplanung

Prozessplanung ist die systematisch vorbereitete Festlegung der *zeitlichen und örtlichen Reihenfolge* von Fertigungstätigkeiten unter Beachtung des Wirtschaftlichkeitsprinzips und von Humanzielen (Mitarbeiterschutz und -motivation). Sie umfasst die auftrags-

Prozessbezogene Merkmale			
Prozesswiederholung			
Einzel	Serien	Sorten	Massen
Anordnung der Arbeitssysteme			
Werkstatt	Zentren bzw. Gruppen		Fließband
zeitliche Abstimmung der Produktionsschritte			
ohne bzw. nur grob	zum Teil		fein (getaktet)
zeitliche Prozessanordnung			
Wechsel		Parallel	
Kontinuität des Materialflusses			
diskontinuierlich (Chargen)		kontinuierlich	
Verbundenheit der Produktion			
unverbunden		verbunden (Kuppel)	
Mechanisierungsgrad			
manuell	maschinell	teilautomatisiert	vollautomatisiert
Prozesseinwirkung auf die Einsatzstoffe			
analytisch (zerlegend)	synthetisch (zusammenbauend)	analytisch-synthetisch	stoff-neutral
Prozesstechnologie			
physikalisch	chemisch		biologisch
Beherrschbarkeit der Prozesse			
vollständig beherrschbar		nicht vollständig beherrschbar	

Abb. 4.15 Übersicht Prozessbezogene Fertigungstypen

orientierte *Terminplanung*, die anlagenorientierte *Kapazitätsbelegungsplanung* sowie die *Material- und Personalbereitstellungsplanung*.

Fertigungs-typen

Bei *Einzelfertigung* gleicht kein Produkt dem anderen vollständig, jedes hat individuelle, an den Kunden angepasste Besonderheiten. Der Unterschied zwischen Serienfertigung und Sortenfertigung liegt darin, dass bei *Serienfertigung* (z. B. Motherboards) die Produktionsanlage vor Auflage einer neuen Serie umgerüstet werden muss, bei *Sortenfertigung* (z. B. Kabel) wird hingegen nur das Mischungsverhältnis geändert. *Massenfertigung* bedeutet, dass eine von vornherein nicht begrenzte Anzahl einer Produktart gefertigt wird und die Produktionsanlage daher nur für die Fertigung dieses einen Produkts ausgelegt ist.

Plattformstrategie
Bei der Serienfertigung wird mehr und mehr zur kostensparenden *Plattformstrategie* übergegangen, z. B. wird der Grundaufbau eines Motherboards mit Standard-Chips (die Plattform) für verschiedene Serien verwendet, indem zusätzliche Chips bzw. Schnittstellen aufgebracht werden.

Werkstatt-fertigung
Bei Einzel- und Kleinserienfertigung herrscht die *Werkstattfertigung* vor, gleichartige Arbeiten werden in Werkstätten zusammengefasst, die einzelnen Arbeitsschritte sind nur grob aufeinander abgestimmt und die Qualifikation der Mitarbeiter ist hoch.

Fließfertigung
Für die *Fließfertigung* werden die Tätigkeiten nach dem Produktionsablauf angeordnet. Die einzelnen Produktionsschritte sind aufeinander ausgerichtet und getaktet. Der Automatisierungsgrad durch Einsatz von Fertigungsrobotern ist hoch. So können hohe Stückzahlen produziert werden.

Gruppenfertigung
Ein Zwischending stellt die *Zentren- oder Gruppenfertigung* dar, bei der Gruppen von Arbeitsschritten, aber nicht der gesamte Fertigungsprozess automatisiert werden kann.

Insbesondere bei der Serienfertigung stellt sich die Frage, ob in mehrere parallele Fertigungsstrecken für unterschiedliche Serien investiert werden soll (*Parallelproduktion*), oder ob die Fertigungsstrecke nach einer bestimmten Produktionsmenge für eine andere Serie umgerüstet werden soll (*Wechselproduktion*). Umrüsten bedeutet Stillstand und Produktionsausfall, ermöglicht jedoch gleichzeitig Wartung und Instandhaltung.

Charge
Zur *Chargenproduktion* kommt es, wenn in einem Produktionsschritt mehrere Produkte gleichzeitig bearbeitet werden, z. B. bei Färbe- oder Aushärtungsverfahren, bei denen eine ganze Charge in das Bad bzw. den Ofen geschoben werden.

Kuppelprodukte
Kuppelproduktion bedeutet, dass in einem Produktionsprozess gleichzeitig mehrere Produkte entstehen, z. B. in Erdölraffinerien oder Bretter und Sägespäne (für Pressspanbretter) in der Holzverarbeitung.

analytisch – synthetisch – formbildend
Die Gewinnung von Stahl aus Eisenerz ist *analytische Produktion* (Zerlegung in Eisen und Schlacke), der Zusammenbau von PCs ist *synthetische Produktion*. Das Formen von PC-Gehäusen im Spritzgussverfahren kann als *stoffneutral* bezeichnet werden, da es an

Faktorbezogene Merkmale		
Ortsgebundenheit der Produktionsfaktoren		
ortsgebunden (an Anlagen oder Vorkommen)		ortsungebunden (evtl. ortsgebundene Produkte: Baustellen)
Bedeutung der Produktionsfaktoren (Intensität)		
arbeits-intensiv	material-intensiv	anlagen-intensiv
Wiederholbarkeit der Materialbeschaffung		
einmalig (Partie)	begrenzt	unbegrenzt (Normstoffe)

Abb. 4.16 Übersicht Faktorbezogene Fertigungstypen

der Zusammensetzung des Einsatzstoffes Kunststoff nichts ändert, man könnte aber auch von *formbildender Produktion* sprechen.

Bugfixes und Patches

Während z. B. Formgießen von PC-Gehäusen weitgehend *beherrschbar* ist, gibt es Produktionsverfahren wie z. B. die Waferproduktion, bei den das Ergebnis nicht vollständig vorhersehbar ist. Auch die *Software-Produktion* ist wohl nicht immer vollständig beherrschbar, weshalb *Bugfixes und Patches* erforderlich sind.

Praxisbeispiel Prozessbezogene Fertigungstypen

Die Ewald GmbH ist ein mittelständisches Unternehmen mit Sitz in Bergmannsthal, das im Kundenauftrag PCs zusammenbaut und nach Kundenwunsch konfiguriert.

In der Regal liegt Einzelfertigung vor, da die individuellen Wünsche der Kunden berücksichtigt werden. Die Ewald GmbH hat mehrere Werkstätten eingerichtet, die Reihenfolge des Einbaus der Komponenten ist nur grob festgelegt, die Arbeitsschritte erfolgen weitgehend manuell, eine Mechanisierung ist nicht möglich. Es handelt sich um eine kontinuierliche, unverbundene, synthetische, physikalische (mechanische) Produktion, die vollständig beherrschbar ist (Abb. 4.16).

Serverfarm

Der *Abbau von Rohstoffen* wie Erdöl, Eisenerz oder Silizium ist ortsgebunden. Ortsgebundene Faktoren liegen ebenfalls bei bestimmten *Infrastrukturangeboten* vor, so muss z. B. eine große Serverfarm genügend Energie zur Verfügung haben und die Möglichkeit zur Anbindung an schnelle Netzknoten.

Faktorintensität

Die *Faktorintensität* lässt sich anhand von *Kennzahlen* ausdrücken, die die Produktionsleistung (Stückzahl) ins Verhältnis zum Faktoreinsatz setzen. Vollautomatisierte Produktion ist anlagenintensiv, Werkstattproduktion eher arbeitsintensiv.

Abb. 4.17 Übersicht
Kostenarten

	Einzelkosten	Gemeinkosten
fixe Kosten	- Personalkosten - Materialkosten - Fremdleistungskosten
variable Kosten	- Abschreibungen - sonstige Kosten

Praxisbeispiele Faktorbezogene Fertigungstypen

Die Ewald GmbH kann bestimmte Sondermodelle nur in geringer Menge anbieten, da von den darin einzubauenden Motherboards nur eine begrenzte Stückzahl verfügbar ist. Der Hersteller hat die Produktion aus Kapazitäts- und Kostengründen begrenzt.

Ein großes IT-Unternehmen möchte zur Verbesserung des Corporate Design die Außenfassade des Bürogebäudes günstig neu verklinkern lassen. Da die vom beauftragten Bauunternehmer beschafften und verwendeten Klinker jedoch aus verschiedenen Partien stammten, ergibt sich ein sehr uneinheitliches Erscheinungsbild.

Kaufmännisch denken bedeutet, die verschiedenen Verfahren der Leistungserstellung zu kennen, nach den Kriterien *Kosten und Qualität* zu bewerten und *kundenorientiert* das geeignetste Verfahren *auszuwählen*.

4.3.2 Produktion und Kosten

Ziel der Leistungserstellung ist es, möglichst hohe Gewinne zu erzielen (erwerbswirtschaftliches Prinzip). *Gewinn* entsteht, wenn der Umsatz die Kosten übersteigt. Neben der Analyse des Marktes und damit der *Absatzchancen* gehört zum kaufmännischen Denken auch eine genaue Analyse der *Produktionskosten*. Dazu werden die Kosten nach verschiedenen Kriterien in *Kostenarten* eingeteilt und in Zusammenhang mit der Produktionsmenge gebracht (Abb. 4.17).

Einzelkosten
Einzelkosten sind einem Produkt, einer Produktgruppe oder einem bestimmten Prozessschritt *direkt zurechenbare Kosten*, z. B. Kosten für in das Produkt eingebrachtes Material.

Gemeinkosten
Gemeinkosten sind *nicht direkt zurechenbar*. Sie fallen allgemein an und können nur *geschlüsselt* werden. Ein Beispiel ist die *Miete* für das Bürogebäude, in dem Verwaltungstätigkeiten durchgeführt werden, auch die *Gehälter* der meisten Mitarbeiter sind nicht direkt produktbezogen. Die Gehälter der Mitarbeiter einer Abteilung sind *aber* der Abteilung direkt zurechenbar. Produktbezogen sind sie Gemeinkosten, auf die Abteilung bezogen Einzelkosten (*Abteilungseinzelkosten*).

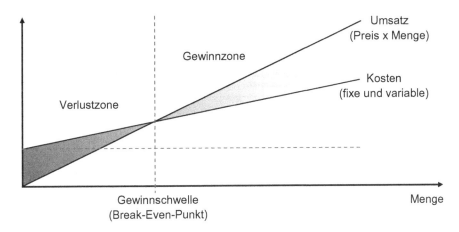

Abb. 4.18 Übersicht Gewinnschwellenanalyse

fixe Kosten

Fixe Kosten sind von der produzierten Menge unabhängig. Sie bleiben immer gleich und fallen auch an, wenn gar nicht produziert wird. Die *Miete* für das Bürogebäude sind z. B. fixe Kosten. Die meisten Gemeinkosten sind fixe Kosten, es gibt jedoch auch fixe Einzelkosten, z. B. für ein Werkzeug, das bei der Fertigung eines bestimmten Produktes benötigt wird, und es gibt variable Gemeinkosten.

variable Kosten

Variable Kosten ändern sich, wenn sich die Produktionsmenge ändert. Sie sind variabel, und man geht meist davon aus, dass sie *linear* sind, d. h. wenn sich die Produktionsmenge verdoppelt, verdreifacht, vervierfacht, dann verdoppeln, verdreifachen, vervierfachen sich auch diese Kosten.

Mit fixen und variablen Kosten lässt sich der *Ursache-Wirkungs-Zusammenhang* grafisch darstellen als *Kostenkurve* oder in mathematischen Begriffen als *Kostenfunktion*.

$$\text{Gesamtkosten} = \text{fixe Kosten} + \text{variable Stuckkosten* OutputMenge}$$

$$K = K_f + k_v * M$$

Damit lässt sich die Bedeutung der Kostenfunktion anhand der Gewinnschwellenanalyse zeigen (Abb. 4.18):

Die *Gewinnschwelle* (auch Nutzenschwelle oder BE) ist die *Produktionsmenge*, bei der die Produktionskosten vom Umsatz gerade gedeckt werden. Es gilt in diesem Punkt: *Umsatz = Kosten*. Kommen Produktion und Absatz über diesen Punkt hinaus, werden *Gewinne* (Umsatz minus Kosten) eingefahren.

Zieht man vom Umsatz nur die variablen Kosten ab, erhält man den *Deckungsbeitrag*, das ist der Beitrag zur Deckung der fixen Kosten (Abb. 4.19).

Umsatz	=	Preis	mal Menge	$U = p \cdot M$
variable Kosten	=	variable Stückkosten	mal Menge	$K_v = k_v \cdot M$
Gewinn	=	Umsatz	./. Kosten	$G = U - K$
Deckungsbeitrag	=	Umsatz ./.	variable Kosten	$Db = U - K_v$
Stückdeckungsbeitrag	=	Preis ./.	variable Stückkosten	$db = p - k_v$

Abb. 4.19 Übersicht Umsatz, Gewinn und Deckungsbeitrag

Für Stückgrößen werden kleine Buchstaben verwendet. Die mathematische Schreibweise vereinfacht die Lesbarkeit, sofern man mit den Bedeutungen der Buchstaben vertraut ist.

kurzfristige Preisuntergrenze

Der *Stückdeckungsbeitrag* gibt an, wie viel Euro jede produzierte und verkaufte Mengeneinheit zur Deckung der fixen Kosten beiträgt. Sie ist für die *Produktionsentscheidung* eine *wichtige Kennzahl*, denn sie gibt die *kurzfristige Preisuntergrenze* an: Liegt der am Markt erzielbare *Preis unter den variablen Stückkosten*, sollte die Produktion eingestellt werden.

Solange der Preis über den variablen Stückkosten liegt, kann die Produktion, auch wenn sie insgesamt Verlust einfährt, noch eine Zeitlang aufrecht erhalten werden, vor allem wenn es andere Produkte gibt, die *gute Deckungsbeiträge* haben und so mithelfen, die *Fixkosten* zu *decken*.

Die *langfristige Preisuntergrenze* sind die gesamten *Kosten pro Stück*. Diese Kennzahl hat für die Mehrproduktunternehmung aber nicht so große Bedeutung wie die kurzfristige Preisuntergrenze.

$$\text{gesamte Kosten pro Stuck} = \text{fixe Kosten pro Stuck} + \text{variable Stuckkosten}$$
$$k = k_f + k_v$$

Ein für die Produktion großer Mengen wichtiges Phänomen ist, dass die fixen Kosten pro Stück (auch: stückfixe Kosten) umso geringer sind, je größer die Produktionsmenge ist, da sich der fixe Kostenbetrag auf immer mehr Stück verteilt. Dies ist der Fixkostendegressionseffekt (Abb. 4.20).

Je größer die produzierte Menge, umso geringer sind die Produktionskosten pro Stück. Dies wird auch als das *Gesetz der Massenproduktion* bezeichnet und erklärt, warum *große Unternehmen günstigere Preise* bieten können als kleine.

Zum Gesetz der Massenproduktion gehört auch das *Verfahrensausgleichsgesetz* (Abb. 4.21).

Ab einer bestimmten Stückzahl kann das *arbeitsintensive Verfahren* mit niedrigen Fixkosten und hohen variablen Stückkosten (Verfahren 1) ersetzt werden durch das *maschinenintensive Verfahren* mit hohen Fixkosten und niedrigeren variablen

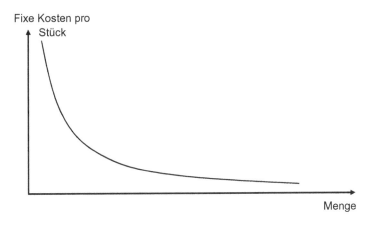

Abb. 4.20 Übersicht Fixkostendegressionseffekt

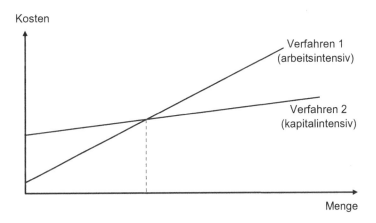

Abb. 4.21 Übersicht Verfahrensausgleichsgesetz

Stückkosten (Verfahren 2). Maschinelle Produktion lohnt sich erst ab bestimmten absetzbaren Stückzahlen. Mechanisierung kann zum Muss werden, da im Wettbewerb sonst der *Break-Even-Punkt* (die Gewinnschwelle) nicht erreicht wird.

Ein dritter für Produktionsentscheidungen bedeutsamer Aspekt der Massenproduktion ist der *Kostenerfahrungskurveneffekt* (Abb. 4.22).

Mit jeder *Verdopplung* der Produktionsmenge sinken die Stückkosten um *20 bis 30 Prozent*, weil durch Erfahrung im Umgang mit den Produktionsanlagen effizienter gearbeitet werden kann. Die Größenangabe 20 bis 30 Prozent ist ein *Schätzwert*, der durch Untersuchungen in der Praxis bestätigt wurde.

Die *vereinfachte Darstellung* im Diagramm darf nicht darüber hinwegtäuschen, dass in der Praxis *viele verschiedene Kostenarten* ganz unterschiedlich auf Entscheidungen zur

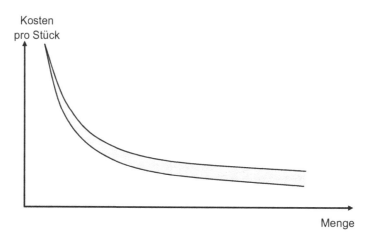

Abb. 4.22 Übersicht Kostenerfahrungskurveneffekt

Leistungserstellung und Leistungsverwertung wirken können. Variable Kosten sind nicht immer linear, z. B. kann bei hoher Auslastung einer Maschine (Kapazitätsauslastung) der Schmiermittelverbrauch ansteigen, der Ausschuss und der Verschleiß zunehmen.

Der *Kostenverlauf* kann bei der Ausdehnung der Produktion durch *Kapazitätser-weiterung* auch *Sprünge* aufweisen, z. B. wenn ein zusätzlicher Mitarbeiter eingestellt (zusätzliches festes Gehalt) oder eine neue Maschine angeschafft wird (zusätzliche Abschreibungen). Man spricht dann von *sprungfixen Kosten*. Die folgende Übersicht fasst die wichtigen Merkmale der verschiedenen *praxisrelevanten Kostenarten* zusammen (Abb. 4.23):

Praxisbeispiel Produktion und Kosten

Ein großer Festplattenhersteller fertigt auf fünf Fertigungsstraßen in Reinraum-technologie verschiedene Serien von Festplatten (Parallelproduktion). Die fixen Kos-ten der gesamten Produktion belaufen sich auf 5.000.000 Euro jährlich, die Kapazität jeder Anlage liegt bei 100.000 Festplatten pro Jahr. Die variablen Kosten pro Festplatte betragen 50 Euro.

Bei einem Verkaufspreis von 150 Euro pro Festplatte liegt der Break-Even-Punkt bei einem Absatz von 50.000 Stück pro Jahr, d. h. einem Zehntel der Gesamtkapazität aller fünf Anlagen.

Der Stückdeckungsbeitrag beträgt 50 Euro (kurzfristige Preisuntergrenze = varia-ble Stückkosten). Die stückfixen Kosten liegen am Break-Even-Punkt bei 100 Euro pro Festplatte. An der Kapazitätsgrenze (500.000 Stück pro Jahr) betragen die stückfixen Kosten 10 Euro pro Festplatte (Fixkostendegressionseffekt).

Die Wahl eines anderen Produktionsverfahrens mit einer höheren Kapazität würde die Fixkosten pro Anlage auf 1.750.000 Euro erhöhen und die variablen Kosten

Personalkosten
Akkordlöhne sind *variable Einzelkosten*, sie können dem Produkt direkt zugerechnet werden und steigen mit der Menge. Gleiches gilt für Verkaufsprovisionen für Außendienstmitarbeiter. *Alle anderen* Personalkosten sind i. d. R. *fixe Gemeinkosten*. Das gezahlte Gehalt ist nicht direkt abhängig von der Arbeitsleistung, hinzu kommen die Lohnnebenkosten, Kosten der Mitarbeiterkantine, der Einrichtungen des Betriebsrats, freiwillige Sozialleistungen, etc.
Materialkosten
Materialkosten setzen sich zusammen aus *Einkaufspreis* und *Bezugskosten* (z. B. Transportkosten), ferner können *Lagerkosten* und *Vorbereitungskosten* hinzukommen. Geht das Material in der Produktion *direkt in das Produkt* ein, sind Materialkosten *variable Einzelkosten*. Büromaterial, Reinigungs- und Schmiermittel werden den *Gemeinkosten* zugerechnet, der Einfachheit halber mit einem festen Monatsbudget als *fixe Kosten*. Ob *Strom- und Wasserverbrauch* als Einzel- oder als Gemeinkosten betrachtet werden, hängt von der Art der Produktion und ihrer Bedeutung ab.
Abschreibungen
Abschreibungen dienen dazu, die *Anschaffungskosten* von Betriebsmitteln, die über mehrere Jahre genutzt werden sollen, *auf die Nutzungsdauer* zu *verteilen*. So können die Kosten auf die *Gesamtzahl aller* mit der Anlage hergestellten *Produkte* umgelegt werden. Die Nutzungsdauer wird geschätzt. Die Kosten können *gleichmäßig* auf die Nutzungsdauer verteilt werden (lineare Abschreibung), *degressiv* mit am Anfang höheren Beträgen, die dann kontinuierlich sinken (z. B. pro Jahr 20 Prozent vom Restwert) oder auch *leistungsabhängig*, d. h. die Kosten werden durch die geschätzte Gesamtzahl der Produkte geteilt und Jahr für Jahr nach der tatsächlichen Produktzahl verrechnet. Üblich ist die *lineare Abschreibung*, und damit sind Abschreibungen *fixe Kosten*. Bei einer Produktionsanlage, auf der nur ein Produkt hergestellt wird, kann die Abschreibung direkt zugerechnet werden (*Einzelkosten*). Abschreibungen für Bürogebäude sind *Gemeinkosten*.

Abb. 4.23 Übersicht Merkmale von Kosten

um 10 Euro auf 40 Euro pro Festplatte senken. Ab einer Produktion von 75.000 Festplatten pro Jahr ist das kapitalintensivere Verfahren günstiger (Verfahrensausgleichsgesetz).

4.3.3 Qualitätssicherung

Neben der Zertifizierung des Qualitätsmanagementsystems nach *ISO 9000* und der *ISO 14001* als Umweltmanagementnorm gibt es in der Praxis verschiedene Ansätze, die *Qualität der Leistungserstellung sicherzustellen*.

TQM
Total Quality Management (TQM) ist das Denkmodell eines umfassenden Qualitätsmanagement in allen Bereichen des Unternehmens mit folgenden *Regeln*:

– Qualität setzt aktives Handeln und Bemühen voraus.
– Qualität ist kundenorientiert.
– Qualitätsorientierung ist im Denken und Handeln aller Mitarbeiter zu verankern.
– Qualität muss anhand klarer, detailliert erarbeiteter Kriterien definiert werden.
– Qualität ist ein Prozess der kontinuierlichen Verbesserung.
– Qualität bezieht sich nicht nur auf die Produkte, sondern auch auf Service-Leistungen.

EFQM

Die European Foundation for Quality Management hat diesen Ansatz im *EFQM-Modell für Excellence* mit Hilfe einer Reihe von *Checklisten* weiter verfeinert und dazu verschiedene Stufen für eine *Bewertung* von Unternehmen (Auditing) definiert. Die höchste Stufe ist *best in class*.

Marktuntersuchungen zeigen, dass Unternehmen, die Qualitätsmanagement nicht auf die technischen Funktionen zur Sicherstellung der Produktqualität beschränken, sondern auch die Beziehung zwischen dem Unternehmen und seinen Kunden einbeziehen, *am Markt erfolgreicher* sind. Dabei spielt weniger das angewandte Verfahren der Qualitätssicherung eine Rolle, als das Bewusstsein der *Mitarbeiter*, dass eine hohe Qualität aller Leistungen für den *Erfolg und* für die *Motivation* wichtig ist.

4.3.4   Forschung und Entwicklung

Um *verbesserte Produktionsverfahren* einsetzen und *neue Produkte* auf den Markt bringen zu können, sind *Ausgaben* für Forschung und Entwicklung (F&E oder R&D, Research and Development) erforderlich. Dies kann durch eine *eigene F&E-Abteilung*, in *Kooperation* mit anderen Unternehmen (z. B. durch strategische Allianzen) oder auch in Zusammenarbeit mit *Universitäten und Forschungsinstituten* erfolgen.

Grundlagenforschung

Grundlagenforschung erfolgt ohne direkten Anwendungsbezug und ist auf *allgemeine wissenschaftliche Erkenntnisse* in den verschiedensten Wissenschaftsbereichen, von der Physik bis hin zur Psychologie gerichtet.

angewandte Forschung

Angewandte Forschung richtet sich auf *Produkte oder Produktionsverfahren*, z. B. neue Beschichtungsverfahren bei der Festplattenproduktion oder Möglichkeiten zur Erhöhung der Datendichte und damit Kapazitätsausdehnung bei kleinerer Bauform (Formfaktor).

Entwicklung

In der *Entwicklung* wird dann versucht, die neuen Erkenntnisse der Forschung *in die Praxis umzusetzen*. Dazu werden zunächst Modelle, Muster oder Prototypen erstellt (*Prototyping*) und erprobt, bis das Produkt oder Verfahren seine *Anwendungsreife* erlangt hat.

Simultaneous Engineering

Im *Simultaneous Engineering* werden neue Produkte und Verfahren *simultan* und unter Einbeziehung von Kunden und Lieferanten *entwickelt*. Damit können *Entwicklungskosten* eingespart, die *Entwicklungszeiten* verkürzt und die *Kundenorientierung* erhöht werden.

Innovationsmanagement

Im Rahmen des *Innovationsmanagement* muss das Unternehmen sich die folgenden Fragen stellen:

Warum?	Besteht Innovationsbedarf?
Was?	Welche Produkte, welche Verfahren?
Wann?	Dringlichkeit der Innovation?
Wie?	Vorgehensweise / Methodik?
Wer?	Bildung von Projektgruppen?

4.3.5   Die Produktion von Dienstleistungen

In Abgrenzung zur Warenproduktion (materielle Güter) spricht man bei den Dienstleistungen von *immateriellen Gütern*. Typische Merkmale von Dienstleistungen waren lange Zeit die *Gleichzeitigkeit von Produktion und Verbrauch* und die *Personengebundenheit*. Dienstleistungen sind weder lagerfähig noch transportfähig. Daher gab es nur geringe Möglichkeiten zur Produktivitätssteigerung.

Produktivität

In modernen Volkswirtschaften haben derartige gebundene Dienstleistungen nur noch eine geringe Bedeutung. Durch den *Einsatz von Informationstechnologie* können Produktion und Verbrauch zeitlich, räumlich und von der Person getrennt werden, und damit sind *Produktivitätssteigerungen* möglich, die weit über denen der industriellen Produktion liegen.

> **Praxisbeispiele Gebundene und ungebundene Dienstleistungen**
>
> Eine Taxifahrt stellt eine personengebundene Dienstleistung dar. Ohne den Taxifahrer ist die Dienstleistung nicht möglich. Die Dienstleistung entsteht durch das Taxifahren und wird gleichzeitig verbraucht. Geschwindigkeit und Kapazität des Taxis können nicht beliebig erhöht werden. Eine Produktivitätssteigerung ist kaum möglich.
>
> Finanzdienstleistungen, z. B. Überweisungen, können per Online-Banking zu jeder beliebigen Zeit durchgeführt werden. IT-Support-Dienstleistungen können über Remote Access und teilweise automatisiert erfolgen. Ein Beispiel ist das automatische Update von Viren-Informationen oder Einspielen von Patches. Informationsbeschaffung über das Internet und Nachrichtenübermittlung per RSS-Feeds (Really Simple Syndication = wirklich einfache Verbreitung) und schließlich auch das Überallfernsehen sind Dienstleistungen, die ohne moderne IT nicht denkbar wären, z. T. auch durch sie hervorgerufen werden.

Der *Anteil* der Dienstleistungswirtschaft (Tertiärer Sektor) *an der Wirtschaftsleistung* einer modernen Volkswirtschaft macht inzwischen *über 70 Prozent* aus.

Qualität

Ein *Hauptproblem* bei der Produktion von Dienstleistungen ist die Sicherstellung konstanter und hoher *Dienstleistungsqualität*. Wichtigste Kriterien dafür sind *Qualifikation und Motivation der Mitarbeiter*.

Kapazität

Anbieter von Dienstleistungen müssen eine *richtig dimensionierte Leistungsbereitschaft* durch Menschen und Maschinen vorhalten und können den zeitlichen Anfall der Nachfrage nach ihren Leistungen schwer vorhersagen. Eine zu geringe Kapazität verursacht Wartezeiten und senkt die *Kundenmotivation*, eine zu hohe Kapazität verursacht *Leerlaufkosten*.

Der *Prozess der Leistungserbringung* muss *effizient* und *kundenorientiert* gestaltet werden. Durch eine genaue *Analyse des Prozesses*, Zerlegung in die einzelnen Tätigkeiten, Benennung der dazu notwendigen Informationen, Auswahl geeigneter Informationsquellen und Wirkung auf den Kunden kann der Prozess optimiert werden. Ein wichtiges Instrument zur Visualisierung des Prozesses ist die *ereignisgesteuerte Prozesskette*.

Das *Ergebnis der Leistung* muss die angestrebte *Kundenzufriedenheit* erzeugen. Das gilt für einen Haarschnitt wie für eine Finanzberatung. Zufriedenheit ist *subjektiv*, oft emotional besetzt. Unter Kostengesichtspunkten müssen hier auch Grenzen gezogen werden können.

Praxisbeispiele Ausgestaltung von Dienstleistungen

Die Dimensionierung einer Telefon-Hotline (Anzahl der Plätze und Call-Agents) muss so erfolgen, dass Kunden nicht zu lange in der Warteschleife hängen (Kundenzufriedenheit) und die Call-Agents nicht zu große Leerlaufzeiten haben (Mitarbeitermotivation). Dabei ist die zeitlich schwankende Anzahl von Anrufen zu berücksichtigen. Eine Möglichkeit der Effizienzsteigerung ist es, das Inbound-Geschäft (eingehende Anrufe) mit Outbound-Aufträgen (Anrufe bei potentiellen Kunden der Auftraggeber = Verkaufsförderung) zu kombinieren.

Eine EDV-Schulung muss so gestaltet sein, dass – ausgehend von den Kenntnissen der Schulungsteilnehmer – der angestrebte Schulungserfolg erreicht wird. Dazu muss zunächst klargestellt werden, welche Kenntnisse in welcher Tiefe vermittelt werden sollen, und dies muss durch die geeignete Auswahl und Information der Lehrpersonen auch gewährleistet sein. Kundenzufriedenheit als Ergebnis der Leistung bedeutet, dass der Teilnehmer seine erworbenen Kenntnisse tatsächlich in der Praxis zielorientiert anwenden kann.

Vorhaltekosten

Die Kosten der *Produktion von Dienstleistungen* sind vor allem *fixe Kosten* im Sinne von Vorhaltekosten. Raummiete und Personalgehälter müssen gezahlt werden, unabhängig davon, wie viele Kunden kommen. Variable Kosten für Büromaterial spielen eine untergeordnete Rolle.

sprungfixe Kosten

Das Einstellen neuer Mitarbeiter oder die Anmietung neuer Räume führt zu einem sprunghaften Anstieg der Fixkosten (*sprungfixe Kosten*). Der *Fixkostendegressionseffekt* ist traditionell daher nur beschränkt nutzbar. Werden statt Festanstellungen nur *befristete Arbeitsverträge* vereinbart oder *Honorarkräfte* eingestellt, kann ein Teil der fixen *Kosten variabel* und damit die Kostenstruktur flexibler gemacht werden. Darunter darf jedoch die Qualität der Leistung, messbar durch die nachhaltige *Kundenzufriedenheit*, nicht leiden.

Musik-Downloads, IPTV

Bei nicht personengebundenen *elektronischen Dienstleistungen* kann der Fixkostendegressionseffekt bis an die Grenze der *Leistungsfähigkeit der unterhaltenen Server und Datenleitungen* ausgenutzt werden. Musikdownloads oder IPTV erfordern nur die *Bereitstellung, Aktualisierung und Wartung der Datenbanken* und entsprechende Marketingmaßnahmen (*AIDA-Konzept*), vor allem ein sehr niedriger Einstiegspreis (*Penetrationspreisstrategie*), der den Fixkostendegressionseffekt vorwegnimmt. Bei 99 Cent pro Song können gute Deckungsbeiträge erwirtschaftet werden.

4.3.6 Die IT-Revolution in der Produktion

Nicht nur in der Dienstleistungsbranche, sondern auch bei der *Warenproduktion* hat die Entwicklung der Computertechnologie der letzten Jahrzehnte *bahnbrechende Produktivitätssteigerungen* ermöglicht und viele *verbesserte und neue Produkte* auf den Markt gebracht.

CAD

Die *Geschwindigkeit der Entwicklung* neuer Produkte und von Produktvariationen konnte durch *CAD-Software* (Computer Aided Design) beschleunigt und an die immer kürzeren Lebenszyklen der Produkte angepasst werden. Die *Entwicklungskosten* konnten deutlich gesenkt werden. CAD-Software ermöglicht den Entwurf der Produkte am Rechner mit *wahlfreier dreidimensionaler Ansicht*. Mittels *Vernetzung* über das Internet können *Entwicklerteams aus mehreren Ländern* in Echtzeit zusammenarbeiten (entsprechend leistungsfähige Hardware und Highspeed-Internet vorausgesetzt). So kann z. B. ein Entwickler in Detroit, USA, in einer Grafik Änderungen vornehmen, die auf einem Rechner in München bearbeitet wird, und via *Video Conferencing System* können die Entwickler Verbesserungsmöglichkeiten ausdiskutieren.

CIM – PPS

Computergesteuerte Maschinen und Produktionsanlagen, z. B. Fräsen, können elektronisch entworfene Bauteile ohne weiteren Medienbruch herstellen. Das Ziel des *CIM* (Computer Integrated Manufacturing) mit Einbindung eines *PPS* (Produktionsplanungs- und -steuerungssystem) ist in modernen Unternehmen bereits realisiert und in der industriellen Produktion ein wichtiger Erfolgsfaktor. *Factory-Layout-Planung* mit Optimierung der Betriebsmittelanordnung, weitgehende *Automatisierung* des Produktionsprozesses bis hin zur nahezu *menschenleeren Fabrik* führen zu *verbesserten Arbeitsbedingungen*, aber auch zur Notwendigkeit der *Umorientierung* auf andere Tätigkeitsfelder, z. B. im Dienstleistungssektor.

Embedded

Die *Elektronifizierung der Produkte* schreitet unaufhörlich voran. Pkws mit Bordcomputer, Navigationssystem und Sensortechnik sind den James-Bond-Filmen entwachsen. Intelligente Kühlschränke, Waschmaschinen mit Fuzzy Logic, Home Cinema Anlagen, dem Markt für *Embedded Systems* (in Produkte „eingebettete" IT-Systeme) sind keine Grenzen gesetzt.

Wohlstand

In der *Medizintechnik* und in der *wissenschaftlichen Forschung* sind mit Hilfe von IT nie vorher gekannte Fortschritte erzielt worden, die unseren *Wohlstand* steigern und die *Umwelt* schonen helfen, aber auch unsere *Lebensweise*, unsere Werte und Einstellungen verändern.

Organisation und Personalwirtschaft

5

Zusammenfassung

Ein Unternehmen erfolgsorientiert führen bedeutet auch, alle erforderlichen *Arbeitsabläufe effizient* zu *gestalten*, die notwendige *Struktur* des Unternehmens zu *schaffen* und die benötigten *Mitarbeiter* einzustellen, zu *führen und zu fördern*.

Die Betriebswirtschaftslehre hat *Begriffe* entwickelt, mit denen die Organisation eines Unternehmens beschrieben werden kann, und versucht, *Entscheidungsregeln* aufzustellen, die der Praxis helfen, optimale Entscheidungen in Bezug auf Struktur, Ablauf und Mitarbeiterführung zu treffen.

5.1 Die Struktur des Unternehmens

Die *wichtigste Regel* in Bezug auf die Gestaltung der Struktur eines Unternehmens lautet „*structure follows strategy*", d. h. die Organisationsstruktur muss auf die grundsätzliche Vorgehensweise des Unternehmens am Markt abgestimmt sein. Statistische Untersuchungen belegen, dass die Organisationsstruktur ein *wichtiger Erfolgsfaktor* für Unternehmen ist.

Tätigkeit und Ergebnis

Der Begriff *Organisation* bezeichnet zum einen die *Tätigkeit* des Organisierens, die Gestaltung der Unternehmensstruktur, zum anderen die *Struktur* des Unternehmens als *Ergebnis* dieser Tätigkeit: seine Gliederung in verschiedene Abteilungen sowie festgelegte allgemeine *Regeln*, damit das arbeitsteilige Vorgehen und Zusammenwirken verschiedener Personen und Unternehmensbereiche möglichst erfolgreich funktioniert.

© Springer Fachmedien Wiesbaden 2015
M. Wünsche, *BWL für IT-Berufe*, DOI 10.1007/978-3-658-10430-6_5

Kaufmännisch denken in Bezug auf die Gestaltung der Struktur des Unternehmens ist die bewusste Auseinandersetzung mit den folgenden *Fragen und Problemfeldern* (Abb. 5.1):

Wie sollen die Aufgaben verteilt werden?
Festlegen der *horizontalen Ordnung* durch Bildung von *Stellen*, Abteilungen, Projekten, etc. durch *Aufgabenanalyse und Aufgabensynthese*
Wie sollen die Weisungsrechte verteilt werden?
Festlegen der *vertikalen Ordnung* durch eine *Hierarchie* (Ein-Liniensystem, Mehr-Liniensystem oder Stab-Liniensystem)
Wie sollen die Entscheidungsrechte verteilt werden?
Auswahl von *Führungskonzepten* und *Führungsstil*, Beteiligung der Mitarbeiter (*Partizipation*) und Verlagerung von Entscheidungen (*Delegation*)
Wie sollen die Informations- und Kommunikationsstrukturen gestaltet werden?
Gestaltung des *Berichtswesens* und der *Informationsflüsse* unter Beachtung der Wirkung *informeller Kommunikation*, Einrichten eines *Intranets* mit E-Mail-System und Black Board, Festlegen von *Kommunikationsregeln*
Wie soll die Macht verteilt sein?
Festlegen von *Motivations- und Sanktionsinstrumenten* (Belohnung und Bestrafung), abhängig vom *Menschenbild* der Unternehmensführung
Was soll fallweise, was generell geregelt sein?
Substitutionsprinzip: Wenn Vorgänge gleichartig sind und wiederholt auftreten, soll Improvisation durch Organisation ersetzt werden.
Wie kann Gleichgewicht zwischen Stabilität und Elastizität der Organisation erreicht werden?
Überorganisation: Ein Übermaß an generellen Regelungen führt zu Starrheit, Bürokratisierung und mangelnder Eigeninitiative der Mitarbeiter.
Unterorganisation: Ein Übermaß an fallweisen Regelungen führt zu Koordinations- und Kompetenzproblemen und birgt Konfliktpotential.
Wie kongruent sind die Stellen?
Kongruenzprinzip: Aufgabe, Kompetenz und Verantwortung sollen sich möglichst decken.
Frühstücksdirektor: Aufgaben ohne Kompetenz und Verantwortung
Amtsanmaßung: Kompetenzausübung außerhalb des eigenen Aufgabengebietes
Sündenbock: Verantwortung ohne Aufgaben und Kompetenzen

Abb. 5.1 Übersicht Problemfelder der Organisation

Verrichtungsvorgang, Tätigkeiten, Handlungen, z. B. schreiben, rechnen, schrauben, bohren
Objekt, an dem die Verrichtung durchgeführt wird, z. B. Werkstoff, Rechnung, Gebäudefassade
Sachmittel, die zur Verrichtung eingesetzt werden, z. B. PC, Tisch, Stuhl, Papier, Werkzeug
Raum und Zeit für die Verrichtung, z. B. Büro, Werkstatt, beim Kunden; Dauer der Verrichtung
Rang, Priorität, Bedeutung der Verrichtung für den Unternehmenserfolg, z. B. Kundenberatung
Schnittstellen zu vorhergehenden und nachfolgenden Aufgaben, Informationsfluss, Qualität
Art der Tätigkeit: Dispositive oder ausführende Tätigkeit, Planung, Durchführung oder Kontrolle

Abb. 5.2 Übersicht Elemente einer Aufgabe

5.1.1 Aufgabenanalyse und Aufgabensynthese

Die *Stelle* ist die *kleinste organisatorische Einheit*, charakterisiert durch Aufgaben, Aufgabenträger und Sachmittel. Sie wird gebildet durch Aufgabenanalyse und Aufgabensynthese.

Aufgabenanalyse bedeutet, dass zunächst alle für den Unternehmenserfolg wichtigen Tätigkeiten (= Aufgaben = Funktionen) erfasst und aufgegliedert werden. Jede *Aufgabe* besteht aus einer vorgegebenen *Handlung*, mit der ein *Zustand* erreicht werden soll, und lässt sich durch die folgenden *Elemente* charakterisieren (Abb. 5.2):

In einem zweiten Schritt, der *Aufgabensynthese*, wird versucht, die vielfältigen Teilaufgaben sinnvoll zu Bündeln zusammenzustellen, die den einzelnen dafür zu bildenden Stellen zugeordnet werden können.

Aufgabenbündelung

Sind jeder Stelle *Aufgabenbündel*, d. h. verschiedene von dem Stelleninhaber zu leistende Tätigkeiten, zugeordnet worden, muss ein geeigneter Stelleninhaber gefunden werden, der diese Stelle innehaben kann (mehr dazu in 5.3.2).

Die *Bündelung* von Aufgaben erfolgt i. d. R. *sachbezogen*, d. h. zusammengehörige Tätigkeiten werden auf eine Stelle zusammengezogen und dann wird ein geeigneter Aufgabenträger als Stelleninhaber gesucht. *Alternativ* können Aufgabenbündel auch *personenbezogen*, d. h. auf eine bestimmte Person zugeschnitten werden, die über spezifische Fähigkeiten und Kenntnisse verfügt.

Wichtig für die *Mitarbeitermotivation* ist das Ausmaß an *Arbeitszerlegung* und *Standardisierung*. Zu Beginn des Industriezeitalters war es noch üblich, die Arbeitsschritte in möglichst kleine Einheiten zu zerlegen, damit ein hoher Grad an *Standardisierung* und so *Kosteneinsparungen* durch niedrige Löhne für schnell angelernte Arbeitskräfte realisiert werden konnten (Fließbandarbeit, Taylorismus). Die Erkenntnis, dass *Monotonie am Arbeitsplatz* zu Produktivitätsverlusten führt, bewirkte ein Umdenken. *Job Enlargement* bedeutet, dass das Arbeitsgebiet eines Mitarbeiters verbreitert wird, *Job Enrichment*, dass er dabei auch *mehr Handlungsspielraum* bekommt. Beides steigert die

Informationskompetenz
Das Recht, bestimmte, für die Aufgabenerfüllung notwendige Informationen zu erhalten
Entscheidungskompetenz
Das Recht, bestimmte Entscheidungen zu treffen
Weisungskompetenz
Das Recht, anderen Weisungen zu erteilen
Vertretungskompetenz
Das Recht, andere zu vertreten, z. B. Prokura
Verantwortung
Das Einstehen für Handlungen und für den Erfolg der Handlung, den Grad der Aufgabenerfüllung

Abb. 5.3 Übersicht Kompetenz und Verantwortung

Motivation. Job Enrichment senkt zudem den *Regelungsbedarf*. Die weiteste Form der Entregelung sind *Projektteams*, die bestimmte Aufgaben weitgehend selbstständig lösen. Dies führt zu mehr Flexibilität. Mit dem Übergang zur *Prozessorganisation* (siehe 5.2) muss die gesamte Strukturierung des Unternehmens in Stellen überarbeitet werden.

Die Zuordnung von *Kompetenz* zu einer Stelle stattet den Stelleninhaber (Aufgabenträger) mit *Rechten* aus, die er zur Erfüllung seiner Aufgaben benötigt (Abb. 5.3).

Wichtig für den Erfolg des Unternehmens sind gut fließende *Informationen*. Mitarbeiter, die wichtige Informationen – aus welchen Gründen auch immer – zurückhalten, bremsen den Erfolg. Auch die Verhinderung *informeller Kommunikation*, z. B. in *Teeküchen* oder auf Gängen und Fluren, z. B. durch zu starke *Überwachung*, wirkt sich nachteilig aus.

Mehr *Entscheidungskompetenz* erhöht nicht nur die Mitarbeitermotivation, sondern *beschleunigt* auch die *Unternehmensprozesse*, da der umständliche Instanzenweg vermieden wird.

Für die *Durchsetzungskraft von Vorgesetzten* bei Weisungen an Mitarbeiter ist das soziale Gefüge im Unternehmen und die *Führungspersönlichkeit* (autoritär, charismatisch, beliebt, gefällig, kompromissfähig, etc.) bedeutsam.

Instanz

Eine *Instanz* ist eine *Stelle mit Leitungsbefugnis*, vom Vorarbeiter bis hin zum obersten Management. Als *Leitungsbreite* bezeichnet man die Anzahl der untergeordneten Stellen pro Instanz, als *Leitungstiefe* die Anzahl der Hierarchieebenen in einem Unternehmen. Die Ausstattung von Instanzen mit *Aufgaben, Kompetenz und Verantwortung* und die *geistigen und sozialen Fähigkeiten* der Führungsperson müssen aufeinander abgestimmt sein.

Stab

Ein *Stab* ist eine Person, Gruppe oder Abteilung, die einer *Instanz* zugeordnet ist, sie entlastet und ihr zur *Entscheidungsvorbereitung* dient, z. B. die Controlling-Abteilung für die Geschäftsführung. Der *Vorteil* von Stäben ist, dass sie gerade bei einer großen Leitungsbreite die *Überlastung* der Instanz *verhindern*. Dazu muss der Aufgabenträger der Instanz genügend *Vertrauen* in seinen Stab entwickeln. Die *Gefahr* bei Stäben liegt darin, dass sie die Instanz in ihren Entscheidungen beeinflussen, ohne die *Verantwortung* zu übernehmen.

Abteilung

Eine Instanz und die ihr untergeordneten Stellen können zu einer *Abteilung* zusammengefasst werden, z. B. zur Marketing-Abteilung. Die Abteilung kann weiter untergliedert werden in *Arbeitsgruppen* oder *Teams*.

Organigramm

Die *grafische Darstellung* dieser Struktur des Unternehmens, der Aufbauorganisation, kann mit einem *Organigramm* erfolgen, das über die hierarchische Struktur und die Aufgabenbereiche informiert, aus dem sich jedoch keine Aussagen über die inhaltliche Ausgestaltung der Informationsflüsse und der Kompetenzverteilung ergibt.

Projekt

Über die *auf Dauer* angelegte *Aufbauorganisation* aus Stellen, Instanzen, Arbeitsgruppen und Abteilungen wird eine *zweite Organisationsschicht* gelegt, die zu bestimmten *Zeitpunkten* oder über kürzere *Zeitdauern* die Aufbauorganisation unterstützt: Workshops, Ausschüsse, Konferenzen, Meetings und vor allem *Projekte*.

Die zeitlich begrenzte Zusammenarbeit von Mitarbeitern mehrerer Abteilungen in einem *Projektteam* dient der Lösung außergewöhnlicher Aufgaben, bei der ganz *verschiedene Kompetenzen und Fähigkeiten* gebraucht werden, z. B. zur Einführung neuer Software im Unternehmen.

Der *Leiter des Projektteams* (leader) sollte ein *Allrounder mit guten sozialen Fähigkeiten* sein, der das Projektteam nach den Anforderungen des Projekts *zusammenstellt*, sich um den notwendigen *Informationsfluss* kümmert und die Zusammenarbeit *koordiniert*. Er steuert auch die *Kommunikation mit den Instanzen* und muss dazu mit den notwendigen *Kompetenzen* ausgestattet sein. Es kann für die erfolgreiche Zusammenarbeit des Teams *hinderlich* sein, wenn der leader selber eine *Instanz* in der Aufbauorganisation innehat, aus der sich *Interessenkonflikte* ergeben.

Praxisbeispiel Stellenbildung

Ein großes Medienunternehmen überlegt, den bisher fremdvergebenen IT-Support zukünftig durch eigene Mitarbeiter durchzuführen. Dazu wird der Mitarbeiter, der bisher die Koordination mit den Fremdfirmen durchführte, beauftragt, ein Projektteam zu bilden.

Er stellt eine kleine Gruppe von sieben Mitarbeitern aus allen Abteilungen des Unternehmens zusammen und beauftragt diese zunächst mit der Informationssammlung, welche Tätigkeiten beim IT-Support an welchen Stellen im Unternehmen in welcher Häufigkeit und Dringlichkeit anfallen, wie lange diese dauern und welche Sachmittel benötigt werden (Aufgabenanalyse).

Daraus wird der zeitliche und personelle Aufwand bei der Bearbeitung und Lösung von Supportanfragen (Tickets) geschätzt und der Stellenbedarf sowie die Qualifikationsanforderungen ermittelt.

- Für den First-Level-Support (User Help Desk) als erste Anlaufstelle für alle eingehenden Unterstützungsfragen wird eine rund um die Uhr zu besetzende Stelle mit Telefonhotline vorgeschlagen.
- Der Second-Level-Support soll durch Mitarbeiterschulung und die Einrichtung einer Knowledge-Database sichergestellt werden.
- Der Third-Level-Support soll weiterhin über Fremdvergabe abgewickelt werden.

In einer Make-or-Buy-Analyse erfolgt eine Kostenvergleichsrechnung, ob durch die Einrichtung einer eigenen IT-Support-Abteilung Kosten gespart werden können. Das gesamte Projekt wird dann vom Projektleiter dokumentiert und der Geschäftsleitung präsentiert, die daraufhin über die Einrichtung der neuen Stellen entscheidet und über die Personalabteilung die interne und externe Stellenausschreibung auslöst.

5.1.2 Gestaltung der Weisungsbeziehungen

Weisungsbeziehungen sind im *Organigramm* die *Verbindungslinien* zwischen den einzelnen Stellen der Aufbauorganisation. Ihre *inhaltliche Ausgestaltung* hängt ab vom *Menschenbild* der Unternehmensleitung und dem sich daraus ergebenden *Führungsstil*. Als grundsätzliche Varianten kann das *Ein-Linien-System*, das *Mehr-Linien-System* und das *Stab-Linien-System* unterschieden werden. Jede dieser Varianten hat Vorteile und Nachteile, im Wesentlichen hängt der Erfolg des gewählten Modells jedoch von den *Menschen* ab, die damit umzugehen haben, insbesondere von dem Verhalten der Instanzeninhaber (Abb. 5.4).

Einheit der Auftragserteilung: Jeder Mitarbeiter hat nur einen direkten Vorgesetzten. Jede Stelle hat genau abgegrenzte Kompetenzen. Der einzelne Stelleninhaber hat nur soviel *Entscheidungsfreiheit*, wie ihm von seinem direkten Vorgesetzten gewährt wird.

Die *Beziehungsstruktur* ist gut überschaubar. Die Unterstellungsverhältnisse sind eindeutig geregelt, es kommt jedoch zu *starker Belastung der Instanzen*, weshalb es sich empfiehlt, den nachgeordneten Stellen viel Entscheidungsfreiheit zu gewähren.

Muss die Kommunikation mit anderen Abteilungen über den *Instanzenweg* geführt werden, weil der Vorgesetzte alles sehen will, kann dies bremsend wirken, vor allem bei hoher Leitungsbreite und damit *Überlastung* des Vorgesetzten (Abb. 5.5).

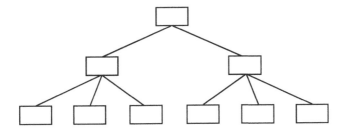

Abb. 5.4 Übersicht Ein-Linien-System

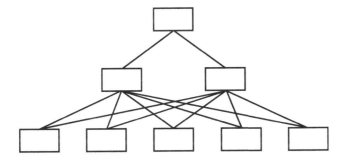

Abb. 5.5 Übersicht Mehr-Linien-System

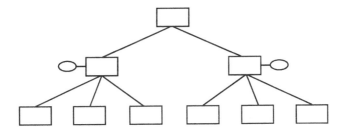

Abb. 5.6 Übersicht Stab-Linien-System

Die Mitarbeiter haben mehrere direkte Vorgesetzte. Die Einheit der Auftragserteilung wird durchbrochen. Die *Zusammenarbeit* ist nicht mehr von der Struktur Vorgesetzter – Untergebener geprägt, sondern richtet sich *nach der Art der* durchzuführenden *Aufgaben*. Die Koordination der Arbeitsaufträge wird auf den Mitarbeiter verlagert, dadurch werden die Instanzen entlastet. Die *Vorteile* einer solchen Regelung liegen darin, dass sich die Informations- und Entscheidungswege verkürzen, sich die *Flexibilität* erhöht und die Mitarbeiter mehr *Motivation* aus der größeren Entscheidungsfreiheit ziehen, sofern sie nicht mit der Aufgabe der Koordination und der Konfliktbewältigung überlastet werden.

Ein Einliniensystem wie auch ein Mehrliniensystem kann durch *Stabstellen* erweitert werden. Stäbe haben *keine Weisungsbefugnis* gegenüber den Linienstellen. Der *Vorteil* von Stabstellen ist, dass die *Instanz entlastet* wird und ihre Entscheidungen sachlich fundierter treffen kann. Dabei besteht allerdings die *Gefahr*, dass die Stäbe zu viel *Einfluss* auf die Entscheidung gewinnen, *ohne* die *Verantwortung* zu tragen. Ferner kann es bei der Informationsbeschaffung aus dem Unternehmen zu *Konflikten* zwischen Stabstellen und untergeordneten Stellen kommen.

Menschenbild

Maßgeblich für die Gestaltung der Weisungsbeziehungen ist das *Menschenbild* der Führungskräfte.

Wird der Mitarbeiter als grundsätzlich *faul, arbeitsscheu, verantwortungsscheu und initiativlos* angesehen, so folgen daraus strenge Vorschriften und Kontrollen und eine niedrige Mitarbeitermotivation.

Wird der Mitarbeiter hingegen als *fleißig, interessiert, selbstständig, zu Verantwortung und Initiative bereit* angesehen, so kann ihm viel Handlungsspielraum und Entscheidungskompetenz gegeben werden und die Kontrolle durch Vorgesetzte weitgehend durch eine Selbstkontrolle ersetzt werden.

Auf der Grundlage dieser beiden Menschenbilder werden in der Betriebswirtschaftslehre verschiedene *Führungskonzepte und Führungsstile* diskutiert und auch in der Unternehmenspraxis angewandt.

Praxisbeispiele Führungskonzepte

In der Ewald GmbH werden unterschiedliche Führungskonzepte diskutiert und angewandt, die in den folgenden Sachverhalten dargestellt sind.

Führung durch Zielvereinbarung: Der Verkaufsleiter gibt den Außendienstmitarbeitern monatliche Umsatzvorgaben, die diese erreichen sollen.

Führung durch Aufgabendelegation: Die Geschäftsführung überträgt die Verantwortung für die Personalpolitik vollständig auf den Personalleiter.

Führung durch Eingriff im Ausnahmefall: Die Mitarbeiter in der Abteilung Einkauf dürfen Bestellungen bis zum Wert von 10.000 Euro ohne vorherige Genehmigung des Abteilungsleiters ausführen.

Führung durch Anweisung und Kontrolle: Es wird im gesamten Verwaltungsgebäude ein Rauchverbot ausgesprochen, und die Einhaltung wird kontrolliert.

Objectives

Führung durch Zielvereinbarung (management by objectives) bedeutet, dass dem Mitarbeiter ein zu erreichendes *Ziel vorgegeben* wird, es ihm aber überlassen wird, wie er dieses Ziel erreicht. Dies erhöht zum einen die *Motivation* des Mitarbeiters, entlastet zum anderen die Führungskraft, da ihr nur noch die Kontrolle über die Zielerreichung als Aufgabe bleibt. Dadurch kann auch die Hierarchie „verschlankt", d. h. die Anzahl der Vorgesetzten vermindert werden: eine gute Möglichkeit, Personalkosten zu senken.

Delegation

Führung durch Aufgabendelegation (management by delegation) hat eine ähnliche Wirkung wie die Führung durch Zielvereinbarung. *Delegation* ist *Verlagerung der Entscheidungskompetenz* auf untergeordnete Mitarbeiter. Der Personalleiter darf selbst entscheiden, wen er einstellt. Er ist damit auch verantwortlich für die Personalbedarfsplanung und muss sich mit den anderen Abteilungsleitern abstimmen, in welchen Bereichen neue Mitarbeiter mit welchen Qualifikationen benötigt werden.

Exception

Führung durch Eingriff im Ausnahmefall (management by exception) bedeutet, dass die Mitarbeiter bis zu einer bestimmten *Grenze* eigene Entscheidungskompetenz haben und nur im Ausnahmefall der Vorgesetzte hinzugezogen werden muss. Dieses Führungskonzept *entlastet* das Management *von Routine-Entscheidungen.*

Je mehr Entscheidungskompetenz auf die Mitarbeiter verlagert wird, umso höher ist die *Motivation* (sofern es nicht zu einer Überlastung kommt), umso *näher am Kunden* werden die Entscheidungen getroffen und umso weniger *Personal* ist auf der Managementebene erforderlich.

Anweisung und Kontrolle

Führung durch Anweisung und Kontrolle ist im Vergleich zu den anderen Konzepten *traditionell* und noch sehr *weit verbreitet.* Der Mitarbeiter erhält eine Anweisung und wird kontrolliert, ob er die Anweisung auch ausgeführt hat.

Es gibt eine größere Zahl weiterer *Management-by-Konzepte*, die teilweise drastisch die Praxis widerspiegeln, z. B. Management by Jeans (an den wichtigsten Stellen sitzen Nieten) oder Management by Helicopter (über der Sache schweben und viel Staub aufwirbeln), etc.

Das *Verhalten der Vorgesetzten* ihren Mitarbeitern gegenüber wird als *Führungsstil* bezeichnet. Er muss zum Führungskonzept passen und sollte von der Unternehmensleitung *bewusst definiert* und bei der Einstellung von Führungskräften berücksichtigt werden, um störende *Konflikte* im Unternehmen zu *vermeiden* (Abb. 5.7).

Die Wahl des Führungsstils bestimmt darüber, wie weit die *Einflussnahme durch den Vorgesetzten* geht und wie viel *Handlungsspielraum* die Mitarbeiter haben. Zwischen den dargestellten Führungsstilen sind weitere *Variationen* denkbar. Je mehr Handlungsspielraum die Mitarbeiter haben, umso höher ist die *Motivation*, allerdings muss der Vorgesetzte gerade beim kooperativen und beim demokratischen Führungsstil über eine gute *Sozialkompetenz* verfügen.

Eine *Variante zwischen manipulativem und kooperativem Führungsstil* ist, dass sich der Vorgesetzte von seinen Mitarbeitern beraten lässt und daraufhin die Entscheidung fällt, ohne sie mit den Mitarbeitern zu diskutieren.

Die Wahl des Führungsstils ist auch eine Frage der *Unternehmensphilosophie* (siehe 1.2.1) und wirkt sich auf die *Corporate Identity* aus. Letztlich ist es eine Frage des *Hierarchietyps* (Abb. 5.8).

patriarchalisch
Der Vorgesetzte hat einen absoluten autoritären Herrschaftsanspruch und empfindet eine tiefe Treue- und Versorgungspflicht gegenüber seinen Untertanen (oder matriarchalisch).
charismatisch
Der Vorgesetzte hat aufgrund seiner Ausstrahlung einen unumschränkten Herrschaftsanspruch und führt kraft seines Auftretens.
autoritär
Der Vorgesetzte entscheidet und setzt durch, notfalls mit Zwang und Sanktionen. Er gibt den Mitarbeitern klare sachliche und zeitliche Arbeitsanweisungen und kontrolliert sie.
bürokratisch
Der Vorgesetzte verweist auf seine Position und seine Fachkompetenz und auf einzuhaltende Bestimmungen und Regeln.
manipulativ
Der Vorgesetzte beeinflusst die Mitarbeiter so, dass sie das tun, was er möchte. Er überredet die Mitarbeiter, statt sie zu überzeugen.
kooperativ
Gemeinsam mit den Mitarbeitern erarbeitet der Vorgesetzte die Entscheidungsgrundlagen, und so wird durch die Zusammenarbeit die optimale Lösung gefunden.
demokratisch
Der Vorgesetzte überlässt die Entscheidungen vollständig seinen Mitarbeitern. Er dient nur als Koordinator für die Entscheidungen.

Abb. 5.7 Übersicht Führungsstile

Typ A: Zentralistische Hierarchie
Konzentration der Entscheidungen auf den oberen Hierarchieebenen, strikte Weisungsstruktur
Typ B: Delegationsergänzte Hierarchie
Verlagerung zumindest von Routineentscheidungen auf nachgeordnete Ebenen.
Typ C: Partizipationsergänzte Hierarchie
Beteiligung nachgeordneter Ebenen an den Entscheidungen. Dies kann über informierende und beratende Mitwirkung hinausreichen.
Typ D: Dezentralistische Hierarchie
Konzentration der Entscheidungen auf unteren Hierarchieebenen, großer Handlungsspielraum der Mitarbeiter, Vorgesetzte koordinieren nur noch dort, wo es unbedingt erforderlich ist.

Abb. 5.8 Übersicht Hierarchietypen

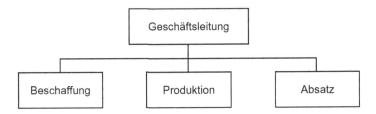

Abb. 5.9 Übersicht Funktionale Organisation

In vielen Unternehmen ist immer noch *Typ A* vorherrschend, auch wenn wissenschaftliche Untersuchungen belegen, dass solche Unternehmen weniger erfolgreich sind.

5.1.3 Grundmodelle der Unternehmensstruktur

Je nach Ausgestaltung der Weisungsbeziehungen kann die *Unternehmensspitze* (Geschäftsleitung, Vorstand) aus wenigen oder vielen Personen bestehen, die mit Arbeit überlastet sind oder den *Blick für das Wesentliche* behalten.

Für die Gestaltung der *zweiten Hierarchieebene* gibt es, abhängig von der Größe des Unternehmens, *drei Grundmodelle*: die Funktionale, die Sparten- und die Matrixorganisation.

Die *Funktionale Organisation* orientiert sich an der *Wertschöpfungskette*, den Verrichtungen (Tätigkeiten/Aufgaben), die für Beschaffung, Produktion und Absatz notwendig sind. Sie ist eine *verrichtungsorientierte Einlinienorganisation* mit Tendenz zur Entscheidungszentralisation. Folgendes *Organigramm* zeigt den Aufbau der ersten und zweiten Hierarchieebene (Abb. 5.9):

In der Funktionalorganisation gelten *ungeteilte Weisungskompetenzen*, d. h. Weisungen werden jeweils nur von einem direkten Vorgesetzten erteilt (*Einheit der Auftragserteilung*). Zwischen den Funktionen existieren zahlreiche produkt- und marktbezogene *Abhängigkeiten*, daraus ergeben sich vielfältige Koordinationsaufgaben. Die Unternehmensspitze muss in starkem Maße eingreifen, um eine Abstimmung zwischen den verschiedenen Funktionen (Abteilungen) vorzunehmen (Tendenz zur Zentralisation).

Schnittstellenprobleme
Nur die Absatzabteilung hat einen direkten *Markt- und Wettbewerbsbezug*. Daher kann es zu Problemen an den Schnittstellen zu den anderen Abteilungen kommen, und *Anpassungsprozesse* an veränderte Marktbedingungen laufen *langsam und schwerfällig* ab, *Produktinnovationen* werden durch *abteilungszentriertes Denken* erschwert. Die Mitarbeiter identifizieren sich eher mit ihrer Abteilung als mit dem Unternehmen. Die *Spezialisierung* innerhalb der Abteilungen führt jedoch auch zu *Erfahrungsvorteilen* und verhindert die Überforderung der Mitarbeiter.

Leitungsfunktionen			
Planung	Steuerung	Überwachung	Marketing
Leistungsfunktionen			
Beschaffung	Transport	Fertigung	Lagerung	Absatz	Forschung und Entwicklung
Verwaltungsfunktionen			
Rechnungswesen	Personal	EDV	allgemeine Verwaltung

Abb. 5.10 Übersicht Funktionen

Abhängig von der Größe des Unternehmens und der weiteren Untergliederung kann *jede* der in der folgenden Übersicht genannten Funktionen *einer einzelnen Abteilung* zugeordnet werden. Weitere Funktionen sind denkbar (Abb. 5.10).

Die Leistungsfunktionen können auch als *Grundfunktionen*, die Leitungs- und Verwaltungsfunktionen als *Querschnittsfunktionen* bezeichnet werden.

Die *Transportfunktion* z. B. kann aber auch der Beschaffungsabteilung, der Produktionsabteilung oder der Absatzabteilung untergeordnet sein, oder jede der drei hat ihren eigenen Transport. Oft wird auch das *Marketing* der Absatzabteilung untergeordnet, obwohl es aufgrund der strategischen Bedeutung in die Leitungsebene gehört. Die *Absatzabteilung* kann mit zunehmender Größe des Unternehmens in *Produktbereiche*, *Regionen* (z. B. Nord und Süd) oder *Kundengruppen* (Geschäftskunden, Privatkunden) weiter untergliedert werden.

Eine Möglichkeit zur *Verbesserung* der Informationsflüsse in einer Funktionalen Organisation ist, die *Kommunikation* der Abteilungen untereinander freizugeben und zu fördern und damit den *Instanzenweg* über die Geschäftsleitung zu *minimieren*.

Praxisbeispiel Funktionale Organisation

In einem mittelgroßen Telekommunikationsunternehmen mit funktionaler Organisation konnte der Informationsfluss der Abteilungen untereinander durch weitgehende Abschaffung des Instanzenweges und Einführung von Marktstrukturen deutlich verbessert werden.

Wenn die Absatzabteilung eine Produktentwicklung benötigt, tritt sie mit der F&E-Abteilung in Verhandlung und stellt ihr ein ausgehandeltes Budget für die Entwicklung zur Verfügung. Ebenso verfährt sie mit der Produktions- und Beschaffungsabteilung. Wenn die Produktionsabteilung zusätzliche Mitarbeiter benötigt, nimmt sie Kontakt zur Personalabteilung auf, etc.

Alle Beziehungen der Abteilungen untereinander werden weitgehend autonom geregelt. Die anfangs skeptische Geschäftsleitung ist froh um die Entlastung von Routineentscheidungen und kann sich verstärkt auf die strategische Planung konzentrieren.

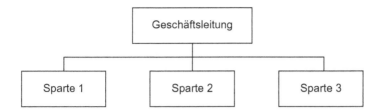

Abb. 5.11 Übersicht Spartenorganisation

Bei größeren Unternehmen wird *vor die funktionale Ebene* eine weitere Hierarchieebene eingeschoben. Man spricht von der divisionalen oder *objektorientierten Einlinienorganisation* mit einer Tendenz zur Entscheidungsdezentralisation. Folgendes *Organigramm* zeigt den Aufbau der ersten und zweiten Hierarchieebene (Abb. 5.11):

Sparten

Als Sparten können *Produkte*, *Produktgruppen*, *Regionen* oder *Kundengruppen* gewählt werden. Sparten werden auch als *Divisions* oder *Geschäftsbereiche* bezeichnet. Meist sind ihnen nur die *Kernfunktionen* (Produktion und Absatz) untergeordnet, und die anderen Funktionen sind als *Zentralbereiche* organisiert.

Redundanzen

Die divisionale Organisation führt dazu, dass in der jeweiligen Division *Markt und Wettbewerb* beachtet werden. Dadurch kommt es zu geringerem *Abstimmungsbedarf* mit anderen Abteilungen und zu schnellen *Anpassungen* an veränderte Marktbedingungen, die *Ideenfindung* und Umsetzung in neue Produkte wird erleichtert, aber die *Erfahrungstiefe* in den Querschnittsfunktionen fehlt, und es kann zu *Redundanzen* kommen, z. B. wenn jede Sparte ihre eigene Beschaffung unterhält, anstatt dass *Größenvorteile* genutzt werden.

Profit Center

Die *Spartenleiter* haben meist eine *hohe Dispositionsfreiheit*, die Geschäftsleitung wird entlastet. Wird die Sparte als *Profit Center* geführt, haben die Spartenleiter gegenüber der Geschäftsleitung nur noch *Gewinnverantwortung* und treffen alle anderen Entscheidungen selbstständig. Dadurch entsteht ein höherer Bedarf an qualifizierten Führungskräften.

Die Mitarbeiter identifizieren sich eher mit dem gesamten Unternehmen als bei der Funktionalen Organisation. *Abstimmungsprobleme* treten vor allem *an den spartenübergreifenden Schnittstellen* auf.

Praxisbeispiel Spartenorganisation

Ein deutschlandweit anbietender PC-Discounter hat als Organisationsform die divisionale Organisation gewählt und die Verkaufsgebiete in insgesamt fünf Regionen

Stammhaus-Konzern
Alle Konzernunternehmen führen Leistungsfunktionen (Beschaffung, Produktion, Absatz) aus.
Das Mutterunternehmen (Stammhaus) koordiniert die strategischen Entscheidungen der Konzernunternehmen und führt den Konzern finanziell.
Die Leitung des Stammhauses bildet zugleich die Konzernleitung.
Management-Holding
Nur die Tochterunternehmen führen Leistungsfunktionen aus.
Das Mutterunternehmen koordiniert vor allem die strategischen Entscheidungen der Konzernunternehmen und führt den Konzern finanziell (geschäftsnahe Führung).
Die Leitung des Mutterunternehmens setzt sich aus eigenen Geschäftsführern bzw. Vorständen und den Vorsitzenden der wichtigsten leistungserstellenden Tochterunternehmen zusammen.
Finanz-Holding
Nur die Tochterunternehmen führen Leistungsfunktionen aus.
Das Mutterunternehmen führt den Konzern nur finanziell; die leistungserstellenden Tochterunternehmen nehmen ihre strategischen Entscheidungen selbstständig wahr (reines Holding).
Die Leitung des Mutterunternehmens setzt sich nur aus eigenen Geschäftsführern bzw. Vorständen zusammen. Es sind keine Vertreter der Tochterunternehmen enthalten.

Abb. 5.12 Übersicht Konzernarten

aufgeteilt. Die Spartenleiter haben Ergebnisverantwortung (Profit Center), die Beschaffung erfolgt jedoch über die zentrale Beschaffungsabteilung.

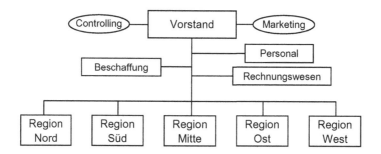

Konzern

Die divisionale Organisation eignet sich besonders zur Bildung einer *Konzernstruktur*. Die einzelnen Divisions werden als *Tochtergesellschaften* eigenständige juristische Personen, die wirtschaftlich *vom Mutterunternehmen* jedoch *abhängig* bleiben.

Je nachdem, *wie viel Geschäft beim Mutterunternehmen* verbleibt, unterscheidet man die folgenden drei *Konzernarten* (Abb. 5.12).

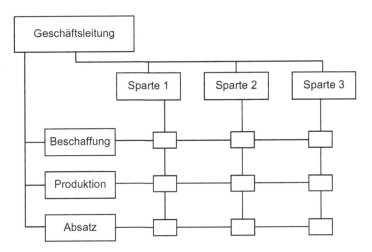

Abb. 5.13 Übersicht Matrixorganisation

Die *Matrixorganisation* (Matrix = Tabelle) ist eine Kombination aus funktionaler und Spartenorganisation als ein *Mehr-Linien-System* mit Tendenz zur *Dezentralisation*. Sie ist in der Praxis nur selten anzutreffen.

Die *zweite Hierarchieebene* wird gleichzeitig *nach Verrichtungen* (Funktionen) *und nach Sparten* (Objekten) gegliedert, so dass *jede Stelle* der dritten Ebene *zwei Instanzen* untersteht. Sie muss sich mit einem *Funktionsmanager* und einem *Produkt- oder Regionenmanager* auseinandersetzen. Möglich ist auch, dass *drei Instanzen* gebildet werden (*Tensororganisation*): Funktion, Produkt, Region (Abb. 5.13).

Praxisbeispiel Matrixorganisation

Ein multinationaler Hersteller von PC-Komponenten hat seine funktionale Organisation zur Matrixorganisation ausgedehnt. Dazu wurde für jede PC-Komponentengruppe (Motherboards, Laufwerke, Netzteile, etc.) ein zusätzlicher Produktmanager eingestellt, der den Mitarbeitern der einzelnen Abteilungen gegenüber volle Weisungsbefugnis hat und das Marketing für seine Produktgruppe verantwortlich übernimmt: Er plant und organisiert die Marketingmaßnahmen und erarbeitet Vorschläge zur Produktverbesserung. So konnte organisatorisch sichergestellt werden, dass in allen Abteilungen der enge Bezug zum Markt und damit die angestrebte Kundenorientierung verwirklicht wird.

Spartenmanager

Bei einer Matrixorganisation wird über den *Spartenmanager* (Produktmanager oder Regionenmanager oder Kundengruppenmanager) die *Markt- und Wettbewerbsorientierung* sichergestellt. Die *Abstimmung* über zwei Instanzen kann die *Anpassung* an sich verändernde Umweltbedingungen bremsen. Es werden von den Instanzeninhabern *gute kommunikative Fähigkeiten* erwartet und von den Mitarbeitern die Bereitschaft, *sich Konflikten zu stellen* und sie zu lösen.

5.1.4 Gestaltung der Arbeitsabläufe

Innerhalb der gewählten Struktur des Unternehmens und der Ausgestaltung der Weisungs-beziehungen müssen die *Arbeitsabläufe* im Detail festgelegt werden (Ablauforgani-sation).

Überall dort, wo im Unternehmen Abläufe *wiederholt und gleichartig* auftreten, kann der fallweise, sich aus der Situation ergebende Handlungsbedarf durch *allgemeine Regeln* ersetzt werden.

Die Ablauforganisation hat zum Ziel, alle *Arbeitsabläufe* im Unternehmen möglichst *effizient* zu *gestalten*: Die einzelnen Arbeitsschritte sollen in der bestmöglichen, d. h. *kostengünstigsten und erfolgswirksamsten Reihenfolge* angeordnet werden.

Vordrucke

Eine Möglichkeit zur Systematisierung von Arbeitsabläufen ist die *Verwendung von Vordrucken, Formularen oder Checklisten*:

- Vordrucke enthalten vorgefertigte Formulierungen, so dass Schreibarbeit gespart wird.
- Vordrucke helfen, alle notwendigen Daten zu erfassen und vermeiden so Rückfragen.
- Durch Verwendung von Vordrucken wird die elektronische Datenerfassung erleichtert.
- Berichte werden durch Vordrucke klarer strukturiert und damit leichter zu lesen.

Die Verwendung von Vordrucken, Formularen oder Checklisten *erhöht die Effizienz* von *standardisierten Arbeitsabläufen* und damit tragen Vordrucke zur *Verbesserung der Ablauforganisation* bei. Nur in *Ausnahmefällen* stößt die Verwendung von Vordrucken an ihre Grenzen. Papiervordrucke werden mehr und mehr durch *Online-Formulare, Dokumentvorlagen* in der Textverarbeitung und *Eingabemasken* bei Datenbank-programmen ersetzt.

Die *Effizienz* der zunächst meist intuitiv gewählten und durch Lernprozesse verbesserten *Vorgehensweise* kann durch eine *eingehende Analyse* gesteigert werden. Der erste Schritt dazu ist immer eine *Visualisierung* der einzelnen Abläufe und Tätigkeiten mit Hilfe *grafischer Darstellungsmethoden*. Diese eignen sich auch dazu, neue Arbeitsabläufe zu planen, und dienen in erster Linie dazu, die *Abläufe* in ihren einzelnen Schritten *bewusst* zu *machen* und *Komplexität* zu *reduzieren*. Daher ist es wichtig, mehrere unterschiedliche Methoden anzuwenden, um *verschiedene Sichtweisen* auf den Arbeitsablauf zu erlangen. Die folgende *Übersicht* charakterisiert die wichtigsten *Darstellungsmethoden* (Abb. 5.14).

Organigramm

Die Visualisierung der Aufbauorganisation kann bis hinunter in jede einzelne Stelle erfolgen, mit Nennung des *Stelleninhabers*, evtl. seines *Vertreters* und der *Aufgaben* und *Sachmittel*. In begrenztem Umfang können die *Beziehungen* zwischen den einzelnen Stellen dargestellt werden.

Entity-Relationship-Modell

Mit ERMs können *Zusammenhänge* (Relationships, Beziehungen) zwischen verschiedenen *Objekten*, an denen Verrichtungen durchgeführt werden, und *Personen*, die diese Verrichtungen durchführen (Entities) dargestellt werden. Auch die *Eigenschaften* (Merkmale, Attribute) der Entities können benannt werden, z. B. die *Fähigkeiten eines Mitarbeiters* oder die *Positionen einer Bestellung* oder Rechnung.

Funktionshierarchiebaum

Die einzelnen Tätigkeiten eines Stelleninhabers lassen sich zu einem *Oberbegriff* gruppieren und ihm *unterordnen*, z. B. kann die Funktion (Tätigkeit) Wareneingangsprüfung in mehrere untergeordnete Funktionen zerlegt werden, z. B. Lieferschein prüfen, und diese Funktionen lassen sich noch weiter untergliedern, z. B. Anschrift prüfen, Menge prüfen, etc., so dass eine *Hierarchie der Funktionen*, graphisch dargestellt in einer *Baumstruktur*, entsteht.

Mind Mapping

Das Mind Mapping (Gedankenkarte erzeugen) greift auch die Idee der *Baumstruktur* auf. Der *zentrale Begriff*, das Thema, wird *in die Mitte* eines Blattes geschrieben und an *Ästen*, die weiter untergliedert werden können, werden die zugehörigen *Tätigkeiten* geschrieben.

Programmablaufplan und Struktogramm

Nicht nur in der Software-Entwicklung, sondern auch allgemein bei der Darstellung von Arbeitsabläufen können vor allem *Auswahlsituationen* und daraus *resultierende Handlungen* visualisiert werden.

Ereignisgesteuerte Prozesskette

Etwas ausgereifter ist die Methode, *Ereignisse, Funktionen, Organisationseinheiten* und *Daten* mit unterschiedlichen *Symbolen* darzustellen und so die Zusammenhänge klarer herauszuarbeiten. EPKs sind in der *Prozessorganisation* (siehe 5.2) ein wichtiges Instrument.

Netzplantechnik

Alle Methoden der Netzplantechnik nehmen neben einer *Analyse der Struktur eines Ablaufs* auch eine *Zeitanalyse*, eine *Kostenanalyse* und eine *Kapazitätsanalyse* vor.

Die Netzplantechnik kann damit als das präziseste und umfassendste Instrument der Optimierung von Arbeitsabläufen verstanden werden, und ist besonders wertvoll für das *Management komplexer Projekte*.

Abb. 5.14 Übersicht Visualisierungsmethoden

Es gibt weitere graphische Methoden wie z. B. das *Vorgangskettendiagramm* (sehr ähnlich der EPK) oder *Petri-Netze*, die sich auf die Visualisierung von Eintrittsbedingungen für Ereignisse richten. Bei allen Methoden zu beachten ist, dass die *Visualisierung nur der erste Schritt* im Verbesserungsprozess ist und mit einem ersten, fehlerbehafteten *Entwurf* beginnt, denn erst über die Visualisierung kann *mehr Klarheit*

Ist-Analyse
Zerlegen des Ablaufs in einzelne Schritte
Analyse der Schritte und der Schnittstellen zwischen ihnen, um *Probleme* (Zeit- und Informationsverluste) *aufzuspüren*
Soll-Konzeption
Festlegen von *Zielen* zur Verbesserung des Ablaufs, z. B. Zeitziele, Kostenziele
Grobplanung des verbesserten Arbeitsablaufs
Durchführungsplanung
Feinplanung des verbesserten Arbeitsablaufs und Planung der Umsetzung in die Praxis
Durchführung
Umsetzung des verbesserten Arbeitsablaufs in die Praxis; *Schulung* der Mitarbeiter
Ergebnis
Kontrolle: Wurden die angestrebten Verbesserungen erreicht? Welche Probleme traten auf?
Evtl. *neuen Verbesserungsprozess starten*

Abb. 5.15 Übersicht Verbesserung von Arbeitsabläufen

über die genauen Abläufe geschaffen werden, die sich dann in weiteren, immer besser werdenden Entwürfen zeigt und nach und nach *Verbesserungsmöglichkeiten* erkennen lässt.

Die folgende *Übersicht* zeigt die weitere *Vorgehensweise* bei der *Verbesserung von Arbeitsabläufen*. Kaufmännisch denken bedeutet, im Kleinen bei der täglichen Arbeit, wie im Großen, im Rahmen von Projekten, *immer wieder* die Arbeitsabläufe zu *überdenken* und nach Verbesserungsmöglichkeiten Ausschau zu halten (Abb. 5.15).

Praxisbeispiel Arbeitsabläufe gestalten

Die Ewald GmbH ist ein mittelständisches Unternehmen mit Sitz in Bergmannsthal, das im Kundenauftrag PCs zusammenbaut und nach Kundenwunsch konfiguriert. Sie spricht dabei in erster Linie Privatkunden mit mittlerem und höherem Einkommen an.

Aufgrund einer erfolgreichen Produktentwicklungsstrategie hat sich die Ewald GmbH im vergangenen Jahr als Anbieter von kompletten „Home Multi Media Systemen mit Internet überall" bundesweit etablieren können.

Die Vorgehensweise bei der Einrichtung eines solchen Systems beim Kunden hat die Ewald GmbH mit Hilfe der Netzplantechnik visualisiert, um diesen Arbeitsablauf möglichst effizient gestalten zu können.

Vorgang	Bezeichnung	Dauer*)	Vorgänger
1	Kundengespräch führen	2	-
2	vor Ort Aufmaß nehmen	3	1
3	Komponenten bestellen	2	1
4	Verkabelung durchführen	7	2
5	Systeme zusammenbauen	6	3
6	Systeme vor Ort installieren	5	4;5
7	Testlauf durchführen	3	6
8	Übergabe und Abrechnung	2	7

*) in Stunden

Durch den ersten groben Entwurf eines MPM-Netzplans konnte mehr Klarheit über die einzelnen Schritte gewonnen werden. Die Vorgänge 3 (Komponenten bestellen) und 5 (Systeme zusammenbauen) weisen Pufferzeiten auf, weil für die Verkabelung ein hoher Zeitwert angesetzt wurde. Wird jedoch das System drahtlos (WLAN) oder über das Stromnetz (Power Line) installiert, fällt der Verkabelungsaufwand weg. Zudem wurde bei der Bestellung davon ausgegangen, dass die Komponenten schnell zu beschaffen sind, d. h. die Lieferung spätestens am nächsten Tag erfolgt.

Ein Projektteam wird nun damit beauftragt, den Netzplan weiter auszubauen und verschiedene Szenarios mit Zeitbedarf und Mannstunden durchzurechnen, um Möglichkeiten zur Beschleunigung des Ablaufs und zur Kosteneinsparung aufzudecken.

FAZ = Frühester Anfangszeitpunkt
FEZ = Frühester Endzeitpunkt
SAZ = Spätester Anfangszeitpunkt
SEZ = Spätester Endzeitpunkt
GP = Gesamtpuffer

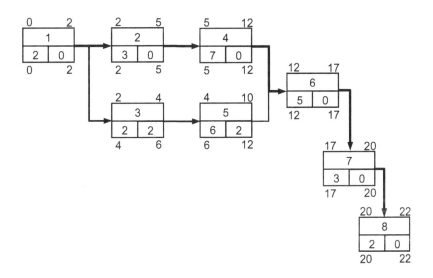

Unter dem Begriff *Netzplantechnik* werden mehrere Verfahren zur *Analyse, Planung, Durchführung und Kontrolle von Projekten* zusammengefasst. Alle Verfahren haben die folgenden *Phasen* gemeinsam, die sich gegenseitig beeinflussen (Abb. 5.16).

1. Strukturanalyse bzw. Strukturplanung
Im ersten Schritt wird das Gesamtprojekt in einzelne *Arbeitsschritte* zerlegt, und es werden wichtige *Ereignisse* (Zustände) identifiziert, insbesondere Beginn und Ende.
Für die Tätigkeiten werden die *Ausführungsdauern* und die zeitliche *Reihenfolge* sowie die *Abhängigkeiten* (Vorgänger, Nachfolger) bestimmt und in einem *Pfeildiagramm* (Netzplan) graphisch dargestellt.
2. Zeitanalyse bzw. Zeitplanung
In einer *Vorwärtsrechnung* (vom Beginn aus) wird für jeden Vorgang der frühestmögliche Anfangs- und Endzeitpunkt (*FAZ* und *FEZ*) bzw. für jedes Ereignis der frühestmögliche Eintrittszeitpunkt ermittelt. Dies ergibt auch die *Gesamtdauer* und den frühesten *Endtermin* des Projekts.
Von dort wird in einer *Rückwärtsrechnung* für jeden Vorgang ein spätest erlaubter Anfangs- und Endzeitpunkt (*SAZ* und *SEZ*) bzw. für jedes Ereignis ein spätest erlaubter Eintrittszeitpunkt berechnet.
Abweichungen zwischen frühest möglichen und spätest erlaubten Zeitpunkten ergeben *Pufferzeiten*, die die *Ausdehnung* oder/und *Verschiebung* von Vorgängen bzw. Ereignissen ermöglichen. Vorgänge bzw. Ereignisse ohne Pufferzeit werden als *kritisch* bezeichnet, da eine zeitliche Verzögerung bei ihnen die Projektdauer sofort verlängert (*kritischer Pfad*).
3. Kapazitätsanalyse bzw. Kapazitätsplanung
Im nächsten Schritt wird der entwickelte Netzplan daraufhin geprüft, wie er die *Unternehmensressourcen* belastet. Dies kann dazu führen, dass der *Netzplan* selbst *verändert* wird oder *weitere Ressourcen beschafft* werden oder Teile des Projekts *fremdvergeben* werden.
4. Kostenanalyse bzw. Kostenplanung
Spätestens bei der Analyse der Projektkosten empfiehlt es sich, *mehrere alternative Netzpläne* zu vergleichen. Meist ergibt sich ein *Konflikt* zwischen *Zeit* und *Kosten*, der eine *Abwägung* erfordert.
5. Liquiditätsanalyse bzw. Liquiditätsplanung
Gerade bei längerfristig laufenden Projekten ist es wichtig, die *Zeitpunkte* und *Höhen* der anfallenden *Einzahlungen* und *Auszahlungen* des Projektes zu analysieren und zu planen, um *Zahlungsschwierigkeiten* vorzubeugen.
6. Durchführung und Kontrolle
Die Ergebnisse der Planung bilden die Grundlage für die *Umsetzung* des Projekts und der *Kontrolle*, indem man die Plangrößen mit den Istgrößen vergleicht. Die *Analyse der Abweichungen* führt zu verbesserter Planung.

Abb. 5.16 Übersicht Phasen der Netzplantechnik

Pfeil und Knoten

Vorgangsorientierte Netzpläne können als *Vorgangspfeilnetzpläne* (Vorgänge auf den Pfeilen) oder als *Vorgangsknotennetzpläne* (siehe Praxisbeispiel oben) dargestellt werden.

Ereignisorientierte Netzpläne bauen auf Ereignisse und ihre zeitliche Abfolge auf, die stets als Knoten dargestellt werden (*Ereignisknotennetzplan*). Die *Pfeile* stellen die *Beziehungen* zwischen den Ereignissen dar. Es lassen sich folgende *Beziehungstypen* unterscheiden:

Ende-Anfang	B beginnt, wenn A beendet ist.
Anfang-Anfang	B beginnt, wenn A begonnen hat.
Ende-Ende	B endet, wenn A beendet ist.
Anfang-Ende	B endet, wenn A begonnen hat.

Ziel ist es, die Realität möglichst genau abzubilden. Oft genug sind *Vorgangsdauern oder Ereignisse* jedoch *schwer vorherzusagen*. Daher ist es wichtig, *alternative Netzpläne* zu entwickeln und durchzurechnen und sie mit der notwendigen *Skepsis* zu betrachten. Leistungsfähige *Projektmanagement-Software* erlaubt es heute, verschiedene Netzplantechnik-Verfahren einzusetzen und durch *Veränderung der Parameter* schnell Vergleiche anzustellen. Aus mehreren alternativen Netzplänen kann mittels *Nutzwertanalyse* der *optimale Ablaufplan* ermittelt werden.

5.2 Geschäftsprozesse

Der *Unterschied* zwischen *Prozessorganisation* und *Ablauforganisation* liegt darin, dass die Ablauforganisation *in der gegebenen Struktur* des Unternehmens (Aufbauorganisation) stattfindet, während bei der Prozessorganisation die Strukturen erst *anhand der Prozesse* festgelegt werden. Damit ist die Prozessorganisation besser für die Regel „*structure follows strategy*" geeignet.

Die im vorherigen Abschnitt dargestellten *Visualisierungsmethoden* werden auch in der Prozessorganisation eingesetzt, vor allem die *ereignisgesteuerte Prozesskette*. Dazu werden zunächst alle Unternehmensprozesse durch eine *Prozesslandschaft* übersichtlich dargestellt und dann mittels *Wertketten* und *EPKs* zerlegt.

Schnittstellenprobleme

Prozessorientierung bedeutet die *Abkehr* von dem Denken, dass zunächst eine *Unternehmensstruktur* mit Stellen, Instanzen und Abteilungen geschaffen werden muss, innerhalb der dann die Abläufe gestaltet werden müssen. Sie entwickelte sich aus der Erfahrung, dass es gerade an den *Schnittstellen zwischen den Abteilungen* zu *Ineffizienzen* in Form von *Zeit- und Informationsverlusten* kommt. Auslöser war die zunehmende

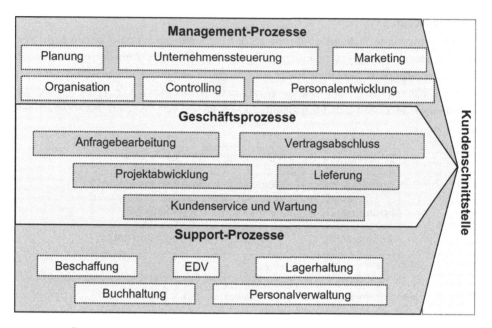

Abb. 5.17 Übersicht Prozesslandschaft

Kundenorientierung der Unternehmen und damit der *Blick auf den Gesamtprozess* der Leistungserstellung und Leistungsverwertung (Geschäftsprozess) mit allen Einfluss-faktoren. Die *Prozesse* werden von der *Kundenschnittstelle* ausgehend betrachtet und *in Teilprozesse zerlegt* (Abb. 5.17).

Der *Kunde* eines prozessorientierten Unternehmens *hat* es nicht mehr mit verschiedenen Abteilungen und Zuständigkeiten zu tun, sondern findet *einen Ansprech-partner*, der über alle Zusammenhänge informiert ist und alles weitere für den Kunden regelt. Unterstützt wird die Prozessorientierung durch ein *Intranet* mit Zugriff auf die *stets aktuellen Kundendaten* von jedem Ort aus. Wichtig ist daher die umfassende *Dokumen-tation* der Kundenkontakte und die *Schulung* der Mitarbeiter, damit auch z. B. eine Urlaubsvertretung sich schnell einarbeiten kann. Und Prozessorientierung ist auch *Mitarbeiterorientierung*: Jeder *Mitarbeiter* kennt den gesamten Geschäftsprozess und *versteht die Bedeutung* seines Beitrags dazu. Dies erhöht nicht nur die *Mitarbeitermo-tivation*, sondern verbessert auch die *Qualität der Leistungen* nachhaltig.

Schlüsselprozesse

Für die *Umstellung* der Organisation des Unternehmens *auf* eine *Prozessorganisation* muss zunächst abteilungsübergreifend analysiert werden, welche Prozesse (Abfolgen von Tätigkeiten) innerhalb des Unternehmens erforderlich sind, damit an die Kunden Produkte geliefert bzw. Dienstleistungen für sie erbracht werden können. *Schlüsselprozesse* sind dabei diejenigen Prozesse, die besonders wichtig für den Unternehmenserfolg sind. Der Blick wird

Abb. 5.18 Übersicht Phasen
der Prozessoptimierung

1. Prozess visualisieren
2. Prozess analysieren
3. Prozessverbesserung planen
4. Prozessverbesserung durchführen
5. Prozessverbesserung kontrollieren

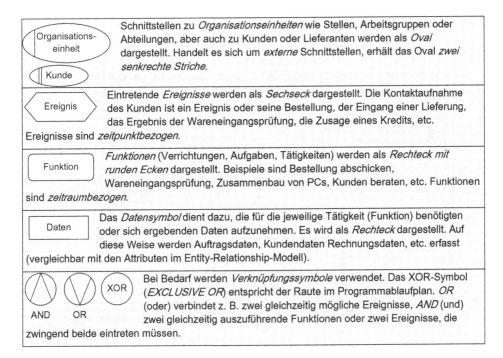

Abb. 5.19 Übersicht Ereignisgesteuerte Prozesskette

auf *Medienbrüche, Zeit- und Informationsverluste* gelenkt. Durch diese Analyse zeigen sich Möglichkeiten der *Prozessverbesserung*, die sich auch auf die Strukturen des Unternehmens auswirken können. Die Vorgehensweise bei der Verbesserung der Geschäftsprozesse lässt sich in *fünf Phasen* einteilen (Abb. 5.18):

Der zu analysierende Prozess wird als *Wertkette* zunächst grob *in Teilschritte zerlegt*, die je nach Komplexität *weiter untergliedert* werden können.

Die weitere Untergliederung erfolgt dann anhand der *ereignisgesteuerten Prozesskette* (EPK). Dazu werden die folgenden *Symbole* verwendet (Abb. 5.19):

Vorteil

Die Symbole werden mit *Pfeilen* verbunden. Die *Pfeilrichtung* entspricht der Richtung des Informationsflusses. Der *Vorteil* dieser anspruchsvollen Visualisierung ist, dass *alle Informationen* über den *Prozess*, seine *Schnittstellen*, auslösenden *Ereignisse*, möglichen Ergebnisse, die einzelnen *Arbeitsschritte* und alle für den Prozess benötigten und sich aus ihm für andere Prozesse ergebenden *Daten* in einer Abbildung überschaubar dargestellt werden und analysiert sowie verbessert werden können.

Praxisbeispiel Ereignisgesteuerte Prozesskette

Die Ewald GmbH hat für ihr Angebot von kompletten „Home Multi Media Systemen mit Internet überall" im Rahmen einer Geschäftsprozessanalyse die notwendigen Schritte in einer ereignisgesteuerten Prozesskette dargestellt, um die Effizienz dieses Prozesses zu steigern.

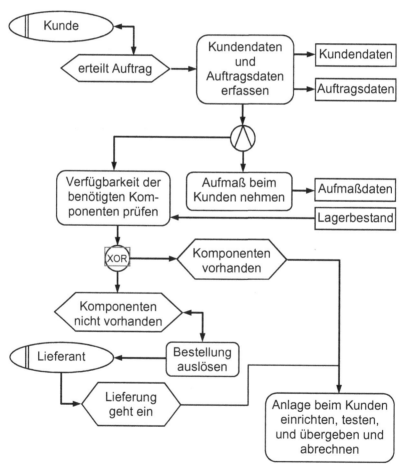

Unterschied zum Netzplan

Die *ereignisgesteuerte Prozesskette* hat einen anderen *Informationsgehalt* als ein *Netzplan* (siehe 5.1.4). Alle graphischen Verfahren können nebeneinander eingesetzt und miteinander kombiniert werden. Ziel der Visualisierung ist es, einen *Blick für* die *Probleme und die Verbesserungsmöglichkeiten* zu bekommen.

Dazu gehört auch, wie bei der Netzplantechnik, eine *Kapazitäts- und Kostenbetrachtung* vorzunehmen. Die Kostenbetrachtung mündet in die *Prozesskostenrechnung*: Kosten können den Prozessen zum Teil direkt zugerechnet werden (*Prozesseinzelkosten*) oder nicht (*Prozessgemeinkosten*). Man unterscheidet leistungsmengeninduzierte (lmi) und leistungsmengenneutrale (lmn) Kosten. *Lmi-Kosten* sind *variabel*, d. h. von der Anzahl oder Menge abhängig. *Lmn-Kosten* sind *fix* (mehr dazu in 9.3.3).

Praxisbeispiel lmi- und lmn-Kosten

lmi-Kosten: Je größer das Haus des Kunden der Ewald GmbH, umso mehr Mannstunden fallen bei der Aufmaßnahme an, umso mehr Kabel müssen verlegt werden, etc.

lmn-Kosten: Das Gehalt des Mitarbeiters in der Einkaufsabteilung, der die Bestellungen bei Lieferanten durchführt, kann den einzelnen Kundenaufträgen nicht direkt zugerechnet werden und wird daher geschlüsselt, d. h. auf die durchschnittliche Anzahl an Bestellungen pro Monat verteilt.

Prozessteam

Zur Analyse des Geschäftsprozesses wird ein *Prozessverantwortlicher* (process leader) bestimmt, der ein *Prozessteam* zusammenstellt aus Mitarbeitern all derjenigen Abteilungen, die an dem jeweiligen Geschäftsprozess beteiligt sind.

Projekt

Gemeinsam wird nun im Rahmen eines *Projekts* anhand der Visualisierungen überlegt, wie der Prozess zu verbessern ist. Dazu werden *verschiedene Entwürfe* alternativer Prozessabläufe gemacht, die dann auf Problemstellen analysiert werden können.

Ist ein verbesserter Prozessablauf gefunden, muss seine *Implementierung* geplant werden. Dazu gibt es verschiedene Möglichkeiten (Abb. 5.20):

Erfolgskontrolle

Nachdem die Umsetzung erfolgt ist, muss anhand einer *Erfolgskontrolle* festgestellt werden, welche besonderen Probleme aufgetreten sind. Dies ist vor allem deshalb wichtig, damit *zukünftige Geschäftsprozessverbesserungen* besser geplant werden können.

Mit der Erfolgskontrolle ist das (zeitlich begrenzte) *Projekt* zur Geschäftsprozessverbesserung vorläufig *abgeschlossen*. Das *Prozessteam* bleibt jedoch weiter *bestehen*, und der *Prozessverantwortliche* bleibt für diesen speziellen Prozess weiterhin *verantwortlich*. So wird der *Übergang* von der Abteilungsorientierung *auf* die *Prozessorientierung*

| **Probeimplementierung** |
| Einführung des neuen Prozesses in einem Teilbereich zur Probe. Bei Erfolg Einführung in den restlichen Bereich. Ist die Probe nicht erfolgreich, Rücksetzung in den alten Prozess. |
| **Parallelimplementierung** |
| Alter und neuer Prozess werden über eine gewisse Zeit hinweg parallel eingesetzt: höherer Arbeitsaufwand, sanfterer Übergang, höhere Mitarbeiterzufriedenheit |
| **Stufenimplementierung** |
| Schrittweise oder stufenweise Einführung. Der Geschäftsprozess muss dies ermöglichen; sanfterer Übergang. |
| **Direktimplementierung** |
| Stichtagseinführung, zu einem festgelegten Zeitpunkt komplette Umstellung von alt auf neu. Erfordert umfangreiche und systematische Vorbereitung (Schulung der Mitarbeiter, etc.). Problematisch bei Scheitern der Einführung. |

Abb. 5.20 Übersicht Prozessimplementierung

erreicht, und nach und nach können die alten Strukturen im Unternehmen aufgelöst werden. Für *neue Prozesse* werden *neue Prozessteams* gebildet, Mitarbeiter können auch mehreren Prozessteams angehören und schaffen so *Schnittstellen* zwischen den verschiedenen Prozessen. *Die Flexibilität erhöht sich.*

5.3   Personalwirtschaft

Aus der organisatorischen Gestaltung der Leistungserstellung und Leistungsverwertung ergibt sich der *Personalbedarf*, an den im Laufe der Zeit der *Personalbestand* immer wieder durch *Personalbeschaffung*, *Personalentwicklung* und *Personalfreisetzung* (Kündigung) angepasst werden muss. Ein weiteres Tätigkeitsfeld der Personalwirtschaft ist die *Personalentlohnung*, insbesondere die *Lohnabrechnung*.

5.3.1   Personalbedarfsplanung

Bei der Ermittlung des Personalbedarfs spielen die Kriterien *Quantität* (Menge), *Qualität* und *Zeit* eine Rolle (Abb. 5.21).

Die zur Personalbedarfsplanung benötigten Daten werden *aus allen Teilen des Unternehmens* zusammengetragen, vor allem aus der Aufgabenanalyse und Aufgabensynthese und dem sich daraus ergebenden *Stellenplan*, aber auch aus *Geschäftsfeldplänen*, z. B. bei Diversifikationsstrategien der Marketingabteilung, aus *Statistiken* über *Krankenstand* und über *Ersatzbedarf* wegen Pensionierung, Kündigung der Mitarbeiter, aus *Urlaubsplänen, Laufbahn- und Nachfolgeplänen*, etc.

Einsatzbedarf	für bestehende Kapazitäten erforderliches Personal
+ Neubedarf	für zusätzliche Kapazitäten erforderliches Personal
+ Reservebedarf	wegen unvermeidbarer Ausfälle erforderliches Personal, z. B. bei Krankheit, Urlaub
+ Ersatzbedarf	aufgrund von Abgängen erforderliches Personal, z. B. bei Rente, Kündigung, Versetzung
- Freistellungs-bedarf	betriebsbedingt abzubauendes Personal, z. B. bei Absatzrückgang und Unterauslastung
= Bruttobedarf	*insgesamt erforderliches* Personal
- Bestand	vorhandenes Personal
- feststehende Zugänge	bereits eingestelltes, noch nicht eingesetztes Personal
= Nettobedarf	*zu beschaffendes* Personal (bei Unterdeckung)
	freizusetzendes Personal (bei Überdeckung)

Abb. 5.21 Übersicht Personalbedarfsermittlung

Personalfreisetzungen müssen mit dem *Betriebsrat* abgesprochen werden (Anhörungsrecht des Betriebsrats), zeitlich müssen Kündigungsfristen (§ 622 BGB) beachtet und *bei bestimmten Personenkreisen* (Mütter, Behinderte, Betriebsratsmitglieder) *Kündigungsschutzregeln* eingehalten werden (siehe 2.3.5).

5.3.2 Personalbeschaffung

Bei der Personalbeschaffung besteht grundsätzlich die Wahl zwischen interner und externer Beschaffung. *Interne Beschaffung* ist die Besetzung einer freien Stelle durch bereits *im Unternehmen tätige Mitarbeiter.*

Hatte der Mitarbeiter vorher die gleiche oder eine ähnliche Aufgabe, spricht man von *Versetzung*, war er vorher mit anderen Aufgaben betraut, von *Personalentwicklung.*

Die interne Beschaffung ist in die *Nachfolge- und Laufbahnplanung* eingebunden. Für die Mitarbeitermotivation ist es erforderlich, dass sie *Aufstiegschancen und Entwicklungsmöglichkeiten* im Unternehmen sehen.

Der Vorteil einer *innerbetrieblichen Stellenausschreibung* ist, dass die sich bewerbenden *Mitarbeiter* bereits *bekannt* sind und *aus Erfahrung beurteilt* werden können. Der *Nachteil* liegt darin, dass durch die Versetzung oder Personalentwicklung *eine andere Stelle frei* wird und neu besetzt werden muss.

Stellenanzeigen in Zeitungen und Zeitschriften
Stellenanzeigen auf der eigenen Website
Inserate auf Jobvermittlungs-Websites
Kontaktaufnahme mit der Agentur für Arbeit
Kontaktaufnahme mit Personalberatungen
Kontaktaufnahme mit Zeitarbeitsunternehmen
Kontakte zu Universitäten und Fachhochschulen
Stände auf Job- und Bildungsmessen
Angebot von Praktikumsplätzen
Berufsorientierungswochen für Schüler
Veranstaltung von oder Teilnahme an externen Fachkonferenzen und Weiterbildungsseminaren
Vermittlung über den Familien- und Freundeskreis der Mitarbeiter

Abb. 5.22 Übersicht Externe Beschaffung von Personal

Externe Beschaffung

Bei *Neubedarf* und *Ersatzbedarf* ist regelmäßig die *externe Beschaffung* neuer Mitarbeiter erforderlich. Sie kann auf vielen verschiedenen Wegen erfolgen (Abb. 5.22).

Ziel der externen Beschaffung ist der *Abschluss eines Arbeitsvertrags* (bzw. Arbeitnehmerüberlassungsvertrags mit Zeitarbeitsunternehmen). Dazu müssen im Vorfeld *möglichst viele Informationen* über den potentiellen neuen Mitarbeiter erlangt werden, um zu prüfen, inwieweit sein *Fähigkeitenprofil* mit dem *Anforderungsprofil* der Stelle übereinstimmt und sein *Sozialverhalten*, seine Werte und Einstellungen, mit der *Unternehmenskultur* vereinbar sind.

Praxisbeispiel Personalbeschaffung

Die Ewald GmbH benötigt für die Ausweitung des Vertriebs von kompletten „Home Multi Media Systemen mit Internet überall" neue Mitarbeiter. Dazu werden zunächst in der Personaldatenbank die Beurteilungsbögen früherer Praktikanten gesichtet und Stellenanzeigen in Computerfachzeitschriften geschaltet.

Wichtig für die Tätigkeit sind gute Hard- und Software-Kenntnisse und freundliches Auftreten in der Kundenberatung. Körperliche Belastbarkeit und etwas handwerkliche Fähigkeiten müssen vorhanden sein, da der Mitarbeiter gelegentlich beim Kunden vor Ort mit anpacken muss.

Die Ewald GmbH beauftragt ein Personalberatungsunternehmen, mit den Bewerbern ein Assessment Center durchzuführen, um die spezifischen Fähigkeiten bei den Bewerbern zu testen (Abb. 5.23).

Kenntnisse	
Ausbildung, Weiterbildung, Erfahrung, Denkfähigkeit, Sprachkenntnisse	
Geschicklichkeit	
Handfertigkeit, Körpergewandtheit	
Verantwortung	
für die eigene Arbeit, für die Arbeit anderer, für die Sicherheit anderer, Teamfähigkeit	
Belastbarkeit	
geistig	Aufmerksamkeit, Denkfähigkeit, Konzentrationsfähigkeit
körperlich	Muskelarbeit, Temperatur, Nässe, Schmutz, Gas, Dämpfe, Lärm, Erschütterung, Dunkelheit, Arbeit im Freien, Unfallgefährdung
emotional	Stressbewältigung, Freundlichkeit, Umgangsformen

Abb. 5.23 Übersicht Fähigkeitenprofil

Bewerbung

Einen *ersten Eindruck* über die Fähigkeiten des Bewerbers verschaffen die *Bewerbungsunterlagen*. Dabei kommt es zunächst weniger auf die Inhalte an als auf das „*Look & Feel*", d. h. die emotionale Wirkung des *Bewerberfotos* sowie *Inhalt und Layout der Unterlagen*: zu schnörkelig oder zu nüchtern, zu viel Text oder zu wenig, zu arrogant oder zu unterwürfig, Qualität des Papiers und der Mappe. Diese weichen *Kriterien* sind kaum greifbar und müssen *subjektiv* bewertet werden.

Assessment Center

Ein *Assessment Center* (Bewertungsveranstaltung) kann mehr Aufschluss über den Menschen geben, der hinter der Bewerbung steht. An einem oder zwei Tagen werden die Bewerber mit verschiedenen *Aufgaben und Übungen* konfrontiert, sie müssen z. B. einen Vortrag in Englisch halten, einen PC zusammenbauen, gruppendynamische Übungsspiele abhalten, psychologische Tests ausfüllen, Rechenaufgaben lösen, Reaktions-, Intelligenz- und Konzentrationstests durchlaufen, etc.

Das *Auftreten und Verhalten* der Bewerber wird von Personalberatern *beobachtet und beurteilt*. Besonders wichtig sind dabei die *Pausenzeiten*, in denen sich die Bewerber entspannen und sich unbeobachtet fühlen. Die Beurteilungen und die Testergebnisse werden *professionell ausgewertet* und zu einem *Gesamtbild* zusammengefasst.

Vorstellungsgespräch

Im nächsten Schritt wird eine Auswahl an Bewerbern zum *Vorstellungsgespräch* eingeladen. Den Bewerbern werden Fragen zum *bisherigen Lebenslauf* und zu ihren *Karrierevorstellungen* gestellt. *Auch der Bewerber* hat nun die Möglichkeit, sich durch Fragen eine klarere Vorstellung davon zu machen, ob er für das Unternehmen arbeiten möchte und wie seine Zukunft dort aussehen kann. Nicht zuletzt kann die *Gehaltsfrage* geklärt werden.

Um die psychische Belastbarkeit des Bewerbers zu testen, kann das Vorstellungsgespräch auch in Form eines *Stressinterviews* durchgeführt werden: Durch provokative Fragen und Äußerungen und Beobachtung der Reaktion des Bewerbers, seiner Körpersprache, seinen Antworten kann ermittelt werden, ob der Bewerber den Belastungen des Alltags gerade im Umgang mit den Kunden standhalten kann.

Praxisbeispiel Stressinterview

Der von der Ewald GmbH beauftragte Personalberater führt im Rahmen eines Vorstellungsgesprächs mit Anwesenheit des Personalchefs ein Stressinterview durch und stellt dem Bewerber u. a. folgende Fragen:

– Wie sind Sie denn bloß auf die Idee gekommen, sich bei uns zu bewerben?
– Glauben Sie denn ernsthaft, in unserem Unternehmen Karriere machen zu können?
– Wenn ich mir Ihren Lebenslauf so anschaue, ... (Pause) ... diese Lücken, die können Sie wohl nicht erklären, oder?
– etc.

Der Bewerber lässt sich nicht verunsichern, bleibt freundlich und höflich und versucht, die Fragen offen und ehrlich zu beantworten. Der Personalchef ist beeindruckt und erklärt dem Bewerber anschließend die Bedeutung des Stressinterviews. Da die Gehaltsvorstellungen korrespondieren, wird dem Bewerber ein Arbeitsvertrag angeboten.

Arbeitsvertrag

Der Arbeitsvertrag ist ein *Dienstvertrag*. Der Arbeitnehmer verpflichtet sich zur *Erbringung von Diensten gegen Entgelt*, der Erfolg wird – anders als beim Werkvertrag – nicht geschuldet. Der Arbeitgeber verpflichtet sich, die versprochene *Vergütung* zu *gewähren*. Für den Vertragsschluss sieht das Gesetz *keine Formvorschrift* vor. Ein Arbeitsvertrag kann daher auch mündlich oder konkludent geschlossen werden (Abb. 5.24).

Personalentwicklung

Unter *Personalentwicklung* werden alle Maßnahmen verstanden, die auf die *Entwicklung und Verbesserung der Leistungsfähigkeit* der Mitarbeiter abzielen.

Die dynamische *Veränderung des Unternehmensumfeldes* durch Innovationen, Technologiesprünge und Marktveränderungen erfordern eine stetige *Anpassung des Fähigkeitenprofils* und stellen für die Mitarbeiter auch *Anreize* dar, sich für das Unternehmen zu engagieren, da das Bedürfnis des Arbeitnehmers nach *sinnstiftender Tätigkeit*, *persönlicher Entfaltung* und *Erhaltung der* eigenen *Wettbewerbschancen* befriedigt wird.

Inhalte des Arbeitsvertrags	
- Vertragsparteien - Aufgabenbereich - Kompetenzen - Verantwortungsbereich	- Arbeitszeit - Entgelt - Urlaubsanspruch - Dauer des Vertrags
Pflichten aus dem Arbeitsvertrag	
Pflichten des Arbeitnehmers: - Erfüllung der Leistungen aus dem Arbeitsvertrag - Wahrung von Geschäftsgeheimnissen - Wettbewerbsverbot	Pflichten des Arbeitgebers: - Fürsorgepflicht - Entgeltfortzahlung - Urlaubsgewährung - Zeugniserteilung

Abb. 5.24   Übersicht Arbeitsvertrag

Methoden der Personalentwicklung	
Ausbildung	Vermittlung von beruflichen Grundkenntnissen und -fähigkeiten
Fortbildung	Erweiterung und Vertiefung der vorhandenen Kenntnisse und Fähigkeiten
Umschulung	Vermittlung neuer Kenntnisse und Fähigkeiten (neuer Beruf)
Aufstiegsschulung	Vermittlung von Kenntnissen und Fähigkeiten für Führungsaufgaben
Formen der Personalentwicklung	
on the job	am Arbeitsplatz, durch Trainer-Programme, job rotation, Auslandsaufenthalte, etc.
off the job	außerhalb des Arbeitsplatzes, durchSchulungen, Seminare, moderierte Workshops, Qualitätszirkel, Planspiele, Rollenspiele, etc.

Abb. 5.25   Übersicht Personalentwicklung

Führungskräfte

Wichtiger Teil der Personalentwicklung ist die *Führungskräfteentwicklung*. Führungskräfte aus den eigenen Reihen haben eine *stärkere Identifikation* mit dem Unternehmen, kennen das Unternehmen „von der Pike auf", haben einen *persönlicheren Kontakt* zu den Mitarbeitern und ermöglichen so *Wettbewerbsvorteile* für das Unternehmen. Es kann jedoch auch zu *Konflikten* mit den Mitarbeitern kommen (Abb. 5.25).

Trainer

Schulungen, Trainings oder Seminare können mit internen oder externen Trainern erfolgen. Für den Einsatz *interner Trainer* spricht deren bessere Kenntnis des Unternehmens, die eine problembezogene, praxisorientierte Auswahl an Lerninhalten erleichtert. *Externe Trainer* können durch ihre Spezialisierung auf bestimmte Themen ein sehr hohes Maß an Kompetenz aufweisen.

Bei der Auswahl von *Weiterbildungsinstituten* müssen ergebnisorientiert die Kriterien *Zeit, Qualität* und *Kosten* beachtet werden.

Grundgehalt
+ Zuschläge für Überstunden
+ Arbeitgeberzuschuss zu den vermögenswirksamen Leistungen
= Bruttogehalt
- Lohnsteuer
- Solidaritätszuschlag
- Kirchensteuer
- Arbeitnehmeranteil zur Sozialversicherung
= Nettogehalt
- (gesamte) vermögenswirksame Leistungen
= Auszahlung

Abb. 5.26 Übersicht Lohnabrechnung

Die *Kosten der Personalbeschaffung*, z. B. Honorare für Personalberater, Hotelkosten für ein Assessment Center, etc., *und der Personalentwicklung*, z. B. Fremdsprachenkurse zur Vorbereitung von Auslandsaufenthalten, stellen für das Unternehmen *Investitionen* in die Zukunft dar. Die *Qualifikation* und die *Motivation* der Mitarbeiter sind wesentliche Kriterien für den *Erfolg* des Unternehmens.

5.3.3 Personalentlohnung

Das im Arbeitsvertrag vereinbarte Arbeitsentgelt (Lohn oder Gehalt) wird als *Bruttoentgelt* bezeichnet. Es kann um einen vom Arbeitgeber gewährten Zuschuss zu *vermögenswirksamen Leistungen* erhöht werden. Abgezogen werden Steuern und *Sozialversicherungsbeiträge*. Ausgezahlt wird das *Nettoentgelt* abzüglich der gesamten eventuell vereinbarten vermögenswirksamen Leistungen, die vom Arbeitgeber direkt in die vom Arbeitnehmer gewählte Sparform überwiesen werden. Folgende Übersicht stellt die *Lohnabrechnung* schematisch dar (Abb. 5.26).

Neben den Kosten für Löhne und Gehälter entstehen dem Unternehmen *Personalzusatzkosten*, die sich in *gesetzliche* sowie *tarifliche* (im Tarifvertrag vereinbarte) *und freiwillige* (durch Betriebsvereinbarung festgelegte) *Sozialleistungen* einteilen lassen.

Übersicht Personalzusatzkosten

gesetzlich vorgeschriebene Leistungen	tarifliche und freiwillige Leistungen
Entgeltfortzahlung im Krankheitsfall	Freizeitausgleich bei Schichtarbeit
Beitrag zur Berufsgenossenschaft	Zuschuss zum Berufsverbandsbeitrag
Arbeitgeberanteil zur Sozialversicherung	betriebliche Altersversorgung
	Zuwendung bei Dienstjubiläum
	Fahrgeldzuschuss (Jobticket)

Aufgabe der Personalabteilung ist es, in der *monatlichen Lohnabrechnung* für den Arbeitnehmer die *Lohnsteuer* an das Finanzamt und die *Sozialversicherungsbeiträge* an die Sozialversicherungsträger *abzuführen*.

Lohnsteuer

Die *Lohnsteuer* ist eine *besondere Erhebungsform* der Einkommensteuer für Einkünfte aus *nichtselbstständiger Arbeit*. Zu den Einkünften aus nichtselbstständiger Arbeit gehören auch *Urlaubsgeld* und *Weihnachtsgratifikationen*. Sie werden wie das Gehalt ausgezahlt.

Der Arbeitgeber führt die Lohnsteuer monatlich an das zuständige Finanzamt (Wohnsitzfinanzamt) des Arbeitnehmers ab (*Quellenabzugssteuer*). Arbeitnehmer können nach Ablauf des Kalenderjahres eine *Einkommensteuererklärung* abgeben, um *zusätzliche Belastungen*, z. B. Fahrtkosten, abzusetzen. Sofern ein Arbeitnehmer auch Einkünfte *aus anderen Quellen* erzielt, z. B. aus der Vermietung einer Eigentumswohnung, *muss* er eine Einkommensteuererklärung abgeben.

Das *Einkommensteuergesetz* nennt insgesamt sieben Einkunftsarten, die in *Gewinneinkünfte* und *Überschusseinkünfte* unterschieden werden (ausführlicher in 8.2). Die folgende *Übersicht* zeigt (vereinfacht) das Prinzip der *Ermittlung* der *Einkommensteuerzahllast* (Abb. 5.27).

Die Pflicht zur Abgabe einer *Einkommensteuererklärung* wird im Sprachgebrauch des Finanzamts als „*zur Einkommensteuer veranlagt*" bezeichnet. *Ehegatten* können sich gemeinsam zur Einkommensteuer veranlagen lassen (Ehegatten-Splitting). Daraus ergeben sich *Steuerspareffekte*, wenn einer der Ehepartner ein hohes und der andere ein niedriges Einkommen bezieht.

Der *Lohnsteuerabzug* sowie der Abzug des *Solidaritätszuschlags* und eventuell der *Kirchensteuer* richtet sich nach der auf der *Lohnsteuerkarte* eingetragenen *Lohnsteuerklasse*. In der Lohnsteuertabelle ist für jede Lohnsteuerklasse und Lohnstufe

Überschusseinkünfte	Gewinneinkünfte	
= Einkünfte aus	= Einkünfte aus	
- **nichtselbstständiger Arbeit** - Kapitalvermögen - Vermietung und Verpachtung - sonstigen Einkunftsquellen	- Land- und Forstwirtschaft - Gewerbebetrieb - selbstständiger Arbeit	
Einnahmen ./. **Werbungskosten**	Betriebseinnahmen ./. Betriebsausgaben	
./. Freibeträge		
= Gesamtbetrag der Einkünfte		
./. **Sonderausgaben**, außergewöhnliche Belastungen, etc.		
= Einkommen		
./. Freibeträge		
= zuversteuerndes Einkommen		
x Steuersatz	**= tarifliche Einkommensteuer**	
	./.+ Steuerermäßigungen Steuerzurechnungen	
	= festzusetzende Einkommensteuer	

Abb. 5.27 Übersicht Ermittlung der Einkommensteuer

I	Ledige
II	Alleinerziehende
III	Verheiratete
IV	Verheiratete, wenn der Ehegatte ebenfalls Arbeitslohn bezieht
V	Verheiratete, wenn der Ehepartner Lohnsteuerklasse III hat
VI	für ein zweites oder weiteres Dienstverhältnis

Abb. 5.28 Übersicht Lohnsteuerklassen

die Lohnsteuer ausgewiesen, die der Arbeitgeber bei jeder Lohnabrechnung vom Arbeitslohn einzubehalten hat. Die folgende *Übersicht* zeigt *vereinfacht* die einzelnen Lohnsteuerklassen (Abb. 5.28):

Kinderfreibetrag

Auf der Lohnsteuerkarte ist zudem die *Anzahl der Kinderfreibeträge* eingetragen. Bei der Entscheidung, ob auf der Lohnsteuerkarte *Kinderfreibeträge* eingetragen werden *oder* der Arbeitnehmer *Kindergeld* bezieht, darf vom Arbeitnehmer die jeweils *vorteilhaftere*

Schuldzinsen, Renten und dauernde Lasten, soweit sie mit einer Einkunftsart in wirtschaftlichem Zusammenhang stehen
Steuern vom Grundbesitz, sonstige öffentliche Abgaben und Versicherungsbeiträge, soweit solche Ausgaben sich auf Gebäude oder auf Gegenstände beziehen, die dem Steuerpflichtigen zur Einnahmeerzielung dienen
Beiträge zu Berufsständen und sonstigen Berufsverbänden, deren Zweck nicht auf einen wirtschaftlichen Geschäftsbetrieb gerichtet ist
Aufwendungen für die *Wege* zwischen Wohnung und Arbeitsstätte
Mehraufwendungen, die einem Arbeitnehmer wegen einer aus beruflichem Anlass begründeten *doppelten Haushaltsführung* entstehen
Aufwendungen für *Arbeitsmittel*, zum Beispiel für Werkzeuge und typische Berufskleidung
Absetzungen für Abnutzung (Abschreibungen) und für Substanzverringerung

Abb. 5.29 Übersicht Werbungskosten

Lösung gewählt werden. Kinderfreibeträge machen dann Sinn, wenn die *Steuerersparnis* höher ist als das Kindergeld. Bei getrennt lebenden, unverheirateten oder geschiedenen Eltern darf jeder nur einen *halben Kinderfreibetrag* pro Kind ansetzen.

Lohnsteuerkarte

Weitere Eintragungen auf der *Lohnsteuerkarte* sind die beiden zuständigen *Finanzämter* (des Arbeitgebers und des Arbeitnehmers), die Religionszugehörigkeit (z. B. RK für römisch-katholisch) für den *Kirchensteuerabzug* sowie die komplette *Jahreslohnabrechnung* mit Bruttoarbeitslohn, einbehaltener Lohnsteuer, Kirchensteuer, Solidaritätszuschlag und weitere Arbeitgeberleistungen, z. B. für Fahrten zwischen Wohnung und Arbeitsstätte. Die abgeführten *Sozialversicherungsbeträge* stehen *nicht* auf der Lohnsteuerkarte.

Die *Gemeindebehörde* stellt die Lohnsteuerkarte aus. Das *Finanzamt* trägt auf Antrag einen *Freibetrag für erhöhte Werbungskosten* ein.

Es gibt eine Reihe weiterer vorab *eintragbarer Ermäßigungen* (Freibeträge), z. B. *Pauschalbeträge* bei Behinderung oder für Hinterbliebene, auch bestimmte regelmäßig anfallende *Sonderausgaben* und *außergewöhnliche Belastungen* können vorab den Lohnsteuerabzug mindern.

Als *Werbungskosten* sind *alle nachweisbaren Aufwendungen, die zur Erzielung der Einkünfte* gemacht werden, von der jeweiligen Einkunftsart abziehbar. (Bei den Gewinneinkunftsarten spricht man von Betriebsausgaben.) Das Einkommensteuergesetz nennt *beispielhaft* folgende Werbungskosten (Abb. 5.29):

Werbungskosten können *mit dem tatsächlichen, nachweisbaren Betrag* in voller Höhe geltend gemacht werden.

Pauschalen

Zur *Vereinfachung* des Besteuerungsverfahrens sieht das Einkommensteuergesetz *Pauschalen* für den Werbungskostenabzug vor, die *ohne weiteren Nachweis* abgezogen werden können: Bei Einkünften aus nichtselbstständiger Arbeit gilt für 2006 ein *Arbeitnehmerpauschbetrag* in Höhe von 920 Euro, bei Einkünften aus Kapitalvermögen 51 bzw. 102 Euro bei zusammen veranlagten Ehegatten, sofern nicht höhere Werbungskosten nachgewiesen werden.

Fahrtkosten

Der *Abzug von Fahrtkosten* für den Arbeitsweg ist in § 9 EStG geregelt:

> Aufwendungen des Arbeitnehmers für die Wege zwischen Wohnung und erster Tätigkeitsstätte im Sinne des Absatzes 4. Zur Abgeltung dieser Aufwendungen ist für jeden Arbeitstag, an dem der Arbeitnehmer die erste Tätigkeitsstätte aufsucht eine Entfernungspauschale für jeden vollen Kilometer der Entfernung zwischen Wohnung und erster Tätigkeitsstätte von 0,30 Euro anzusetzen, höchstens jedoch 4.500 Euro im Kalenderjahr; ein höherer Betrag als 4.500 Euro ist anzusetzen, soweit der Arbeitnehmer einen eigenen oder ihm zur Nutzung überlassenen Kraftwagen benutzt.
>
> Erste Tätigkeitsstätte ist die ortsfeste betriebliche Einrichtung des Arbeitgebers, eines verbundenen Unternehmens (§ 15 des Aktiengesetzes) oder eines vom Arbeitgeber bestimmten Dritten, der der Arbeitnehmer dauerhaft zugeordnet ist.

Ab dem Kalenderjahr *2007* war bei Entfernungen *bis 20 Kilometer* kein pauschaler Abzug von Fahrtkosten mehr möglich. Diese Regelung wurde jedoch durch eine Grundsatzentscheidung des Bundesverfassungsgerichts von 2008 für *verfassungswidrig* erklärt, da sie zu einer Ungleichbehandlung bestimmter Steuerzahler führt.

Erhöhte Werbungskosten

Erhöhte Werbungskosten, z. B. Fahrtkosten bei größerer Entfernung, können vorab auf der *Lohnsteuerkarte* eingetragen werden und führen bei der Lohnabrechnung *sofort* zu einer *Minderung der Lohnsteuer*, und nicht erst bei Abgabe der Einkommensteuererklärung.

Nachdem für jede Einkunftsart der Überschuss bzw. Gewinn durch Abzug der Werbungskosten bzw. Betriebsausgaben von den Einnahmen ermittelt wurde, können *vom Gesamtbetrag der Einkünfte* im Einkommensteuergesetz *genau bestimmte Kosten der Lebensführung* als *Sonderausgaben* abgezogen werden (vereinfacht) (Abb. 5.30):

Für jeden Steuerpflichtigen werden *36 Euro* als Sonderausgaben abgezogen, es sei denn er weist höhere Kosten nach. (*Sonderausgabenpauschbetrag*).

Außergewöhnliche Belastungen

Eine dritte Art von Aufwendungen sind die *außergewöhnlichen Belastungen*. Bei sehr hohen und unvorhergesehenen Kosten der Lebensführung ist ein Abzug vom Gesamtbetrag der Einkünfte in der Einkommensteuererklärung möglich. Dabei handelt es sich z. B.

Unterhaltsleistungen an den geschiedenen oder getrennt lebenden Ehegatten bis zu 13.805 Euro
Beiträge zu den gesetzlichen Rentenversicherungen, zu berufsständischen Versorgungseinrichtungen und zum Aufbau einer eigenen kapitalgedeckten *Altersversorgung*
Beiträge zu Versicherungen gegen Arbeitslosigkeit, zu Erwerbs- und Berufsunfähigkeitsversicherungen, zu Krankenversicherungen, Pflegeversicherungen, Unfallversicherungen und Haftpflichtversicherungen sowie zu Risikoversicherungen, die nur für den Todesfall eine Leistung vorsehen
gezahlte *Kirchensteuer*
Aufwendungen für die *Berufsausbildung* bis zu 4.000 Euro im Kalenderjahr
30 Prozent des *Schuldgeldes* für eine vom Kind besuchte Ersatz- oder Ergänzungsschule

Abb. 5.30   Übersicht Sonderausgaben

um *Ausbildungskosten* der Kinder, *Krankheitskosten*, *Unfallkosten* oder auch *Prozesskosten*.

Das Einkommensteuergesetz ist ein *Jahressteuergesetz*, d. h. die *Abzugsmöglichkeiten* und die *Pauschbeträge* wie auch die *Steuersätze* werden Jahr für Jahr überprüft und evtl. *angepasst.*

Praxisbeispiel Lohnabrechnung

Elvira Sandmann arbeitet in der Personalabteilung der Ewald GmbH. Sie verdient monatlich brutto 2.453 Euro. Sie ist alleinerziehende Mutter mit einem Kind und gehört keiner Religionsgemeinschaft an.

Auf ihrer Lohnsteuerkarte ist die Lohnsteuerklasse II eingetragen. Als alleinerziehender Mutter steht ihr der volle Kinderfreibetrag zur Verfügung.

Die Summe der monatlichen Steuerabzüge für Elvira Sandmann kann mit Hilfe des nachfolgenden Auszuges aus der Lohnsteuertabelle ermittelt werden.

ab Euro 2.451		Kinderfreibetrag								
		0,00			0,50			1,00		
StKl	Steuer	SolZ	KiSt8 %	KiSt9 %	SolZ	KiSt8 %	KiSt9 %	SolZ	KiSt8 %	KiSt9 %
I	391,25	21,51	31,30	35,21	17,58	25,57	28,77	13,82	20,10	22,62
II	358,58	19,72	28,68	32,27	15,86	23,08	25,96	12,19	17,73	19,95
III	126,00	0,00	10,08	11,34	0,00	6,02	6,78	0,00	2,48	2,79
IV	391,25	21,51	31,30	35,21	19,52	28,40	31,95	17,58	25,57	28,77
V	739,16	40,65	59,13	66,52	-	-	-	-	-	-
VI	771,33	42,42	61,70	69,42	-	-	-	-	-	-
ab Euro 2.454										
I	392,16	21,56	31,37	35,29	17,63	25,64	28,85	13,86	20,17	22,69
II	359,50	19,77	28,76	32,35	15,91	23,14	26,04	12,23	17,79	20,01
III	126,66	0,00	10,13	11,40	0,00	6,08	6,84	0,00	2,52	2,83
IV	392,16	21,56	31,37	35,29	19,57	28,47	32,03	17,63	25,64	28,85
V	740,41	40,72	59,23	66,63	-	-	-	-	-	-
VI	772,58	42,49	61,80	69,53	-	-	-	-	-	-

Für Frau Sandmann müssen 358,58 Euro Lohnsteuer (ab 2.451 Euro, Steuerklasse II) und 12,19 Euro Solidaritätszuschlag (1,00 Kinderfreibetrag), insgesamt 370,77 Euro an ihr Finanzamt abgeführt werden.

Frau Sandmann hat am Jahresende folgende Belege für ihre Einkommensteuererklärung zusammengestellt. Sie hat die Fahrtstrecke von der Wohnung zum Arbeitsplatz an insgesamt 220 Arbeitstagen mit dem eigenen Pkw zurückgelegt. Die Entfernung beträgt 69 km.

1.	Gewerkschaftsbeitrag	234 Euro
2.	Fachliteratur	443 Euro
3.	Beiträge zur Berufsunfähigkeitsversicherung	730 Euro
4.	Fachzeitschriften	173 Euro
5.	Kosten berufliche Fortbildung	432 Euro
6.	Bewerbungskosten (Fahrkarte und Spesenabrechnung)	174 Euro
7.	gezahlte Kirchensteuer	237 Euro
8.	Beiträge zur Haftpflichtversicherung	370 Euro
9.	Kfz-Steuer für Pkw	310 Euro

Die Positionen 1. bis 6. kann Frau Sandmann als Werbungskosten geltend machen, da es nachweisbare Aufwendungen zur Erzielung der Einkünfte sind. Die Fahrtkosten kann sie gemäß folgender Berechnung absetzen.

$$69 \, \text{km} \times 0,30 \, \text{Euro} \times 220 \, \text{Arbeitstage} = 4.554 \, \text{Euro}$$

Die Grenze von 4.500 Euro in § 9 EStG gilt nicht, wenn der Arbeitnehmer mit dem eigenen Pkw fährt. Position 9., die Kfz-Steuer, wird das Finanzamt nicht akzeptieren, da mit der Kilometer-Pauschale alle Aufwendungen für die Fahrt zur Arbeit abgegolten sind.

Die Positionen 7. und 8. kann Frau Sandmann als Sonderausgaben abziehen. Sie wird nach Einreichung der Steuererklärung bei ihrem Finanzamt einen Steuerbescheid mit Steuererstattung erhalten.

Mit Eintrag eines Freibetrags für erhöhte Werbungskosten auf der Lohnsteuerkarte (durch das Finanzamt) können die Fahrtkosten schon bei der monatlichen Lohnabrechnung berücksichtigt werden. Dies führt zu einem niedrigeren monatlichen Lohnsteuerabzug und damit zu einem höheren Auszahlungsbetrag.

Sozialversicherung

Die *Sozialversicherung* ist eine *staatlich streng geregelte Fürsorge* für wichtige Risiken und wird von *selbstverwalteten Versicherungsträgern* organisiert. Es werden die folgenden fünf Träger der Sozialversicherung unterschieden (Abb. 5.31):

Die Bundesversicherungsanstalt für Angestellte (*BfA*) und die Landesversicherungsanstalten (*LVAs*), die für Arbeiter zuständig waren, sind 2005 unter dem neuen Namen

Krankenversicherung	
Krankenkassen, Knappschaft	Heilmittel, Krankenpflege, Vorsorge- und Rehabilitationsmaßnahmen, Mutterschaftsgeld, Familienhilfe
Pflegeversicherung	
Pflegekassen (bei den Krankenkassen geführt)	je nach Pflegestufe: Leistungen zur häuslichen und zur stationären Pflege
Rentenversicherung	
Deutsche Rentenversicherung (früher LVAs, BfA)	Rente, Altersruhegeld, Rehabilitationsleistungen
Unfallversicherung	
Berufsgenossenschaften	Unfallverhütung, Heilbehandlung, Berufshilfe, Verletztengeld, Hinterbliebenenrente
Arbeitslosenversicherung	
Agenturen für Arbeit	Arbeitslosengeld, Arbeitsförderung, Wintergeld, Winterausfallgeld, Kurzarbeitergeld

Abb. 5.31 Übersicht Sozialversicherung

„*Deutsche Rentenversicherung*" zu einem Träger zusammengefasst worden, um *mehr Wirtschaftlichkeit, Effektivität und Bürgernähe* zu erreichen.

Zweck

Zweck der Sozialversicherung ist es, auch den *Beziehern niedriger Einkommen* einen *Versicherungsschutz* zu gewähren. Aus dem jährlichen *Beitragsaufkommen* sollen die *Ausgaben desselben Jahres* gedeckt werden. Daher besteht zur Sicherung der Einnahmen für sehr weite Bevölkerungskreise *Versicherungspflicht*. Durch die Versicherungspflicht wird auch eine Unterscheidung von Personen mit hohen und niedrigen Risiken verhindert.

Leistungen

Die *Leistungen* der Sozialversicherungsträger werden als *Sachleistungen* oder als *Geldleistungen* erbracht. Sachleistungen sind für alle Versicherten *anforderungsgerecht*, unabhängig von der Höhe ihrer erbrachten Beitragzahlungen. Geldleistungen wie *Rente oder Krankentagegeld* richten sich in ihrer Höhe *nach den erbrachten Beiträgen*.

Zu den Aufgaben der Sozialversicherung gehört auch die Finanzierung von Maßnahmen zur *Vorsorge* (Prävention) und zur *Wiederherstellung der Arbeitsfähigkeit* (Rehabilitation).

Beiträge

Die *Beiträge* werden als *Prozentsätze der Bruttolöhne bzw. -gehälter* berechnet. Der *Grundsatz*, dass dabei Arbeitgeber und Arbeitnehmer jeweils *die Hälfte* des Beitrags entrichten, wird an mehreren Stellen *durchbrochen*. So trägt der Arbeitgeber die Beitragszahlung für die *Unfallversicherung* (an die Berufsgenossenschaft) alleine.

Seit 2005 zahlten *Arbeitnehmer* zusätzlich *0,4 Prozent* ihres Einkommens als *Zahnersatzabsicherung* und weitere *0,5 Prozent Sonderbeitrag* an die *Krankenversicherung*. Die Arbeitgeber wurden dadurch um 0,45 Prozent entlastet. Ab 2015 ist der Beitrag in Höhe von 14,6 % wieder paritätisch verteilt, es besteht jedoch die Möglichkeit, einen kassenindividuellen Zusatzbeitrag zu zahlen.

Seit 2005 entrichteten *kinderlose Arbeitnehmer* einen um *0,25 Prozentpunkte* höheren *Pflegeversicherungsbeitrag*. Damit wurde die Forderung nach einer Berücksichtigung von *Kindererziehungszeiten* beim Pflegeversicherungsbeitrag umgesetzt. Auch hier wurde 2015 die paritätische Belastung mit 1,175 % für Arbeitnehmer wie Arbeitgeber wiederhergestellt (außer in Sachsen).

Bemessungsgrenzen

Die *Beitragsbemessungsgrenze* ist die Einkommenshöhe, bis zu der die Beiträge zur Sozialversicherung maximal berechnet werden. Über sie hinausgehendes Einkommen wird bei der Berechnung des Beitrags nicht berücksichtigt.

Die *Versicherungspflichtgrenze* ist die Einkommenshöhe, bis zu der der Arbeitnehmer pflichtversichert ist. Ein Arbeitnehmer, der ein *Bruttoeinkommen oberhalb* der Versicherungspflichtgrenze erhält, kann sich freiwillig privat versichern.

Die *Höhe* dieser Grenzen wird *für jeden Zweig* der Sozialversicherung vom Gesetzgeber *jährlich angepasst*.

Praxisbeispiele Leistungen und Träger der Sozialversicherung

Krankenversicherung: Übernahme der Operationskosten für eine Herzoperation. Krankheits- und Heilbehandlungskosten werden von den Krankenkassen übernommen. Wenn die Verletzung im Zusammenhang mit der Erwerbstätigkeit, z. B. auf dem Weg zur Arbeit geschieht, ist die Unfallversicherung zuständig.

Pflegeversicherung: Gewährung eines Zuschusses für Kosten der Heimunterbringung. Bei der Pflegeversicherung werden drei Pflegebedürftigkeitsstufen unterschieden: erhebliche (I), schwere (II) und schwerste (III) Pflegebedürftigkeit.

Rentenversicherung: Rente wegen Erwerbsunfähigkeit aufgrund eines Herzinfarkts. Bei einer Rente wegen Erwerbsunfähigkeit hängt es von dem Grund für die Erwerbsunfähigkeit ab, ob die Rentenversicherung oder die Berufsgenossenschaft zahlt.

Unfallversicherung: Rente wegen Minderung der Erwerbsfähigkeit durch einen Arbeitsunfall. Alle Leistungen, die im Zusammenhang mit einem Arbeitsunfall entstehen, werden von der Berufsgenossenschaft, dem Träger der Unfallversicherung gezahlt. Einem Arbeitsunfall gleichgestellt ist ein Unfall auf dem Weg zur Arbeit oder von der Arbeit nach Hause (Wegeunfall).

Arbeitslosenversicherung: Berufsberatung und Vermittlung von Ausbildungsstellen. Die örtlichen Agenturen für Arbeit (früher Arbeitsämter) bieten Leistungen an und ergreifen Maßnahmen, um Arbeitssuchende wieder in Arbeit zu bringen, aber auch um jungen Menschen den Berufsstart zu erleichtern.

Vorsorge

Auch unter dem Gesichtspunkt der Kostensenkung ist es für die *Krankenkassen* sinnvoll, *Maßnahmen* zu finanzieren, die der *Früherkennung* von Krankheiten oder der *Vorsorge* dienen. Daher werden von den Krankenkassen z. B. auch *Kuren* übernommen.

Pflegeversicherung

Die *Pflegeversicherung* wurde 1995 als fünfter Zweig der Sozialversicherung eingeführt, um eine *Vorsorge* für eventuell anfallende Pflegekosten zu *erzwingen*. Sie ist eine Pflichtversicherung für die *gesamte Bevölkerung*. Sie soll die häusliche Pflege und die Pflegebereitschaft der Angehörigen *unterstützen* und deckt nicht die gesamten Pflegekosten ab, sondern soll nur unterstützend wirken. Der *Leistungsumfang* richtet sich nach dem Grad der *Pflegebedürftigkeit*. Bei der Feststellung der Pflegebedürftigkeit sind bestimmte *wiederkehrende Verrichtungen* im Ablauf des täglichen Lebens maßgeblich, die von der pflegebedürftigen Person nicht mehr allein bewältigt werden können, z. B. Einkaufen, Kämmen, Kochen, An- und Auskleiden, Reinigen der Wohnung, etc.

Leistungen bei *häuslicher Pflege* werden in *Sachleistungen* (von ambulanten Pflegediensten) und *Geldleistungen* (Pflegegeld) unterschieden. Ferner werden *Zuschüsse* z. B. für den pflegegerechten Umbau der Wohnung gewährt. Der Umfang der Leistungen richtet sich nach der *Pflegestufe*. Die *Pflegeperson* (d. h. die pflegende Person) soll unterstützt werden. So werden z. B. *Ersatzpflegekräfte* bei kurzzeitiger Verhinderung gestellt. Für die Unterbringung in einem *Pflegeheim* zahlt die Pflegekasse *je nach Pflegestufe* einen Teil der Kosten.

Pflegekosten können bei der Einkommensteuer als *außergewöhnliche Belastungen* abgesetzt werden.

Praxisbeispiel Beiträge zur Kranken- und Pflegeversicherung

Katharina Wegrich ist Mitarbeiterin der Ewald GmbH und bezieht ein monatliches Bruttogehalt von 2.850 Euro. Sie ist 34 Jahre alt, ledig und hat keine Kinder.

In der Lohnabrechnung werden Frau Wegrich 208,05 Euro (7,3 Prozent) ihres Einkommens als Krankenversicherungsbeitrag von ihrem Bruttolohn abgezogen. Früher mussten Arbeitnehmer zusätzlich 0,4 Prozent ihres Einkommens als Zahnersatzabsicherung und weitere 0,5 Prozent Sonderbeitrag an die Krankenversicherung abführen.

Der allgemeine Beitragssatz der Pflegekasse beträgt 2,35 Prozent und wird hälftig von Arbeitgeber und Arbeitnehmer gezahlt. Kinderlose Arbeitnehmer mussten früher einen um 0,25 Prozentpunkte höheren Pflegeversicherungsbeitrag leisten, wobei der Beitrag bei 1,7 Prozent lag. Auf den Arbeitnehmeranteil von 0,85 Prozent wurden daher 0,25 Prozentpunkte aufgeschlagen.

Frau Wegrich werden in der Lohnabrechnung 1,175 Prozent von ihrem Bruttolohn als Arbeitnehmeranteil an die Pflegeversicherung abgezogen, das sind 49,86 Euro. Nach alter Regelung wurden Frau Wegrich 35,35 Euro abgezogen.

Unfallversicherung

Den Beitrag zur *Unfallversicherung* zahlt der *Arbeitgeber alleine*. Träger der Unfallversicherung ist die jeweilige *Berufsgenossenschaft*. Die Höhe des Beitrags richtet sich nach der *Risikoklasse*. Betriebe mit erhöhter Unfallgefahr müssen höhere Beiträge entrichten.

Die Unfallversicherung schützt alle Arbeitnehmer, die einen *Arbeitsunfall* erleiden, der in einem *ursächlichen Zusammenhang* mit ihrem Arbeitsverhältnis steht. Bilden Arbeitnehmer eine *Fahrgemeinschaft*, so ist der notwendige Umweg, um Arbeitskollegen abzuholen, auch von der Unfallversicherung als Wegeunfall *abgedeckt*. Auch bei einer beruflich bedingten *Weiterbildungsmaßnahme* zahlt die Berufsgenossenschaft die Heilbehandlungskosten nach einem Unfall.

Der Arbeitgeber muss *Arbeitsunfälle* der Berufsgenossenschaft *unverzüglich anzeigen*, weil sie später zu *Erwerbs- bzw. Berufsunfähigkeit* führen können und damit *Rentenansprüche* des geschädigten Arbeitnehmers bewirken.

5.4   IT-Instrumente in Organisation und Personalwirtschaft

Mit Einrichtung eines *Intranet*, der *Vernetzung* aller PCs über das *TCP/IP-Protokoll* als einheitliche Kommunikationsbasis, unabhängig von Hardware und Betriebssystem, können die *Abläufe* im Unternehmen *effizienter und kostengünstiger* organisiert werden.

Economies

Aus der Vernetzung ergeben sich eine Vielzahl von *Verbundvorteilen* (Economies of Scope) und *Geschwindigkeitsvorteilen* (Economies of Speed), die sich als *strategische Erfolgsfaktoren* im Wettbewerb bemerkbar machen.

Informations- und Kommunikationsprozesse im Unternehmen und mit Lieferanten und Kunden können *vereinfacht und beschleunigt* werden.

Die *Personalbeschaffung* kann über elektronische Stellenausschreibungen und Online-Bewerbungen, die *Personalentwicklung* über Weiterbildungsdatenbanken vereinfacht und verbessert werden (Abb. 5.32).

endlose Skalierbarkeit
Client-Server-Netzwerke mit *Netzwerkbetriebssystemen* lassen sich beliebig erweitern, über *Switches* können beliebig viele Rechner an das System angeschlossen werden, über *Access Points* (WLAN) ist von jedem Ort der Zugang zum Netz möglich. Auch *Heimarbeitsplätze* und *mobile Einheiten* können eingebunden werden.
niedrige Supportkosten und einfachere Wartung
Ein neuer Rechner muss nur noch aufgebaut und ans Netzwerk angeschlossen werden, die weitere Installation kann vollständig über das Netzwerk erfolgen. Mit *Desktop-Management-Software* und *Images* kann schnell und einfach eine Vielzahl von Rechnern installiert und zur Nutzung bereitgestellt werden. Über *Remote Access* können Rechnerprobleme aus der Entfernung gelöst werden. Clients können *zentral installierte Software* nutzen.
Schutz von IT-Investitionen
Früher wurden IT-Investitionen zurückgehalten, um die technologische Entwicklung abzuwarten. Mit *TCP/IP* können unterschiedliche Systeme zusammenarbeiten. Selbst alte 486er Rechner mit 4-GB-Festplatten lassen sich als Linux-Server im Netzwerk einsetzen und können Aufgaben wie z. B. als zentraler Fax-Server übernehmen.
niedrigere Softwarekosten
Mittels *Lizenzoptimierung* (Lizenzverteilsystemen) kann die Anzahl der zu beschaffenden Lizenzen reduziert werden. Bei der Nutzung von *ASP-Diensten* (Application Service Providing) müssen keine Lizenzen erworben werden. Die Software wird für die Zeit gemietet, in der man sie braucht.
schnelle Anwendungsinstallation
Software wird bei Bedarf (on demand) über das Intranet zur Verfügung gestellt. Dies reduziert den *Installationsaufwand*, minimiert den *Systemverwaltungsaufwand*, reduziert die Komplexität und führt zu einem breiteren Software-Angebot.

Abb. 5.32 Übersicht Vorteile von TCP/IP

5.4.1 Nutzung von Verbundvorteilen

Kommunikationsverbund

Die *unternehmensinterne Kommunikation* kann weitgehend auf das Intranet übertragen werden (*Kommunikationsverbund*). Nachrichten, Anfragen, und sonstige Mitteilungen laufen über ein *internes E-Mail-System*.

Auf *Blackboards* (schwarze Bretter) können im Netz Informationen gepostet werden, die für alle Berechtigten bestimmt sind: unternehmensinterne Stellenausschreibungen, Verlautbarungen, Ansprachen, Rundschreiben, Hauspost, Formulare, Mitteilungen der Geschäftsführung.

Über *Messaging-Systeme* kann eine direkte Kommunikation zwischen Mitarbeitern stattfinden, ohne dass diese ihren Arbeitsplatz verlassen müssen. Das gemeinsame

Arbeiten an Dokumenten wird durch *Groupware* möglich. Es können *Arbeitsgruppen* organisiert und *Meetings* durchgeführt werden.

Ein *Video Conferencing System* bei wichtigen Meetings übermittelt die nonverbale Kommunikation (Gestik und Mimik). Dies führt zu Einsparungen an *Papier-, Transport- und Reisekosten*, und es werden *Economies of Speed* realisiert, da der zeitintensive Medienbruch durch Ausdrucken, Transportieren und Verteilen überflüssig wird.

Datenverbund

Die *logische Datenhaltung* kann von der physischen getrennt werden (*Datenverbund*). Zugangsberechtigte können von überall her auf die von ihnen benötigten Daten Zugang erhalten.

Die Zeiten, in denen Akten transportiert wurden und für den einen Mitarbeiter nicht zugänglich waren, weil ein anderer Mitarbeiter gerade daran arbeitete, sind damit vorbei.

Mehrere Mitarbeiter können über das Intranet *gleichzeitig an einem Vorgang arbeiten*, und jeder von ihnen ist sofort über Änderungen, die von anderen Mitarbeitern vorgenommen wurden, informiert.

Außendienstmitarbeiter können auf aktuelle Produkt- und Preisinformationen, Außendiensthandbücher, Verfahrens-, Organisations- und Projekthandbücher, Telefonlisten etc. zugreifen.

Zudem werden die *Archivierungskosten* gesenkt, da die Archivierung nun ohne Medienbruch online z. B. auf installierte Bandlaufwerke erfolgen kann und zudem die Mitarbeiter über das Netzwerk unmittelbar Zugriff auch auf alle archivierten Daten haben.

Bei *elektronischen Kopien* treten keine Qualitätsverluste auf, und sie können sofort bearbeitet werden. Das *Vermeiden von Medienbrüchen* steigert die organisatorische Effizienz und senkt die Kosten.

Leistungsverbund

Rechenaufträge können über das Netzwerk so verteilt werden, dass die Kapazität optimal ausgelastet wird (*Leistungsverbund*). In größeren Rechner-Netzen empfiehlt sich dazu die Installation *dezidierter Server*, die bestimmte Aufgaben übernehmen: ein Server für den *Online-Shop*, ein *E-Mail-Server*, ein *Fax-Server* und ein oder mehrere *Datensicherungs-Server*.

Sicherheitsverbund

Über *Hot-stand-by-Knoten* kann bei Ausfall kritischer Systeme sofort auf Ersatzrechner umgeschaltet werden (*Sicherheitsverbund*). So kann z. B. die ständige Verfügbarkeit von Websites und Online-Shops im Internet durch *identisch installierte Parallelsysteme* sichergestellt werden.

Durch *Status-Snapshots* wird die Aktualität der Datenbestände auf den Sicherungsservern gewährleistet. Die simultane Spiegelung der Datenbestände erfolgt über entsprechend konfigurierte *RAID-Systeme*.

Funktionsverbund

Netzwerkfähige Peripheriegeräte werden zentral bereitgestellt (*Funktionsverbund*). Dies senkt die *Hardwarekosten*, da seltener genutzte Geräte wie z. B. Drucker, Plotter, Scanner, Digitalkameras, usw. in geringerer Anzahl angeschafft werden müssen. An wenigen zentralen Orten positioniert können sie über das Netzwerk von allen Rechnern aus angesprochen bzw. genutzt werden. Anschaffungskosten für Telekommunikationsgeräte (z. B. Faxgeräte und TK-Anlagen) können eingespart werden, da diese Funktionen per Software zur Verfügung stehen.

Das *papierlose Büro* durch Kommunikations- und Datenverbund vereinfacht und beschleunigt die *Ablauforganisation* und macht die Arbeit von *Projektteams* und *Prozessteams* effizient.

5.4.2 Online-Bewerbung und Personaldatenbank

Über eine *Skills-Database*, eine Datenbank mit den Fähigkeiten und Kenntnissen der Mitarbeiter und ihrer Verfügbarkeit, können *Prozess- und Projektteams* effizient zusammengestellt werden.

In einer *Personalentwicklungsdatenbank* sind Kosten und Inhalte von Weiterbildungsmaßnahmen sowie Stellenanforderungen und Kenntnisstand bzw. Weiterbildungsbedarf der Mitarbeiter abrufbar. Das bietet folgende *Vorteile*:

Vorteile

Eine bessere Ausbildung der Mitarbeiter kann ihre *Produktivität erhöhen*.

Eine bedarfsgerechtere Auswahl von Weiterbildungsmaßnahmen spart *Kosten* und erhöht die *Mitarbeitermotivation*.

Die *Unternehmensleitung* ist besser über den Kenntnisstand und Weiterbildungsbedarf der Mitarbeiter informiert.

Online-Bewerbungen

Die *Personalbeschaffungskosten*, insbesondere die *Portokosten* für die Rücksendung der Bewerbungsmappen abgelehnter Bewerber, können durch *Online-Bewerbungen* gesenkt werden.

Die Fähigkeiten im *Umgang mit Online-Medien* ist heute ein *wichtiges Auswahlkriterium*. Bewerber können sich auf einer gut gestalteten *Website* präsentieren und in ihrer E-Mail-Bewerbung darauf verweisen.

Für die erste Grobauswahl ist es auch nicht erforderlich, dass dem Unternehmen alle Zeugniskopien vorliegen. Die Suche nach neuen Mitarbeitern über *Internet-Datenbanken*, *Stellenangebote* auf der Unternehmens-Website und bei Online-Diensten und nicht zuletzt die Aufgabe von Online-Inseraten bei Zeitungen und Zeitschriften senken die *Kosten* und erhöhen die *Geschwindigkeit* der Personalbeschaffung.

Finanzwirtschaft

6

Zusammenfassung

Auf Grundlage der Pläne zur Leistungserstellung und Leistungsverwertung wird der *Finanzbedarf* des Unternehmens ermittelt. Die *Finanzplanung* erfasst die künftigen Zahlungsströme. Dabei liegen die *Auszahlungen* für die Leistungserstellung (Löhne, Material, etc.) *zeitlich vor* den *Einzahlungen* aus der Leistungsverwertung (Umsatzerlöse). Diese *finanzielle Lücke* muss geschlossen werden. *Investitionen* (z. B. in neue Produktionsanlagen) müssen finanziert werden (*Finanzierung*). Auch die Abwicklung des *Zahlungsverkehrs* gehört zur Finanzwirtschaft.

6.1 Erfassung der Zahlungsströme

Alle *Geschäftsvorfälle* des Unternehmens werden in der *Buchführung* erfasst. Nur ein Teil dieser Vorgänge ist unmittelbar mit *Zahlungsströmen* verbunden. Folgende Übersicht stellt die *drei Bereiche* des betrieblichen Rechnungswesens dar (Abb. 6.1).

Buchführung

Die *Buchführung* (siehe Kap. 7) dient dazu, am Jahresende eine *Bilanz* und eine *Gewinn- und Verlustrechnung* zu erstellen, um die Kapitalgeber über die Lage des Unternehmens zu informieren, und als Grundlage für die Besteuerung des Unternehmens. Man spricht auch vom *externen Rechnungswesen*.

Kostenrechnung

In der *Kostenrechnung* (siehe Kap. 9) wird i. d. R. monatlich eine *Erfolgrechnung* (Betriebsergebnisrechnung) durchgeführt, und die *Produkte und Prozesse* werden *kalkuliert*, um der Unternehmensführung Informationen für das Controlling zu liefern. Man spricht auch vom *internen Rechnungswesen*.

© Springer Fachmedien Wiesbaden 2015
M. Wünsche, *BWL für IT-Berufe*, DOI 10.1007/978-3-658-10430-6_6

Finanz- oder Geschäftsbuchhaltung (Buchführung)	
Gewinn- und Verlustrechnung	Bestandsrechnung (Bilanz)
Aufwand und Ertrag	Vermögen und Schulden
Betriebsbuchhaltung (Kostenrechnung)	
Kalkulation, Betriebsergebnisrechnung	
Kosten und Leistungen	
Finanz- oder Liquiditätsrechnung	
Investition, Finanzierung, Finanzplanung	
Auszahlungen und *Einzahlungen*	

Abb. 6.1 Übersicht Betriebliches Rechnungswesen

Auszahlung senkt	Zahlungsmittelbestand Kasse und Bankguthaben	Einzahlung erhöht
Ausgabe senkt	**Geldvermögen** = Zahlungsmittelbestand + Forderungen ./. Verbindlichkeiten	**Einnahme** erhöht
Aufwand senkt	**Reinvermögen** = Geldvermögen+ Sachvermögen	**Ertrag** erhöht

Abb. 6.2 Übersicht Abgrenzung der Zahlungsströme

Zahlungsrechnung

Die *Zahlungsrechnung* (Finanz- oder Liquiditätsrechnung) dient der *Sicherung der Liquidität* (Zahlungsfähigkeit) des Unternehmens. Ferner strebt sie an, die benötigten finanziellen Mittel so kostengünstig wie möglich zu beschaffen (Abb. 6.2).

Materialeinkauf

Der *Einkauf von Material* erhöht das *Sachvermögen*, da der Bestand an Material steigt. Wird die Rechnung des Lieferanten sofort beglichen, sinkt der *Zahlungsmittelbestand* und damit das *Geldvermögen*. Es handelt sich daher um eine *Auszahlung*, einen Zahlungsmittelabfluss.

Verbindlichkeit

Wird die Lieferantenrechnung erst später beglichen, wird zwar der Zahlungsmittelbestand (noch nicht) berührt, aber es entsteht eine *Verbindlichkeit*, das Geldvermögen sinkt.

Dann spricht man von einer *Ausgabe*. Das *Geldvermögen* sinkt, das *Sachvermögen* steigt. Das *Reinvermögen* verändert sich nicht.

Wertverzehr

Wird das eingekaufte Material in der Produktion verbraucht, sinkt das *Sachvermögen*, daher liegt ein *Aufwand* (Wertverzehr) vor. Das *Reinvermögen sinkt*, da zu diesem Zeitpunkt keine Änderung des Geldvermögens stattfindet.

Verkauf

Wird das produzierte *Gut verkauft* und zahlt der Käufer sofort, liegt eine *Einzahlung* vor, die den *Zahlungsmittelbestand* und damit das *Geldvermögen* erhöht. Das *Sachvermögen* nimmt ab, da das verkaufte Gut nicht mehr im Bestand ist. Liegt der *Verkaufserlös* über den *Herstellungskosten* (bzw. Selbstkosten) des Gutes, dann ist die *Abnahme des Sachvermögens* geringer als die *Zunahme des Geldvermögens*, das *Reinvermögen* nimmt daher zu, es ist ein *Ertrag*.

Forderung

Zahlt der Käufer später (Kundenkredit), dann entsteht eine *Forderung* gegenüber dem Kunden, d. h. es findet zwar (noch) *keine Einzahlung* statt, aber eine *Einnahme*. Der Zahlungsmittelbestand nimmt (noch) nicht zu, aber das *Geldvermögen*.

Erlös

Erlös ist der gesamte Betrag, der dem Unternehmen früher oder später zufließt, *Ertrag* ist nur der Überschuss über die Kosten.

Kredit

Nimmt das Unternehmen einen *Kredit* auf, wird von der Bank der Kreditbetrag auf dem Konto des Unternehmens zur Verfügung gestellt. Daher liegt eine *Einzahlung* vor, der *Zahlungsmittelbestand* steigt. Gleichzeitig steigen die *Verbindlichkeiten* des Unternehmens, da es den Kredit später zurückzahlen muss. Das *Geldvermögen* ändert sich nicht.

Zins

Eine *Zinszahlung* stellt einen *Aufwand* (Reinvermögensminderung), eine *Ausgabe* (Geldvermögensminderung) und eine *Auszahlung* (Minderung des Zahlungsmittelbestandes) dar.

Kapital

Erhält das Unternehmen *von den Gesellschaftern* zusätzliches Kapital, z. B. durch Überweisung auf die Firmenkonten, liegt eine Erhöhung des *Zahlungsmittelbestandes* vor, eine *Einzahlung*, und auch eine Erhöhung des *Geldvermögens*, eine *Einnahme*, da das Unternehmen nicht verpflichtet ist, das erhaltene Kapital zurückzuzahlen.

Umsatzsteuer

Umsatzsteuer ist ein *durchlaufender Posten*, der in der *Liquiditätsrechnung* jedoch beachtet werden muss (mehr zur Umsatzsteuer in 8.4).

Die beim Einkauf von Material an den Lieferanten *gezahlte Umsatzsteuer* wird vom Finanzamt als *Vorsteuer* erstattet. Sie ist daher eine *Auszahlung* (Zahlungsmittelabfluss) *und* eine *Einnahme* (Forderung an das Finanzamt). Der *Zahlungsmittelbestand* sinkt, das *Geldvermögen* ändert sich nicht.

Die beim Verkauf von Waren vom Kunden *einbehaltene Umsatzsteuer* muss an das Finanzamt abgeführt werden. Sie ist daher eine *Einzahlung* (Zahlungsmittelzufluss) *und* eine *Ausgabe* (Verbindlichkeit gegenüber dem Finanzamt). Der *Zahlungsmittelbestand* steigt, das *Geldvermögen* ändert sich nicht.

Zum 10. jedes Monats muss der Überschuss der einbehaltenen Umsatzsteuer über die gezahlte Vorsteuer (*Umsatzsteuerzahllast*) an das Finanzamt abgeführt werden. Dies ist eine *Auszahlung*, die in der *Liquiditätsplanung* berücksichtigt werden muss. Das *Geldvermögen* ändert sich nicht, da die verbleibende *Verbindlichkeit* (Verbindlichkeit aus einbehaltener Umsatzsteuer minus Forderung aus gezahlter Vorsteuer) gegenüber dem Finanzamt *beglichen* wird.

Lohn

Lohnzahlungen stellen *Auszahlungen* dar, die in der *Liquiditätsplanung* berücksichtigt werden müssen. Sie stellen *Aufwand* dar, der in der *Produktkalkulation* (in den Herstellungskosten bzw. Selbstkosten) berücksichtigt wird. Der Gegenwert fließt über den Verkauf der Produkte als *Einzahlung* (Erlös) und zum Teil als *Ertrag* in das Unternehmen zurück. Gleiches gilt für die Inanspruchnahme von *Fremdleistungen*.

Durch die *zeitliche Trennung* von *Ausgabe und Auszahlung* (Lieferantenkredit, Kauf auf Ziel) kann der *Liquiditätsbedarf reduziert* werden. Die zeitliche Trennung von *Einnahme und Einzahlung* (Kundenkredite) *erhöht* den Liquiditätsbedarf. Über den *Dispositionskredit* der Bank können Liquiditätsengpässe bewältigt werden.

6.2   Investitionsentscheidungen

Eine Investition ist die *Bindung liquider Mittel* in Vermögensgegenständen. Nach dem Anlass für die Investition werden *Erstinvestitionen* (Errichtung eines neuen Unternehmens oder Betriebsteils) und *Folgeinvestitionen* (Ersatz, Erhaltung, Erweiterung, Umstellung) unterschieden.

Praxisbeispiele Investitionsarten

Errichtungsinvestition: Zwei Fachinformatiker und ein Informatikkaufmann erwerben Hardware, Software und Büroeinrichtung, um die Xbix GbR zu gründen, eine kleine IT-Support-Firma.

Ersatzinvestition: Ein Hersteller von PC-Gehäusen ersetzt eine stark reparatur-anfällige, inzwischen abgeschriebene Blechformanlage durch eine neue, leistungs-fähigere.

Erhaltungsinvestition: Ein Produzent von Festplatten lässt die Reinraum-Filteranlagen warten und instandhalten. Vor allem müssen die Filtersiebe gereinigt werden.

Umstellungsinvestition: Die Stadtverwaltung einer Landeshauptstadt stellt die Client-PC-Betriebssysteme von Windows auf Linux um.

Immaterielle Investition: Ein Produzent von Festplatten startet ein Forschung-sprojekt zur Erhöhung der Kapazität bei gleicher Bauform durch Perpendicular Recording (vertikale Ausrichtung der Magnetpartikel).

Sachinvestition: Ein PC-Discounter erweitert seinen Fuhrpark um fünf Lkws, um die gestiegene Nachfrage befriedigen zu können.

Finanzinvestition: Ein Prozessorhersteller erwirbt die Aktienmehrheit an einem Festplattenproduzenten, um Verbundvorteile zu nutzen.

Investitionsentscheidungen ergeben sich aus der *Marketingstrategie* und der *Produktionsplanung*. Die erwartete Absatzmenge bestimmt die zu produzierende Menge und damit die Kapazität der anzuschaffenden Produktionsanlage. Die geplante *Nutzungs-dauer* der Anlage wird an der *Langfristplanung* des Unternehmens ausgerichtet, bzw. am erwarteten *Produktlebenszyklus*. Der *optimale Ersatzzeitpunkt* einer Anlage ist dann erreicht, wenn die neu zu beschaffende Anlage wirtschaftlicher ist als die bisherige.

Investitionsrechenverfahren

Stehen zwei oder mehrere *alternative Investitionsprojekte* zur Auswahl, kann mit Hilfe der *Investitionsrechenverfahren* die bestmögliche Entscheidung getroffen werden.

Kostenvergleichsrechnung

Die *Kostenvergleichsrechnung* stellt dazu z. B. für eine bestimmte Produktionsmenge die *durchschnittlichen Produktionskosten* auf zwei alternativen Anlagen gegenüber. Favorit ist die Produktionsanlage, auf der die angestrebte Menge kostengünstiger produziert werden kann.

Wichtig dabei ist die *Beachtung des TCO-Ansatzes* (total costs of ownership): Es sind alle Kosten inklusive Aufbau, Installation und Verschrottung der Anlage einzubeziehen. Bei der *Anschaffung von Servern* müssen z. B. auch *Administrationskosten* als Mannstunden mit einbezogen werden. Kosten, die bei beiden Alternativen gleich sind oder unabhängig von der Investition anfallen, brauchen nicht berücksichtigt zu werden. Nur die für die alternativen Investitionen *relevanten Kosten* spielen für die Entscheidung eine Rolle.

Bei der Kostenvergleichsrechnung wird davon ausgegangen, dass das auf der Anlage produzierte Gut *den gleichen Erlös* einbringt, unabhängig davon, für welche Anlage man sich entscheidet.

Gewinnvergleichsrechnung

Eine *Gewinnvergleichsrechnung* ist erforderlich, wenn das produzierte Gut je nach Anlage unterschiedliche *Qualität* hat und daher die erzielbaren *Verkaufspreise abweichen*. Zur Betrachtung der Kosten muss daher eine *Erlösbetrachtung* hinzutreten. Dann wird der durchschnittlich erzielbare *Gewinn* (Erlös minus Kosten) beider Alternativen *verglichen*.

Rentabilitätsvergleichsrechnung

Ist zudem noch der erforderliche *Kapitaleinsatz* (Anschaffungskosten) unterschiedlich, kann mittels *Rentabilitätsvergleichsrechnung* die rentablere Anlage ermittelt werden. Dazu wird der *Gewinn im Verhältnis zum Kapitaleinsatz* betrachtet.

Die *Anschaffungskosten* werden als *Abschreibung* über die tatsächlich erwartete *Nutzungsdauer* der Anlage verteilt und bilden so einen *Teil der fixen Kosten*.

Statt der Anschaffungskosten lässt sich auch das *durchschnittlich gebundene Kapital* als Berechnungsgrundlage verwenden, da die über den Umsatz verdienten Abschreibungen das am Anfang eingesetzte Kapital nach und nach freisetzen.

Amortisationsrechnung

Die *Amortisationsrechnung* ist eine Zeitraumbetrachtung, die insbesondere bei risikoreichen Investitionen (z. B. im unsicheren Ausland) eingesetzt wird. Die *Anschaffungskosten* werden *durch* den *jährlichen Gewinn* geteilt und ergeben so die Dauer (in Jahren), bis die Investition sich selbst abbezahlt (amortisiert) hat. Man spricht auch von der *Pay-off-Periode*.

Praxisbeispiel Investitionsrechnung Ein großer Festplattenhersteller fertigt auf fünf Fertigungsstraßen in Reinraumtechnologie verschiedene Serien von Festplatten (Parallelproduktion). Als Erweiterungsinvestition soll eine weitere Fertigungsstraße beschafft werden. Dazu stehen zwei Alternativen zur Auswahl:

Kostenvergleichsrechnung:	Alternative I	Alternative II
fixe Kosten (jährlich)	1.000.000 Euro	1.750.000 Euro
Kapazität (jährlich)	100.000 Stück	130.000 Stück
variable Kosten pro Stück	50 Euro	40 Euro

Die Marketingabteilung meldet eine durchschnittlich absetzbare Menge von 90.000 Stück pro Jahr.

	90.000 x 50 Euro = 4.500.000 Euro	90.000 x 40 Euro = 3.600.000 Euro
variable Kosten (jährlich)	90.000 x 50 Euro = 4.500.000 Euro	90.000 x 40 Euro = 3.600.000 Euro
Gesamtkosten (fixe + variable)	5.500.000 Euro	5.350.000 Euro

Die Kostenvergleichsrechnung ergibt, dass Alternative II günstiger ist.

Gewinnvergleichsrechnung: Durch eine Kundenbefragung hat die Marketingabteilung die folgenden erzielbaren Verkaufspreise für die mit leichten Qualitätsunterschieden auf den beiden Alternativen produzierten Festplatten ermittelt:

	Alternative I	Alternative II
Marktpreis je Festplatte	150 Euro	140 Euro
Erlös (bei 90.000 Stück)	13.500.000 Euro	12.600.000 Euro
Gewinn (Erlös minus Kosten)	8.000.000 Euro	7.250.000 Euro

Alternative I weist einen um 750.000 Euro höheren Gewinn aus.

Rentabilitätsvergleichsrechnung: Die Anschaffungskosten inklusive Einrichtungskosten für die beiden alternativen Anlagen ergeben den folgenden Kapitalbedarf:

	Alternative I	Alternative II
Anschaffungskosten (Kapital)	32.800.000 Euro	38.350.000 Euro
$\text{Rentabilität} = \dfrac{\text{Gewinn} * 100}{\text{Kapital}}$	24,39 %	18,90 %

Alternative I ist rentabler als Alternative II.

Amortisationsrechnung:

	Alternative I	Alternative II
$\text{Amortisationsdauer} = \dfrac{\text{Anschaffungskosten}}{\text{Gewinn pro Jahr}}$	4,1 Jahre	5,29 Jahre

Alternative I hat eine kürzere Amortisationsdauer als Alternative II und ist deshalb zu bevorzugen, da das Kapital schneller zurückfließt.

Die Geschäftsleitung entscheidet sich aufgrund der Berechnungen für Alternative II, da bei einer Produktionsmenge von 90.000 Festplatten bei Alternative I die Auslastung bereits 90 Prozent beträgt und damit wenig Spielraum besteht, wenn der Markt mehr Festplatten nachfragt.

Ferner wird im Rahmen einer Werbeaktion versucht, die Zahlungsbereitschaft der Konsumenten durch Hinweis auf die besondere Qualität der neuen Festplatte (über die Werbebotschaft Ausfallsicherheit) zu erhöhen.

Höhe des Finanzierungsbedarfs
ergibt sich aus der Finanzplanung.
Die *Kosten von Investitionsprojekten* sind oft schwierig zu schätzen. Es muss daher genügend Spielraum eingeplant werden.
Herkunft der Finanzmittel
Innenfinanzierung (aus dem Umsatz) oder *Außenfinanzierung* (Mittelzuführung von außen)?
Eigenfinanzierung oder *Fremdfinanzierung* (rechtliche Stellung der Kapitalgeber)?
Kriterien sind die *Finanzierungskosten*, Höhe und Zeitpunkt der *Rückzahlungsverpflichtung* und die erwartete *Einflussnahme* des Kapitalgebers.
Zeitpunkt der Finanzierungsmaßnahmen
Zum Zeitpunkt, *in dem die Mittel benötigt werden*, müssen sie auch bereit stehen, sonst kommt es zu Engpässen. Der (teure) *Dispositionskredit* ermöglicht es, Spitzen auszugleichen.
Fristigkeit der Finanzierungsmaßnahmen
kurzfristig (zur Überbrückung von Engpässen), mittelfristig oder langfristig.
Kongruenzprinzip: Die Kreditlaufzeit soll sich an der Nutzungsdauer der Anlage orientieren.

Abb. 6.3 Übersicht Finanzierungsentscheidungen

Kapitalwertmethode

Die bisher vorgestellten Verfahren arbeiten mit *jährlichen Durchschnittsgrößen*. Gemäß *Produktlebenszyklus* nehmen jedoch die Größen Umsatz, Kosten und Gewinn im Zeitablauf zu und wieder ab.

Andere Investitionsrechenverfahren, insbesondere die *Kapitalwertmethode*, berücksichtigen den zeitlich unterschiedlichen Anfall von Ein- und Auszahlungen, indem sie über eine *Zinseszinsrechnung* den heutigen Wert zukünftiger Zahlungen (Barwert) ermitteln.

Barwert

Der *heutige Wert einer zukünftigen Zahlung* ist der Betrag, den man heute zu einem bestimmten *Zinssatz* anlegen müsste, um zum zukünftigen Zeitpunkt *mit Zinseszinsen* den *Wert der zukünftigen Zahlung* zu erreichen. Als Zinssatz wird ein üblicher Marktzins genommen.

6.3   Finanzierung

Finanzierung ist die *Beschaffung finanzieller Mittel* für Unternehmenszwecke. *Ziel* von Finanzierungsentscheidungen ist es, die *Liquidität* (Zahlungsfähigkeit) des Unternehmens zu *sichern* sowie *Mittel für* anstehende *Investitionen* zu *beschaffen*, und dies zu möglichst niedrigen Kosten (*Minimalprinzip*). Dazu muss über die folgende Aspekte entschieden werden (Abb. 6.3):

	Innenfinanzierung	Außenfinanzierung
Eigenfinanzierung	Einbehaltung von Gewinnen, Abschreibung	Beteiligungsfinanzierung, z. B. Ausgabe von Aktien
Fremdfinanzierung	Bildung von Rückstellungen	Kreditaufnahme (Darlehen)

Abb. 6.4 Übersicht Herkunft der Finanzmittel

Höhe und Dauer des Finanzierungsbedarfs bestimmen die Herkunft der Finanzierungsmittel und damit auch die Kosten der Kapitalbeschaffung. Weitere Kriterien sind die Größe und die wirtschaftliche Lage des Unternehmens. Große Unternehmen haben Zugang zu den organisierten Kapitalmärkten (Aktienbörsen). Aus Sicht des Kapitalgebers spielen die wirtschaftliche Lage und die Zukunftserwartungen eine wichtige Rolle (Kreditwürdigkeit, erwartete Kursgewinne) (Abb. 6.4).

Praxisbeispiel Herkunft der Finanzmittel

Die Ewald GmbH ist ein mittelständisches Unternehmen mit Sitz in Bergmannsthal, das im Kundenauftrag PCs zusammenbaut und nach Kundenwunsch konfiguriert. Sie bezieht ihr Kapital aus verschiedenen Quellen.

Eigenfinanzierung als

- *Innenfinanzierung*: Aus dem Gewinn (Jahresüberschuss) des letzten Geschäftsjahres wurde keine Ausschüttung an die Gesellschafter vorgenommen. Zusammen mit den Abschreibungsgegenwerten konnte so aus dem Umsatzprozess ein stabiler freier Cash-Flow für die geplanten Erweiterungsinvestitionen gewonnen werden.
- *Außenfinanzierung*: Es wurde ein weiterer Gesellschafter mit der Einlage von 30.000 Euro in die Ewald GmbH aufgenommen. Dazu wurde das Kapital der GmbH entsprechend erhöht.

Fremdfinanzierung als

- *Innenfinanzierung*: Die Geschäftsführung der Ewald GmbH hat allen Mitarbeitern mit mehr als fünf Jahren Unternehmenszugehörigkeit eine betriebliche Altersrente zugesagt. Die dazu später notwendigen Beträge werden in einer Rückstellung angespart und können bis dahin anderweitig eingesetzt werden.
- *Außenfinanzierung*: Die Ewald GmbH hat bei ihrer Hausbank mehrere Langfristdarlehen laufen und verfügt über einen Dispositionskredit, mit dem Liquiditätsengpässe überbrückt werden können. Vor kurzem wurde ein anhaltender Sollsaldo auf dem Geschäftskonto mittelfristig umfinanziert. Das Kreditinstitut möchte quartalsweise Umsatzzahlen der Ewald GmbH sehen.

6.3.1   Innenfinanzierung

Die kostengünstigste Finanzierungsform ist die *Innenfinanzierung*: Aus den *Umsatzer-lösen* werden *überschüssige Mittel* gewonnen und können für Unternehmenszwecke eingesetzt werden. Zudem gibt es *keine Einflussnahme* von außen auf die Entscheidungen der Unternehmensführung. *Umsatzerlöse* stellen einen *Zahlungsmittelzufluss* dar. Davon abgezogen werden alle *Zahlungsmittelabflüsse* (Aufwand, der mit Auszahlung verbunden ist, aber auch Tilgung von Krediten, Gewinnausschüttungen, etc.). Die verbleibenden Zahlungsmittel werden als *freier Cash-Flow* bezeichnet und stehen *für Investitionen* (Mittelverwendung) zur Verfügung.

Gewinnthesaurierung

Bei *Kapitalgesellschaften* (AG, GmbH) erwarten die Gesellschafter *Gewinnaus-schüttungen*. Bei *Personengesellschafter* entnehmen die Gesellschafter Kapital für ihre private Lebensführung (*Entnahmen*). Der Restgewinn wird einbehalten (*Gewinnthe-saurierung*).

Abschreibung

Abschreibungen stellen *Aufwand* dar, der *nicht* mit einem Zahlungsmittelabfluss (einer *Auszahlung*) verbunden ist. Die Verteilung der Anschaffungskosten auf die Nutzungs-dauer ist ein (gesetzlich erlaubter) *Buchungstrick am Jahresende*, durch den der *Gewinn reduziert* wird, ohne die Kasse zu belasten.

Rückstellung

Rückstellungen werden gebildet, wenn *in der Zukunft eine Belastung* auf das Unterneh-men zukommt, die noch *nicht genau vorhersehbar* ist. Droht dem Unternehmen ein *Prozess* oder hat man den Mitarbeitern eine zusätzliche *betriebliche Altersversorgung* zugesagt, ist eine *Instandhaltung* bald notwendig, so können aus den Umsatzerlösen entsprechende Beträge als Aufwand ohne (jetzige) Auszahlung entnommen werden, die zur Verfügung stehen, bis die Belastung tatsächlich auftritt; ein (gesetzlich erlaubter) *Buchungstrick*, durch den der *Gewinn reduziert* wird, ohne die Kasse zu belasten.

6.3.2   Beteiligungsfinanzierung

Bei der Außenfinanzierung als *Eigenfinanzierung* sind die Kapitalgeber rechtlich *Miteigentümer* des Unternehmens. Daraus ergibt sich das Bedürfnis, auf die Unterneh-mensführung *Einfluss* zu nehmen, z. B. über die Hauptversammlung bei Aktienge-sellschaften. Es besteht jedoch *kein Anspruch* auf Gewinnausschüttung oder Rückzahlung des Kapitals (Abb. 6.5).

Personengesellschaften	
OHG	Die Gesellschafter bringen Teile ihres *Privatvermögens* in das Unternehmen ein. Ein neuer Gesellschafter wird an der *Geschäftsführung* beteiligt.
KG	Ein neuer Gesellschafter kann als *Kommanditist* aufgenommen werden. Er hat *keine Geschäftsführungsbefugnis*, aber ein Informationsrecht.
Kapitalgesellschaften	
GmbH	Die vorhandenen Gesellschafter schießen Kapital nach (*Nachschusspflicht* ist evtl. im Gesellschaftsvertrag vereinbart). Die Gesellschafter beschließen eine *Kapitalerhöhung*, damit über zusätzlich ausgegebene Anteile neue Gesellschafter in das Unternehmen aufgenommen werden können. Einflussnahme der Gesellschafter nur über die *Gesellschafterversammlung*
AG	Die *Aktionäre* beschließen auf der Hauptversammlung eine *Kapitalerhöhung*. Die zusätzlichen Aktien bringen neues Kapital. Einflussnahme der Aktionäre nur über die *Hauptversammlung*

Abb. 6.5 Übersicht Beteiligungsfinanzierung

going public

Börsennotierte Aktiengesellschaften (Publikumsgesellschaften) können über die *Kapitalerhöhung* und Verkauf der neuen Aktien über Banken *große Kapitalbeträge* beschaffen (Aktienemission). Sie unterliegen *strengen gesetzlichen Auflagen* und müssen die Anleger auch davon überzeugen, dass der Aktienkauf sich lohnt. Der *Börsengang* einer Aktiengesellschaft (going public) und auch die *Emission* von Aktien bei einer Kapitalerhöhung ist mit hohen Kosten verbunden, insbesondere die sogenannte *Konsortialgebühr*, die die Banken als Entgelt für ihre Dienste nehmen.

Gedruckt werden *Aktien* nicht mehr, sie werden nur noch *in elektronischer Form* (Girosammeldepot) verbucht (Abb. 6.6).

Risikokapital

Eine besondere Form der Beteiligungsfinanzierung *für junge Unternehmen* (start ups) ist die *Wagnisfinanzierung* mittels *Venture Capital*. Die *Kapitalgeber* (meist darauf spezialisierte Unternehmen) *riskieren* für erfolgversprechende Innovationen *große Verluste*, um im Falle des Erfolgs kräftige Gewinne mitzunehmen. Sie stellen zunächst *kostenlos Risikokapital* zur Verfügung und *nehmen aktiv beratend Einfluss* auf die Geschäftsführung, um bei Erfolg über einen *Börsengang* des Unternehmens ihr eingesetztes Kapital mit gutem Gewinn zurückzuerhalten (Abb. 6.7).

Vor der Kapitalbereitstellung wird die *Idee* des jungen Unternehmers *auf Marktfähigkeit geprüft*. Gelingt es wider Erwarten nicht, das Unternehmen erfolgreich an der Börse zu platzieren, muss ein *hoher Verlust* bewältigt werden. Venture-Capital-Gesellschaften *streuen* daher ihr Kapital über verschiedene Unternehmen und Branchen, um das *Risiko* zu verteilen. Die meist hohen Gewinne lassen gelegentliche Verluste verschmerzen.

nach der Übertragbarkeit	
Inhaberaktien	Übertragung durch *Einigung und Übergabe*.
	Aktieninhaber ist der AG nicht unbedingt bekannt.
Namensaktien	Aktieninhaber ist im *Aktienbuch* eingetragen.
	Werden zur Pflege der Beziehung zu den Aktionären (*Investor Relationship Management*) immer beliebter.
vinkulierte Namensaktien	Übertragung nur mit *Genehmigung der AG*, dienen dem Schutz vor feindlicher Übernahme.
nach dem Umfang der verbrieften Rechte	
Stammaktien	Aktien mit den im Aktiengesetz definierten *Aktionärsrechten*, vor allem Stimmrecht
Vorzugsaktien	Aktien mit *zusätzlichen Rechten*, z. B. *höhere Dividende* (Gewinnausschüttung), das *Stimmrecht* kann *eingeschränkt* sein.
nach der Zerlegung des Grundkapitals	
Nennbetragsaktien	Jede Aktie verbrieft einen *festen Eurobetrag*, z. B. 5 Euro.
	Die Summe der Beträge aller ausgegebenen Aktien bildet das *Grundkapital* (gezeichnetes Kapital).
Stückaktien	Jede Aktie verbrieft einen *prozentualen Anteil* am Grundkapital.

Abb. 6.6 Übersicht Arten von Aktien

1. Kapitalsammelphase
Der Venture-Capital-Geber beteiligt sich aufgrund eines Vertrages direkt an dem Unternehmen (*Eigenkapital*) oder stellt sein Kapital einer Finanzierungsgesellschaft zur Verfügung.
2. Investitionsphase
Die Finanzierungsgesellschaft investiert Eigenkapital in das innovative Unternehmen und berät das Unternehmen in Management-, Marketing- und Organisationsfragen (*Business Angel*)
3. Desinvestitionsphase
Wenn das Geschäft gut angelaufen ist und das Start-up eine gewissen Größe erreicht hat, erfolgt der Börsengang (*going public*). Der Venture-Capital-Geber (bzw. die Finanzierungsgesellschaft) verkauft dabei seinen Anteil mit kräftigem Gewinn (*exit* über die Börse).

Abb. 6.7 Übersicht Venture Capital

6.3.3   Kreditfinanzierung

Bei der Außenfinanzierung als *Fremdfinanzierung* sind die Kapitalgeber *Gläubiger*. Daraus ergibt sich der Anspruch auf *Verzinsung* des Kapitals *und Rückzahlung*. Auch Gläubiger, insbesondere Banken, versuchen, Einfluss auf die Unternehmensführung zu nehmen, um die Zins- und Tilgungszahlungen zu sichern.

kurzfristige Fremdfinanzierung	
Lieferantenkredit	Von Lieferanten gewährte *Zahlungsziele* werden in Anspruch genommen. Nicht genutzter *Skontoabzug* ist *Zinsaufwand*.
Kundenanzahlung	Kunde zahlt einen *Teilbetrag vor* Erbringung der *Leistung* oder nach Teilleistungen. Kann auch zur *Absicherung* des Zahlungseingangs eingesetzt werden.
Kontokorrentkredit	Mit einem *Kreditinstitut* wird ein *Kreditrahmen* vereinbart, die Inanspruchnahme schwankt im Zeitablauf. Auch als *Dispositionskredit* bezeichnet. Wird der Rahmen überschritten: *Überziehungskredit*.
mittel- bzw. langfristige Fremdfinanzierung	
Annuitätendarlehen	Darlehen mit *jährlich gleichbleibender Zahlung* (= Annuität), die sich aus einem *sinkenden Zinsanteil* und einem *steigenden Tilgungsanteil* zusammensetzt.
Tilgungsdarlehen	Darlehen mit *jährlich gleichbleibender Tilgung*, die *Zinsen* werden jeweils *auf die Restschuld* berechnet und *sinken* daher im Zeitablauf.
Festdarlehen	Darlehen mit *Tilgung in einem Betrag* am Ende der Laufzeit. Während der Laufzeit sind nur (gleichbleibende) *Zinszahlungen* zu leisten.

Abb. 6.8 Übersicht Kreditarten

Darlehensvertrag

Rechtlich liegt einem Kredit ein *Darlehensvertrag* gem. *§ 488 BGB* zugrunde. Der *Darlehensgeber* verpflichtet sich, den vereinbarten *Geldbetrag* zur Verfügung zu stellen. Der *Darlehensnehmer* verpflichtet sich, den geschuldeten *Zins* zu zahlen und bei *Fälligkeit* das Darlehen zurückzuerstatten.

Jeder *Kreditvertrag* enthält daher grundsätzlich die *Kreditsumme*, Höhe und Fälligkeit der *Zinsen* und die Fälligkeit(en) der *Rückzahlung*. Weitere Inhalte können der *Verwendungszweck* und die *Kreditbesicherung* sein.

Aus dem *Kongruenzprinzip* (Anpassung der Kreditlaufzeit an den Zweck der Mittelverwendung) ergibt sich die Unterscheidung in kurzfristige und mittel- bzw. langfristige *Kreditarten* (Abb. 6.8).

Praxisbeispiel Annuitätendarlehen

Die Xbix GbR hat für die Geschäftsgründung von ihrer Bank ein Annuitätendarlehen in Höhe von 10.000 Euro, Auszahlung 100 Prozent, Laufzeit 4 Jahre, 6 Prozent Nominalzins erhalten, besichert durch die Bürgschaft eines wohlhabenden Verwandten:

Jahr	Restschuld	Tilgung	Zinsen	Annuität
1	10.000,00	2.285,91	600,00	2.885,91
2	7.714,09	2.423,06	462,85	2.885,91
3	5.291,03	2.568,45	317,46	2.885,91
4	2.722,58	2.722,58	163,35	2.885,93
	0,00		0,00	

Die Annuität wird finanzmathematisch ermittelt, in Tabellenkalkulationsprogrammen über die Funktion RMZ (regelmäßige Zahlung).

Der Unterschied zwischen kurzfristig, mittelfristig und langfristig ist nicht eindeutig definiert. Nach den *Rechnungslegungsvorschriften* des HGB *für Kapitalgesellschaften* gilt folgende Abgrenzung:

kurzfristig	**mittelfristig**	**langfristig**
bis *ein* Jahr	*ein* bis *fünf* Jahre	länger als *fünf* Jahre

Schuldverschreibung
Große Unternehmen können langfristige Kreditmittel auch *über die Börse* beschaffen. Dazu wird durch die Banken eine *Schuldverschreibung* (Obligation, Anleihe) in Umlauf gebracht, in kleiner *Stückelung*, z. B. 100.000 Anteile für je 100 Euro, um eine breite Streuung zu erreichen.

Fördermittel
Eine weitere Möglichkeit ist die Mittelbeschaffung bei *öffentlichen Förderbanken*, z. B. der Kreditanstalt für Wiederaufbau (*www.kfw.de*) für bestimmte *Zwecke*, z. B. Umweltschutzinvestitionen, i. d. R. ohne Besicherung und mit *niedrigen Zinsen*. Zu unterscheiden sind *Fördermittel* (müssen zurückgezahlt werden) von staatlichen *Zuschüssen* (müssen nicht zurückgezahlt werden).

Leasing
Leasing wird der Fremdfinanzierung zugerechnet, auch wenn es sich rechtlich um einen *Mietvertrag* handelt. Der *Leasingnehmer* wird *Besitzer*, der *Leasinggeber* bleibt *Eigentümer* des Leasinggutes.
Der Kauf entfällt und damit die Notwendigkeit, Mittel zu beschaffen. Ferner verfügt man über die *neueste Technik* und bei einem Schaden oder *Defekt* des Leasinggutes stellt der Leasinggeber sofort *Ersatz* (sofern im Leasingvertrag so vereinbart).
Nachteil ist die monatliche Belastung durch die *Leasingrate*, die aus dem Umsatzprozess erwirtschaftet werden muss. Ein Leasingvertrag kann unterschiedlich ausgestaltet sein, z. B. mit *Kaufoption* oder *Mietverlängerungsoption* am Ende der *Grundmietzeit*.

Factoring

Auch *Factoring* (Verkauf von Forderungen) kann als Form der Fremdfinanzierung betrachtet werden. Das Unternehmen verkauft *offene Kundenrechnungen* an ein Factoring-Unternehmen und bekommt den *Rechnungsbetrag* abzüglich Gebühren *sofort gutgeschrieben.*

Kaufmännisch denken in Bezug auf *Leasing* oder *Factoring* bedeutet, die Vorteile und die Kosten der *Alternative Bankkredit* gegenüberzustellen. Dies gilt auch für den *Lieferantenkredit* statt Skontozahlung. Alle Varianten sind i.d.R. teurer als ein Bankkredit, können bei *Liquiditätsengpässen* jedoch Erleichterung verschaffen.

Praxisbeispiel Kauf oder Leasing

Die Xbix GbR überlegt, ob sie ein Kopiergerät leasen oder kaufen soll. Das Unternehmen kalkuliert mit 120.000 Kopien pro Jahr. 1000 Blatt Kopierpapier kosten 7,00 €.

Konditionen zum Leasing: Monatliche Grundmiete 220 €, monatliche Zusatzgebühr für Sorter 30 €. Je Monat sind 7.500 Kopien in der Grundmiete enthalten. Ab der 7.501 Kopie kostet jede Kopie 2 Cent. Kopierpapier wird nicht gestellt.

$$\text{Jährliche Kosten beim Leasing:} \qquad (220 + 30) \times 12 = 3.000$$

$$3.000 \text{ €} + 600 \text{ €} = 3.600 \text{ €} \qquad 30.000 \times 0{,}02 = 600$$

7.500 Kopien im Monat sind 90.000 Kopien pro Jahr. Da insgesamt mit 120.000 Kopien gerechnet wird, müssen für 30.000 zusätzliche Kopien zusätzliche Kosten berechnet werden.

Angaben zum Kauf: Anschaffungspreis 8.000 €, Nutzungsdauer 4 Jahre, Finanzierung über ein Tilgungsdarlehen zu 5 % p. a., Auszahlung 100 %; ferner Abschluss eines Vollwartungsvertrags mit 800 € p. a.

$$\text{Jährliche Kosten beim Kauf:} \qquad \frac{8.000}{4} = 2.000 \qquad \frac{8.000}{2} \times 5\,\% = 200$$

$$2.000 \text{ €} + 200 \text{ €} + 800 \text{ €} = 3.000 \text{ €}$$

Bei einer Nutzungsdauer von 4 Jahren beträgt die jährliche Abschreibung 25 Prozent der Anschaffungskosten (2.000 €). Das Darlehen wird binnen vier Jahren getilgt (Kongruenzprinzip), daher fallen im Durchschnitt pro Jahr 200 € Zinsen an.

Der Vorteil des Kaufs beträgt 600 €.

Die Kosten für das Kopierpapier fließen in die Entscheidung nicht mit ein, da sie für beide Alternativen gleich hoch sind.

Disagio

Ist bei einem Darlehen der *Auszahlungsbetrag kleiner als* die vereinbarte *Darlehenshöhe*, so wird die Differenz als *Disagio oder Damnum* bezeichnet. Dies sind *vorwegbezahlte Zinsen*, und der im Kreditvertrag vereinbarte *Nominalzins* ist kleiner als bei einem

Darlehen mit 100 Prozent Auszahlung. Der *Effektivzins*, d. h. der Zins im Verhältnis zum Auszahlungsbetrag ist höher als der Nominalzins. Ein Disagio kann in der Bilanz *aktiviert* und über die Laufzeit des Kredits *abgeschrieben* werden (siehe 7.2).

Ein *Disagio* kann durch ein *Tilgungsstreckungsdarlehen* finanziert werden, wenn der Kreditnehmer den *vollen Kreditbetrag* in Anspruch nehmen möchte. Das Tilgungsstreckungsdarlehen ist *vor Tilgung des Hauptdarlehens* zurückzuzahlen.

NADL-Formel

Die *Höhe des Effektivzinses* kann nach der folgenden Formel (NADL-Formel) berechnet werden:

$$\text{Effektivzins} = \frac{\text{Nominalzins} + \frac{\text{Disagio}}{\text{Laufzeit}}}{\text{Auszahlung}} = \frac{\mathbf{N} + \frac{\mathbf{D}}{\mathbf{L}}}{\mathbf{A}}$$

Praxisbeispiel Effektivzins

Der Ewald GmbH liegen zur Finanzierung einer Investition folgende drei Darlehensangebote verschiedener Banken vor.

Nr.	Bank	Nominalzins	Auszahlung	Laufzeit
1.	Sparberg-Bank	6,000 %	98 %	10
2.	Hutschmayer & Söhne	5,540 %	97 %	5
3.	HypoClub-Bank	6,300 %	100 %	7

Folgende Effektivzinsberechnung ergab, dass Angebot Nr. 3 das günstigste ist, da dort der Zins mit 6,3 % unter den Effektivzinsen der anderen Angebote liegt:

$$\text{Nr. 1: } \frac{6 + \frac{2}{10}}{98} = 6{,}327 \% \qquad \text{Nr. 2: } \frac{5{,}54 + \frac{3}{5}}{97} = 6{,}33 \%$$

Es gibt in Theorie und Praxis *verschiedene*, zum Teil sehr komplizierte *Formeln* zur Berechnung des Effektivzinses. Eine andere *Praktikerformel* ist die folgende:

$$\text{Effektivzins} = \frac{\text{Nominalzins}^* \ 100}{\text{Auszahlung}} + \frac{\text{Disagio}}{\text{Laufzeit}} = \frac{\mathbf{N}^*100}{\mathbf{A}} + \frac{\mathbf{D}}{\mathbf{L}}$$

$$\text{Nr. 1: } \frac{6\,\% * 100}{98\,\%} + \frac{2}{10} = 6{,}32 \% \qquad \text{Nr. 2: } \frac{5{,}54\,\% * 100}{97\,\%} + \frac{3}{5} = 6{,}31 \%$$

Die *Unterschiede* im Ergebnis sind *geringfügig*. Wenn mit „*mal 100*" gerechnet wird, muss man den Zinssatz und die Auszahlung *in Prozent* angeben. „*Pro-cent*" steht für

„durch Hundert", daher kann man statt *6 %* auch schreiben: *0,06* und statt *98 %* heißt es dann *0,98*. Der Effektivzins muss etwas über dem Nominalzins liegen.

Kaput-Formel

Bei *kurzfristigen Krediten* muss zur Berechnung der Zinsbelastung die *Laufzeit in Tagen* verwendet werden. Dazu dient die folgende Formel, auch *Kaput-Formel* (Kapital × Prozent × Tage) genannt:

$$\text{Zinsbetrag} = \frac{\text{Kreditbetrag} \times \text{Zinssatz} \times \text{Tage}}{100 \times 360}$$

Das *Bankjahr* hat *360 Tage*. Bei Bedarf kann die Formel umgestellt werden:

$$\text{Kreditbetrag} = \frac{\text{Zinsbetrag} \times 100 \times 360}{\text{Zinssatz} \times \text{Tage}}$$

$$\text{Zinssatz} = \frac{\text{Zinsbetrag} \times 100 \times 360}{\text{Kreditbetrag} \times \text{Tage}}$$

$$\text{Tage} = \frac{\text{Zinsbetrag} \times 100 \times 360}{\text{Zinssatz} \times \text{Kreditbetrag}}$$

Alternativ können auch erst alle gegebenen Werte in die Ausgangsformel eingegeben werden und dann kann sie nach der gesuchten Größe aufgelöst werden.

Praxisbeispiele Zinsberechnung

Die Ewald GmbH erwägt, eine Lieferantenrechnung in Höhe von 10.000 € später zu zahlen. Sie könnte bei Zahlung binnen 10 Tagen 2 Prozent Skonto abziehen, muss spätestens nach 30 Tagen zahlen. Die Hausbank ist bereit, der Ewald GmbH, deren Liquiditätslage zurzeit sehr eng ist, einen Überziehungskredit zu 14 % zu gewähren.

$$\text{Zinsbetrag} = \frac{\text{Kreditbetrag} \times \text{Zinssatz} \times \text{Tage}}{100 \times 360} = \frac{9.800 \times 14 \times 20}{100 \times 360} = 76,22 \ €$$

Der Vorteil des Überziehungskredits liegt bei 123,78 €. Zudem wird der Lieferant nicht den Eindruck gewinnen können, dass die Ewald GmbH Zahlungsschwierigkeiten hat.

Die Xbix GbR hat bei ihrer Bank am 12.06.2006 für eine Investition kurzfristig 18.000 € aufgenommen. Sie zahlt den Betrag am 27.09.2006 zurück. Die Bank berechnet Zinsen in Höhe von 293,25 €. Zu welchem Zinssatz (p. a.) hat die Hausbank den Kredit berechnet?

$$\text{Zinssatz} = \frac{\text{Zinsbetrag} \times 100 \times 360}{\text{Kreditbetrag} \times \text{Tage}} = \frac{293,25 \times 100 \times 360}{18.000 \times 105} = 5,59 \ \%$$

Für eine Investition hat die Pinchmayer Servertechnik AG bei ihrer Hausbank kurzfristig 378.000 Euro zu einem Zinssatz von 4,55 Prozent aufgenommen. Das Darlehen wurde einschließlich der aufgelaufenen Zinsen am 27.09.2006 mit insgesamt 381.344,25 Euro zurückgezahlt. An welchem Tag wurde das Darlehen aufgenommen?

$$\text{Tage} = \frac{\text{Zinsbetrag} \times 100 \times 360}{\text{Zinssatz} \times \text{Kreditbetrag}} = \frac{3.344,25 \times 100 \times 360}{4,55 \times 378.000} = 70$$

Der Zinsbetrag ergibt sich, wenn vom Rückzahlbetrag die Kreditsumme abgezogen wird. 70 Tage sind zwei Monate und 10 Tage. Das Darlehen wurde am 17.07.2006 aufgenommen.

Die Müller Büromaschinen OHG reicht bei ihrer Bank einen Wechsel über 125.000 Euro zum Diskont ein. Die Restlaufzeit beträgt 95 Tage, der dem Kunden berechnete Diskontsatz beträgt 8,5 %. Welchen Betrag erhält der Kunde auf seinem Konto gutgeschrieben?

$$\text{Zinsbetrag} = \frac{\text{Kreditbetrag} \times \text{Zinssatz} \times \text{Tage}}{100 \times 360} = \frac{125.000 \times 8,5 \times 95}{100 \times 360} = 2.803,82 \; €$$

Er erhält 122.196,18 Euro gutgeschrieben. Der nach der Zinsberechnungsformel ermittelte Zinsbetrag wird von der Wechselsumme abgezogen.

Wechsel

Ein *Wechsel* ist ein Wertpapier, das *bei Lieferantenkrediten* eingesetzt wird. Rechtliche Grundlage ist das *Wechselgesetz*. Der Lieferant stellt den Wechsel aus (*Aussteller*), der Zahlungspflichtige unterschreibt den Wechsel als *Bezogener*.

Zahlt er bei Fälligkeit nicht, geht der Wechsel zu *Protest* und binnen weniger Tage wird die *Zwangsvollstreckung* angeordnet, unabhängig davon, ob die Zahlungsverweigerung begründet ist oder nicht.

Wechselzahlung wird dann eingesetzt, wenn der Lieferant sich nicht sicher ist, *ob der Kunde* ausreichend *zahlungsfähig* ist.

Wechsel können bei der Bank zum Diskont eingereicht werden (*Diskontkredit*). Der Betrag wird abzüglich Zinsen dem Konto gutgeschrieben. Am *Fälligkeitstag* legt die Bank den Wechsel dem Bezogenen zur Zahlung vor.

In *Art. 1 Wechselgesetz* sind die *gesetzlichen Pflichtbestandteile* des Wechsels aufgeführt.

Kreditsicherheiten

Kreditgeber (Gläubiger) sichern ihre Ansprüche durch *Kreditsicherheiten*. Der Kreditnehmer wird als *Sicherungsgeber*, der Kreditgeber als *Sicherungsnehmer* bezeichnet. Wichtig ist in diesem Zusammenhang die Unterscheidung zwischen Besitz und Eigentum.

Sicherungsübereignung
Der *Sicherungsgeber* bleibt *Besitzer*, der *Sicherungsnehmer* wird *Eigentümer*, z. B. bei Pkws, Maschinen, Lagerbeständen.
Verpfändung
Der *Sicherungsgeber* bleibt *Eigentümer*, der *Sicherungsnehmer* wird *Besitzer*, z. B. Wertpapiere, Schmuck, Kunstgegenstände.
Grundpfandrechte
Grundstücke: Hypothek und Grundschuld werden ins *Grundbuch* (Abteilung III) eingetragen, beschränken die Verkaufsmöglichkeit.
Zession
Abtretung von Forderungen an Dritte, z. B. Kundenforderungen oder Lebensversicherungen. Die Zession kann *offen* (dem Drittschuldner bekannt gemacht) *oder still* erfolgen.
Bürgschaft
Ein Dritter (*Bürge*) *verspricht Zahlung*, wenn der Kreditnehmer nicht zahlt. Bei der *selbstschuldnerischen Bürgschaft* verzichtet der Bürge auf die *Einrede der Vorausklage*, d. h. darauf, dass vorher erfolglos zwangsvollstreckt wurde.

Abb. 6.9 Übersicht Kreditsicherheiten

Besitz ist die *tatsächliche Verfügungsgewalt* über eine Sache, *Eigentum* die *rechtliche Verfügungsgewalt*. Die folgende *Übersicht* erläutert die wichtigsten Kreditbesicherungsmöglichkeiten (Abb. 6.9).

Unternehmenspraxis

In der *Unternehmenspraxis* spielen vor allem die *Sicherungsübereignung* und die stille *Zession* eine wichtige Rolle. Werden *Pkws* sicherungsübereignet, erhält die Bank die *Fahrzeugbriefe*. Bei *Lagerbeständen* müssen *Bestandslisten* eingereicht werden. Für die *Zession* von Kundenforderungen werden der Bank entsprechende *Listen* vorgelegt. Verfügt das Unternehmen über *Grundbesitz*, kann eine *Grundschuld* eingetragen werden. Die Hypothek ist ungeeignet, da sie mit einem bestimmten Darlehen fest verbunden (akzessorisch) ist, d. h. nur in Höhe der Restschuld verwertet werden kann. Die Eintragung einer Grundschuld ist mit hohen Kosten verbunden, da sie über einen Notar erfolgen muss.

Kreditwürdigkeit

Am Anfang jeder Kreditgewährung steht jedoch die *Prüfung der Kreditwürdigkeit*. Die Kreditwürdigkeit hängt ab von *persönlichen Eigenschaften* des Kreditnehmers und von *sachlichen Voraussetzungen*, insbesondere den *Ertragsaussichten* des Unternehmens. Unabhängig von den vorhandenen Sicherheiten wird ein Kredit nur dann gewährt, wenn der Kreditnehmer fähig und in der Lage ist, ihn auch zurückzubezahlen (Abb. 6.10).

charakterliche Eigenschaften	z. B. Fleiß, Zuverlässigkeit, Ehrlichkeit
fachliche Qualifikation	z. B. Warenkenntnis, Verkaufstalent, technische Begabung
unternehmerische Fähigkeiten	z. B. Menschenführung, Organisationsgabe, Weitblick
persönliche Haftung	z. B. Einzelunternehmen, OHG

Abb. 6.10 Übersicht Merkmale der persönlichen Kreditwürdigkeit

Existenzgründer

Insbesondere bei *Existenzgründern* spielt daher nicht nur das schlüssige *Unternehmenskonzept* mit *Umsatzvorausschau* und realistischer *Kostenschätzung* eine wichtige Rolle, sondern auch Auftreten, Charakter und Persönlichkeit, d. h. die Fähigkeit, das Konzept wirksam in der Praxis umzusetzen.

Banken sind auch Ansprechpartner und erste Prüfungsinstanz, wenn Existenzgründer *Fördermittel*, z. B. von der Kreditanstalt für Wiederaufbau (www.kfw.de) beantragen wollen.

6.4   Finanzplanung

In der *Finanzplanung* werden alle *Investitions- und Finanzierungsalternativen* zusammengetragen und es wird versucht, sie *in Übereinstimmung* zu bringen.

Liquiditätsplanung

Die *kurzfristige Finanzplanung* wird auch als *Liquiditätsplanung* bezeichnet, und zu ihr gehört die *Kontodisposition*, gerade wenn das Unternehmen Konten bei mehreren Banken unterhält. Die Salden auf den Konten werden so verteilt, dass die *Zinskosten minimiert* werden, z. B. muss das Konto, über das die Lohn- und Gehaltszahlungen laufen, zum Zahlungstermin mit genügend Deckung versorgt werden.

Die *langfristige Finanzplanung* kann anhand einer *Bewegungsbilanz* vorgenommen werden (Abb. 6.11).

Die *Bewegungsbilanz* wird auch als *Cash-Flow-Rechnung* bezeichnet. Sie ermittelt anhand der Positionen einer *Bilanz* (siehe 7.2), welche Veränderungen zu *Auszahlungen* (Mittelverwendung) und welche zu *Einzahlungen* (Mittelherkunft) führen. Die linke Seite einer Bilanz (*Aktivseite*) zeigt das *Vermögen*, die rechte Seite (*Passivseite*) das *Kapital* (Abb. 6.12).

Bei der *Mittelherkunft* wird unterschieden zwischen *Innenfinanzierung* (Mittelherkunft aus dem Umsatzprozess) und *Außenfinanzierung* (Mittelzuführung von außen). Jede *Mittelherkunft* ergibt sich aus einer *Aktivminderung* oder aus einer *Passivmehrung*, jede *Mittelverwendung* aus einer *Aktivmehrung* oder aus einer *Passivminderung*.

Jede Veränderung im Unternehmen und in seinem Umfeld kann so in ihrer *finanziellen Auswirkung* erfasst werden.

Mittelherkunft	Mittelverwendung
Aktivminderung, z. B.	Aktivmehrung, z. B.
- Verkauf von Anlagegütern - Abbau der Vorräte (z. B. just in time) - Minderung der Außenstände (z. B. durch Factoring) - Erhöhte Abschreibungen	- Kauf von Anlagegütern - Mehrung der Vorräte (z. B. Nutzung von Mengenrabatten) - Erhöhung der Forderungen (z. B. Kundenkredite als Marketingmaßnahme)
Passivmehrung, z. B.	Passivminderung, z. B.
- Aufnahme neuer Gesellschafter - Erhöhung der Gewinnrücklagen - Erhöhung von Rückstellungen - Aufnahme von Darlehen - Höhere Inanspruchnahme von Lieferantenzielen	- Kapitalherabsetzung - Gewinnausschüttung - Auflösung von Rückstellungen - Tilgung von Darlehen - Vermehrte Skonto-Nutzung bei Lieferanten

Abb. 6.11 Übersicht Bewegungsbilanz

Aktiva	Passiva
Anlagevermögen	Eigenkapital
- Lizenzen und Patente - Sachanlagen - Beteiligungen Umlaufvermögen	- gezeichnetes Kapital - Kapitalrücklage - Gewinnrücklagen Rückstellungen
- Vorräte - fertige Erzeugnisse - Forderungen - Kasse, Bankguthaben	Verbindlichkeiten - ggü. Banken - ggü. Lieferanten

Abb. 6.12 Übersicht Bilanzgliederung

Praxisbeispiel Bewegungsbilanz

Ein mittelgroßer Hersteller von PC-Komponenten nimmt anhand einer Bewegungsbilanz die Finanzplanung für die nächsten fünf Jahre vor (Auszüge):

Ein nicht genutztes Grundstück soll verkauft werden (Minderung der Sachanlagen = Mittelherkunft), um eine neue Produktionsanlage zu kaufen (Mehrung der Sachanlagen = Mittelverwendung).

Lieferantenrechnungen ohne Skontoangebot sollen später gezalt werden (Mehrung der Lieferantenverbindlichkeiten = Mittelherkunft), dafür soll den Kunden ein längeres Zahlungsziel gewährt werden (Mehrung der Forderungen = Mittelverwendung).

Bei der Vergrößerung des Fuhrparks soll der Kapazitätserweiterungseffekt der Abschreibungen genutzt werden.

Über den Umsatz erwirtschaftete *Abschreibungen auf Sachanlagen* stehen dem Unternehmen als *Innenfinanzierungsmittel* zur Verfügung. Werden sie zur *Finanzierung weiterer Sachanlagen* verwendet, kann über die Abschreibungsgegenwerte die *Kapazität erweitert* werden (Kapazitätserweiterungseffekt).

Praxisbeispiel Kapazitätserweiterung

Der Hersteller von PC-Komponenten erwirbt 5 mittelgroße Transportfahrzeuge für je 100.000 Euro, Nutzungsdauer 5 Jahre.

Am Ende des ersten Jahres fallen daher Abschreibungen auf die Fahrzeuge von insgesamt 100.000 Euro an (jährliche Abschreibung pro Fahrzeug bei 5 Jahren Nutzungsdauer: 20.000 Euro x 5 Fahrzeuge = 100.000 Euro). Davon kann Anfang des zweiten Jahres ein sechstes Fahrzeug gekauft werden.

Am Ende des zweiten Jahres betragen die Abschreibungen insgesamt 120.000 Euro, davon kann ein siebtes Fahrzeug gekauft werden, 20.000 Euro bleiben übrig.

Am Ende des dritten Jahres betragen die Abschreibungen 140.000 Euro, es kann ein weiteres Fahrzeug gekauft werden und zu den 20.000 Euro übrige Mittel vom Vorjahr kommen weitere 40.000 Euro übrige Mittel hinzu, etc.

Jahr	Zugang (Anzahl)	Abgang (Anzahl)	Wert Zugang	Bestand (Anzahl)	Abschreibung	übrige liquide Mittel
1	5	-	500	5	100	-
2	1	-	100	6	120	20
3	1	-	100	7	140	60
4	1	-	100	8	160	20
5	2	-	200	10	200	20
6	2	5	200	7	140	60
7	1	1	100	7	140	40

Bis zum fünften Jahr steigt so der Fahrzeugbestand auf 10 Fahrzeuge, allein aus den Abschreibungsgegenwerten, d. h. ohne Mittelzuführung von außen.

Danach pendelt er sich bei 7 bis 8 Fahrzeugen ein. Die übrigen liquiden Mittel können zur Finanzierung anderer Projekte verwendet werden.

Finanzbuchhaltung

Organisatorisch wird die Finanzplanung von der *Finanzbuchhaltung* durchgeführt. Sie sammelt dazu aus allen Unternehmensbereichen *alle zahlungswirksamen Informationen* und versucht, diese *aufeinander abzustimmen*. Engpässe müssen beseitigt und Überschüsse können angelegt werden.

Praxisbeispiel Unternehmensgründung

Es soll ein Unternehmen für die Fertigung von PC-Komponenten gegründet werden. In der Planung wurden dazu die folgenden Finanzdaten zusammengestellt:

Gründungskosten

Rechtliche und wirtschaftliche Vorbereitung: Marktanalyse, Standortwahl, Eintragung, etc.	80.000 €
Produktionshalle inklusive Grundstück	3.500.000 €
Sonstiges Anlagevermögen: Maschinen, BGA	2.900.000 €
Gründungskosten insgesamt	6.480.000 €

Betriebsausgaben pro Tag in der Anlaufphase

Materialeinsatz	23.000 €
Fertigungskosten	17.000 €
Verwaltungs-/Vertriebsgemeinkosten	7.000 €

Kapitalbindungsfristen (Erfahrungswerte):

Lagerdauer Material 20 Tage	Fertigung 3 Tage	Lager 6 Tage	Kundenziel 21 Tage
	Bindung Fertigungsausgaben 30 Tage		
Lieferantenziel 14 Tage	Bindung Materialausgaben 36 Tage		
Verwaltung und Vertrieb 50 Tage			

Betriebsausgaben Anlaufphase:

Material	23.000 € x 36 Tage =	828.000 €
Fertigung	17.000 € x 30 Tage =	510.000 €
Verwaltung und Vertrieb	7.000 € x 50 Tage =	350.000 €
Betriebsausgaben Anlaufphase insgesamt		1.688.000 €
Gesamtkapitalbedarf		8.168.000 €

Es stehen insgesamt 800.000 € an Eigenkapital zur Verfügung.

Eine Venture-Capital-Gesellschaft stellt nach eingehender Prüfung des Unternehmenskonzeptes 4.000.000 € zur Verfügung.

Ein langfristiger Bankkredit (Annuitätendarlehen) über 3.000.000 € wird mit einer Grundschuld und Sicherungsübereignung der Produktionsanlagen besichert.

Die Zession (Forderungsabtretung) ist vorbereitet.

Ferner stellt die Bank ein laufendes Konto (Kontokorrent) mit einem Dispositionsrahmen von 500.000 € bereit.

6.5 Abwicklung des Zahlungsverkehrs

Die *laufenden Konten* des Unternehmens dienen der Abwicklung des Zahlungsverkehrs. Rechtlich ist der Kontovertrag ein *Geschäftsbesorgungsvertrag* gemäß *§ 675 BGB*. Gemäß *§ 154 AO* (Abgabenordnung, siehe 8.1) muss das Kreditinstitut bei der Kontoeröffnung eine *Legitimationsprüfung* durchführen, da in Deutschland niemand auf falschen oder erfundenen Namen ein Konto eröffnen darf. Dies ist z. B. in der Schweiz anders.

Das Kreditinstitut übernimmt die *Abwicklung des Zahlungsverkehrs*. Dazu stehen die folgenden Möglichkeiten zur Verfügung (Abb. 6.13):

Banken übernehmen das *Inkasso* (den Einzug) *von Wechseln* und stellen *Nachttresore* (Einwurf von Geldbomben bei Nacht oder am Wochenende) und *Geldzählautomaten* bereit. Ferner wickeln sie den *Auslandszahlungsverkehr* ab.

Überweisung
Die Hausbank erhält einen *einmaligen Auftrag*, einem fremden Konto einen Betrag gutzuschreiben.
Die Banken sind dazu über die *Landeszentralbanken* (Zweigstellen der Deutschen Bundesbank) und über *eigene Clearing-Systeme* untereinander verbunden.
Dauerauftrag
Die Hausbank erhält den *Auftrag*, einen *gleichbleibenden Betrag*, z. B. die monatliche Büromiete, *regelmäßig* zu *überweisen*.
Lastschrift
Liegt dem *Zahlungsempfänger* eine *Einzugsermächtigung* des Zahlungspflichten vor, kann er seine Bank beauftragen, den Betrag vom Konto des Zahlungspflichtigen einzuziehen.
Der Zahlungspflichtige kann die Lastschrift *binnen sechs Wochen* ohne Begründung zurückbuchen lassen.
Scheck
Verpflichtung der Bank, den auf dem Scheck angegebenen *Betrag* bei Vorlage *auszuzahlen* bzw. zu überweisen (Verrechnungsscheck).
Im *Scheckgesetz* sind strenge *Merkmale* (Art. 1) und *Vorlagefristen* für Schecks festgelegt.
Electronic Cash (POS)
Zahlung am *POS* (Point of Sale) mit *EC-Karte* und Eingabe der *PIN* (persönliche Identifikationsnummer).
Der Betrag wird vom Konto abgebucht.
Elektronisches Lastschriftverfahren (POZ)
Zahlung am *POZ* (Point of Sale ohne Zahlungsgarantie) mit *EC-Karte* und *Unterschrift*.
Der Betrag wird vom Konto abgebucht.
Online-Banking (PIN/TAN oder HBCI)
Die Bank stellt über eine *sichere Internetverbindung* ein *Online-Portal* bereit, über das auf die Konten zugegriffen werden kann.
M-Payment
Bezahlen per Handy bzw. Smartphone, unterschiedliche proprietäre Modelle, noch in Entwicklung z. B. Händler scannt auf Display Barcode ein, der zur Abbuchung vom Konto führt.

Abb. 6.13 Übersicht Zahlungsverkehr

6.6   IT-Instrumente in der Finanzwirtschaft

Für die *Online-Abwicklung von Zahlungsvorgängen* stehen die Sicherheitsverfahren *PIN/TAN* und *HBCI* zur Verfügung:

PIN/TAN – iTAN
Bei dem *PIN/TAN-Verfahren* erhält der Bankkunde vom Geldinstitut eine *fünfstellige PIN* (persönliche Identifikationsnummer) und eine Anzahl *TANs* (Transaktionsnummern) per *Sicherheitsbrief* zugestellt, die geheim an einem sicheren Ort aufzubewahren sind.

Soll eine Online-Überweisung ausgelöst werden, muss sich der Bankkunde *zunächst* durch die *Eingabe der PIN* gegenüber dem Bankrechner identifizieren. Erst dann wird der elektronische Zugang zum Konto möglich.

Die Überweisung wird nur dann ausgeführt, wenn mit den Überweisungsdaten eine *gültige TAN* übermittelt wird. Jede TAN kann nur einmal genutzt werden. Dadurch ist Hackern die Verwendung mitgelesener TANs nicht möglich.

Bei *indizierten TANs* (iTAN) fragt die Bank statt nach einer beliebigen TAN auf der Liste nach einer bestimmten TAN, beispielsweise der dreizehnten.

Hacker schmuggeln *Trojaner* (Spyware) auf den Rechner, die die *Zugangsdaten*, PIN und TAN *abfangen* und an den Hacker übermitteln. Die Verbindung zur Bank bricht mit einer *Fehlermeldung* ab. Der Hacker kann mit den Zugangsdaten Geld ins (für ihn) sichere Ausland übertragen.

Da Auslandsüberweisungen jedoch dauern, kann der geschädigte Bankkunde, wenn er schnell reagiert, die Überweisung noch stoppen.

HBCI
Bei dem *HBCI-Verfahren* (Home Banking Computer Interface) benötigt der Bankkunde einen *Chipkartenleser*, der am Computer angeschlossen sein muss. Von dem Geldinstitut erhält er zusätzlich eine *Prozessor-Chipkarte*, auf der neben den Kontoinformationen die fünfstellige PIN und die Schlüsselinformationen gespeichert sind. Die *Sicherheitsverwaltung* übernimmt der *Mikroprozessor der Chipkarte*.

Beim Online-Banking muss sich der *Bankkunde* zunächst *gegenüber* seiner *Chipkarte* mit der PIN *legitimieren*. Anschließend legitimiert sich das PC-System des Kunden über die Chipkarte bei dem Computersystem des Geldinstitutes und dieses legitimiert sich umgekehrt bei der Chipkarte des Bankkunden.

Nur wenn die *gegenseitige Legitimation* erfolgreich ist, werden die Daten ausgetauscht. Durch die Mikroprozessorfunktion der Chipkarte und den verschlüsselten Datenaustausch bietet das HBCI-Verfahren insgesamt eine *deutlich höhere Sicherheit* gegen Hackerangriffe als das PIN/TAN-Verfahren.

Alternativ kann das HBCI-Verfahren *mit Diskette* statt Prozessor-Chipkarte abgewickelt werden. Dabei ist aber die Sicherheitsfunktion eingeschränkt, da die *Sicherheitsverwaltung im PC* ausgeführt wird.

Internet Economy

Bei *Internetgeschäften* gibt es verschiedene *Zahlungsmöglichkeiten*: Kreditkarte, Überweisung auf Rechnung und Lastschriftverfahren sind am Weitesten verbreitet.

Kreditkarte

Bei der *Zahlung per Kreditkarte* müssen Nummer und Verfallsdatum der Kreditkarte über die Tastatur angegeben werden. Der Betrag wird dann vom Konto abgebucht.

Der Vorteil für den Internetanbieter liegt in der Zahlungsgarantie des Kreditkartenunternehmens. Die Gefahr bei Kreditkartenzahlung im Internet ist *Phishing*. Hacker simulieren die Website des Internetanbieters und erlangen so die Kundendaten, oder sie senden dem Opfer offiziell wirkende E-Mails, die es dazu verleiten sollen, vertrauliche Informationen preiszugeben.

Cybercash

Cybercash (www.cybercash.de) stellt ein Internetbezahlverfahren per Kreditkarte oder Lastschriftverfahren für *digitale Güter*, z. B. Musikdateien, dar.

Den Händlern wird der *POSH-Service* (Point of Sale Händlerterminal) zur Verfügung gestellt, über den die schnelle Abwicklung von Kreditkartenzahlungen erfolgt. Es ist keine besondere Software nötig.

Der Service leitet die vom Kunden eingegebenen Kartendaten zur Genehmigung an eine *Autorisierungsstelle* weiter und bestätigt dann dem Internethändler die Autorisierung.

Es wird das Verschlüsselungssystem *SSL* (Secure Socket Layer) verwendet, ein von Netscape entwickeltes *Verschlüsselungsprotokoll*, i.d.R. gekennzeichnet durch das Symbol eines *Vorhängeschlosses* und durch „*https*" in der Adresszeile des Browsers.

Smartcard

Die *Zahlung per Chipkarte*, auch als *Smartcard* bezeichnet, hat sich in der Praxis bisher noch nicht besonders durchgesetzt. Auf den Karten ist *digitales Geld* gespeichert, das mit speziellen Lesegeräten erkannt und abgebucht wird.

Scrip

Ferner gibt es Systeme, mit denen *Kleinstbeträge*, bis zu Bruchteilen von Cents, abgerechnet werden können. Beispiele hierfür sind *Millicent* oder *Firstgate*.

Für den Kunden wird beim Verkäufer ein Konto angelegt, auf das der Kunde einen kleinen Betrag einzahlt. Der Verkäufer schickt ihm dann ein *Scrip* (eine verschlüsselte Nachricht), das der Kunde zwecks Bezahlung zurücksendet. Er erhält dann ein um die Bestellsumme verringertes neues Scrip, etc.

E-Cash

Bei *E-Cash* (Netzgeld) wird Geld in *elektronische Werteinheiten* umgewandelt. Das Geld wird dabei elektronisch durch jeweils einmalige, *eindeutige Zahlenkombinationen* wiedergegeben.

Diese elektronischen Münzen, auch *Token* genannt, kann der Nutzer in einer elektronischen Geldbörse, dem *Wallet*, auf der Festplatte seines PCs speichern. Zur Bezahlung schickt der Kunde dem Verkäufer eine Anzahl Token, der sie an seine Bank weiterleitet. Diese schreibt ihm nach Prüfung von Echtheit und Wert der Tokens den realen Gegenwert auf seinem Konto gut.

Paybox

Die Zahlung per *Paybox* (www.paybox.de) erfolgt mit dem *Handy*. Der Kunde gibt die Nummer seines Mobiltelefons an. Der Verkäufer sendet die Daten des getätigten Geschäftes über eine sichere Verbindung an Paybox. Von dort wird der Kunde angerufen und kann die Zahlung dann durch Eingabe einer PIN freigeben.

SET

SET (Secure Electronic Transaction), ein weltweiter Standard für Kreditkartenzahlungen im Internet (www.setco.org), ermöglicht eine *verschlüsselte Datenübertragung und Iden-tifikation* der Beteiligten durch digitale *Signaturen und Zertifikate*.

Das beteiligte Kreditinstitut ist als Mittler in die gegenseitige Zertifizierung eingeschaltet. Alle Teilnehmer müssen die SET-Software installiert haben.

Wenn der Kunde bestellt, wählt er *SET als Zahlungsart*. Damit wird die SET-Software automatisch gestartet, Bestellung und Kreditkartendaten werden verschlüsselt, elektronisch signiert und dem Händler zugesandt.

Der *Händler* hängt die Bestelldaten ab und leitet nur die Daten weiter, die die *Bank* benötigt: Rechnungsbetrag und Kreditkarteninformation. Er kann weder Kontodaten noch Kreditkartennummer des Kunden erkennen.

Die Bank entschlüsselt die Daten und kann anhand der *Signaturen* den Händler und die Kunden identifizieren. Über die Bestelldaten erfährt sie nichts. Sie bestätigt dem Händler die Zahlung, der dann dem Kunden die Bestellung bestätigt.

Zusammenfassung

Buchführung ist die systematische und geordnete *Erfassung* aller *Geschäftsvorfälle* des Unternehmens. Sie ist eine *wichtige Informationsgrundlage* für die gesamte Unternehmensrechnung, insbesondere für die *Kostenrechnung* und das darauf aufbauende *Controlling*.

Der *Jahresabschluss* stellt eine *Zusammenfassung* aller Vorgänge und Veränderungen eines Jahres dar, und er ist *gesetzlich vorgeschrieben*.

7.1 Das Prinzip der doppelten Buchführung

Unter einem *Geschäftsvorfall* versteht man jede *Güterbewegung* bzw. jeden *Zahlungsvorgang*, der sich auf das *Vermögen* oder/und *Kapital* des Unternehmens auswirkt.

Der große *Vorteil der doppelten Buchführung* liegt darin, dass *Buchungsfehler* sehr schnell erkannt werden können, denn *linke und rechte Seite* müssen übereinstimmen. Die linke Seite wird auch als „*Soll*" bezeichnet, die rechte als „*Haben*". Diese Bezeichnungen können sehr irreführend sein und führen gerade bei Buchführungsanfängern zu sogenannten *Drehern*, dem häufigsten Buchführungsfehler.

Praxisbeispiel Doppelte Buchführung

Ein Unternehmen kauft eine Maschine für 100.000 Euro plus 19 Prozent Umsatzsteuer (=19.000 Euro) auf Ziel. Dieser Geschäftsvorfall lässt sich in drei Teilvorgänge zerlegen:

1. Ein Vermögenszugang (die Maschine) in Höhe von 100.000 Euro.
2. Das Entstehen einer Forderung (Umsatzsteuer = Forderung an das Finanzamt) in Höhe von 19.000 Euro.

© Springer Fachmedien Wiesbaden 2015   223
M. Wünsche, *BWL für IT-Berufe*, DOI 10.1007/978-3-658-10430-6_7

3. Das Entstehen einer Verbindlichkeit gegenüber dem Lieferanten in Höhe von 119.000 Euro.

Im Anlagevermögen (Aktivseite) muss daher der Wert der Position Maschinen um 100.000 Euro erhöht werden. Im Umlaufvermögen steigen die Forderungen (Aktivseite) um 19.000 Euro an, und auf der Passivseite nehmen die Verbindlichkeiten aus Lieferungen und Leistungen um 119.000 Euro zu. Der Betrag von insgesamt 119.000 Euro wird damit doppelt erfasst:

Aktiva			Passiva
Maschinen	+ 100.000 Euro	Verbindlichkeiten	+ 119.000 Euro
Forderungen	+ 19.000 Euro		

Praxisbeispiel Buchungsfehler

Wir kaufen eine Maschine für 100.000 Euro plus Umsatzsteuer auf Ziel. Wir <u>haben</u> also eine neue Maschine und <u>sollen</u> die Rechnung begleichen. Vom Finanzamt <u>haben</u> wir Umsatzsteuer zu fordern. Tatsächlich muss umgekehrt gebucht werden. Der Zugang der Maschine und die Forderung an das Finanzamt werden im Soll gebucht (links), die Verbindlichkeit im Haben (rechts).

Der häufigste Fehler beim Buchen ist der sogenannte Dreher: Soll und Haben verwechseln!

Gebucht wird auf *Konten*, und es lassen sich grundsätzlich *zwei Arten* von Konten unterscheiden: Bestandskonten und Erfolgskonten. Auf *Bestandskonten* werden Bestände an Vermögen und Kapital erfasst, und sie werden in der *Bilanz* zusammengefasst. Auf *Erfolgskonten* werden erfolgswirksame Vorgänge erfasst, Aufwendungen und Erträge, und sie werden in der *Gewinn- und Verlustrechnung* zusammengefasst. Aufwendungen und Erträge verändern Bestände, sie werden daher auch als *Stromgrößen* bezeichnet.

Praxisbeispiele Aufwand und Ertrag

Der Verbrauch von Material in der Produktion (Aufwand) vermindert den Bestand an Material.

Der Verkauf von Waren (Umsatz = Erlös) erhöht den Kassenbestand bzw. die Forderungen. Er vermindert den Warenbestand. Die Wertdifferenz dazwischen ist der Ertrag (Wertzuwachs).

Abschreibung erfasst den Wertverzehr eines Anlagegutes, z. B. einer Maschine, durch Gebrauchs- und Zeitverschleiß als Aufwand.

Der Verkauf eines Fahrzeugs über Buchwert erhöht den Kassenbestand stärker als der Fahrzeugbestand wertmäßig vermindert wird, es liegt daher ein Ertrag vor.

Die Zinszahlung für einen Kredit mindert den Kassenbestand bzw. das Bankguthaben. Sie stellt einen Aufwand dar (Zinsaufwand).

Jahresüberschuss

Der *Saldo* der Gewinn- und Verlustrechnung ist der *Jahresüberschuss* bzw. Jahresfehlbetrag. Er muss am Jahresende dem Saldo der Bilanz (*Veränderung des Eigenkapitals*) entsprechen; dann ist kein Buchungsfehler passiert.

T-Konten

Die klassische Darstellung von Konten erfolgt als *T* (T-Konten). Der *senkrechte Strich* des T dient dazu, das Konto in die *linke und rechte Seite* zu unterteilen. Auf den *waagerechten Strich* des T kommt der *Name des Kontos*, z. B. „Maschinen".

Bilanz

Auch die *Bilanz* kann in *T-Kontoform* dargestellt werden. Auf der linken Seite stehen die *Aktiva* (aktive Bestandskonten), das *Vermögen*. Auf der rechten Seite stehen die *Passiva* (passive Bestandskonten), das *Kapital* (Eigen- oder Fremdkapital). Vermögenszugänge werden daher links gebucht, Vermögensabgänge rechts. Kapitalzugänge werden rechts gebucht, Kapitalabgänge links.

GuV

Auch die *Gewinn- und Verlustrechnung* (GuV) kann in *T-Kontoform* dargestellt werden. Links stehen die *Aufwendungen*, rechts die *Erträge*. Ein Aufwand wird immer links gebucht, ein Ertrag immer rechts. Nur *Korrektur- und Stornobuchungen* durchbrechen dieses Prinzip.

Staffelkonto

Eine andere Darstellungsform von Konten ist das *Staffelkonto*: Zugänge werden mit einem Plus-Zeichen, Abgänge mit einem Minus-Zeichen versehen. In *Buchhaltungssoftware* sind i. d. R. *unterschiedliche Ansichten* wählbar.

Kontenplan

Alle Konten eines Unternehmens sind in einem *Kontenplan* zusammengefasst, der auf einem allgemeinen oder einem für die Branche typischen *Kontenrahmen* beruht. Dazu werden die Konten mit einem *vierstelligen Nummernsystem* durchnummeriert. Die erste Ziffer stellt die *Kontenklasse* dar und erleichtert die grobe Einordnung des Kontos.

Die Verwendung von Kontenrahmen ist *nicht gesetzlich vorgeschrieben*, erleichtert aber die praktische Buchungstätigkeit, sofern man sich nach einer gewissen Zeit die Nummern der Konten gut eingeprägt hat. Die folgenden *Übersichten* zeigen *gängige Kontenrahmen* (Abb. 7.1).

Klasse	Inhalte
0	*langfristige Bestände:* Anlagevermögen und langfristiges Kapital
1	*kurzfristige Bestände:* Finanzumlaufvermögen und kurzfristige Verbindlichkeiten
2	*Neutrales:* neutrale Aufwendungen und neutrale Erträge sowie kalkulatorische Kosten (Abgrenzung zur Kostenrechnung)
3	*Beschaffung:* Stoff- und Warenbestände
4	*Aufwand:* Aufwandskonten und Kostenarten
5/6	(Kostenstellen)
7	*Absatz:* Bestände an halbfertigen und fertigen Erzeugnissen
8	*Ertrag:* Erlös- bzw. Ertragskonten
9	*Abschluss:* Abschlusskonten (Bilanz, GuV)

Abb. 7.1 Übersicht GKR bzw. SKR 03

GKR – SKR 03

Der *Gemeinschaftskontenrahmen* (GKR) ist dem *Unternehmensprozess* nachgebaut: Beschaffung, Produktion, Absatz. Ferner sind Konten für die *Kostenrechnung* bereits in den Kontenrahmen integriert. Dies erleichtert die *Bearbeitung und Aufbereitung* der Buchführungszahlen für das *Controlling*. Der *SKR 03* (Standardkontenrahmen) der *DATEV eG* ist in der Praxis weit verbreitet und stimmt weitgehend mit dem GKR überein.

IKR –SKR 04

Der *DATEV-SKR 04* und der sehr ähnliche *IKR* (Industriekontenrahmen) orientieren sich an der gesetzlich für Kapitalgesellschaften vorgeschriebenen *Gliederung von Bilanz und Gewinn- und Verlustrechnung.* (§ 266 und § 275 HGB). Sie sind für *international tätige Unternehmen* gedacht, da seit den späten 80er-Jahren die Rechnungslegungsvorschriften in Europa weitgehend vereinheitlicht sind.

    Es gibt *spezielle Kontenrahmen* für die Land- und Forstwirtschaft, Banken, Versicherungen, den Einzelhandel, Hotels und Gaststätten, Arztpraxen, Immobilienunternehmen etc. (Abb. 7.2 und 7.3).

    In gängiger *Buchhaltungssoftware* kann aus einer *Vielzahl von Kontenrahmen* einer ausgewählt und zu einem *Kontenplan* geschrumpft werden, denn in der Praxis ist, je nach Größe des Unternehmens, nur ein beschränkter Anteil der theoretisch möglichen *10.000 verschiedenen Konten* nötig, um *Informationen* über die Geschäftsvorfälle *geordnet und systematisch* zusammenzustellen.

    Die folgende Übersicht zeigt zusammenfassend die prinzipielle *Vorgehensweise der doppelten Buchführung*, die sich auf jeden Geschäftsvorfall anwenden lässt (vgl. Abb. 7.4):

Klasse	Inhalte	
0	Aktiva	Sachanlagen und immaterielle Vermögensgegenstände
1		Finanzanlagen und Geldkonten
2		Vorräte, Forderungen und aktive Rechnungsabgrenzung
3	Passiva	Eigenkapital, Wertberichtigungen und Rückstellungen
4		Verbindlichkeiten und passive Rechnungsabgrenzung
5	Erfolg	Ertragskonten
6		Material-, Personal- und Abschreibungsaufwendungen
7		Zinsen, Steuern und sonstige Aufwendungen
8	Abschlusskonten (Bilanz, GuV)	
9	(Konten der Kostenrechnung)	

Abb. 7.2 Übersicht IKR

Abb. 7.3 Übersicht SKR 04

Klasse	Inhalte
0	Anlagevermögen
1	Umlaufvermögen
2/3	Passive Bestandskonten
4	betriebliche Erträge
5/6	betriebliche Aufwendungen
7	weitere Erträge und Aufwendungen
8	frei
9	Abschlusskonten

7.1.1 Gesetzliche Vorschriften zur Buchführung

Nach dem *Handelsrecht* (§ 238 ff. HGB) ist jeder *Kaufmann* verpflichtet, Bücher zu führen und in diesen seine Handelsgeschäfte nach den *Grundsätzen ordnungsmäßiger Buchführung* ersichtlich zu machen. Die Buchführung muss einen *Überblick über die Geschäftsvorfälle und die Lage des Unternehmens* vermitteln. Sie muss in einer lebenden Sprache erfolgen und vollständig, richtig, zeitgerecht und geordnet vorgenommen werden. *Nachträgliche Korrekturen* müssen so vorgenommen werden, dass der ursprüngliche Inhalt erkennbar bleibt. Die zugrundeliegenden *Geschäftspapiere* (Handelsbriefe, etc.)

1.	*Zerlegen* Sie den Geschäftsvorfall in seine Teilvorgänge.					
2.	Wenden Sie auf jeden Teilvorgang das folgende *Schema* an.					
	Betrifft der Teilvorgang einen Bestand (Bilanz) oder den Erfolg (GuV)?					
	Bestand (Bilanz)				**Erfolg (GuV)**	
	Vermögen oder Kapital?				Aufwand oder Ertrag?	
	Aktivseite (Vermögen)		**Passivseite (Kapital)**			
	Zugang oder Abgang?		Zugang oder Abgang?		**Aufwand**	**Ertrag**
	Zugang	**Abgang**	**Abgang**	**Zugang**		
	links (im Soll) buchen	*Rechts* (im Haben) buchen	*Links* (im Soll) buchen	*Rechts* (im Haben) buchen	immer *links* (im Soll) buchen	immer *rechts* (im Haben) buchen
3.	*Überprüfen* Sie, ob sich links und rechts die gleichen Summen ergeben.					

Abb. 7.4 Übersicht Prinzip der Buchführung

müssen verfügbar sein. Wird die Buchführung elektronisch durchgeführt, müssen die *Datenträger* lesbar gemacht werden können.

Inventur

Jeder Kaufmann muss zu Beginn seiner Geschäftstätigkeit und jeweils am Jahresende eine *Inventur* vornehmen, d. h. seine Grundstücke, Forderungen, Schulden, seinen Bargeldbestand und alle weiteren Vermögensgegenstände „*körperlich*" *erfassen* und auflisten.

Bilanz – GuV

Jeder Kaufmann muss zu Beginn seiner Geschäftstätigkeit und jeweils am Jahresende eine *Gegenüberstellung* von *Vermögen und Schulden* (Bilanz) und eine Gegenüberstellung der *Aufwendungen und Erträge* des Geschäftsjahres (Gewinn- und Verlustrechnung) erstellen (in Euro) und eigenhändig mit Angabe des Datums *unterschreiben*.

Die Paragrafen *246 bis 251 HGB* regeln, wie der Jahresabschluss auszusehen hat (Abb. 7.5).

Die Paragrafen *252 bis 256 HGB* regeln, wie die Positionen zu bewerten sind (Abb. 7.6).

Seit 2009 gab es durch das Bilanzrechtsmodernisierungsgesetz (BilMoG) einige Änderungen, die zu einer Annäherung an die Internationalen Rechnungslegungsstandards (IFRS = International Financial Reporting Standards) führten.

In § *257 HGB* sind *Aufbewahrungsfristen* für Geschäftsunterlagen festgelegt. Sofern das Unternehmen keine Kapitalgesellschaft (AG, GmbH) ist und nicht zu den sehr großen Unternehmen gehört, die dem Publizitätsgesetz unterliegen, ist *diese Handvoll*

§ 246	alle Vermögensgegenstände, Schulden, Aufwendungen und Erträge
	Aufrechnungen, z. B. von Forderungen mit Verbindlichkeiten, sind verboten.
§ 247	Gliederung der Bilanz in Anlagevermögen (dauerhaft dem Geschäftsbetrieb dienend) und Umlaufvermögen, sowie Eigenkapital, Schulden, Rechnungsabgrenzungsposten
§ 248	Verbot, Gründungsaufwendungen und selbsterstellte Patente zu aktivieren
§ 249	Für ungewisse Verbindlichkeiten, drohende Verluste u. ä. dürfen Rückstellungen gebildet werden.
§ 250	Zahlungen vor dem Bilanzstichtag, die erst danach Aufwendungen oder Erträge werden (z. B. Zeitungs-Abo), sind als Rechnungsabgrenzung auszuweisen.
§ 251	Unter der Bilanz müssen Bürgschaften, Garantien u. ä. angegeben werden.

Abb. 7.5 Übersicht Ansatzvorschriften

§ 252	Einzelbewertung, Vorsichtsprinzip
§ 253	Wertobergrenze: Anschaffungs- bzw. Herstellungskosten, vermindert um Abschreibungen (verteilt auf die Nutzungsdauer)
	Zahlungsverpflichtungen mit dem tatsächlichen Betrag (Erfüllungsbetrag) ansetzen
	Rückstellungen und Sonderabschreibungen kaufmännisch vernünftig beurteilen (= *beizulegender Zeitwert*)
§ 255	Exakte Definition von Anschaffungs- und Herstellungskosten und des beizulegenden Zeitwerts
§ 256	Bewertungsvereinfachung für das Vorratsvermögen (Fifo oder Lifo)

Abb. 7.6 Übersicht Bewertungsvorschriften

Paragrafen alles, was beachtet werden muss. Der Gesetzgeber lässt hier den Unternehmen sehr *viel Freiheit*.

Anlegerschutz

Für *Kapitalgesellschaften*, bei denen Geschäftsführung und Eigentum getrennt sind, gibt es viel *strengere Vorschriften*, ab § 264 HGB, da bei solchen Unternehmen der Gesetzgeber den *Anlegerschutz* in den Vordergrund stellt, insb. die Pflicht zur Aufstellung und Gliederungsvorschriften.

Abgabenordnung

Der Jahresabschluss ist auch Grundlage für die *Besteuerung des Unternehmens* (siehe Kap. 8). Die Abgabenordnung baut in *§ 140 AO* auf die handelsrechtliche Buchführungspflicht auf: Wer nach anderen Gesetzen Bücher zu führen hat, die für die Besteuerung von

Anlagenbuch	bei anlagenintensiven Unternehmen
Kontokorrentbuch	als *Kundenbuch* (Debitorenbuch) oder *Lieferantenbuch* (Kreditorenbuch) mit Einzelkonten für auf Kredit kaufende Kunden oder auf Ziel liefernde Lieferanten
Lagerbuch	zur Materialbewirtschaftung
Warenbuch	zur Warenbewirtschaftung
Lohnbuch	bei arbeitsintensiven Unternehmen
Wechselbuch	wenn die Wechselzahlung eine bedeutende Rolle spielt
Effektenbuch	zur Verwaltung von Wertpapieren
Kassenbuch	bei einem hohen Anteil von Bargeschäften

Abb. 7.7 Übersicht Nebenbücher

Bedeutung sind, hat diese Verpflichtungen auch für die Besteuerung zu erfüllen. *§ 141 AO* geht darüber hinaus: Bei *Überschreiten bestimmter Größen* (Umsatz, Wirtschaftswert, Gewinn) sind auch *Nichtkaufleute* (Land- und Forstwirte, gewerbliche Unternehmer, Freiberufler nicht) *buchführungspflichtig*.

7.1.2 Organisation der Buchführung

Die systematische und geordnete *Erfassung* der Geschäftsvorfälle erfolgt *in zwei Büchern*: dem Grundbuch und dem Hauptbuch. Das *Grundbuch*, auch als *Journal* bezeichnet, dient der *chronologischen Erfassung* der Geschäftsvorfälle mit Datum, Vorfallbeschreibung und Betrag.

Im *Hauptbuch* erfolgt die *sachliche Verteilung* auf die einzelnen *Kontenarten* (Vermögen, Kapital, Aufwand, Ertrag) auf Basis des *Kontenplans*. Das Hauptbuch kann je nach Bedarf durch *Nebenbücher* ergänzt und erläutert werden, um einen besseren Überblick zu erhalten (Abb. 7.7).

Übertragungsbuchführung

Bei der *Übertragungsbuchführung* wird der in den Belegen gegebene Buchungsstoff zunächst im *Grundbuch* festgehalten und dann von hier *auf die Hauptbuchkonten übertragen*.

Die italienische, deutsche und französische Form dieser Buchführung unterscheiden sich nach den jeweilig eingesetzten Nebenbüchern.

Die *amerikanische Form* kennt keine Trennung von Grund- und Hauptbuch: Dies wird durch ein *Tabellenjournal* ermöglicht, in welchem die Spalten des Grundbuches (Datum, Text, Betrag) und die Einzelkonten des Hauptbuches mit Soll- und Habenspalten nebeneinander angeordnet sind.

Belegbuchhaltung
Die *Belegbuchhaltung* ist ebenfalls eine Übertragungsbuchführung. Die *gesammelten Belege* dienen als *Grundbuchersatz*. Von ihnen wird der Buchungsstoff sofort auf die Hauptbuchkonten übertragen.

Durchschreibebuchführung
Die *Durchschreibebuchführung* vereinfacht die Buchungsarbeit: In einem Arbeitsgang werden Grund- und Hauptbuch beschriftet. Entweder erfolgt die Urschrift in das Grundbuch mit gleichzeitiger Durchschrift auf das darunterliegende Hauptbuchkonto oder umgekehrt. Beschriftung manuell oder maschinell.

Lochkartenbuchführung
Die *Lochkartenbuchführung* war ein automatisiertes Buchführungsverfahren, bei dem der Inhalt der zu buchenden Belege mit einer Lochmaschine auf Lochkarten übertragen wurde. Die *Lochkarten* wurden mit Hilfe von *Sortiermaschinen* nach zeitlichen oder sachlichen Gesichtspunkten zusammengestellt, durch *Tabelliermaschinen* ausgewertet und in Kontenblättern, Listen und Formularen ausgedruckt.

EDV-Buchführung
Die *elektronische Buchführung* (EDV-Buchführung) bewältigt alle Arbeitsvorgänge gleichzeitig und in erheblich kürzerer Zeit. Die *Buchführungssoftware* ermöglicht (je nach Ausstattung und Leistungsfähigkeit) sofort nach Eingabe der Buchungsdaten *verschiedenartigste Ausgaben und Auswertungen*:

Mit wenigen Mausklicks können alle *Daten eines Kunden* oder *Lieferanten*, oder eine *BWA* (betriebswirtschaftliche Auswertung) für den vergangenen Monat, mit *Kennzahlen* zur Wirtschaftslage des Unternehmens, ein Überblick über die buchmäßigen *Lagerbestände* und ihre Entwicklung etc. generiert und bei Einbindung in das *Intranet* den Entscheidungsträgern online zugänglich gemacht werden.

Zwar gilt auch für EDV-Buchführung das *Belegprinzip* (keine Buchung ohne Beleg), doch genügt für maschinenintern erzeugte Buchungen der *Nachweis der Ordnungsmäßigkeit* durch die Programmdokumentation.

7.1.3 Arten von Konten und Buchungssätzen

Zu *Beginn des Geschäftsjahres* wird ein *neues Hauptbuch* eröffnet mit allen Konten, die voraussichtlich im Laufe des Jahres zum Buchen benötigt werden.

Es können *später* bei Bedarf *neue Konten* hinzugefügt werden, doch darf die *Übersichtlichkeit* nicht verloren gehen. Stellt sich im Laufe des Jahres heraus, dass z. B. das Konto „sonstige Vermögensgegenstände" unüberschaubar wird, wird es *in mehrere Konten aufgeteilt*.

S	Aktive Bestandskonten	H	S	Passive Bestandskonten	H
Anfangsbestand	Abgänge		Abgänge	Anfangsbestand	
Zugänge	Endbestand		Endbestand	Zugänge	

Abb. 7.8 Übersicht Bestandskonten

S	Bankguthaben	H	S	kfr. Verbindlichkeiten ggü Kreditinstituten	H
Anfangsbestand	Abgänge		Abgänge	Anfangsbestand	
Zugänge	Endbestand		Endbestand	Zugänge	

Abb. 7.9 Übersicht Bankkonto

Bestandskonten haben zu Beginn des Geschäftsjahres i. d. R. einen *Anfangsbestand*. Im Laufe des Jahres werden auf ihnen *Zugänge und Abgänge* erfasst. Am Jahresende wird der *Saldo* gebildet und als *Endbestand* in die Bilanz übertragen (Abb. 7.8).

Das *interne Bankkonto* kann je nach Kontostand *aktives* (Guthaben) *oder passives* (Überziehung) *Bestandskonto* sein (Abb. 7.9):

Das interne Bankkonto *spiegelt* das Konto, das in den Büchern der Bank geführt wird. Hat die *Bank eine Forderung* gegen das Unternehmen, so ist dies *aus Sicht des Unternehmens eine Verbindlichkeit* gegenüber der Bank, und umgekehrt.

Eine Vielzahl von Buchungen bewegen sich *nur auf den Bestandskonten*. Man spricht von *erfolgsneutralen Geschäftsvorfällen*, da sie die Erfolgsrechnung (Gewinn- und Verlustrechnung) nicht berühren, und unterscheidet *vier Arten* (Abb. 7.10):

Erfolgskonten können (sofern es sich nicht um Korrekturbuchungen handelt) *nur auf einer Seite* berührt werden. Damit steht der *Saldo*, der am Jahresende in die Gewinn- und Verlustrechnung (GuV) übertragen wird, jeweils *auf der anderen* Seite. *Doppelte Buchführung* bedeutet, dass bei Abschluss eines Kontos *beide Seiten* stets *gleich* sein müssen. Ist dies nicht der Fall, liegt ein *Buchungsfehler* vor, der oft genug gar nicht so leicht zu finden ist (Abb. 7.11).

Doppelte Buchführung bedeutet, dass ein Betrag, der *links* (im Soll) gebucht wurde, *auch rechts* (im Haben) gebucht werden muss. Der *Saldo eines Aufwandskontos* steht *rechts* (im Haben), im *GuV-Konto* stehen Aufwendungen daher *links* (im Soll). Der *Saldo eines Ertragskontos* steht *links* (im Soll), daher stehen Erträge *in der GuV rechts* (im Haben).

Aktivtausch
Der *Zugang* auf einem Aktivkonto *entspricht* dem *Abgang* auf einem anderen Aktivkonto.
Wareneinkauf bar: Das Konto Kasse nimmt ab, das Konto Waren nimmt zu.

Passivtausch
Der *Zugang* auf einem Passivkonto *entspricht* dem *Abgang* auf einem anderen Passivkonto.
Begleichung einer offenen Lieferantenrechnung durch Kreditaufnahme bei der Bank: Das Konto Lieferantenverbindlichkeiten nimmt ab, das Konto Bankverbindlichkeiten nimmt zu.

Bilanzverlängerung
Der *Zugang* auf einem Aktivkonto *entspricht* dem *Zugang* auf einem Passivkonto.
Warenkauf auf Ziel: Das Konto Waren nimmt zu und das Konto Verbindlichkeiten nimmt zu.

Bilanzverkürzung
Der *Abgang* auf einem Aktivkonto *entspricht* dem *Abgang* auf einem Passivkonto.
Kredittilgung bar: Das Konto Kasse nimmt ab und das Konto Verbindlichkeiten nimmt ab.

Abb. 7.10 Übersicht Erfolgsneutrale Buchungen

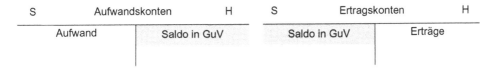

Abb. 7.11 Übersicht Erfolgskonten

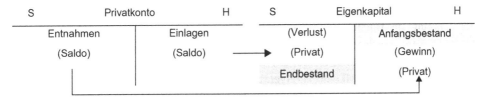

Abb. 7.12 Übersicht Eigenkapitalkonto und Privatkonto

Eigenkapitalkonto

Das *Eigenkapitalkonto* erfasst bei Einzelunternehmen im Laufe des Jahres die *Entnahmen und Einlagen* des Inhabers. Am Jahresende wird der *Gewinn* (Jahresüberschuss) oder *Verlust* (Jahresfehlbetrag) auf das Eigenkapitalkonto gebucht.

Privatkonto Bei *Personengesellschaften* empfiehlt es sich, *für jeden Gesellschafter* ein eigenes *Privatkonto* einzurichten, das dann am Jahresende auf das Eigenkapitalkonto abgeschlossen wird (Abb. 7.12).

Praxisbeispiel Privatkonto

Ein Gesellschafter der Xbix GbR entnimmt aus der Kasse des Unternehmens 500 Euro für private Zwecke. Der Betrag wird auf seinem Privatkonto als Entnahme erfasst (Gegenbuchung: Kassenbestand). Ein anderer Gesellschafter bringt einen gebrauchten Multimedia-PC aus seinem privaten Bestand in das Unternehmen ein. Der Restwert wird mit 600 Euro angesetzt, die auf seinem Privatkonto als Einlage verbucht werden (Gegenbuchung: BGA).

Saldo

Sind über das Jahr hinweg die *Entnahmen* insgesamt *kleiner als* die *Einlagen*, so steht der *Saldo* des Privatkontos am Jahresende *links* und er wird *rechts ins* Konto *Eigenkapital* gebucht.

Sind über das Jahr hinweg die *Entnahmen* insgesamt *größer als* die *Einlagen*, so steht der *Saldo* des Privatkontos am Jahresende *rechts* und er wird *links ins* Konto *Eigenkapital* gebucht.

Informationsbedarf

Das Privatkonto zeigt gut, dass je nach *Informationsbedarf* weitere Konten eingerichtet werden können, um die *Übersicht* zu *bewahren*.

7.1.4 Handelsbuchführung

Für den *Kauf und Verkauf von Waren* gibt es *verschiedene Möglichkeiten* der Verbuchung. Für einen kleinen Betrieb reicht ein Konto, das *gemischte Warenkonto* aus. Wird der Umfang an Buchungen größer, empfiehlt sich die Trennung in ein *Wareneinkaufskonto* für den Einkauf und ein *Warenverkaufskonto* für den Verkauf. Noch mehr Übersicht schafft ein drittes Konto, das *Wareneinsatzkonto* (Abb. 7.13).

Das gemischte Warenkonto ist eigentlich ein *Bestandskonto*, dessen *Saldo* jedoch *in die GuV* gebucht wird.

Der *Anfangsbestand* und alle *Zugänge* (Einkäufe) werden zum *Einkaufspreis* angesetzt. Alle *Abgänge* (Verkäufe) werden zum *Verkaufspreis* angesetzt.

S	Gemischtes Warenkonto	H
Anfangsbestand	Abgänge	
Zugänge	Endbestand laut Inventur	
Warenrohgewinn (Saldo)		

Abb. 7.13 Übersicht Gemischtes Warenkonto

Der *Endbestand* laut Inventur am Jahresende wird zum *Einkaufspreis* angesetzt und in die *Bilanz* (das Schlussbilanzkonto) gegengebucht. Der dann verbleibende *Saldo* wird als *Warenrohgewinn* in das *GuV-Konto* gebucht.

Der *Anfangsbestand* stellt *Vermögen* dar, steht daher *links* (aktives Bestandskonto), der *Endbestand* muss dann *rechts* stehen und *in der Bilanz links*.

Der *Warenrohgewinn* stellt einen *Ertrag* dar, steht daher im gemischten Warenkonto *links, im GuV-Konto rechts*.

Wird das gemischte Warenkonto unübersichtlich, können die *Warenverkäufe* (Abgänge) in ein eigenes Konto gebucht werden, das *Warenverkaufskonto*.

Der *Endbestand* an Waren wird am Jahresende durch *Inventur* ermittelt. Der verbleibende *Saldo* des *Wareneinkaufskontos* stellt die Abgänge zu *Einkaufspreisen* dar. Der *Saldo* des *Warenverkaufskontos* stellt die Abgänge zu *Verkaufspreisen* dar. *Beide* Salden werden *in die GuV* gebucht und ergeben dort gemeinsam den *Überschuss* (Abb. 7.14).

Der Verbrauch an Waren (*Wareneinsatz*) durch den Verkauf kann als *Aufwand* (Wertverzehr) verstanden werden. Der Verkauf der Waren (*Warenumsatz*) ist ein *Ertrag* (Wertentstehung). Der *Warenrohgewinn* (Warenumsatz minus Wareneinsatz) ergibt sich dann aus der GuV.

In der *dritten Variante* der Warenbuchung kommt das *Wareneinsatzkonto* hinzu.

Das *Wareneinkaufskonto* enthält den *Anfangsbestand*, die *Zugänge*, die *Abgänge zum Einkaufspreis* (Wareneinsatz) und den *Endbestand* und wird in die *Bilanz* abgeschlossen. Es ist ein reines aktives *Bestandskonto*.

Der zu jedem Warenverkauf zugehörige *Wareneinsatz* wird vom Wareneinkaufskonto auf das *Wareneinsatzkonto* umgebucht (zum *Einkaufspreis*). Das Wareneinsatzkonto wird als *Aufwandskonto* in die GuV abgeschlossen.

Jeder *Warenverkauf* wird auf das *Warenverkaufskonto* gebucht (zum *Verkaufspreis*). Es wird in die GuV als *Ertragskonto* abgeschlossen (Abb. 7.15).

Bei *Warenrücksendungen* wird der ursprüngliche Buchungssatz einfach umgekehrt.

Praxisbeispiel Warenbuchung

Die Gesellschafter der Xbix GbR überlegen bei der Einrichtung ihrer Buchhaltung, mit welcher Variante sie die Warenbuchungen vornehmen wollen.

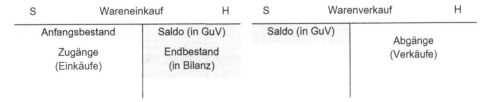

Abb. 7.14 Übersicht Wareneinkauf und Warenverkauf

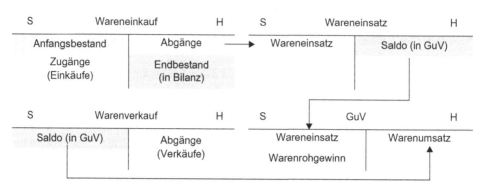

Abb. 7.15 Übersicht Wareneinkauf, Wareneinsatz, Warenverkauf

Da sie in den allermeisten Fällen PC-Komponenten nur dann einkaufen, wenn sie sie auch bald bei Kunden verwenden, verzichten sie ganz auf ein Warenbestandskonto und richten nur ein Wareneingangskonto (als Aufwandskonto) und ein Erlöskonto (als Ertragskonto) ein.

Falls am Jahresende wider Erwarten ein Warenbestand übrig bleiben sollte, wird dann ein Warenbestandskonto eingerichtet, um den Bestand in der Bilanz auszuweisen. Dieses Bestandskonto soll jedoch während des Geschäftsjahres nicht verwendet werden, um die Buchführung einfach und übersichtlich zu halten.

Rabatt

Ein *Rabatt* ist die sofortige Gewährung eines Preisnachlasses, sie muss in der Warenbuchung daher *sofort* berücksichtigt werden. Zu Informationszwecken *kann* ein *Konto Kundenrabatte* bzw. *Lieferantenrabatte* eingerichtet werden.

Bonus

Ein *Bonus* ist die nachträgliche Gewährung eines Preisnachlasses. Der Übersicht halber kann für Kundenboni ein extra Konto *Kundenboni* eingerichtet werden, das am Jahresende in das *Warenverkaufskonto* abgeschlossen wird. Für Lieferantenboni wird ein Konto *Lieferantenboni* eingerichtet und am Jahresende in das *Wareneinkaufskonto* abgeschlossen.

Bei Bonusgewährung muss die *Umsatzsteuer nachträglich korrigiert* werden, da die Umsatzsteuer auf das tatsächliche Entgelt berechnet werden muss.

Skonto

Skonto ist ein Preisnachlass aufgrund sofortiger Zahlung (Sofortzahlungsrabatt) Die Skontobuchung kann nach der *Bruttomethode* oder nach der *Nettomethode* erfolgen.

Lieferantenskonto: Skontoabzug bei Wareneinkauf		
Buchung bei Eingang der Ware		
Wareneinkauf Vorsteuer	an	Lieferantenverbindlichkeiten
Buchung bei Zahlung innerhalb Skontofrist		
Lieferantenverbindlichkeiten	an	Bank Lieferantenskonto Vorsteuer
Abschlussbuchung am Jahresende		
Lieferantenskonto	an	Wareneinkauf
Kundenskonto: Skontoabzug bei Warenverkauf		
Buchung bei Verkauf (Abgang) der Ware		
Kundenforderungen	an	Warenverkauf Umsatzsteuer
Buchung bei Zahlung innerhalb Skontofrist		
Bank Kundenskonto Umsatzsteuer	an	Kundenforderungen
Abschlussbuchung am Jahresende		
Warenverkauf	an	Kundenskonto

Abb. 7.16 Übersicht Skontobuchung Bruttomethode

Brutto bedeutet, dass der Warenwert *ohne Skontoabzug* in das Warenkonto gebucht wird. Das Skonto wird in ein extra *Skontokonto* gebucht, das am Jahresende in das Warenkonto abgeschlossen wird (Abb. 7.16).

Die auf der Rechnung ausgewiesene *Umsatzsteuer* muss bei Skontoausnutzung *korrigiert* werden. Bemessungsgrundlage der Umsatzsteuer ist das tatsächliche *Entgelt*. Der Korrekturbetrag ergibt sich, wenn man den Umsatzsteuersatz auf den Skontobetrag anwendet.

Bei der *Nettomethode* wird der *Rechnungsbetrag* ohne Umsatzsteuer in *zwei Bestandteile* zerlegt, den *Warenwert* und den *Zinsanteil* (für die evtl. Kreditgewährung). Bei Zahlung innerhalb Skontofrist wird der Zinsanteil *storniert*. Die Abschlussbuchung entfällt, weil im Warenkonto bereits der Nettobetrag gebucht ist (Abb. 7.17).

Beim *nicht genutztem Lieferantenskonto* ist der zusätzlich gezahlte Betrag ein *Aufwand* (Zinsaufwand, Skontoaufwand). Das Konto Skontoaufwand wird am Jahresende ins *Wareneinkaufskonto* abgeschlossen.

Lieferantenkonto: Skontoabzug bei Wareneinkauf		
Buchung bei Eingang der Ware		
Wareneinkauf Skontoaufwand Vorsteuer	an	Lieferantenverbindlichkeiten
Buchung bei Zahlung innerhalb Skontofrist		
Lieferantenverbindlichkeiten	an	Bank Skontoaufwand Vorsteuer
Kundenskonto: Skontoabzug bei Warenverkauf		
Buchung bei Verkauf (Abgang) der Ware		
Kundenforderungen	an	Warenverkauf Skontoertrag Umsatzsteuer
Buchung bei Zahlung innerhalb Skontofrist		
Bank Skontoertrag Umsatzsteuer	an	Kundenforderungen

Abb. 7.17 Übersicht Skontobuchung Nettomethode

Nicht genutztes *Kundenskonto* ist für das Unternehmen ein *Ertrag* (Zinsertrag, Skontoertrag). Das Konto Skontoertrag wird am Jahresende ins *Warenverkaufskonto* abgeschlossen.

Dubiose

Zahlt ein Kunde trotz wiederholter Mahnungen nicht, so wird diese *zweifelhafte bzw. uneinbringliche Forderungen* aus dem Konto Forderungen ausgebucht und auf das Konto *Dubiose* (Zweifelhafte Forderungen) übertragen. Es handelt sich um einen *Aktivtausch*.

In einem zweiten Buchungsgang werden dann die zweifelhaften oder uneinbringlichen Forderungen *abgeschrieben*. Der *Wertabschlag* (Abschreibungsbetrag) orientiert sich an der Höhe des erwarteten bzw. sicheren Forderungsausfalls. Da die Abschreibung einen *Aufwand* (Wertverzehr) darstellt, ist die zweite Buchung *erfolgswirksam*.

Delcredere

Eine *Pauschalwertberichtigung* kann am Jahresende vorgenommen werden. Sie erfasst allgemein das Ausfallrisiko von Forderungen (*Delcredere-Risiko*). Einzelwertberichtigte Forderungen werden in der Pauschalwertberichtigung nicht berücksichtigt, da sie bereits erfasst sind.

Diese Wertberichtigungen entsprechen dem *Prinzip der kaufmännischen Vorsicht* (§ 252 HGB). Für die Wertberichtigung kann zu Informationszwecken ein passives Bestandskonto eingerichtet werden. *Kapitalgesellschaften* dürfen eine solche Position jedoch *nicht* in der Bilanz ausweisen und müssen die Wertberichtigungen mit den Forderungen verrechnen.

Erst wenn die Forderung *endgültig ausgefallen* ist, d. h. erfolglos zwangsvollstreckt wurde, darf die für die Forderung an das *Finanzamt* abgeführte *Umsatzsteuer* von diesem zurückgeholt werden.

Praxisbeispiel Forderungsausfall

Ein Kunde der Ewald GmbH hat trotz wiederholter Mahnungen nicht gezahlt. Die Buchhaltung hat diese Forderung bereits in das Konto Dubiose umgebucht und mit 50 Prozent wertberichtigt. Das gerichtliche Mahnverfahren ist erfolglos verlaufen. Nun werden die restlichen 50 Prozent dieser uneinbringlichen Forderung abgeschrieben.

Die Ewald GmbH unterliegt der Sollbesteuerung, d. h. mit Ausstellung der Rechnung an den Kunden war die Umsatzsteuerschuld entstanden und wurde mit der folgenden Voranmeldung an das Finanzamt abgeführt. Nun kann dieser Betrag vom Finanzamt zurückgefordert werden.

7.1.5 Produktionsbuchführung

Werden Werkstoffe eingekauft um zu Produkten verarbeitet zu werden, so wird der *Werkstoffzugang* und der *Werkstoffverbrauch* in der Buchhaltung erfasst. Zum Jahresende müssen zudem Informationen über den *Bestand an fertigen und unfertigen Erzeugnissen* zur Verfügung gestellt werden. Die Unterschiede zur Handelsbuchführung sind nicht sehr groß.

Roh-, Hilfs-, Betriebsstoffe
Eingekaufte Werkstoffe werden zunächst in einem *Bestandskonto* erfasst. Der zugehörige *Buchungssatz* lautet z. B.:

Roh-, Hilfs-, Betriebsstoffe Vorsteuer	an	Lieferantenverbindlichkeiten

Werden die Werkstoffe für die Produktion entnommen, gibt es *zwei Methoden*, diesen *Werkstoffverbrauch* zu *erfassen* (Abb. 7.18):

Informationsgehalt
Kaufmännisch denken bedeutet abzuwägen zwischen den höheren *Kosten* einer Lagerbuchhaltung und dem höheren *Informationsgehalt* einer genaueren Verbuchung

Inventurmethode	
geeignet für Kleinbetriebe	
Die Abgänge werden nicht einzeln erfasst. Der Verbrauch wird erst am Jahresende aufgrund der Inventur ermittelt.	Anfangsbestand + Zugänge ./. Endbestand = *Verbrauch*
Skontrationsmethode	
Mittel- und Großbetriebe mit *Lagerbuchhaltung*	
Jeder einzelne Lagerabgang wird durch *Materialentnahmeschein* (MES) erfasst und vom Bestand abgezogen (skontriert). Der MES dient dann als Buchungsbeleg.	

Abb. 7.18 Übersicht Erfassung Werkstoffverbrauch

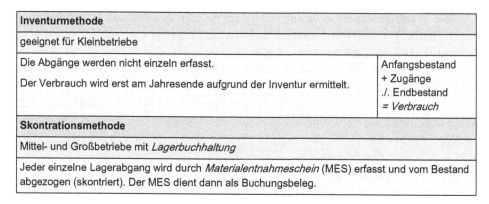

Abb. 7.19 Übersicht Inventurmethode

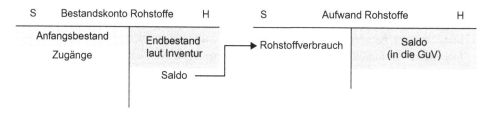

Abb. 7.20 Übersicht Skontrationsmethode

der Materialentnahmen. Mit Lagerbuchhaltung sind *Bestellsysteme* (siehe 4.2.2) einfacher einzurichten (Abb. 7.19).

Der *Endbestand* des Bestandskontos Rohstoffe wird in die *Bilanz* übertragen. Der auf dem Bestandskonto verbleibende *Saldo* stellt den *Rohstoffverbrauch* dar. Er wird *am Jahresende* (zu Informationszwecken) in ein *Aufwandskonto* umgebucht und von dort aus als *Rohstoffaufwand* direkt in das *GuV-Konto* abgeschlossen (Abb. 7.20).

Über das Jahr hinweg wird jeder Verbrauch im Aufwandskonto erfasst. Der Saldo wird am Jahresende als *Rohstoffaufwand* in die GuV übertragen.

Auf dem Bestandskonto kann durch *Vergleich* des Endbestands laut *Inventur* mit dem rechnerischen Endbestand des Kontos *Schwund* (durch Diebstahl oder Verderb) erfasst werden. Schwund wird als Aufwand verbucht.

permanente Inventur

Die Skontrationsmethode ermöglicht ferner das nach § 241 HGB erlaubte *Inventurver-einfachungsverfahren* der Fortschreibung oder Rückrechnung (*permanente Inventur*), da zu jedem beliebigen Zeitpunkt der Lagerbestand exakt rechnerisch ermittelt werden kann: Die *körperliche Bestandsaufnahme* (Inventur) wird zu einem Zeitpunkt *im Laufe des Jahres* vorgenommen, z. B. in den ruhigen Sommermonaten, und dann kann *zum Jahres-ende fortgeschrieben* werden.

fertige Erzeugnisse

Das Ergebnis der Produktion sind die *fertigen Erzeugnisse*. Gem. § 240 HGB müssen am Jahresende *alle Vermögensgegenstände* in einem *Inventar* erfasst werden. Dazu gehören auch die *fertigen und die unfertigen Erzeugnisse*. Daher werden entsprechende *Bestands-konten* eingerichtet. *Bewertet* werden die Bestände zu *Herstellungskosten* (§ 255 HGB).

Ist der Bestand am Ende des Jahres höher als am Jahresanfang, liegt eine *Bestandsmehrung* vor, die in das Konto *Bestandsveränderungen* als *Ertrag* gebucht wird. Ist der Bestand am Ende des Jahres niedriger als am Jahresanfang, liegt eine *Bestandsminderung* vor, die in das Konto Bestandsveränderungen als *Aufwand* gebucht wird (Abb. 7.21).

Das Erfolgskonto *Bestandsveränderungen* wird in die *Gewinn- und Verlustrechnung* abgeschlossen. Kaufmännisch betrachtet ist eine Bestandsmehrung kein Erfolg, da man bestrebt ist, die produzierten Güter auch zu verkaufen.

Das *Bestandskonto fertige Erzeugnisse* kann auch *während des Geschäftsjahres* geführt werden, um einen Überblick über die produzierten Mengen zu erhalten. Die *Gegenbuchung* erfolgt dann in einem *Ertragskonto*. Werden produzierte Waren ver-kauft, muss der Bestand ausgebucht werden. Dies kann wie beim Warenkonto (siehe 7.1.4) auf verschiedene Weise erfolgen. Der *Verkaufserlös* wird auf einem *Verkaufskonto* gebucht.

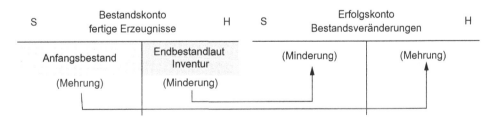

Abb. 7.21 Übersicht Bestandsveränderungen

Bilanz	§§ 266 - 274a HGB	Gegenüberstellung von *Vermögen* und *Kapital*
GuV	§§ 275 - 278 HGB	Gegenüberstellung von *Aufwand* und *Ertrag*
Anhang	§§ 284 - 288 HGB	*Erläuterungen* zu den Positionen von Bilanz und GuV
Lagebericht	§ 289 HGB	Bericht zur Lage des Unternehmens

Abb. 7.22 Übersicht Bestandteile des Jahresabschlusses

Informationsbedarf

Kaufmännisch denken bedeutet, die Buchführung so einzurichten, dass sie *praktikabel* ist, den gesetzlichen Bestimmungen entspricht und vor allem *gute Informationen für die Unternehmensführung* liefert.

7.2   Der Jahresabschluss

Jeder Kaufmann ist gem. *§242 HGB* verpflichtet, für den *Schluss eines jeden Geschäftsjahres* einen *Abschluss* aufzustellen. Dazu werden alle über das Jahr vorgenommenen Buchungen zusammengefasst und durch *Abschlussbuchungen* ergänzt.

Alle Kaufleute müssen dabei die vom Gesetzgeber *im HGB festgelegten Regeln* für den *Ansatz und* die *Bewertung* der einzelnen *Vermögensgegenstände* und *Schulden* (in der Bilanz) sowie der *Aufwendungen* und *Erträge* (in der GuV) beachten (siehe 7.1.1).

Kapitalgesellschaften

Für *Kapitalgesellschaften* gelten strengere Vorschriften. Gem. § *264 HGB* müssen sie den Jahresabschluss um einen *Anhang* und einen *Lagebericht* erweitern. Ferner müssen sie sich an die *Gliederungsvorgaben* von *§266 HGB* und *§275 HGB* halten. Damit wird die *Vergleichbarkeit* von Abschlüssen verschiedener Unternehmen sichergestellt. Ferner dürfen Kapitalgesellschaften manches nicht, was anderen Kaufleuten erlaubt ist, *z. B.* erlaubt §253 (4) HGB *Abschreibungen* im Rahmen vernünftiger kaufmännischer Beurteilung. § 279 HGB verbietet dies den Kapitalgesellschaften (Abb. 7.22).

Die strengeren Vorschriften für Kapitalgesellschaften folgen aus dem *Anlegerschutzgedanken*, d. h. dem Ziel des Gesetzgebers, die *möglichst exakte Information* der Kapitalanleger (Aktionäre) über die *tatsächliche Lage des Unternehmens* sicherzustellen, da bei Kapitalgesellschaften Eigentum und Kontrolle getrennt sind.

7.2.1   Die Erstellung der Bilanz

Eine *Bilanz* ist die *Gegenüberstellung von Vermögen und Kapital*. Auf der Aktivseite wird das *Vermögen*, gegliedert *nach Liquidierbarkeit*, auf der Passivseite das *Kapital*, gegliedert *nach Kapitalgebern*, dargestellt. Die folgende *Übersicht* zeigt eine vereinfachte Bilanzgliederung (Abb. 7.23).

Aktiva	Passiva
Anlagevermögen	**Eigenkapital**
- Immaterielle Vermögensgegenstände - Sachanlagen - Grundstücke und Gebäude - Maschinen und Anlagen - Betriebs- und Geschäftsausstattung - Finanzanlagen	- gezeichnetes Kapital - Kapitalrücklage - Gewinnrücklagen - Jahresüberschuss bzw. Bilanzgewinn
	Rückstellungen
	- Pensionsrückstellungen - Aufwandsrückstellungen - Steuerrückstellungen
Umlaufvermögen	
- Vorräte - Fertige und unfertige Erzeugnisse bzw. Waren - Forderungen aus Lieferungen und Leistungen - Kassenbestände und Bankguthaben	**Verbindlichkeiten**
	- Verbindlichkeiten ggü. Kreditinstituten - Verbindlichkeiten aus Lieferungen und Leistungen - Sonstige Verbindlichkeiten
Rechnungsabgrenzungsposten	**Rechnungsabgrenzungsposten**

Abb. 7.23 Übersicht Bilanz

Aktivseite

Die *Aktivseite* ist nach der *Liquidierbarkeit* der *Vermögensgegenstände* (im Steuerrecht: Wirtschaftsgüter) gegliedert, z. B. ist es wesentlich aufwändiger, Grundstücke zu verkaufen (in flüssige Mittel umzuwandeln) als Vorräte.

Anlagevermögen

Das *Anlagevermögen* umfasst alle Gegenstände, die dem Geschäftsbetrieb *dauerhaft dienen sollen* und für die Aufrechterhaltung des Geschäftsbetriebs notwendig sind. Alles andere ist *Umlaufvermögen*.

immaterielle Vermögensgegenstände

Der Posten *Immaterielle Vermögensgegenstände* nimmt die Endbestände all der Konten auf, in denen *Lizenzen*, erworbene *Patente* und Firmenwerte gebucht sind. Selbsterstellte Patente dürfen nicht aktiviert werden. Ein *Firmenwert* entsteht, wenn ein anderes Unternehmen erworben wird und der *Kaufpreis höher als* das *Nettovermögen* (Eigenkapital) des erworbenen Unternehmens ist.

Praxisbeispiel Firmenwert

Die Ewald GmbH erwirbt ein kleines Unternehmen mit nachstehender (zusammengefasster) Bilanz für 50.000 Euro.

| Anlagevermögen | 90.000 Euro | Eigenkapital | 40.000 Euro |
| Umlaufvermögen | 50.000 Euro | Fremdkapital | 100.000 Euro |

Die Positionen des Anlagevermögens, Umlaufvermögens und Fremdkapitals werden in die Buchhaltung der Ewald GmbH übernommen. Der das Nettovermögen (Eigenkapital) übersteigende Betrag von 10.000 Euro wird als Firmenwert in die Position Immaterielle Vermögensgegenstände gebucht.

Sachanlagen

Der Posten *Sachanlagen* nimmt alle *materiellen Vermögensgegenstände* des Anlagevermögens auf, bewertet zu ihren *Anschaffungskosten*, vermindert um *Abschreibungen*, die die Anschaffungskosten auf die erwartete Nutzungsdauer des Vermögensgegenstandes verteilen und so den *Wertverzehr* (Zeitverschleiß, Gebrauchsverschleiß) erfassen. Das *Steuerrecht* definiert die Nutzungsdauern für Wirtschaftsgüter. Diese werden meist auch im Handelsrecht angewandt. *Grundstücke* werden nicht abgeschrieben, da sie keinem Verschleiß unterliegen.

ineare und degressive AfA

Bei *Maschinen und Anlagen* sowie bei *Betriebs- und Geschäftsausstattung* (beweglichen Wirtschaftsgütern) erlaubte das Steuerrecht früher statt der *linearen* (in gleichen Jahresbeträgen) die *degressive* (in fallenden Jahresbeträgen). Degressiv bedeutet, dass Jahr für Jahr ein *fester Prozentsatz des Restbuchwertes* (z. B. höchstens das Doppelte der linearen AfA, maximal 20 Prozent) abgeschrieben werden.

AfA steht für *Absetzung für Abnutzung*. Ein Wechsel auf die lineare AfA ist möglich und nach einer gewissen Zahl von Jahren auch sinnvoll. Ist ein Wirtschaftsgut *vollständig abgeschrieben*, bleibt es trotzdem in den Konten stehen, solange es genutzt wird, mit 1 Euro *Erinnerungswert*.

leistungsbezogene AfA

Auch eine *leistungsbezogene Abschreibung*, z. B. bei Fahrzeugen, ist möglich. Das Verhältnis von im Jahr *gefahrenen Kilometern* zur erwarteten Gesamtzahl an gefahrenen Kilometern über die Nutzungsdauer gibt die *Abschreibungsquote* an.

Zu den *Abschlussbuchungen* am Jahresende gehört es daher, den *Buchwert* der abschreibungsfähigen Vermögensgegenstände um die anstehende Abschreibung zu *vermindern*. Diese Aufwandsbuchung lautet:

| Abschreibung | an | Vermögensgegenstand |

Das *aktive Bestandskonto* wird *rechts* angebucht (Abgang), der anschließend gebildete *Endbestand* (rechts) wird *in die Bilanz* übertragen.

gewogener Durchschnittswert
Alle gekauften *Mengen* werden *mit* ihren *Einkaufspreisen malgenommen* und die sich so ergebende *Eurosumme*, geteilt durch die gesamte Menge, ergibt den *Durchschnittswert pro Einheit*.
Fifo = first in, first out
Die zuerst gekauften Vorräte gelten als zuerst verbraucht.
Lifo = last in, first out
Die zuletzt gekauften Vorräte gelten als zuerst verbraucht.
Hifo = highest in, first out
Die am teuersten eingekauften Vorräte gelten als zuerst verbraucht.

Abb. 7.24 Übersicht Verbrauchsfolgeverfahren

S	aktives Bestandskonto, z. B. Maschinen	H
alter Buchwert (= Anschaffungskosten minus alle früheren Abschreibungen)		*Abschreibung* für das gerade vergangene Geschäftsjahr
		neuer Buchwert (in die Bilanz)
Summe linke Seite	=	Summe rechte Seite

Finanzanlagen

Der Posten *Finanzanlagen* nimmt *Beteiligungen* an anderen Unternehmen und langfristig gehaltene *Wertpapiere* auf. Eine *Abschreibung* ist dann möglich, wenn der Wert der Beteiligung bzw. Kurs an der Börse *voraussichtlich dauerhaft gesunken* ist. Eine *Zuschreibung* über die Anschaffungskosten hinaus ist *nicht erlaubt*.

Umlaufvermögen

Im *Umlaufvermögen* werden die *zum Bilanzstichtag* vorübergehend im Unternehmen verbliebenen Vermögensgegenstände zusammengestellt. Auch *eiserne Bestände* (siehe 4.2.2) sind Umlaufvermögen.

Bewertet werden Vorräte und Waren *zu Anschaffungskosten*. Ein *Problem* ist die Bewertung der Lagerabgänge, wenn die Vorräte zu *unterschiedlichen Einkaufspreisen* angeschafft wurden (Abb. 7.24).

Das *Steuerrecht* erlaubt die *Durchschnittsbewertung* und das *Lifo-Verfahren*. Bei einer Bewertung mit dem Hifo-Verfahren ist der Wert der Vorräte bzw. Waren in der Bilanz am geringsten und der in der GuV erfasste Aufwand am höchsten, was den Gewinn (und damit die Steuerlast) entsprechend mindern würde. Seit der Bilanzrechtsmodernisierung 2009 ist handelsrechtlich nur noch Lifo oder Fifo möglich, vgl. § 256 HGB, wobei die Durchschnittsbewertung weiterhin möglich ist, vgl. § 240 (4) HGB.

Festbewertung
Vermögensgegenstände von nachrangiger Bedeutung können mit einem *gleichbleibenden Wert* angesetzt werden. Alle drei Jahre ist eine körperliche Bestandsaufnahme durchzuführen.
Durchschnittsbewertung
Gleichartige Vermögensgegenstände können zu einer Gruppe zusammengefasst und mit dem *gewogenen Durchschnitt* bewertet werden.
Stichprobeninventur
Die vollständige Zählung kann durch eine *Stichprobenzählung* ersetzt werden, wenn mit anerkannten *mathematisch-statistischen Methoden* auf den Gesamtbestand hochgerechnet wird.
vor- oder nachgelagerte Inventur
Die Inventur kann bis zu *drei Monate vor* oder *zwei Monate nach* dem Bilanzstichtag vorgenommen und auf den Bilanzstichtag *fortgeschrieben* bzw. *zurückgerechnet* werden.

Abb. 7.25 Übersicht Inventurvereinfachungsverfahren

Fertige Erzeugnisse

Fertige und unfertige Erzeugnisse werden zu *Herstellungskosten* bewertet. Dazu gehören neben den direkt zurechenbaren Kosten (*Einzelkosten*) auch *Fertigungs- und Materialgemeinkosten* sowie *Abschreibungen* auf die Produktionsanlagen. Vertriebskosten gehören nicht zu den Herstellungskosten (vgl. § 255 HGB).

Forderungen

Forderungen aus Lieferungen und Leistungen müssen mit dem *tatsächlich ausstehenden Betrag* angesetzt werden, es sei denn, es bestehen begründete *Zweifel*, dass eine Forderung in voller Höhe eingeht.

Die *kaufmännische Vorsicht* gebietet es, *Wertberichtigungen* (Abschreibung auf Forderungen = Aufwand) vorzunehmen.

Inventur

Zum Bilanzstichtag muss eine *Inventur* vorgenommen werden, bei der z. B. auch der *Kassenbestand*, der Bestand an *Briefmarken*, etc. gezählt werden muss. Ist eine Position von *nachrangiger Bedeutung*, kann Jahr für Jahr ein *gleichbleibender Betrag* angesetzt werden (Abb. 7.25).

Passivseite

Die Gliederung der *Passivseite* erfolgt nach der *Rechtsstellung der Kapitalgeber* in Eigenkapital und Fremdkapital (vgl. 6.3).

Eigenkapital

Das *Eigenkapital* lässt sich definieren als die *Differenz zwischen Vermögen und Schulden* und stellt den *Wert des Unternehmens* dar.

Bei Kapitalgesellschaften nimmt der Posten *gezeichnetes Kapital* den Nennwert aller ausgegebenen Anteile auf (Grundkapital der AG bzw. Stammkapital der GmbH). Liegt der Ausgabebetrag über dem Nennwert, kommt die Differenz (Agio = Aufgeld) in die *Kapitalrücklage*. Die *Gewinnrücklagen* sammeln einbehaltene Gewinne (Gewinnthesaurierung, siehe 6.3.1). *Aktiengesellschaften* müssen solange *5 Prozent* des Jahresüberschusses in die Gewinnrücklagen einstellen, bis diese *10 Prozent* des Grundkapitals erreicht haben.

Bilanzgewinn

Der *Jahresüberschuss* ist der noch zu ermittelnde *Saldo der Gewinn- und Verlustrechnung* (siehe 7.2.2). Wurde bereits entschieden, wie der Jahresüberschuss *verwendet* werden soll, d. h. wie viel in die Gewinnrücklagen geht und wie viel an die Anteilseigner ausgeschüttet werden soll, so wird der *Ausschüttungsbetrag* als *Bilanzgewinn* in die Bilanz aufgenommen. Ist der Gewinn bei endgültiger Aufstellung der Bilanz bereits ausgeschüttet, bleibt die Position leer.

Steuerrechtlich muss die Bilanz spätestens *fünf Monate* nach Ende des Geschäftsjahres fertig sein (§ 149 AO). Viele *Hauptversammlungen* großer Aktiengesellschaften finden *im Mai* statt.

Rückstellungen

Rückstellungen werden wie *Verbindlichkeiten* dem *Fremdkapital* zugerechnet. Die Bildung einer Rückstellung erfolgt durch *Aufwandsbuchung*. Die *Gründe* dafür können recht unterschiedlich sein:

Praxisbeispiele Rückstellungen

Pensionsrückstellung: Ein großer PC-Discounter hat seinen Mitarbeitern über 30 eine betriebliche Altersrente bei altersbedingtem Ausscheiden aus dem Unternehmen zugesagt. Die genaue Höhe der erst in einigen Jahren anfallenden Zahlungen kann nur geschätzt werden und wird in der Bilanzposition Pensionsrückstellungen über die Jahre angesammelt.

Prozesskostenrückstellung: Die Ewald GmbH ist von einem Kunden verklagt worden und rechnet damit, den Prozess zu verlieren. Die geschätzten Prozesskosten werden durch Aufwandsbuchung den Unternehmenserträgen entnommen und auf die Passivseite der Bilanz gestellt. Wider Erwarten gewinnt die Ewald GmbH im Folgejahr den Prozess. Die Rückstellung wird als Ertrag aufgelöst.

Instandhaltungsrückstellung: Ein Hersteller von Festplatten hat dringend notwendige Fassadenreparaturarbeiten unterlassen und will sie in den ersten drei Monaten des Folgejahres nachholen

Die *kaufmännische Vorsicht* gebietet, eine *absehbare zukünftige Belastung* in der Buchhaltung zu *berücksichtigen*, auch wenn Eintritt, Zeitpunkt bzw. Höhe noch unbestimmt sind. Für das *allgemeine Geschäftsrisiko* darf keine Rückstellung gebildet werden. *Absehbare Erträge* dürfen in der Buchhaltung *nicht* erfasst werden.

Verbindlichkeiten

Verbindlichkeiten werden mit dem tatsächlichen Betrag bewertet. *Kapitalgesellschaften* müssen Verbindlichkeiten mit einer *Restlaufzeit bis zu einem Jahr* gesondert ausweisen.

Rechnungsabgrenzung

Auf der *Aktivseite* wie auch auf der *Passivseite* der Bilanz ist ganz unten je eine Position für die *Rechnungsabgrenzung* vorgesehen. Findet eine *Zahlung im alten Jahr* statt, die für eine *Leistung im neuen Jahr* gedacht ist, so wird der Betrag in der *Rechnungsabgrenzung* geparkt und so auf das neue Jahr übertragen.

Praxisbeispiele Rechnungsabgrenzung

Die Ewald GmbH hat ab Oktober des vergangenen Geschäftsjahres eine Fachzeitschrift abonniert und den gesamten Jahresbeitrag in Höhe von 120 Euro sofort bezahlt. Da von diesen 120 Euro nur 30 Euro auf die Ausgaben Oktober, November und Dezember des alten Jahres entfallen, werden aus dem Konto „Aufwand für Zeitschriftenabos" am Jahresende 90 Euro in die aktive Rechnungsabgrenzung geparkt, um zu Jahresbeginn nach Eröffnung des Hauptbuches diesen Betrag dem Konto „Aufwand für Zeitschriftenabos" des neuen Geschäftsjahres zuzubuchen.

Die Ewald GmbH hat im Dezember eine Anzahlung eines Kunden erhalten. Die Leistung wird erst im Januar erbracht. Um den Betrag periodengerecht zuzurechnen, wird er über den Jahreswechsel in der passiven Rechnungsabgrenzung geparkt, um im Januar als Ertrag des neuen Geschäftsjahres gebucht werden zu können.

Findet eine *Leistung im alten Jahr* statt und die *Zahlung im neuen Jahr*, so handelt es sich um *Forderungen bzw. Verbindlichkeiten*.

Disagio

Ein *Disagio* (Damnum, vorwegbezahlte Darlehenszinsen, siehe 6.3.3) kann in die *aktive Rechnungsabgrenzung (ARAG)* eingestellt und so über die Laufzeit des Kredits verteilt werden.

Praxisbeispiel Darlehensbuchung

Die Ewald GmbH hat im Laufe des Geschäftsjahres ein Tilgungsdarlehen bei ihrer Bank aufgenommen, Auszahlung 90 Prozent, Laufzeit 4 Jahre. Das Disagio wurde in die Rechnungsabgrenzung gestellt und jedes Jahr um 25 Prozent vermindert:

Einbuchung des Darlehens:	Bankguthaben	an	Verbindlichkeiten ggü. Kreditinstituten
	ARAG		
Zinszahlung:	Zinsaufwand	an	Bankguthaben
Tilgung:	Verbindlichkeiten ggü. Kreditinstituten	an	Bankguthaben
Disagiobuchung:	Zinsaufwand	an	ARAG

Soll	Haben
Materialaufwand	Umsatzerlöse
Personalaufwand	Bestandsveränderungen
Abschreibungen	sonstige betriebliche Erträge
sonstige betriebliche Aufwendungen	Zinserträge u. ä.
Zinsaufwand u. ä.	außerordentliche Erträge
außerordentliche Aufwendungen	
Jahresüberschuss	

Abb. 7.26 Übersicht Gewinn- und Verlustrechnung (GKV)

7.2.2 Die Erstellung der Gewinn- und Verlustrechnung

Die *Gewinn- und Verlustrechnung* stellt die Aufwendungen und Erträge des Geschäftsjahres gegenüber. Der *Saldo* wird als *Jahresüberschuss* bezeichnet, wenn die Erträge größer sind als die Aufwendungen, oder als *Jahresfehlbetrag*, wenn die Erträge kleiner sind als die Aufwendungen.

Einzelkaufleute und Personengesellschaften haben keine weiteren gesetzlichen Gliederungsvorschriften zu befolgen. *Kapitalgesellschaften* können die Zusammenfassung der Aufwandskonten und der Ertragskonten nach dem *Gesamtkostenverfahren* (GKV) oder nach dem *Umsatzkostenverfahren* (UKV) vornehmen. Die folgende *Übersicht* stellt eine vereinfachte *GuV nach dem GKV* dar (Abb. 7.26):

Kostenarten

Das Gesamtkostenverfahren wird auch als *Kostenartenverfahren* bezeichnet, weil die *Aufwandspositionen nach Kostenarten* gegliedert sind.

Alle im Hauptbuch angelegten Konten, die über das Jahr hinweg einen *Werkstoff- oder Warenverbrauch* erfasst haben, werden zu dem Posten *Materialaufwand* zusammengefasst.

Im Posten *Personalaufwand* wird die gesamte *Lohnabrechnung* inklusive Arbeitgeber- und Arbeitnehmeranteil zur Sozialversicherung und freiwilligen sozialen Leistungen zusammengefasst.

In den Posten *Abschreibungen* gehören alle erfassten Wertminderungen bei Vermögensgegenständen des Anlage- und Umlaufvermögens.

Die Posten *sonstige betriebliche Aufwendungen* und sonstige betriebliche *Erträge* nehmen all das auf, was *betriebszweckbezogen* ist und nicht anderweitig zugeordnet werden kann.

Das Aufwandskonto zur *Bildung von Rückstellungen* muss *im Sachzusammenhang* mit dem Rückstellungsgrund gewählt werden, z. B. Pensionsrückstellungen aus dem Personalaufwand.

Nicht betriebszweckbezogene Vorgänge werden in die Posten *außerordentliche Aufwendungen* bzw. *außerordentlichen Erträge* zusammengefasst.

Praxisbeispiele Außerordentliches Ergebnis

Die Ewald GmbH hat einen PC, der mit einem Restbuchwert von 500 Euro in den Büchern stand, für 300 Euro (netto) verkauft. Der Verlustbetrag von 200 Euro wird als außerordentlicher Aufwand gebucht.

Die Ewald GmbH hat ein netzwerkfähiges Multifunktionsgerät (Drucker, Scanner und Faxgerät), das mit einem Restbuchwert von 300 Euro in den Büchern stand, für 500 Euro (netto) verkauft. Der Gewinnbetrag von 200 Euro wird als außerordentlicher Ertrag gebucht.

Umsatzerlöse

Der Posten *Umsatzerlöse* fasst die *Warenverkaufskonten* zusammen. Bei Verwendung eines *Gemischten Warenkontos* (siehe 7.1.4) ist dies nicht möglich, da hier nur der *Warenrohgewinn* als Nettoertrag erfasst wird. Dann fehlt auf der Aufwandsseite der Warenverbrauch.

Bestandsveränderungen

Der Posten *Bestandsveränderungen* fasst alle Veränderungen von Beständen an *fertigen und unfertigen Erzeugnissen* gegenüber dem vorherigen Bilanzstichtag zusammen (siehe 7.1.5). Eine *Bestandsmehrung* bei den fertigen und unfertigen Erzeugnissen wird als *Ertrag* erfasst. Eine *Bestandsminderung* stellt einen *Aufwand* dar, der in der T-Kontoform trotzdem auf der *Ertragsseite* mit einem *negativen Vorzeichen* erfasst wird.

UKV

Das *Umsatzkostenverfahren* kennt keine Bestandsveränderungen und baut die Aufwandsseite nach dem *Prinzip der Leistungserstellung und Leistungsverwertung* auf. Das ist der einzige Unterschied zum Gesamtkostenverfahren.

Der *überwiegende Teil der GuV-Posten* ist in beiden Verfahren identisch, das *Rechenergebnis* ist in beiden Verfahren immer *identisch*. Abbildung 7.27 stellt eine vereinfachte *GuV nach dem UKV* dar.

Herstellungskosten

Für das *Umsatzkostenverfahren* benötigt das Unternehmen eine genauere *Kostenrechnung*, da die *Herstellungskosten der abgesetzten Leistungen* (verkauften Erzeugnisse) ermittelt werden müssen.

Die *Herstellungskosten* der auf Lager produzierten Erzeugnisse (*Bestandsmehrung*) werden *nicht erfasst*. Daher braucht auch nicht auf der Ertragsseite der Wert der Lagerproduktion als Bestandsmehrung erfasst zu werden.

Soll	Haben
Herstellungskosten	*Umsatzerlöse*
Vertriebskosten	Bestandsveränderungen
Verwaltungskosten	sonstige betriebliche Erträge
sonstige betriebliche Aufwendungen	Zinserträge u. ä.
Zinsaufwand u. ä.	außerordentliche Erträge
außerordentliche Aufwendungen	
Jahresüberschuss	

Abb. 7.27 Übersicht Gewinn- und Verlustrechnung (UKV)

Praxisbeispiel GKV und UKV

Ein Festplattenhersteller hat zum Jahresanfang fertig produzierte Festplatten im Wert von 240.000 Euro im Bestand (bewertet zu Herstellungskosten). Am Jahresende lag der Bestand laut Inventur bei einem Wert von 300.000 Euro. Die möglichen Alternativen der Erstellung der Gewinn- und Verlustrechnung sehen zusammengefasst wie folgt aus (in Tausend Euro):

S	GuV (Gesamtkostenverfahren)		H
Aufwendungen	2.000	Umsatzerlöse	2.400
Jahresüberschuss	460	Bestandsveränderung	+ 60
	2.460		2.460

S	GuV (Umsatzkostenverfahren)		H
Aufwendungen	1.940	Umsatzerlöse	2.400
Jahresüberschuss	460		
	2.400		2.400

Beim Umsatzkostenverfahren werden die Aufwendungen für die Produktion der Bestandserhöhung nicht ausgewiesen. Sie müssen dazu aus den Aufwandskonten herausgerechnet worden sein.

7.2.3   Anhang und Lagebericht

In den Anhang gehören *Erläuterungen* zu einzelnen Posten der *Bilanz* und der *Gewinn- und Verlustrechnung*, die zum Teil gesetzlich vorgeschrieben sind (*Pflichtangaben*), zum Teil der besseren Information der Kapitalanleger dienen sollen.

im Jahresabschluss angewandte Bilanzierungs- und Bewertungsmethoden
Grundlagen für die Umrechnung in Euro, sofern der Jahresabschluss Fremdwährungsposten enthält
Abweichungen von früheren Bilanzierungs- und Bewertungsmethoden, mit Begründung
erhebliche Marktpreisveränderungen bei vereinfachter Bewertung (Lifo, Fifo, etc.)
Einbeziehung von Fremdkapitalzinsen in die Herstellungskosten
Gesamtbetrag der Verbindlichkeiten mit einer Restlaufzeit von mehr als fünf Jahren
Höhe, Art und Form der Kreditsicherheiten
Verpflichtungen, die nicht in der Bilanz erscheinen, sofern für die Finanzlage bedeutend
Aufgliederung der Umsatzerlöse nach Tätigkeitsbereichen und Märkten, soweit sich die bedienten Märkte erheblich unterscheiden
Einflüsse von Sonderabschreibungen und Ertragssteuern auf das Ergebnis
Zahl der beschäftigten Arbeitnehmer, getrennt nach Gruppen (Durchschnittswerte)
bei Anwendung des Umsatzkostenverfahrens Materialaufwand und Personalaufwand
alle Bezüge und Ansprüche der aktuellen und früheren Unternehmensorgane (Geschäftsführung, Aufsichtsrat, Beirat, o. ä.)
alle Mitglieder der Organe mit Namen, Berufen und Positionen in anderen Unternehmen
personelle Verflechtungen mit anderen Unternehmen und Kapitalbeteiligungen ab 5 Prozent
Erläuterung sonstiger Rückstellungen, wenn sie einen nicht unerheblichen Umfang haben
Gründe für die planmäßige Abschreibung von aktivierten Geschäfts- oder Firmenwerten
Name und Sitz des Mutterunternehmens, wenn das Unternehmen einem Konzern angehört
Honorare für Abschlussprüfer, Steuerberater und für sonstige Bestätigungs-/Bewertungsleistungen
Art, Umfang und Zeitwert von Finanzinstrumenten (z. B. Termingeschäften) unter Angabe der angewandten Bewertungsmethoden

Abb. 7.28 Übersicht Pflichtangaben im Anhang

Kaufmännisch denken bedeutet, abzuwägen, wie viele unternehmensinterne Informationen den Aktionären im *Geschäftsbericht* preisgegeben werden sollen. *Hochglanzbroschüren* mit Fotos von freundlich lächelnden Mitarbeitern können nur bedingt über eine schlechte wirtschaftliche Lage des Unternehmens hinwegtäuschen (Abb. 7.28).

Angaben weglassen
Die Berichterstattung hat insoweit zu unterbleiben, als es für das *Wohl der Bundesrepublik Deutschland* erforderlich ist. Ferner können Angaben weggelassen werden, wenn sie von *untergeordneter Bedeutung* sind oder wenn sie nach vernünftiger kaufmännischer Beurteilung geeignet sind, dem Unternehmen einen *erheblichen Nachteil* zuzufügen. Angaben über die *Gesamtbezüge von Personen* können unterbleiben, wenn sich anhand der Angaben die Bezüge eines Mitglieds dieser Organe feststellen lassen oder wenn die

historische Anschaffungskosten
Zugänge Anlagegüter im aktuellen Geschäftsjahr
Abgänge Anlagegüter im aktuellen Geschäftsjahr
Umbuchungen von einer Position in eine andere
kumulierte Abschreibungen seit Anschaffung
Buchwert am Ende des vorherigen Geschäftsjahres
Buchwert am Ende des aktuellen Geschäftsjahres
Abschreibungen des aktuellen Geschäftsjahres

Abb. 7.29 Übersicht Anlagenspiegel

Hauptversammlung dies beschlossen hat. *Mittelgroße und kleine Kapitalgesellschaften* (im Sinne des § 267 HGB) brauchen bestimmte Angaben nicht zu machen (§ 288 HGB).

Image

In der Praxis finden sich im Anhang zusätzliche Angaben über die *sozialen Verhältnisse* im Unternehmen, über *anstehende Investitionsvorhaben* und *gesellschaftspolitische Maßnahmen* wie Förderung von Schulen und Behinderteneinrichtungen. Der Geschäftsbericht dient auch der *Image-Pflege* (siehe Kap. 3).

Zur *Erläuterung des Anlagevermögens* wird ein *Anlagenspiegel* aufgestellt, der *für jede Position* die folgenden Angaben enthält (Abb. 7.29).

In einer *Kapitalflussrechnung* (Bewegungsbilanz, siehe 6.4) können die *Investitions- und Finanzierungsströme* sowie ihre Auswirkungen auf die Liquidität dargestellt werden.

Lagebericht

Im *Lagebericht* sind der Geschäftsverlauf und die Lage des Unternehmens so darzustellen, dass ein *den tatsächlichen Verhältnissen entsprechendes Bild* vermittelt wird. Auch auf die voraussichtliche Entwicklung mit ihren wesentlichen *Chancen und Risiken* ist einzugehen. *§ 289 HGB* enthält eine lange Liste von Angaben, die gemacht werden müssen.

Testat

Am Ende des Geschäftsberichts muss als *Testat der Wirtschaftsprüfer* folgende, von ihnen unterschriebene Erklärung stehen:

Die Buchführung und der Jahresabschluss entsprechen nach unserer pflichtgemäßen Prüfung den gesetzlichen Vorschriften und der Satzung. Der Jahresabschluss vermittelt unter Beachtung der Grundsätze ordnungsmäßiger Buchführung ein den tatsächlichen Verhältnissen entsprechendes Bild der Vermögens-, Finanz- und Ertragslage der Gesellschaft. Der Lagebericht steht im Einklang mit dem Jahresabschluss.

7.3   Jahresabschlussanalyse

Kapitalanleger analysieren den im Geschäftsbericht veröffentlichten Jahresabschluss, indem sie *Kennzahlen* bilden und so das *Unternehmen* in der zeitlichen Entwicklung und im Vergleich mit anderen Unternehmen *beurteilen*. Oft werden von informationsfreundlichen Unternehmen dazu im Geschäftsbericht *Kennzahlenübersichten* mit abgedruckt.

Bilanzstrukturl
Zur Analyse der vertikalen und der horizontalen *Bilanzstruktur* werden die Bilanzpositionen zusammengerechnet:

Aktiva	Passiva
Anlagevermögen	Eigenkapital
Umlaufvermögen	Fremdkapital

vertikale Kapitalstruktur
Die *vertikale Kapitalstruktur* kann mit dem Verschuldungsgrad, der Eigenkapitalquote oder der Fremdkapitalquote beurteilt werden.

$$\text{Verschuldungsgrad} = \frac{\text{Fremdkapital}}{\text{Eigenkapital}}$$

$$\text{Eigenkapitalquote} = \frac{\text{Eigenkapital} \times 100}{\text{Gesamtkapital}}$$

$$\text{Fremdkapitalquote} = \frac{\text{Fremdkapital} \times 100}{\text{Gesamtkapital}}$$

Der *Verschuldungsgrad* misst das Verhältnis von Fremdkapital zu Eigenkapital. Eine *Praktikerregel* besagt, dass ein Verschuldungsgrad von *2 bis 3* noch annehmbar ist.

Quote
Statt des Verschuldungsgrads können auch die *Eigenkapitalquote* (Anteil des Eigenkapitals am Gesamtkapital) und die *Fremdkapitalquote* (Anteil des Fremdkapitals am Gesamtkapital) berechnet werden. Eine *Quote* stellt immer den *Anteil an einem Ganzen* dar.

Eine Eigenkapitalquote von 25 Prozent (Fremdkapitalquote = 75 Prozent) entspricht einem Verschuldungsgrad von 3 (1 Teil Eigenkapital, 3 Teile Fremdkapital). Rückstellungen sind Fremdkapital. Ein Unternehmen mit *niedrigem Verschuldungsgrad* (hoher Eigenkapitalquote) ist als eher *konservativ* und vorsichtig einzuschätzen.

Eine *niedrige Eigenkapitalquote* (ein hoher Verschuldungsgrad) birgt *finanzielle Risiken*, da für Kredite regelmäßig Zins- und Tilgungsleistungen erbracht werden müssen. Auch die *Unabhängigkeit* der Unternehmensleitung kann durch Mitspracherechte von Kreditgebern eingeschränkt sein. In der *Preiskalkulation* besteht weniger Spielraum, bei starker Konkurrenz auf den Einbezug kalkulatorischer Zinsen (siehe 9.1) zu verzichten.

Abnutzungsgrad

Ein Blick auf den *Abnutzungsgrad* kann aber offenbaren, dass kürzlich größere Investitionen getätigt wurden. Dies spricht dafür, dass das Unternehmen *risikofreudig* ist und positive *Zukunftserwartungen* hat. Weitere Informationen dazu stehen dann im *Lagebericht*.

$$\text{Abnutzungsgrad} = \frac{\text{kumulierte Abschreibungen} \times 100}{\text{Bestand zu Anschaffungskosten}}$$

Die Werte finden sich im *Anlagenspiegel*. Der Abnutzungsgrad gibt an, wieweit der *Wertverzehr* der Anlagegüter fortgeschritten ist. Ein hoher Abnutzungsgrad zeigt an, dass der *Bestand überaltert* ist, und kann auf Schwierigkeiten bei der *Beschaffung von Kapital* für Ersatzinvestitionen hindeuten.

Anlagendeckung

Die *Höhe des Verschuldungsgrads* ist auch abhängig von der *Branche*. Unternehmen mit einem geringen Anlagevermögen haben i. d. R. einen höheren Verschuldungsgrad. Eine wichtige Kennzahl dazu ist die *Anlagendeckung*:

$$\text{Anlagendeckungsgrad I} = \frac{\text{Eigenkapital} \times 100}{\text{Anlagevermögen}}$$

$$\text{Anlagendeckungsgrad II} = \frac{(\text{Eigenkapital} + \text{lfr. Fremdkapital}) \times 100}{\text{Anlagevermögen}}$$

Nach der *Goldenen Finanzierungsregel* soll langfristig gebundenes Vermögen mit entsprechend langfristig zur Verfügung stehenden Mitteln finanziert werden (Prinzip der *Fristenkongruenz*). Wird diese Forderung nicht erfüllt, da Teile des Anlagevermögens mit kurzfristigen Fremdmitteln finanziert worden sind, so kann sich daraus ein *Liquiditätsrisiko* ergeben.

Liegt *Anlagendeckungsgrad I unter 100 Prozent*, dann reicht das Eigenkapital zur Deckung des Anlagevermögens nicht aus, und *Anlagendeckungsgrad II* muss berechnet werden. Dabei ist es etwas mühselig, aus dem Geschäftsbericht das *langfristige Fremdkapital* zusammenzurechnen. Pensionsrückstellungen sind langfristig, alle anderen Rückstellungen sind i. d. R. kurzfristig.

Liquidität

Eine weitere Kennzahl zur horizontalen Bilanzstruktur ist der *Liquiditätsgrad*. Das Umlaufvermögen soll das kurzfristige Fremdkapital decken.

$$\text{Liquiditätsgrad I (Barliquidität)} = \frac{\text{Liquide Mittel}}{\text{k fr. Fremdkapital}}$$

$$\text{Liquiditätsgrad II (quick ratio)} = \frac{\text{Liquide Mittel} + \text{Forderungen}}{\text{k fr. Fremdkapital}}$$

$$\text{Liquiditätsgrad III (current ratio)} = \frac{\text{Umlaufvermögen}}{\text{k fr. Fremdkapital}}$$

Kongruenzprinzip

Liquide Mittel sind Kasse und Bankguthaben. Die liquiden Teile des *Umlaufvermögens* sollten sich mit dem *kurzfristigen Fremdkapital* decken. Während ein *hoher Liquiditätsgrad I* darauf hindeutet, dass das Unternehmen *zu hohe Kassenbestände* hat, ist ein zu *niedriger Liquiditätsgrad III* (unter 1) gefährlich, da kurzfristig fällige Rechnung selbst durch Verkauf von Vorräten nicht beglichen werden können. *Illiquidität* (Zahlungsunfähigkeit) ist *Insolvenzgrund*.

Bilanzkosmetik

Problematisch bei der Beurteilung der Liquidität anhand der *Zahlen aus dem Jahresabschluss* ist, dass dies *Vergangenheitswerte* sind und die *aktuelle Lage des Unternehmens* sich schon geändert haben kann. Außerdem muss man bei der Analyse von Jahresabschlusszahlen bedenken, dass das Unternehmen *Bilanzkosmetik* betreiben kann, d. h. innerhalb gewisser Grenzen die Zahlen gestalten, z. B. wird eine bevorstehende Anschaffung in den Januar verschoben, um *schönere Liquiditätskennzahlen* zu haben.

Abschreibungsquote

Die *Abschreibungsquote* ist eine Maßzahl für die *Finanzierungsfähigkeit* von Investitionen aus dem Umsatzprozess heraus (Innenfinanzierung als Eigenfinanzierung, siehe 6.3.1).

$$\text{Abschreibungsquote} = \frac{\text{Jahresabschreibungen} \times 100}{\text{Bestand zu Anschaffungskosten}}$$

Eine *niedrige Abschreibungsquote* zeigt an, dass zur Sicherung von Wettbewerbsfähigkeit und Wachstum des Unternehmens *Mittel von außen* beschafft werden müssen. Durch die daraus folgende Zins- und Tilgungslast wird die *Liquidität* zusätzlich *belastet*.

Arbeitsintensität

Eine weitere Kennzahl zur *vertikalen Bilanzstruktur* ist die Arbeitsintensität:

$$\text{Arbeitsintensität} = \frac{\text{Umlaufvermögen} \times 100}{\text{Gesamtvermögen}}$$

Ein überhöhtes Umlaufvermögen könnte auf Überbeständen bei den *Vorräten*, auf zu hohen *Außenständen* (offene Forderungen) oder Überbeständen an *liquiden Mitteln* (Kasse, Bank) beruhen. Zur Beurteilung der Arbeitsintensität müssen *Branchenvergleichszahlen* herangezogen werden. Überbestände an liquiden Mitteln beeinträchtigen regelmäßig die *Rentabilität*.

Rentabilität

Rentabilitätskennzahlen setzen den Erfolg ins Verhältnis zum Kapitaleinsatz und stellen damit eine *Verzinsung des eingesetzten Kapitals* dar. Für einen Kapitalanleger ist zunächst die *Verzinsung des Eigenkapitals* interessant. Statt des *Jahresüberschusses* kann im Zähler auch der *ausgeschüttete Gewinn* (Dividende) stehen.

$$\text{Eigenkapitalrentabilität} = \frac{\text{Jahresüberschuss} \times 100}{\text{Eigenkapital}}$$

Die Rentabilität des Eigenkapitals sollte den *Zinssatz*, der bei einer Anlage auf dem Kapitalmarkt erzielt werden kann, um einen *Risikozuschlag* überschreiten, der abhängig von der Branche ist.

$$\text{Gesamtkapitalrentabilität} = \frac{(\text{Jahresüberschuss} + \text{Zinsaufwand}) \times 100}{\text{Gesamtkapital}}$$

Die Gesamtkapitalrentabilität ist die *Leistung* des Unternehmens *unabhängig von* der *Herkunft* des Kapitals.

Liegt sie über dem Zinssatz für Fremdkapital, so deutet dies darauf hin, dass mit *mehr Fremdkapital* (höherem Verschuldungsgrad) *mehr Gewinn* erwirtschaftet werden kann als an Zinsen zu zahlen ist. Durch die Aufnahme weiterer fremder Mittel müsste der Gewinn und damit die Eigenkapitalrentabilität gesteigert werden können (*Leverage-Effekt*). Voraussetzung ist jedoch, dass mit dem zusätzlich aufgenommenen Fremdkapital gleich ertragreiche Investitionen finanziert werden können bzw. dass überhaupt weiteres Fremdkapital beschafft werden kann.

RoI

Von der Gesamtkapitalrentabilität zu unterscheiden ist die *Betriebsrentabilität*, auch als *Return on Investment* (*RoI*) bezeichnet.

$$\text{RoI} = \frac{\text{Betriebserfolg} \times 100}{\text{Umsatzerlöse}} \times \frac{\text{Umsatzerlöse}}{\text{Betriebsvermögen}}$$

$$= \text{Umsatzrentabilität} \times \text{Kapitalumschlag}$$

Abb. 7.30 Übersicht Indirekte
Cash-Flow-Ermittlung

Jahresüberschuss
+ Abschreibungen
+ Bildung von Rückstellungen
= *Cash-Flow*

Der RoI ist eine rein *leistungsbezogene Größe.* Zur Ermittlung des *Betriebserfolgs* müssen alle Komponenten aus dem *Jahresüberschuss* herausgerechnet werden, die nichts mit dem eigentlichen Betriebszweck zu tun haben, z. B. außerordentliche Erträge.

Zur Ermittlung des *Betriebsvermögens* werden alle Vermögensgegenstände herausgerechnet, die nicht dem *Betriebszweck* dienen, z. B. ungenutzte Grundstücke.

Die *Steigerung des RoI* kann sowohl auf einer verbesserten Umsatzrentabilität als auch einer gestiegenen Umschlagshäufigkeit des Betriebsvermögens beruhen.

Die Verbesserung der *Umsatzrentabilität* kann dadurch erreicht werden, dass die Umsatzsteigerung mit einer relativ *geringen Zunahme des Aufwands* verbunden ist.

Die Erhöhung der *Umschlagshäufigkeit* kann daraus resultieren, dass die Umsatzsteigerung mit relativ *geringen Investitionen* bewirkt wurde.

Umsatzrentabilität

$$\text{Umsatzrentabilität} = \frac{\text{Jahresüberschuss} \times 100}{\text{Umsatzerlöse}}$$

Die *Umsatzrentabilität* gibt an, wieviel *Cent Überschuss aus jedem Umsatzeuro* in der Hand der Eigentümer verbleiben. Rechnet man zum Jahresüberschuss die *Abschreibungen* und die *Bildung von Rückstellungen* hinzu, gelangt man näherungsweise und auf indirektem Wege zur wohl wichtigsten Kennzahl, dem *Cash-Flow*, der die *Innenfinanzierungskraft* des Unternehmens angibt (Abb. 7.30):

Eine *direkte Ermittlung* ist anhand des Geschäftsberichts nicht möglich, da die *Einzahlungen und die Auszahlungen* des Jahres daraus nicht hervorgehen. Der Cash-Flow gibt an, wie viel *überschüssige Finanzmittel* durch den Umsatzprozess erwirtschaftet werden konnten und damit für die *Finanzierung von neuen Marketingstrategien* und damit verbundenen Investitionen zur Verfügung stehen, ohne dass neues Kapital von außen beschafft werden muss.

Es gibt *weitere Kennzahlen*, die von externen Bilanzlesern ermittelt werden können. Davon zu unterscheiden sind die *intern* ermittelten Kennzahlen des *Controlling* (siehe 9.6), für die *alle Unternehmensdaten* zur Verfügung stehen.

Steuern

8

Zusammenfassung

Wie die Rechnungslegungsvorschriften gehören auch *Steuergesetze* zum *politisch-gesetzlichen Umfeld* des Unternehmens und müssen bei *Unternehmensentscheidungen*, insbesondere auch in der *Finanzplanung* beachtet werden.

Das Steuersystem der Bundesrepublik Deutschland ist im *Grundgesetz*, ab Artikel 106 GG, grundlegend geregelt. Die *praktische Kommunikation* mit den Finanzbehörden ist in der *Abgabenordnung* festgelegt. Wichtige Steuern sind vor allem die *Einkommensteuer* bzw. *Körperschaftsteuer* und die *Umsatzsteuer*.

Auch wenn das *Steuerrecht* sehr komplex ist und sich in einem ständigen Wandel befindet, gehört es zum *kaufmännischen Denken*, die Grundzusammenhänge zu kennen und *praktisch anwenden* zu können.

8.1 Abgabenordnung

Die Abgabenordnung ist ein *Grundlagengesetz*, das für den Bürger *Rechtssicherheit* schafft, weil sie viele für das gesamte Steuerrecht wichtige *Begriffsdefinitionen* enthält und den Umgang der Finanzbehörden mit den Bürgern (das *Steuerverwaltungsverfahren*) klar und eindeutig regelt, insbesondere Fristen und Termine, Verspätungszuschläge, Säumnisgebühren, Betriebsprüfung, Straf- und Bußgeldvorschriften, etc.

nur für Steuern

Die *Bezeichnung als Abgabenordnung* ist etwas *missverständlich*, weil der Begriff Abgaben auch andere Zahlungen an den Staat, wie *Gebühren* und *Beiträge*, umfasst. Die Abgabenordnung gilt hingegen nur für *Steuern*, insbesondere die Einkommen-, Körperschaft- und Umsatzsteuer. Sie gilt *nicht für* die *Grundsteuer* und die *Gewerbesteuer*, die von den Gemeinden erhoben wird, dient den Gemeinden jedoch als

© Springer Fachmedien Wiesbaden 2015
M. Wünsche, *BWL für IT-Berufe*, DOI 10.1007/978-3-658-10430-6_8

Steuern	Geldleistungen, die *nicht* eine *Gegenleistung* darstellen und zur Erzielung von *Einnahmen* dienen
Gesetz	jede Rechtsnorm
Ermessen	Ermessensentscheidungen müssen auf den *Zweck* des Gesetzes orientiert ausgeübt werden (keine Willkür).
Behörde	Stelle, die Aufgaben der *öffentlichen Verwaltung* wahrnimmt. Finanzbehörden dienen der Finanzverwaltung.
Amtsträger	wer in einem öffentlich-rechtlichen *Amtsverhältnis* steht bzw. im *Auftrag* der öffentlichen Verwaltungen Aufgaben erfüllt
Wohnsitz	dort, wo die *Umstände darauf schließen lassen*, dass man dort wohnt; wichtig für die *Zuständigkeit* des Finanzamtes
Gewöhnlicher Aufenthalt	dort, wo man *nicht nur vorüber-gehend* verweilt; mehr als *sechs Monate*, Unterbrechung zählt nicht
Geschäftsleitung	Mittelpunkt der geschäftlichen *Oberleitung*
Sitz	an dem Ort, der durch *Gesetz*, *Gesellschaftsvertrag* o. ä. dazu bestimmt ist
Betriebsstätte	jede feste Geschäftseinrichtung oder Anlage, die der *Tätigkeit des Unternehmens* dient
ständiger Vertreter	Person, die nachhaltig *Geschäfte* für das Unternehmen *besorgt* und dessen Weisungen unterliegt
wirtschaftlicher Geschäftsbetrieb	selbstständige nachhaltige *Tätigkeit*, durch die *wirtschaftliche Vorteile* erzielt werden; Die Absicht, Gewinn zu erzielen, ist nicht erforderlich. (Vermögensverwaltungen nicht)
Vermögensverwaltung	Nutzung von *Kapitalvermögen* zur Erzielung von Zinsen, von *Grundstücken* zur Erzielung von Mieten oder Pachten
Angehörige	Verlobte, Ehegatte (auch geschieden), die direkte *Verwandtschaft*, auch engvertraute Pflegepersonen
Steuerpflichtiger	wer eine Steuer *schuldet*, für sie *haftet*, sie *einbehalten* und *abführen* muss, eine Steuererklärung abgeben, Sicherheit leisten, Bücher führen *oder andere* steuerrechtliche *Verpflichtungen erfüllen* muss

Abb. 8.1 Übersicht Begriffe der Abgabenordnung

Orientierung für ihr Besteuerungsverfahren. Wichtig sind vor allem die zahlreichen Begriffsdefinitionen (Abb. 8.1):

Steuerpflichtiger
Besonders wichtig ist die weitreichende Definition des Begriffs *Steuerpflichtiger*, da in den Steuergesetzen aus Kostengründen zahlreiche *Mitwirkungspflichten* der Steuerpflichtigen definiert und damit *Verwaltungstätigkeiten* auf den Bürger ausgelagert werden.

So kann z. B. schon die *Einkommensteuererklärung* viel Zeit und Nerven kosten, und bei der monatlichen *Umsatzsteuervoranmeldung* muss der Unternehmer die Steuer selbst berechnen. Betriebswirtschaftlich betrachtet stellen diese Melde-, Erklärungs- und Berechnungspflichten nicht nur für größere Unternehmen einen bedeutsamen *Kostenfaktor* dar.

Massenfallrecht

Steuerrecht ist *Massenfallrecht*. Ein *Erlass* des Finanzministeriums betreffend die *Arbeitsweise der Finanzämter* macht dies deutlich (Auszug):

Bei der Bearbeitung der Steuerfälle muss auf *das Wesentliche* abgestellt werden. Der Aufwand bei der Bearbeitung eines Falles richtet sich nach dessen steuerlicher Bedeutung.

1. Nur *ausgewählte* Steuerfälle sind *intensiv* zu bearbeiten.
2. In den übrigen Steuerfällen soll den *Angaben der Steuerpflichtigen* gefolgt werden, soweit sie *schlüssig und glaubhaft* sind.
3. Die Steuerfälle sind nach Möglichkeit *in einem Arbeitsgang* abschließend zu bearbeiten.
4. Wenn mit *erheblichen steuerlichen Auswirkungen* zu rechnen ist, sind Steuererklärungen rechtzeitig anzufordern und Vorauszahlungen zeitnah festzusetzen.

ElsterOnline

Eine weitere Vereinfachung der Verwaltung ist die *elektronische Kommunikation* (§ 87a AO), die mehr und mehr zur Pflicht wird. Mit *ElsterOnline* können über das Internet Steuererklärungen online eingegeben werden (Elster = elektronische Steuererklärung). Der Zugang ist mit allen gängigen Betriebssystemen möglich, und es ist keine zusätzliche Software erforderlich. Auch der aktuelle Stand des Steuerkontos lässt sich online abfragen.

Bankgeheimnis

Die *Finanzämter dürfen* von Kreditinstituten online *Kontoinformationen abrufen*, sofern ein Auskunftsersuchen an den Steuerpflichtigen nicht erfolgreich war oder keinen Erfolg verspricht. Ein *Bankgeheimnis* gibt es nicht, doch die Finanzämter haben auf das *Vertrauensverhältnis* zwischen Kreditinstituten und ihren Kunden Rücksicht zu nehmen (§ 30a AO).

Selbstanzeige

Das im Vordergrund stehende *Ziel des Staates* ist, *Einnahmen* zu *erzielen* und den dazu notwendigen Verwaltungsaufwand gering zu halten. Die *Steuerfahndung* (§ 208 AO) und die *Ahndung steuerlichen Fehlverhaltens*, Steuerstraftaten und Steuerordnungswidrigkeiten (§§ 369 ff. AO), soll sich daher auf solche Fälle richten, die ertragreich erscheinen. Die *strafbefreiende Selbstanzeige* (§ 371 AO) und die Regelung, dass *gesetz- oder sittenwidriges Verhalten* nicht von der Steuerpflicht befreit (§ 40 AO), bestätigen dies.

Steueranspruch

Der *Steueranspruch* des Staates *entsteht*, sobald ein steuerlicher *Tatbestand verwirklicht* wird (§ 38 AO). Die Steuergesetze schreiben zügige Abführung oder Vorauszahlungen vor.

Zahlungstermine

Umsatzsteuer muss ab einer bestimmten Höhe *monatlich* an das Finanzamt abgeführt werden. Auf die *Einkommensteuer* müssen vierteljährlich vom Finanzamt festgesetzte *Vorauszahlungen* geleistet werden. *Lohnsteuer* muss vom Arbeitgeber *monatlich* abgeführt werden.

Zuständigkeit

Die Abgabenordnung regelt die *Zuständigkeit der Finanzämter* grundlegend, genauere Regelungen finden sich in den einzelnen Steuergesetzen. Zu unterscheiden sind das *Wohnsitzfinanzamt* (Einkommensteuer), das *Betriebsfinanzamt* (Umsatzsteuer, Gewerbesteuer) und das *Lagefinanzamt* (Grundsteuer).

Das *Besteuerungsverfahren* lässt sich insgesamt in die folgenden fünf Schritte gliedern (Abb. 8.2):

Gemeinnützigkeit

Die Abgabenordnung (§§ 51 ff. AO) definiert die Begriffe *Gemeinnützigkeit*, *Mildtätigkeit* und *Selbstlosigkeit* (steuerbegünstigte Zwecke). Die Verfolgung solcher Zwecke kann umfangreiche *Steuervergünstigungen* (z. B. bei der Körperschaft-, Gewerbe- und Umsatzsteuer) nach sich ziehen. *Spenden* an gemeinnützige, mildtätige, kirchliche und wissenschaftliche Einrichtungen können bis zu einer gewissen Höhe bei der Besteuerung abgezogen werden. Die Einzelheiten sind in den jeweiligen Steuergesetzen geregelt.

Haftung des Betriebsübernehmers

Die Abgabenordnung regelt die *Haftung eines Betriebsübernehmers* (§ 75 AO) für Steuerschulden des Vorbesitzers. Haftungsschuldner werden durch *Haftungsbescheid* in Anspruch genommen. Ein Betriebsübernehmer haftet für *betriebsbedingte Steuerschulden*, die seit dem Beginn des letzten vor der Übereignung liegenden Kalenderjahres entstanden sind. Er haftet *nicht* für *steuerliche Nebenleistungen*.

Steuerliche Nebenleistungen sind Verspätungszuschläge, Zinsen, Säumniszuschläge, Zwangsgelder und Kosten (§ 3 AO).

Verspätungszuschlag

Ein *Verspätungszuschlag* kann erhoben werden, wenn man die Steuererklärung nicht oder nicht fristgemäß abgibt. Es ist eine *Kann-Bestimmung* und die Höhe ist auf 10 Prozent des

1. Ermittlungsverfahren
Die Finanzbehörde ermittelt den Sachverhalt.
Dazu dient zunächst die *Steuererklärung* des Steuerpflichtigen (Mitwirkungspflicht).
Es kann auch eine *Außenprüfung* (Betriebsprüfung) oder eine *Steuerschätzung* (wenn keine Steuererklärung eingeht) durchgeführt werden.
Bei Verdacht auf Fehlverhalten kommt es zur *Steuerfahndung*.
2. Festsetzungsverfahren
Die Finanzbehörde setzt die Steuerschuld fest.
Dies erfolgt durch *Steuerbescheid*.
Bei bestimmten Steuerarten (z. B. der Grundsteuer) ist zusätzlich ein *Feststellungsbescheid* als Besteuerungsgrundlage notwendig (z. B. ein Einheitswertbescheid)
3. Erhebungsverfahren
Die Finanzbehörde fordert die Zahlung ein.
Der zugestellte *Steuerbescheid* ist zugleich die *Zahlungsaufforderung*.
Ferner werden *Vorauszahlungsbescheide* verschickt.
Zahlt der Steuerpflichtige nicht, wird ihm eine *Mahnung* zugestellt. Binnen einer Woche erfolgt die *Vollstreckung*, i. d. R. durch Pfändung.
Der Vollziehungsbeamte ist befugt, die *Behältnisse* des Vollstreckungsschuldners zu *durchsuchen*.
4. Rechtsbehelfsverfahren
Der Steuerpflichtige kann Einspruch einlegen.
Gegen Bescheide kann beim Finanzamt innerhalb eines Monats *Einspruch* eingelegt werden.
Dies entbindet nicht von der Zahlungspflicht.
Das Finanzamt prüft. Die *Einspruchsentscheidung* kann den Einspruchsführer schlechter stellen als ohne Einspruch.
Ist man mit dem Ergebnis der Einspruchsprüfung nicht einverstanden, kann *Klageerhebung* vor dem *Finanzgericht* erfolgen, das in mündlicher Verhandlung entscheidet.
Die *Finanzgerichtsordnung* dient dem *Rechtsschutz* der Bürger.
5. Straf- und Ordnungswidrigkeitenverfahren
Verhängung von Steuerstrafen und Bußgeldern
Bei *Verdacht einer Steuerstraftat* ermittelt die Finanzbehörde den Sachverhalt.
Bestätigt sich der Verdacht, wird ein *Strafverfahren* eingeleitet, sofern die Verfolgung nicht wegen *Geringfügigkeit* eingestellt wird.

Abb. 8.2 Übersicht Besteuerungsverfahren

Steuerbetrags, maximal 25.000 Euro begrenzt (§ 152 AO). Grundsätzlich ist die Steuererklärung *spätestens fünf Monate* nach Ablauf des Kalenderjahres abzugeben (§ 149 AO),
d. h. bis Ende Mai.

Steuerschätzung

Kommt es zur *Steuerschätzung*, weil ein Steuerpflichtiger bei Vorgängen mit *Auslands-
bezug* eingeforderte Unterlagen nicht vorlegt, wird ein *Zuschlag* von mindestens *5.000
Euro*, maximal 1.000.000 Euro erhoben.

Verzinsung

Steuernachforderungen und Steuererstattungen unterliegen der *Verzinsung*. Der Zinslauf
beginnt *15 Monate* nach Ablauf des Kalenderjahres, in dem der Anspruch entstanden ist.
Es werden *0,5 Prozent* für jeden *vollen* Monat berechnet, das entspricht einem Jahreszins
von 6 Prozent.

Säumniszuschlag

Bei *verspäteter Zahlung* wird ein *Säumniszuschlag* von *einem Prozent* des ausstehenden
Betrags *je angefangenen Monat* erhoben. Wenn der Steuerpflichtige 32 Tage nicht zahlt,
wird der Säumniszuschlag für zwei Monate fällig. Die Zahlung gilt als zugegangen, wenn
sie *auf dem Konto* des Finanzamts *eingegangen* ist. Es gilt eine *Schonfrist* von *drei Tagen*,
bevor der Säumniszuschlag erhoben wird.

Zwang

Zwangsgelder können bei einer *Vollstreckung* erhoben werden, wenn eine Mitwirkungs-
leistung nicht erbracht wird, z. B. bei einer Auskunftsverweigerung. Die Finanzbehörde
darf auch *unmittelbaren Zwang* ausüben. Die Abgabenordnung definiert ferner die *Kosten*
der Vollstreckung, z. B. beträgt die Pfändungsgebühr 20 Euro, die Verwertungsgebühr
beträgt 40 Euro.

Außenprüfung

Hat das Finanzamt *Zweifel an der Richtigkeit* der in der Steuererklärung gemachten
Angaben, kann es eine *Außenprüfung* anordnen.

Praxisbeispiel Betriebsprüfung

Der Ewald GmbH geht vom zuständigen Finanzamt eine Prüfungsanordnung zu. In
dem Schreiben des Finanzamtes wird der Termin der Außenprüfung angegeben und
auch darauf hingewiesen, dass die Besteuerungsunterlagen bereitzuliegen haben.
Da die Büroräume der Ewald GmbH zurzeit renoviert werden, stellt Herr Ewald,
der Geschäftsführer der Ewald GmbH, beim Finanzamt schriftlich Antrag auf Ver-
schiebung der Außenprüfung und nennt darin den Termin, zu dem die Renovierungs-
arbeiten abgeschlossen und die Jahresabschlussunterlagen wieder zugänglich sind. Das

Finanzamt erkennt die Renovierung als gewichtigen Grund an und setzt einen neuen Prüfungstermin.

Herrn Ewald ist bekannt, dass er nach Zugang der Prüfungsanordnung noch wirksam eine strafbefreiende Selbstanzeige machen könnte. Sie ist bis spätestens bis zum Erscheinen des Prüfers möglich. Herr Ewald hat jedoch keinerlei Veranlassung dazu.

Am Tag der Prüfung erscheinen drei Mitarbeiter des Finanzamts. In einem erkennt Herr Ewald, der ein leidenschaftlicher Kegler ist, einen anderen Kegler, mit dem er bei einem Tournier vor drei Wochen heftig in Streit geraten war. Herr Ewald stellt daraufhin einen entsprechend begründeten Befangenheitsantrag. Der Leiter des Finanzamts lehnt den Antrag ab.

Die Prüfer machen sich an die Arbeit und prüfen den letzten Jahresabschluss der Ewald GmbH. Da alle Unterlagen geordnet bereitliegen und der Buchhalter der Ewald GmbH sich freundlich und hilfsbereit zeigt, werden bei den Buchführungsbelegen nur Stichproben gemacht. Als Herr Ewald dazu aufgefordert wird, auch die Unterlagen seiner persönlichen Einkommensteuererklärung vorzulegen, weist er mit Recht darauf hin, dass dies in der Prüfungsanordnung nicht angekündigt war und er deshalb dazu nicht verpflichtet ist.

Kurze Zeit nach Abschluss der Prüfung geht der Ewald GmbH ein schriftlicher Prüfungsbericht zu mit dem Hinweis, dass keine Änderung des letzten Steuerbescheides erforderlich ist.

Die *Befragung von Betriebsangehörigen* über die Verhältnisse des Unternehmens ist nur dann erlaubt, wenn die Geschäftsführung nicht die geforderten Auskünfte erteilt.

Informationen über die steuerlichen Verhältnisse von *Lieferanten oder Kunden* dürfen die Prüfer an das zuständige Finanzamt weiterleiten, wenn die Erkenntnisse für die Besteuerung des Lieferanten bzw. Kunden von Bedeutung sind.

8.2 Einkommensteuer

Die Einkommensteuer ist eine *direkte Personensteuer*. Sie wird auf genau bestimmte, im Einkommensteuergesetz aufgezählte *Einkünfte* erhoben.

Bei der Berechnung der Steuerschuld werden die *persönlichen Verhältnisse* des Steuerpflichtigen berücksichtigt: Auf Einkünfte unter einer bestimmten Grenze, dem *Grundfreibetrag*, wird keine Steuer berechnet. Es folgt eine *Progressionszone*, d. h. mit zunehmenden Einkünften steigt der Steuersatz. Ab einer bestimmten Einkunftshöhe wird der Steuersatz wieder *proportional*. Diese Einkunftsgrenzen werden jedes Jahr neu festgelegt.

Gewinneinkünfte = Einkünfte aus	Überschusseinkünfte = Einkünfte aus
- Land- und Forstwirtschaft - Gewerbebetrieb - selbstständiger Arbeit	- nichtselbstständiger Arbeit - Kapitalvermögen - Vermietung und Verpachtung - sonstigen Einkunftsquellen
Betriebseinnahmen ./. Betriebsausgaben	Einnahmen ./. Werbungskosten
./. Freibeträge	
= Gesamtbetrag der Einkünfte	
./. Sonderausgaben, außergewöhnliche Belastungen, etc.	
= Einkommen	
./. Freibeträge	
= zu versteuerndes Einkommen	
x Steuersatz = tarifliche Einkommensteuer	
./.+ Steuerermäßigungen Steuerzurechnungen	
= festzusetzende Einkommensteuer	

Abb. 8.3 Übersicht Ermittlung der Einkommensteuer

Die folgende vereinfachte Übersicht stellt die sieben Einkunftsarten und die grundsätzliche Berechnung der Einkommensteuerschuld dar (Abb. 8.3):

Gewinn

Bei den *Gewinneinkunftsarten* wird der *Gewinn* als Differenz zwischen *Betriebseinnahmen* und *Betriebsausgaben* besteuert, bei den *Überschusseinkunftsarten* der *Überschuss* der Einnahmen über die *Werbungskosten*. Dies sind nur unterschiedliche Begriffe für dieselben Sachverhalte: Kauft z. B. ein Vermieter einen Computer, sind dies Werbungskosten, bei einem Gewerbebetrieb sind es Betriebsausgaben.

Praxisbeispiele Einkunftsarten

Einkünfte aus Land- und Forstwirtschaft: Der Landwirt Otto Suhlke verkauft einen Holzeinschlag aus einem zu seinem kleinen Hof gehörenden Waldstück. Größere Betriebe der Land- und Forstwirtschaft werden einkommensteuerlich als Gewerbebetriebe behandelt.

Einkünfte aus Gewerbebetrieb: Die Bergthaler Wohnbau GmbH erzielt gewerbsmäßig Einkünfte aus einem Mietwohnobjekt. Da die Vermietung gewerbsmäßig betrieben wird, handelt es sich nicht um Einkünfte aus Vermietung und Verpachtung.

Einkünfte aus selbstständiger Arbeit: Der freiberufliche EDV-Berater Hans Dübel erhält ein Honorar für einen Beratungsauftrag. Die Abgrenzung zwischen freiberuflicher Tätigkeit und Gewerbebetrieb ist in der Gewerbeordnung geregelt.

Einkünfte aus nichtselbstständiger Arbeit: Der Geschäftsführer der Ewald GmbH bezieht ein Geschäftsführergehalt. Der Geschäftsführer ist Arbeitnehmer und steht auf der Lohnliste der GmbH, anders als der Gesellschafter einer OHG, der Einkünfte aus Gewerbebetrieb bezieht.

Einkünfte aus Kapitalvermögen: Das Ehepaar Schulze erhält Dividende aus einer Geldanlage in Aktien und Zinsen auf ihr Sparguthaben. Gewinn aus dem Verkauf von Aktien unterliegt nicht der Einkommensteuer, wenn zwischen Kauf und Verkauf mehr als ein Jahr liegt.

Einkünfte aus Vermietung und Verpachtung: Rentner Heinz Schönig verpachtet ein Grundstück an die Ewald GmbH. Als Werbungskosten kann Heinz Schönig alle Aufwendungen im Zusammenhang mit dem Pachtgrundstück abziehen.

Einkünfte aus sonstigen Einkunftsquellen: Bert Pfiffig hat günstig Aktien gekauft und nach drei Monaten zu einem wesentlich höheren Preis wieder verkauft. Dies wurde früher als Spekulationsgewinn bezeichnet. § 22 EStG enthält eine Auflistung weiterer sonstiger Einkünfte.

Die Einkommensteuer ist eine *Jahressteuer*: der Steuerpflichtige muss grundsätzlich nach Ablauf des Kalenderjahres eine *Steuererklärung* abgeben, und vierteljährlich vom Finanzamt festgesetzte Einkommensteuervorauszahlungen leisten. In der jährlichen Steuererklärung können *Angaben* gemacht werden, die aufgrund der persönlichen Verhältnisse des Steuerpflichtigen die *Steuerlast reduzieren*.

Um den *Arbeitsaufwand* der Finanzämter zu reduzieren und den stetigen Zufluss an *Staatseinnahmen* sicherzustellen, werden folgende *Arten* der Einkommensteuer unterschieden (Abb. 8.4):

Lohnsteuer
für Einkünfte aus *nichtselbstständiger Arbeit*
- wird im *Quellenabzugsverfahren* erhoben - wichtigste Einkunftsquelle des Staates (ca. ein Drittel des gesamten Steueraufkommens) - geregelt im Einkommensteuergesetz
Kapitalertragsteuer
für Einkünfte aus *Kapitalvermögen*
- wird im Quellenabzugsverfahren erhoben - Freistellungsauftrag verhindert den Abzug - geregelt im Einkommensteuergesetz
Körperschaftsteuer
Einkommensteuer der *juristischen Person* (AG, GmbH, Vereine, etc.) Das Körperschaftsteuergesetz baut auf dem Einkommensteuergesetz auf.
veranlagte Einkommensteuer
Veranlagung zur Einkommensteuer = Pflicht bzw. Recht zur Abgabe einer *Steuererklärung*
- für alle anderen Arten von Einkünften - vor allem erforderlich, wenn Einkünfte aus mehreren Quellen bezogen werden

Abb. 8.4 Übersicht Arten der Einkommensteuer

Gewerbesteuer

Die *Gewerbesteuer* ist *keine* Art der *Einkommensteuer*, sondern eine Objektsteuer, die den Gemeinden zufließt. Besteuert wird der *Gewerbebetrieb*. Das Gewerbesteuergesetz baut dennoch auf das Einkommensteuergesetz auf (siehe 8.3).

Solidaritätszuschlag

Der *Solidaritätszuschlag* ist ein Zuschlag zur Einkommensteuer und Körperschaftsteuer, der eingeführt wurde, um die Kosten der deutschen Wiedervereinigung zu finanzieren. Rechtsgrundlage ist das *Solidaritätszuschlaggesetz*. Bemessungsgrundlage ist die Einkommensteuer, d. h. der Solidaritätszuschlag ist – wie die Kirchensteuer – eine *Steuer auf die Steuer*.

8.2.1 Veranlagte Einkommensteuer

Personen, die *keinen Arbeitslohn* (Einkünfte aus unselbstständiger Arbeit) bezogen haben, werden mit ihren steuerpflichtigen Einkünften *zur Einkommensteuer veranlagt* und haben eine *Einkommensteuererklärung* abzugeben. Diese erfolgt auf einem vierseitigen amtlichen Formular, das bei den Finanzämtern ausliegt. Zusätzlich zu diesem Hauptvordruck gibt es – je nach Bedarf – eine Reihe von Anlagen (Abb. 8.5):

Steuernummer

Auf allen Vordrucken (auf jeder Seite) muss die vom Finanzamt zugeteilte *Steuernummer* angegeben werden, die zentrales Sortier- und Zuordnungskriterium für die Finanzverwaltung ist.

Eheleute

Eheleute können wählen, ob sie sich *getrennt oder zusammen* veranlagen lassen wollen. Bei getrennter Veranlagung gibt jeder der Eheleute eine eigene Steuererklärung ab. Kinderfreibeträge werden dann i. d. R. halbiert. Die *Zusammenveranlagung* ist dann vorteilhaft, wenn einer der Ehepartner ein höheres und der andere ein niedrigeres Einkommen hat, da es für Zusammenveranlagte eine eigene Steuertabelle mit geringerer Steuerlast (*Splitting-Tarif*) gibt.

Steuerberater

Wird die Steuererklärung an einen *Steuerberater* abgegeben, muss er auf dem Hauptvordruck als Bevollmächtigter genannt werden. Die *Vollmacht* gilt solange, bis sie gegenüber dem Finanzamt widerrufen wird.

Anlage	Erläuterung
Kind	Berücksichtigung von Kindern
N	Einkünfte aus nichtselbständiger Arbeit: Angaben zu Arbeitslohn, Werbungskosten und Arbeitnehmersparzulage
KAP	Einkünfte aus Kapitalvermögen
R	sonstige Einkünfte: Angaben zu Renten und anderen Leistungen
L	Einkünfte aus Land- und Forstwirtschaft
GSE	Einkünfte aus Gewerbebetrieb und aus selbständiger Arbeit (Freiberufler)
V	Einkünfte aus Vermietung und Verpachtung (Haus- und Wohnungseigentümer)
FW	Steuerbegünstigung zur Förderung des Wohneigentums, Vorkostenabzug
SO	bei privaten Veräußerungsgeschäften, Unterhaltsleistungen, Schadensersatzrenten, Abgeordnetenbezügen u. ä.
AUS	bei ausländischen Einkünften
AV	Für den zusätzlichen Abzug von Altersvorsorgebeiträgen als Sonderausgaben
VL	Bescheinigung über vermögenswirksame Leistungen (wird vom Anlageinstitut bzw. Empfänger ausgestellt)
U	für den Sonderausgabenabzug von Unterhaltsleistungen an geschiedene oder dauernd getrennt lebende Ehegatten
K	für die Übertragung eines Kinderfreibetrags auf Großeltern
EÜR	Vordruck für die Gewinnermittlung als Einnahmenüberschussrechnung (Gewinn als Überschuss der Betriebseinnahmen über die Betriebsausgaben), wenn keine Buchführungspflicht besteht

Abb. 8.5 Übersicht Anlagen zur Einkommensteuererklärung

Unterschrift

Der *Hauptvordruck* ist vom Steuerpflichtigen zu *unterschreiben*. Belege brauchen nicht eingereicht zu werden, es sei denn, es wird in den Formularen ausdrücklich dazu aufgefordert. Das Finanzamt fordert bei Bedarf Belege ein.

Unterlagen

Die Einkommensteuerdurchführungsverordnung gibt an, welche *Unterlagen zur Steuererklärung* eingereicht werden müssen (§ 60 EStDV):

Bilanz – GuV

Kaufleute haben der Steuererklärung eine Abschrift der *Bilanz*, die auf dem Zahlenwerk der Buchführung beruht, beizufügen. Werden Bücher geführt, die den Grundsätzen der doppelten Buchführung entsprechen, ist eine *Gewinn- und Verlustrechnung* beizufügen.

Steuerbilanz

Enthält die Bilanz Ansätze, die den steuerlichen Vorschriften nicht entsprechen, so sind
diese Ansätze durch *Zusätze oder Anmerkungen* anzupassen. Der Steuerpflichtige kann
auch eine den steuerlichen Vorschriften entsprechende Bilanz (*Steuerbilanz*) beifügen.

Anhang – Lagebericht

Liegt ein *Anhang*, ein *Lagebericht* oder ein *Prüfungsbericht* vor, so ist eine Abschrift der
Steuererklärung beizufügen.

EÜR

Wird der Gewinn durch den *Überschuss* der *Betriebseinnahmen* über die *Betriebsausgaben* ermittelt, ist der Steuererklärung eine Gewinnermittlung nach *amtlich vorgeschriebenem Vordruck* (EÜR) beizufügen.

Betriebseinnahmen

Betriebseinnahmen sind alle *Zuflüsse* in Geld oder Sachwerten, die durch eine Betätigung
im Rahmen einer der *sieben Einkunftsarten* verursacht sind. Andere Zuflüsse sind keine
Einnahmen im Sinne des Einkommensteuergesetzes. Ersparte Aufwendungen werden
ebenso wenig erfasst wie der Verzicht auf mögliche Einnahmen (Betätigung ohne
Entgelt).

Betriebsausgaben

Betriebsausgaben bzw. Werbungskosten sind Ausgaben, die in wirtschaftlichem Zusammenhang mit der Einnahmeerzielung anfallen. Grundsätzlich sind die Ausgaben in Höhe
der gezahlten Beträge abziehbar. Ob sie angemessen, notwendig, üblich oder zweckmäßig
sind, ist unerheblich.

  Bei bestimmten Betriebsausgaben, z. B. Geschenken, Bewirtungskosten, Fahrtkosten,
häusliches Arbeitszimmer, doppelte Haushaltsführung etc., sieht das Einkommensteuergesetz *Einschränkungen der Abzugsfähigkeit* vor.

private Lebensführung

Kosten der privaten Lebensführung dürfen nicht als Betriebsausgaben bzw. Werbungskosten abgezogen werden, können aber in den im Einkommensteuergesetz geregelten
Fällen als *Sonderausgaben* oder *außergewöhnliche Belastungen* berücksichtigt werden.

glaubhaft machen

Der Steuerpflichtige muss, sofern er nicht buchführungspflichtig ist, *dem Finanzamt* im
Zweifelsfall darlegen und durch Vorlage von Rechnungen und Belegen *glaubhaft
machen*, dass und in welcher Höhe er Betriebsausgaben bzw. Werbungskosten gehabt
hat und welcher Zusammenhang mit der jeweiligen Einkunftsart besteht.

Pauschbeträge

Das Einkommensteuergesetz sieht eine Reihe von *Pauschbeträgen* für Werbungskosten vor, die ohne weiteren Nachweis angesetzt werden können, z. B. den *Arbeitnehmerpauschbetrag*, einen Pauschbetrag bei Einkünften aus *Kapitalvermögen* und bei *wiederkehrenden Bezügen*.

AfA

Bei der Anschaffung von *abnutzbaren Wirtschaftsgütern* mit einer Nutzungsdauer von mehr als einem Jahr dürfen im Jahr der Anschaffung nicht die gesamten Anschaffungskosten abgesetzt werden, sondern nur der *Anteil, der* bei Schätzung der Nutzungsdauer *auf das einzelne Jahr entfällt* (Absetzung für Abnutzung). Den eingereichten Unterlagen ist dann ein Verzeichnis der Anlagegüter mit historischen Anschaffungskosten, Nutzungsdauer, angesammelter und aktueller AfA (*Anlagenspiegel*) beizufügen.

GWGs

Diese Regelung gilt *nicht* für *geringwertige Wirtschaftsgüter* (bis 410 Euro), sofern sie selbstständig nutzbar sind.

> **Praxisbeispiel Geringwertige Wirtschaftsgüter**
>
> Die Ewald GmbH hat im vergangenen Geschäftsjahr verschiedene Wirtschaftsgüter (Vermögensgegenstände) im Wert unter 410 Euro (netto) erworben. Ein Faxgerät für 310 Euro konnte als selbstständig nutzbar in der Steuerbilanz als Betriebsausgabe verbucht werden.
>
> Ein Laserdrucker für 370 Euro, der zum Anschluss an den PC der Chefsekretärin beschafft wurde, muss dem Buchwert des PCs als nachträgliche Anschaffungskosten zugerechnet und abgeschrieben werden, da der Drucker nicht selbstständig nutzbar ist.

Erklärungspflicht für Arbeitnehmer

Arbeitnehmer sind nur in bestimmten Fällen zur Abgabe der Einkommensteuererklärung *verpflichtet*, z. B.

- lbei *Einkünften*, von denen *keine Lohnsteuer* einbehalten worden ist;
- wenn ein Arbeitnehmer von *mehreren Arbeitgebern* gleichzeitig Arbeitslohn bezogen hat;
- wenn beide Ehegatten Arbeitslohn bezogen haben und einer von ihnen nach der *Steuerklasse V oder VI* besteuert worden ist;
- wenn das Finanzamt einen *Freibetrag* auf der Lohnsteuerkarte eingetragen hat;
- wenn geschiedene oder dauernd getrennt lebende Eltern eine Aufteilung des *Freibetrags zur Abgeltung eines Sonderbedarfs bei Berufsausbildung* in einem anderen Verhältnis als je zur Hälfte beantragen;

Besteht *keine Erklärungspflicht*, kann sich ein *Antrag auf Einkommensteuerveranlagung* lohnen,

– bei *zeitweiser Unterbrechung* der Arbeitstätigkeit im Laufe des Jahres;
– bei *Schwankungen* der Höhe des Arbeitslohns im Laufe des Jahres;
– wenn sich die *Steuerklasse* oder die Zahl der *Kinderfreibeträge* geändert hat;
– wenn *Werbungskosten, Sonderausgaben* oder *außergewöhnliche Belastungen* über den *Pauschbetrag* oder einen eingetragenen *Freibetrag* hinaus entstanden sind;
– wenn ein Ehegatte im *Ausland* wohnt;
– wenn *negative Einkünfte* aus anderen Einkunftsarten berücksichtigt werden sollen;
– wenn *Verlustabzüge* aus anderen Jahren berücksichtigt werden sollen;
– wenn ein *Ehegatte* sich *getrennt* zur Einkommensteuer *veranlagen* lassen will;
– im Jahr der *Eheschließung*;
– bei einbehaltener *Kapitalertragsteuer*.

8.2.2 Lohnsteuer

Steuerschuldner der Lohnsteuer sind grundsätzlich die *Arbeitnehmer*. Es gibt jedoch *Ausnahmen*, z. B. bei geringfügig Beschäftigten schuldet der Arbeitgeber eine pauschale Lohnsteuer (*Pauschalierung*).

Mitwirkungspflicht
Arbeitgeber haben im *Lohnsteuererhebungsverfahren* eine erhebliche Mitwirkungspflicht. Sie sind verpflichtet, die Steuer zu *errechnen*, vom Arbeitslohn des Arbeitnehmers *einzubehalten*, beim Finanzamt *anzumelden* und an dieses *abzuführen*. Sie sind die Steuerentrichtungspflichtigen der Lohnsteuer. Sie *haften* für Fehler.

Richtlinien
Eine gute Kenntnis der aktuellen *Lohnsteuer-Richtlinien* ist für Arbeitgeber wichtig. Diese Richtlinien geben *Finanzbeamten* in Zweifels- und Auslegungsfragen eine *Orientierung* für eine einheitliche Anwendung des Lohnsteuerrechts. Es sind *keine Rechtsnormen*, sie binden jedoch die Finanzämter. Arbeitgeber, die sich an die Richtlinien halten, können sichergehen, dass ihre Lohnsteuerabrechnungen anerkannt werden.

Arbeitslohn
In der *Lohnsteuer-Durchführungsverordnung* ist definiert, was alles unter Arbeitslohn zu verstehen ist. *Arbeitslohn* sind alle Einnahmen, die dem Arbeitnehmer aus dem Dienstverhältnis zufließen. Es ist unerheblich, unter welcher Bezeichnung oder in welcher Form die Einnahmen gewährt werden. Auch *Sachzuwendungen* und *Nutzungsmöglichkeiten* betrieblicher Einrichtungen werden als Arbeitslohn betrachtet.

Zahlungen im Hinblick auf ein künftiges Dienstverhältnis, z. B. Ersatz von Reisekosten
Zahlungen aufgrund eines früheren Dienstverhältnis, z. B. betriebliche Altersrente
Ausgaben für die Zukunftssicherung (für Krankheit, Unfall, Invalidität, Alter und Tod)
Abfindungen bei Ausscheiden des Arbeitnehmers
Zuschüsse im Krankheitsfall
Entgelte für Überstunden, Nachtarbeit, Sonntagsarbeit und andere Lohnzuschläge
Vergütungen für Nebenämter, z. B. für den Leiter des Betriebschors
Weihnachtsgeld und Urlaubsgeld
Heirats- und Geburtsbeihilfen, Kindergartenzuschüsse, Fahrtkostenzuschüsse
Jubiläumszuwendungen, Gratifikationen
Aufmerksamkeiten und Arbeitsessen
Fehlgeldentschädigungen, z. B. für Mitarbeiter, die für die Kasse verantwortlich sind
Zuwendungen bei Betriebsveranstaltungen, z. B. Übernahme der Restaurantkosten oder der Fahrpreise für eine Bootsfahrt, auch Geschenke
Private Nutzung von betrieblichen PCs, Telekommunikationsanlagen, Fahrzeugen, etc.

Abb. 8.6 Übersicht Arbeitslohn

Praxisbeispiele Arbeitslohn

Die Ewald GmbH ist an der Motivation ihrer Mitarbeiter interessiert und ergreift daher zahlreiche Maßnahmen, diese zu fördern.

Einmal im Jahr wird ein Betriebsausflug mit Einkehr in ein Ausflugslokal oder Restaurant veranstaltet. Letztes Jahr wurde vorher eine Bootsfahrt unternommen, im Jahr davor gab es ein Preiskegeln.

Die Ewald GmbH zahlt ihren Mitarbeitern Essenskosten- und Fahrtkostenzuschüsse. Die PCs dürfen auch für private Zwecke genutzt werden, private Telefonate sind einvernehmlich kostenfrei. Zu Jubiläen, bei Eheschließungen und Kindergeburten gibt es Geschenke.

Alle Zuwendungen des Arbeitgebers *unterliegen* grundsätzlich als Arbeitslohn *der Lohnsteuer* (Abb. 8.6).

Freigrenzen

In den *Lohnsteuer-Richtlinien* sind dazu umfangreiche Regelungen und *Freigrenzen* enthalten. *Kaufmännisch denken* bedeutet, die Zuwendungen an Arbeitnehmer, die der Mitarbeitermotivation dienen, so zu gestalten, dass die Freigrenzen nicht überschritten werden. Wird eine *Freigrenze überschritten*, unterliegt der gesamte Wert der Zuwendung der Besteuerung. Bei *Sachzuwendungen* wird i. d. R. der *Marktpreis* als Berechnungsbasis für die abzuführende Lohnsteuer herangezogen.l

8.2.3 Körperschaftsteuer

Die Körperschaftsteuer ist die *Erhebungsform* der Einkommensteuer *für juristische Personen*. Sie betrifft vor allem Kapitalgesellschaften (AG, GmbH), die wie Einzelkaufleute und Personengesellschaften (OHG, KG) ihren *Jahresabschluss* beim zuständigen Finanzamt einreichen.

einheitlich und gesondert

Der *Unterschied zu den Personengesellschaften* liegt darin, dass eine Personengesellschaft selbst nicht steuerpflichtig ist, sondern nur die *Gesellschafter*, deren Gewinn anhand des eingereichten Jahresabschlusses *einheitlich und gesondert* festgestellt und *jedem Gesellschafter einzeln* zugerechnet wird. Er hat seinen Gewinn als *Einkünfte aus Gewerbebetrieb* zu versteuern. Grundlage für die Gewinnverteilung ist die Vereinbarung im Gesellschaftsvertrag.

Tätigkeitsvergütungen an die Gesellschafter von Personengesellschaften werden als *Gewinnanteile* berücksichtigt.

Steuerbilanz

Die *Steuerbilanz* wird anhand der Vorschriften des *Einkommensteuergesetzes* (insb. die §§ 5, 6 und 7 EStG) erstellt, die *strenger* sind *als* die des *Handelsgesetzbuches* (siehe 7.2). so dürfen bestimmte Rückstellungen nicht gebildet werden, handelsrechtliche *Kann-Bestimmungen* sind im Steuerrecht *Pflichten* oder *Verbote*, bei der vereinfachten Bewertung des *Vorratsvermögens* darf nur die Durchschnittsmethode oder die *lifo-Methode* (last in, first out) angewandt werden, die Wahl der *Abschreibungsmethode* und der Höhe der Abschreibung (steuerlich: Absetzung für Abnutzung, AfA) ist beschränkt, etc.

verdeckte Gewinnausschüttung

Kapitalgesellschaften müssen darüber hinaus die Vorschriften des *Körperschaftsteuerrechts* mit berücksichtigen, das es vor allem auf *verdeckte Gewinnausschüttungen* abgesehen hat: Das sind *Vorteile*, die einem Gesellschafter zugewendet werden und die einem fremden Dritten nicht gewährt würden.

Dem *Steuergesetzgeber* geht es darum, *Gewinnverschiebungen*, durch die die Steuerbelastung reduziert werden kann, aufzuspüren und zu *verhindern*. Der Steuersatz liegt einheitlich bei *15 Prozent*. Wer Gewinn aus einer Kapitalgesellschaft erhält, muss diesen bei seiner *Einkommensteuererklärung* als *Einkünfte aus Kapitalvermögen* angeben. Diese Einkünfte sind zur Hälfte steuerfrei (*Halbeinkünfteverfahren*). Die *Anrechnung* der vom Unternehmen abgeführten Körperschaftsteuer auf die Einkommensteuerschuld ist *nicht möglich.* Insofern kommt es zu einer *Doppelbesteuerung,* die durch die halbe Steuerfreiheit ausgeglichen werden soll.

Da die *Einkommensteuer progressiv* ist, d. h. je höher das Einkommen, umso höher der Steuersatz, gibt es Anreize, *Gewinnbeträge* zwischen Unternehmen und Gesellschafter so zu *verschieben,* dass die Steuerlast niedriger ausfällt.

Praxisbeispiele Verdeckte Gewinnausschüttung

Ein Gesellschafter vermietet ein Gebäude an die Gesellschaft und erhält dafür eine über das Übliche hinausgehende Miete. Der Differenzbetrag muss dem Gewinn wieder zugerechnet werden.

Ein Gesellschafter erbringt eine Beratungsleistung und erhält ein unangemessen hohes Honorar dafür.

Den Geschäftsführern wird am Ende des Jahres aufgrund des guten Unternehmenserfolgs eine vorher nicht vereinbarte Prämie ausgezahlt.

8.2.4 Kapitalertragsteuer

Die Kapitalertragsteuer wird wie die Lohnsteuer im *Quellenabzugsverfahren* erhoben. Besteuert werden *Einkünfte aus Kapitalvermögen,* d. h. Zinserträge, Dividenden aus Aktien, u. ä.

Entstehen

Die Kapitalertragsteuer *entsteht, wenn* Kapitalerträge an den Anleger *ausgeschüttet* werden. Der Schuldner der Kapitalerträge bzw. das auszahlende Kreditinstitut führt die Kapitalertragsteuer sofort *für Rechnung des Zahlungsempfängers* an das Finanzamt ab und stellt dem Anleger eine *Steuerbescheinigung* über den Betrag für seine Einkommensteuererklärung aus.

Hat der Anleger seiner Bank einen *Freistellungsauftrag* erteilt oder eine *Nichtveranlagungsbescheinigung* vorgelegt, erhält er den vollen Betrag ohne Abzug ausgeschüttet.

Freistellungsauftrag

Freistellungsaufträge können auf mehrere Banken gesplittet werden. Sie können auch im PIN/TAN-Verfahren übermittelt werden. Die Höhe aller erteilten Freistellungsaufträge zusammen ist auf die Summe des *Sparerfreibetrags* und des *Werbungskostenpauschbetrags* begrenzt. Der Freistellungsauftrag reduziert den *Arbeitsaufwand des Finanzamts,* da die Erstattung im Rahmen der Einkommensteuererklärung entfällt.

NV-Bescheinigung

Eine *Nichtveranlagungsbescheinigung* erhält, wer voraussichtlich nicht zur Einkommensteuer veranlagt wird, weil er keine oder nur geringe Einkünfte erzielt (Rentner,

25 Prozent (früher: 20 Prozent)
bei *Gewinnanteilen* (Dividenden) aus Aktien, Gewinnausschüttungen von Gesellschaften mit beschränkter Haftung, Genossenschaften u. ä.
25 Prozent (früher: 30 Prozent)
bei *Zinszahlungen* aus Bundesanleihen und Anleihen anderer Gebietskörperschaften (Bundesschatzbriefe, Finanzierungsschätze, Kommunalobligationen), sowie bei Industrieobligationen, Pfandbriefen, Bankschuldverschreibungen und Kontozinsen (Sichteinlagen, Termineinlagen und Spareinlagen) u. ä. (Zinsabschlag)
25 Prozent (früher: 35 Prozent)
im *Tafelgeschäft*, d. h. wenn Wertpapiere über den Schalter einer Bank verkauft werden, ohne dass der Erwerber namentlich bekannt ist. Er muss dann zum Zinstermin in einer Bank Zinsscheine (Kupons) zur Auszahlung vorlegen.

Abb. 8.7 Übersicht Kapitalertragsteuer

Studenten, etc.). Der *Antrag* wird *beim* zuständigen *Finanzamt* gestellt und gilt für drei Jahre. Ein Freistellungsauftrag erübrigt sich. Sinnvoll ist eine Nichtveranlagungsbescheinigung, wenn die Kapitalerträge den *Sparerfreibetrag* übersteigen, aber unter dem *Grundfreibetrag* der Einkommensteuer bleiben.

Abgeltungsteuer

Seit 2009 gilt für Erträge aus Anteilen, die im Privatvermögen gehalten werden, die sogenannte Abgeltungsteuer mit 25 Prozent. Dies bedeutet, dass Steuerpflichtige, die ansonsten einen höheren Steuersatz, z. B. 40 Prozent, haben, für ihre Kapitalerträge nur 25 Prozent zahlen müssen, die Steuerschuld ist mit dem Abzug der Kapitalertragsteuer abgegolten (Abb. 8.7).

Der Steuersatz beträgt nun einheitlich 25 Prozent für alle Arten von Kapitalerträgen. Früher konnte ein *Werbungskostenpauschbetrag* in Höhe von 51 Euro abgezogen werden und die Einkünfte aus Kapitalvermögen waren bis zu einem *Sparerfreibetrag* von zuletzt 750 Euro steuerfrei. Mit der Neuregelung gibt es nur noch einen pauschalen Abzug in Höhe von 801 Euro, der als *Sparerpauschbetrag* bezeichnet wird.

8.3 Gewerbesteuer

Das Betreiben eines Gewerbes begründet die *Gewerbesteuerpflicht*. Dazu ist nach Ablauf des Jahres eine *Gewerbesteuererklärung* (auf amtlichem Vordruck) abzugeben.

Gewerbebetrieb

Die Gewerbesteuer ist eine *Objektsteuer*. Besteuert wird der *Gewerbebetrieb*, die *Bemessungsgrundlage* für die Gewerbesteuer ist der *Gewerbeertrag*, das ist der um *Hinzurechnungen* und *Kürzungen* korrigierte *Gewinn aus dem Gewerbebetrieb*, der nach den Vorschriften des Einkommensteuergesetzes ermittelt worden ist.

Die Hinzurechnungen und Kürzungen dienen dazu, die *Unabhängigkeit von der Person* des Gewerbetreibenden, von der Herkunft der Finanzierungsmittel und weiterer personenbezogener Rechtsverhältnisse herzustellen.

Hebesatz

Das *Aufkommen* aus der Gewerbesteuer steht den *Gemeinden* zu, die den *Hebesatz* selbst festlegen. Im Gewerbesteuergesetz ist eine *bundeseinheitliche Steuermesszahl* festgelegt (Abb. 8.8).

Das *Finanzamt* erstellt einen *Steuermessbescheid* und sendet diesen an die *Gemeinde*, die daraufhin dem Unternehmen den *Gewerbesteuerbescheid* zustellt.

Ist der Gewerbebetrieb *in mehreren Gemeinden* belegen, so *zerlegt* das Finanzamt den *Steuermessbetrag*, geschlüsselt nach den *Lohnsummen* in den einzelnen Betriebsstätten.

Die Gewerbesteuer ist seit 2009 nicht mehr von sich selbst abziehbar, d. h. kann jedoch bis zu einer gewissen Grenze auf die Einkommensteuer angerechnet werden (Abb. 8.9).

Gewerbeertrag • Steuermesszahl = Steuermessbetrag

Steuermessbetrag • Hebesatz (Gemeinde) = Gewerbesteuer

Abb. 8.8 Übersicht Berechnung der Gewerbesteuer

Hinzurechnungen		
Ein *Viertel* der Summe aus: (nur wenn insgesamt mehr als 100.000 Euro)	Entgelten für Schulden	
	Renten und dauernde Lasten	
	Gewinnteilen des stillen Gesellschafters	
	1/5 der Mieten und Pachten	für die Benutzung von beweglichen Wirtschaftsgütern
	1/2 der Mieten und Pachten	für die Benutzung von unbeweglichen Wirtschaftsgütern
	1/4 der Lizenzaufwendungen	Aufwendungen für die zeitliche Überlassung von Rechten
Verlustanteile aus Personengesellschaften		
Kürzungen		
Betriebsgrundstück: 1,2 Prozent • Einheitswert • 140 Prozent		
Gewinnanteile aus Personengesellschaften		
Gewinne von inländischen *Kapitalgesellschaften*, wenn die Beteiligung mehr als 15 Prozent beträgt		
steuerbegünstigte *Spenden*		

Abb. 8.9 Übersicht Hinzurechnungen und Kürzungen

Persönliche Verhältnisse herausrechnen

Inwieweit Kredite aufgenommen und dafür Zinsen gezahlt werden müssen, hängt von der persönlichen *Kreditwürdigkeit* und dem Vermögen der Gesellschafter bzw. des Unternehmens ab.

Auch eine *Leibrente* an den früheren Eigentümer oder dessen Ehefrau oder Kinder sind Belastungen, die aus persönlichen Verhältnissen entstehen.

Die Berücksichtigung von *Mieten und Pachten* soll Unterschiede in Bezug darauf, ob Vermögensgegenstände gemietet oder angeschafft werden, ausgleichen. Dies ist auch eine Frage der beschaffbaren Finanzmittel.

Die komplizierte Rechnung beim *Betriebsgrundstück* soll unterschiedliche Grundstückspreise ausgleichen, und wichtige *Beteiligungen* an anderen Unternehmen sowie *Spenden* sind personenbezogen.

8.4   Umsatzsteuer

Die Umsatzsteuer besteuert *alle Lieferungen und sonstigen Leistungen*, die ein *Unternehmer im Inland* erbringt. Sie soll nur den *Endverbraucher* belasten.

Erbringt ein Unternehmer *an einen anderen Unternehmer* eine Leistung, so muss das empfangende Unternehmen zwar Umsatzsteuer zahlen, kann sich die gezahlte Umsatzsteuer jedoch als *Vorsteuer* vom Finanzamt zurückholen.

Die Umsatzsteuer wird auch als *Mehrwertsteuer* bezeichnet. Sie soll nur die *Wertsteigerung*, den Mehrwert, besteuern. Das folgende *Rechenbeispiel* erläutert diesen Zusammenhang:

Praxisbeispiel Mehrwertsteuer

Ein Rohstoffabbauunternehmen liefert an einen Hersteller von elektronischen Bauteilen Rohstoffe im Wert von 1.000.000 Euro (netto). Es erhebt 19 Prozent Umsatzsteuer, die es ans Finanzamt als einbehaltene Umsatzsteuer abführt. Der Bauteileproduzent zahlt an das Rohstoffunternehmen 1.190.000 Euro. Er verkauft die hergestellten elektronischen Bauteile für 1.300.000 Euro (netto) an einen Hersteller von Motherboards und erhält von diesem zusätzlich 247.000 Euro Umsatzsteuer. Der Bauteileproduzent gibt in seiner Umsatzsteuererklärung an, dass er 247.000 Euro Umsatzsteuer einbehalten und 190.000 Euro Vorsteuer gezahlt hat; er führt den Differenzbetrag von 57.000 Euro ans Finanzamt ab.

Der Motherboard-Hersteller produziert Motherboards und verkauft diese für insgesamt 1.800.000 Euro an einen PC-Hersteller. Er behält zusätzlich 342.000 Euro Umsatzsteuer ein und führt den Differenzbetrag zu den gezahlten 247.000 Euro in Höhe von 95.000 Euro an das Finanzamt ab.

Der PC-Hersteller verkauft die hergestellten PCs für insgesamt 2.856.000 Euro (brutto) an Endverbraucher. Darin sind 456.000 Euro Umsatzsteuer enthalten, die er

– abzüglich der gezahlten Vorsteuer von 342.000 Euro – an das Finanzamt abgeführt (114.000 Euro).

Das Finanzamt hat von dem Rohstoffabbauunternehmen 190.000 Euro, von dem Bauteileproduzenten 57.000 Euro, von dem Motherboard-Hersteller 95.000 Euro und von dem PC-Hersteller 114.000 Euro Steuern erhalten, insgesamt 456.000 Euro. Die Endverbraucher wurden tatsächlich mit 456.000 Euro Umsatzsteuer belastet.

Werden die PCs an ein Dienstleistungsunternehmen verkauft, so setzt sich die Kette um ein weiteres Glied fort, sofern die Dienstleistungen nicht umsatzsteuerfrei sind (wie z. B. Bankdienstleistungen).

Leistungen gegen Entgelt

§ *1 Abs. 1 UStG* besagt: Der Umsatzsteuer unterliegen *Leistungen*, die ein *Unternehmer* im *Inland* gegen *Entgelt* im Rahmen seines Unternehmens ausführt. Dies betrifft auch die *Einfuhr* von Gegenständen in das Inland. Es ist daher zu klären, was das UStG unter einem *Unternehmer* versteht, welche *Leistungen* ein solcher Unternehmer ausführen kann, ob der *Ort der Leistung* im Inland ist, und was unter *Entgelt* zu verstehen ist. Von dem Ergebnis dieser Überlegungen hängt dann die Möglichkeit zum *Vorsteuerabzug* ab.

Unternehmer

Gem. *§ 2 UStG* umfasst das *Unternehmen* jede nachhaltige gewerbliche oder berufliche *Tätigkeit* zur Erzielung von *Einnahmen*, auch wenn die Gewinnerzielungsabsicht fehlt. Diese umsatzsteuerliche Definition des Unternehmens geht weit über den allgemeinen Begriff Unternehmen hinaus: Jemand, der seinen *Pkw vermietet* oder regelmäßig *im Internet Gegenstände veräußert*, ist Unternehmer. Wichtig ist, ob die Tätigkeit zur *Erzielung von Einnahmen* durchgeführt wird.

Keine Umsatzsteuer wird erhoben, wenn im abgelaufenen Geschäftsjahr die Umsätze *weniger als 17.500 Euro* betrugen und im laufenden Geschäftsjahr die Umsätze aller Voraussicht nach nicht über 50.000 Euro liegen werden (*Kleinunternehmer*, § 19 UStG). Es gibt dann auch keine Vorsteuerabzugsberechtigung. Lagen hingegen im abgelaufenen Geschäftsjahr die Umsätze nur geringfügig über 17.500 Euro, müssen die *Rechnungen des neuen Jahres* Umsatzsteuer ausweisen. Kleinunternehmer sollten daher zum Jahresende frühzeitig ihre Umsatzzahlen prüfen.

Kleinunternehmer können für die Umsatzsteuer *optieren* (Verzicht auf die Steuerbefreiung). Sie müssen dann auf ihre Rechnungsbeträge Umsatzsteuer aufschlagen und erhalten gezahlte Umsatzsteuer (Vorsteuer) vom Finanzamt zurück.

Zu einem Unternehmen gehören *sämtliche Betriebe* und berufliche Tätigkeiten *des Unternehmers*.

Praxisbeispiel Unternehmereigenschaft

Hans Meier ist selbständiger EDV-Berater und betreibt ein kleines PC-Verkaufsgeschäft mit Reparaturwerkstatt. Ferner besitzt er ein Mietwohngebäude. Alles

Grundgeschäft	Hilfsgeschäfte	Nebengeschäfte
Kerngeschäft des Unternehmens	Unterstützung der Haupttätigkeit, z. B. Veräußerung einer Maschine	ergeben sich nicht aus dem Unternehmen, hängen aber mit ihm zusammen

Abb. 8.10 Übersicht Geschäfte im Rahmen des Unternehmens

Lieferung	
= Verschaffung der Verfügungsmacht	
Abhollieferung:	Erwerber holt den Gegenstand beim Verkäufer ab.
Beförderungslieferung:	Verkäufer befördert den Gegenstand zum Erwerber.
Versendungslieferung:	Eine Spedition verbringt den Gegenstand zum Erwerber.
Einfuhr	
Lieferung aus dem Drittlandsgebiet (nicht EU)	
innergemeinschaftlicher Erwerb	
Lieferung aus einem anderen EU-Land (übriges Gemeinschaftsgebiet)	
sonstige Leistung	
Dienstleistungen, Gebrauchs- und Nutzungsüberlassungen, Rechte und Rechtsverletzungen	

Abb. 8.11 Übersicht Arten von Umsätzen

zusammen ist ein Unternehmen. Wenn Herr Meier als PC-Verkäufer sich selbst als Vermieter einen PC verkauft, ist das kein Umsatz im Sinne des Umsatzsteuergesetzes.

Steuerbare Umsätze sind nur solche, die der Unternehmer *im Rahmen seines Unternehmens* tätigt (Abb. 8.10):

Die *Abgrenzung* der *Nebengeschäfte* zur nicht steuerbaren *privaten Erbringung von Leistungen* ist manchmal nicht einfach. So ist z. B. der Verkauf eines erhaltenen Geburtstagsgeschenks oder die private Nutzung eines sonst vermieteten Pkw kein Nebengeschäft.

Es gibt *vier Arten von Umsätzen*, die grundsätzlich der Umsatzsteuer unterliegen: Lieferung, sonstige Leistung, Einfuhr und innergemeinschaftlicher Erwerb. Die Ausfuhr von Gegenständen ins Ausland ist auch eine Lieferung (Abb. 8.11).

Die *Ausfuhr* von Gegenständen in ein anderes EU-Land (innergemeinschaftliche Lieferung) oder in Drittlandsgebiet *ist umsatzsteuerfrei*. Ein Vorsteuerabzug darf trotzdem vorgenommen werden.

Bei der *Einfuhr* von Gegenständen aus einem anderen EU-Land (innergemeinschaftlicher Erwerb) oder aus Drittlandsgebiet muss *Einfuhrumsatzsteuer* entrichtet werden (auch Privatpersonen). Sie ist von Unternehmen als Vorsteuer abziehbar. In der *Einfuhrumsatzsteuerbefreiungsverordnung* sind steuerfreie Umsätze bestimmt.

Vereinfachungen

Der Versuch, im Rahmen der *Europäischen Union* eine *Vereinheitlichung und Vereinfachung* des Umsatzsteuerrechts herbeizuführen, hat zu interessanten Ergebnissen geführt:

- Die *Abhollieferung* eines EU-Vollunternehmers *an* einen *deutschen Nichtunternehmer* wird in Deutschland *nicht besteuert*. Die Besteuerung erfolgt in dem EU-Land (Ursprungsland).
- Die *Beförderungs- bzw. Versendungslieferung* eines EU-Vollunternehmers *an* einen *deutschen Nichtunternehmer* wird in Deutschland *nicht besteuert*, es sei denn, die *Lieferschwelle* (bestimmte Umsatzhöhe) wird überschritten.
- Die *Abhollieferung* eines EU-Vollunternehmers *an* einen *deutschen Halbunternehmer* wird in Deutschland *nicht besteuert*, es sei denn, die *Erwerbsschwelle* (bestimmte Umsatzhöhe) wird überschritten.
- Die *Abhollieferung* eines EU-Vollunternehmers *an* einen *deutschen Vollunternehmer* wird besteuert. Das ist der *Normalfall*.

Wichtig für die umsatzsteuerliche Beurteilung einer Leistung ist der *Ort, an dem die Leistung erbracht wird*, denn das Umsatzsteuergesetz fordert für die Besteuerung, dass die Leistung *im Inland* ausgeführt wird. Dazu sind im Umsatzsteuergesetz sehr umfangreiche Regelungen formuliert, die in der folgenden *Übersicht* zusammenfasst sind (Abb. 8.12):

Ort der Lieferung
wo die Lieferung beginnt
Ort der sonstigen Leistung
wo der Unternehmer sein Unternehmen betreibt
- Belegenheitsort bei Grundstücken - Vermittlungsort bei Vermittlungsleistungen - Werkleistungen in dem Land, dessen Umsatzsteuer-Identifikations-Nr. der Auftrag trägt - bei Spezialtatbeständen, z. B. Dolmetscher-Leistungen, der Sitzort des Leistungsempfängers - weitere Sonderfälle zum Ort der Leistung
Ort der unentgeltlichen Leistung
wo der Unternehmer sein Unternehmen betreibt

Abb. 8.12 Übersicht Ort der Leistung

USt-ID

Die Umsatzsteueridentifikationsnummer (*USt-ID*) können Unternehmen beim *Bundeszentralamt für Steuern* beantragen.

Die Besteuerung gilt auch für *unentgeltliche Leistungen*. Unentgeltliche *Lieferungen* (Eigenverbrauch) sind die *Entnahme* und die *unentgeltliche Zuwendung*. Unentgeltliche *sonstige Leistungen* werden als *unentgeltliche Wertabgaben* bezeichnet.

Praxisbeispiele Unentgeltliche Leistungen

Hans Meier ist selbständiger EDV-Berater und betreibt ein kleines PC-Verkaufsgeschäft mit Reparaturwerkstatt. An seinem vorwiegend privat genutzten Multimedia-PC macht der Grafikkartenlüfter in letzter Zeit merkwürdige Geräusche. Herr Meier entnimmt aus dem Lager des Verkaufsgeschäfts eine neue Grafikkarte und baut sie ein. Für diese Entnahme muss er Umsatzsteuer ans Finanzamt abführen.

Herr Meier ist frisch verliebt und schenkt seiner Angebeteten ein nagelneues Smartphone, den er dem Verkaufslager entnimmt. Für diese unentgeltliche Zuwendung muss er Umsatzsteuer ans Finanzamt abführen.

Herr Meier berät einen Freund unentgeltlich in EDV-Fragen. Da ihm keine Kosten entstehen, muss er auch keine Umsatzsteuer abführen.

Herr Meier leiht sich für einen Videoabend mit seiner neuen Liebe von einem Freund, der eine Videothek betreibt, ein paar romantische Filme aus. Der Freund berechnet ihm keine Leihgebühr.

Kosten

Als Bemessungsgrundlage für unentgeltliche Lieferungen wird ein *üblicher Einkaufspreis zuzüglich Nebenkosten* angesetzt. Ist ein solcher nicht ermittelbar, werden die *Selbstkosten* bzw. die *entstandenen Kosten* (Herstellungskosten) angesetzt.

Die *Bemessungsgrundlage* für eine unentgeltliche Wertabgabe entspricht den bei der Ausführung der Leistung entstandenen *Kosten*. Das *Ausleihen* eines Gegenstandes aus dem Unternehmen wird als *Nutzungsentnahme* bezeichnet.

In *§ 4 UStG* gibt es eine lange Liste von Leistungen, die *steuerbefreit* sind. Die folgende *Übersicht* zeigt Ihnen die wichtigsten Steuerbefreiungen (Abb. 8.13):

Entgelt

Die *Bemessungsgrundlage* für die *Berechnung der Umsatzsteuer* ist gem. § 10 UStG das *Entgelt* ohne Umsatzsteuer, i. d. R. *laut Rechnung*.

Rechnung

Rechnung ist *jedes Dokument*, mit dem *über eine Lieferung oder sonstige Leistung abgerechnet* wird, gleichgültig, wie dieses Dokument im Geschäftsverkehr bezeichnet wird.

Nr. 1	Grenzüberschreitende Beförderung von Gegenständen: Ausfuhr in Drittländer, Lohnveredelung, innergemeinschaftliche Lieferung
Nr. 3	Sonstige Leistungen im Zusammenhang mit der grenzüberschreitenden Beförderung von Gegenständen
Nr. 5	Vermittlung der grenzüberschreitenden Beförderung von Gegenständen
Nr. 8	Gewährung von Krediten, Abtretung von Forderungen
Nr. 9	Grundstücksgeschäfte
Nr. 10	Versicherungsgeschäfte
Nr. 12	Vermietung und Verpachtung von Grundstücken, Ausnahmen: Hotels, Campingplätze, etc.
Nr. 14	Heilberufliche Tätigkeiten
Nr. 19	Blindenumsätze
Nr. 21-22	Bildungswesen
Nr. 23-25	Jugendförderung
Nr. 24	Ehrenamtliche Tätigkeit

Abb. 8.13 Übersicht Steuerbefreiungen des UStG

Rechnungen sind *auf Papier* oder vorbehaltlich der Zustimmung des Empfängers *auf elektronischem Weg* zu übermitteln. Eine Rechnung muss folgende *Angaben* enthalten:

1. den vollständigen *Namen* und die vollständige *Anschrift* des leistenden Unternehmers und des Leistungsempfängers,
2. die dem leistenden Unternehmer vom Finanzamt erteilte *Steuernummer oder* die ihm vom Bundeszentralamt für Steuern erteilte *Umsatzsteuer-Identifikationsnummer,*
3. das *Ausstellungsdatum,*
4. eine fortlaufende Nummer mit einer oder mehreren Zahlenreihen, die zur Identifizierung der Rechnung vom Rechnungsaussteller einmalig vergeben wird (*Rechnungsnummer*),
5. die *Menge und* die *Art* (handelsübliche Bezeichnung) der gelieferten Gegenstände oder den Umfang und die Art der erbrachten Leistung,
6. den *Zeitpunkt* der Lieferung oder sonstigen Leistung oder der Vereinnahmung des Entgelts,
7. das nach Steuersätzen und einzelnen Steuerbefreiungen aufgeschlüsselte *Entgelt* für die Lieferung oder sonstige Leistung sowie jede im Voraus vereinbarte Minderung des Entgelts, sofern sie nicht bereits im Entgelt berücksichtigt ist,

8. den *anzuwendenden Steuersatz* sowie den auf das Entgelt entfallenden *Steuerbetrag* oder im Fall einer Steuerbefreiung einen Hinweis darauf, dass für die Lieferung oder sonstige Leistung eine Steuerbefreiung gilt.

Regelsteuersatz

Der *Regelsteuersatz* beträgt *19 Prozent*. Es gibt eine Vielzahl von *Ausnahmen* von der Regel, mit ermäßigtem Steuersatz von *7 Prozent*, die in einer Anlage zum Umsatzsteuergesetz aufgeführt sind. Sind in einer Rechnung *mehrere Leistungen*, die *unterschiedlich besteuert* werden, aufgeführt, gilt die *Regel*:

Die Nebenleistung teilt das Schicksal der Hauptleistung

Praxisbeispiele Ermäßigter Steuersatz

Bei einer Imbissbude mit Tischen und Stühlen ist der dortige Verzehr von Speisen eine Dienstleistung, die mit 19 % Umsatzsteuer belegt ist, während das Mitnehmen von Speisen eine mit 7 % ermäßigte Abhollieferung ist.

Bei der Lieferung von Brennholz (7 %) ist die Transportleistung eine unselbständige Nebenleistung und daher auch mit 7 % zu versteuern.

Ist in einer Rechnung die *Umsatzsteuer falsch* (zu hoch) *ausgewiesen*, wird der höhere Steuerbetrag geschuldet. Daran zeigt sich, dass es dem Staat darum geht, Einnahmen zu erzielen.

In Bezug auf die Frage, *zu welchem Zeitpunkt* die Umsatzsteuerschuld *entsteht*, ist zwischen der *Soll-Besteuerung* und der *Ist-Besteuerung* zu unterscheiden. Der Regelfall ist die Soll-Besteuerung.

Ist-Besteuerung

Die *Ist-Besteuerung*, im Gesetz als *Besteuerung nach vereinnahmten Entgelten* bezeichnet, stellt eine *Vereinfachung* für Unternehmen dar, deren Umsatz unter 125.000 Euro jährlich liegt, die nicht zur Buchführung verpflichtet sind oder die Einkünfte aus selbstständiger Arbeit haben. Auf *Antrag beim Finanzamt* müssen sie Umsatzsteuer erst dann abführen, wenn der *Zahlungseingang erfolgt* ist, d. h. die *Entgelte vereinnahmt* wurden.

Soll-Besteuerung

Der Regelfall ist die Besteuerung nach *vereinbarten Entgelten* (Soll-Besteuerung), d. h. die *Steuerschuld* entsteht mit Ablauf des Monats, in dem die *Leistungen ausgeführt* worden sind, unabhängig vom Zahlungszeitpunkt.

Auch wenn der Zahlungseingang erst später erfolgt, ist die *Umsatzsteuer sofort* (bis zum 10. des Folgemonats) abzuführen. Dies muss in der *Finanzplanung* berücksichtigt werden.

Vorsteuer kann abgezogen werden, sobald die *Leistung des Lieferanten erbracht* wurde, auch wenn sie noch nicht bezahlt ist.

Bei *Anzahlungen* entsteht die Steuerschuld mit Ablauf des Voranmeldungszeitraums, in dem die Anzahlung *vereinnahmt worden ist*, d.h. unter Umständen schon vor der Erbringung der Leistung.

Voranmeldung

Der *Voranmeldungszeitraum* ist in *§ 18 UStG* geregelt: Voranmeldungszeitraum ist das *Kalendervierteljahr*. Beträgt die *Steuer* für das vorangegangene Kalenderjahr *mehr als 6.136 Euro*, ist der *Kalendermonat* Voranmeldungszeitraum. Beträgt die *Steuer* für das vorangegangene Kalenderjahr *nicht mehr als 512 Euro*, kann das Finanzamt den Unternehmer von der Verpflichtung zur Abgabe der Voranmeldungen und Entrichtung der Vorauszahlungen *befreien*.

Bis zum 10. Tag nach Ablauf des Voranmeldungszeitraums ist eine *Voranmeldung* nach amtlich vorgeschriebenem Vordruck *auf elektronischem Wege* zu übermitteln. Die elektronische Übermittlung (ohne Medienbruch) reduziert den *Arbeitsaufwand der Finanzbehörden* erheblich. Auf *Antrag* kann das Finanzamt auf eine elektronische Übermittlung *verzichten* (Vermeidung von unbilligen Härten).

Der Steuerpflichtige muss die Steuer *selbst berechnen und abführen*. Es handelt sich dabei um eine *Vorauszahlung*, die am 10. Tag nach Ablauf des Voranmeldungszeitraums fällig ist. Nach Ablauf des Kalenderjahres ist auf amtlich vorgeschriebenem Vordruck eine *Steuererklärung* abzugeben, in der alle Voranmeldungen zusammengefasst und notwendige Korrekturen gemacht werden (*Steueranmeldung*).

ZM

Hat ein Unternehmer im Rahmen seines Unternehmens *innergemeinschaftliche Warenlieferungen* (Einfuhr aus bzw. Ausfuhr in andere EU-Länder) ausgeführt, muss er bis zum 10. Tag nach Ablauf des Kalendervierteljahres beim *Bundeszentralamt für Steuern dazu* eine *Zusammenfassende Meldung* (amtlich vorgeschriebener Vordruck) abgeben. Besondere Vorschriften hält das Umsatzsteuergesetz für den *Import von Pkws* bereit.

Vorsteuer darf nur unter ganz bestimmten *Voraussetzungen* von der einbehaltenen Umsatzsteuer abgezogen werden (§ 15 UStG) (Abb. 8.14):

Es muss eine *Rechnung* im Sinne des Umsatzsteuergesetzes (§ 14 UStG) vorliegen.
In der Rechnung muss die *Umsatzsteuer gesondert ausgewiesen* sein.
Sowohl der *Leistende* als auch der *Leistungsempfänger* müssen *Unternehmer* sein.
Die *Leistung* muss *ausgeführt* worden sein.
Der Leistende muss die Leistung *für sein Unternehmen* empfangen haben.
Die empfangene Leistung darf *nicht für steuerfreie Umsätze* verwendet worden sein.

Abb. 8.14 Übersicht Voraussetzungen für den Vorsteuerabzug

Praxisbeispiel Vorsteuerabzug

Hans Meier ist selbständiger EDV-Berater und betreibt ein kleines PC-Verkaufs-geschäft mit Reparaturwerkstatt. Ferner besitzt er ein Mietwohngebäude.

Herr Maier hat für sein PC-Verkaufsgeschäft mehrere Laserdrucker bei einem Lieferanten eingekauft und die in der Rechnung genannte Umsatzsteuer bei seiner monatlichen Umsatzsteuervoranmeldung als Vorsteuer abgezogen.

Er entnimmt nun einen der Laserdrucker für sein Mieterbüro, über das die Bewohner des Mietwohngebäudes betreut und die Mietabrechnungen durchgeführt werden. Da Mietumsätze gem. §4 Nr. 12 UStG steuerfrei sind, muss er bei der nächsten Umsatzsteuervoranmeldung die unberechtigterweise abgezogene Vorsteuer korrigieren.

8.5   Weitere Unternehmenssteuern

In Deutschland gibt es insgesamt ca. 50 verschiedene Steuern, von denen einige als *Kostensteuern* (siehe 9.1) in die Leistungserstellung und Leistungsverwertung einfließen können.

Grundsteuer

Der *Grundsteuer* unterliegt der im Inland liegende Grundbesitz. Besteuerungsgrundlage ist der von den Finanzämtern ermittelte und per Feststellungsbescheid mitgeteilte *Einheitswert* des Grundstücks. Rechtsgrundlage für die Erhebung der Grundsteuer ist das *Grundsteuergesetz*.

Die Grundsteuer steht den Gemeinden zu. Sie wird wie die Gewerbesteuer zweistufig über den *Hebesatz* der Gemeinde ermittelt: Aufgrund des *Steuermessbescheids* des Finanzamts legt die Gemeinde per *Grundsteuerbescheid* die Steuerschuld fest (Abb. 8.15).

Die Grundsteuer ist eine *Objektsteuer* und gehört zu den *Betriebsausgaben*. Die *Steuermesszahl* beträgt *3,5 vom Tausend*. Es gibt wenige Steuerminderungen und Steuerbefreiungen.

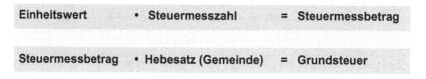

Abb. 8.15 Übersicht Berechnung der Grundsteuer

Grunderwerbsteuer

Die *Grunderwerbsteuer* fällt beim *Kauf oder Verkauf* eines Grundstücks an, auch bei der Übertragung eines privaten Grundstücks in das Betriebsvermögen. Von der Grunderwerbsteuer *befreit* sind Eigentumsübertragungen unter *Verwandten*, z. B. bei einer Erbschaft.

Steuerschuldner der Grunderwerbsteuer sind die an dem Vorgang beteiligten Personen, die sich darüber einigen müssen, wer die *Zahllast* trägt. Der Steuersatz beträgt *3,5 Prozent des Kaufpreises* (der Gegenleistung, zu der das *Grunderwerbsteuergesetz* genaue Regelungen enthält).

Der Vorgang muss dem zuständigen *Finanzamt* angezeigt werden. Dieses setzt per *Steuerbescheid* die Grunderwerbsteuer fest. Ist die Steuer gezahlt, erteilt das Finanzamt die *Unbedenklichkeitsbescheinigung*, ohne die der Erwerber nicht ins Grundbuch eingetragen werden darf.

Kfz-Steuer

Der *Kraftfahrzeugsteuer* unterliegt das *Halten von Fahrzeugen* zum Verkehr auf öffentlichen Straßen. Die Steuerpflicht beginnt mit der *Zulassung* und endet mit der *Abmeldung* des Fahrzeugs bei der Zulassungsbehörde.

Die Kraftfahrzeugsteuer wird nach dem *Hubraum* oder nach dem *zulässigen Gesamtgewicht* berechnet. Ferner ist das *Emissionsverhalten* wichtig, definiert durch *Abgasnormen*. Auf Grundlage dieser Merkmale hat der Gesetzgeber im Kraftfahrzeugsteuergesetz und in der Kraftfahrzeugsteuerdurchführungsverordnung eine *ausgefeilte Tarifstruktur* entwickelt.

Energiesteuer

Die *Energiesteuer* (früher: Mineralölsteuer) ist eine Verbrauchsteuer, die den Verbrauch von Energie aller Art als *Kraft- oder Heizstoff* besteuert. Der *übrige Verbrauch* ist steuerfrei. Zudem gibt es eine Reihe von *Ausnahmeregelungen* und *Vergünstigungen* für Unternehmen, um Wettbewerbsnachteile gegenüber ausländischen Konkurrenten zu vermeiden.

Aus der EU-einheitlichen *Kombinierten Nomenklatur* ergeben sich die Warengruppen, die einer Besteuerung unterliegen können. Die *Steuersätze* sind an *ökologischen Gesichtspunkten*, z. B. am Schwefelgehalt des Kraftstoffs, ausgerichtet.

Die Mineralölsteuer soll *vom Verbraucher getragen* werden und wird *beim Hersteller* oder Weiterverkäufer *erhoben*, der sie über den Verkaufspreis auf den Verbraucher *abwälzt*.

Versicherungsteuer

Der *Versicherungsteuer* unterliegt die *Zahlung von Versicherungsentgelten* (Prämien, Beiträge). Ausgenommen sind alle gesetzlichen und privaten Lebens- und Krankenversicherungen sowie die gesetzliche Arbeitslosenversicherung.

Steuerschuldner ist der *Versicherungsnehmer*. Die Steuer wird i. d. R. von dem Versicherungsunternehmen (Entrichtungspflichtiger) abgeführt.

Rechtsgrundlagen sind das *Versicherungsteuergesetz*, in dem die *Steuersätze* für verschiedene Versicherungsarten festgelegt sind. Bemessungsgrundlage ist das *Versicherungsentgelt* (Prämien, Beiträge, etc.), bei der Hagelversicherung die *Versicherungssumme*.

Stromsteuer

Die *Stromsteuer* besteuert den *Stromverbrauch*. Sie entsteht mit der *Entnahme* von elektrischem Strom aus dem Versorgungsnetz. *Steuerschuldner* ist der Verbraucher, *Entrichtungspflichtiger* das Versorgungsunternehmen.

Ein weiterer Steuerschuldner ist der *Eigenerzeuger*, der eine Anlage zur Erzeugung von Strom mit einer Nennleistung von mehr als zwei Megawatt betreibt. Es gibt Sonderregelungen für *Notstromaggregate*.

Das *Stromsteuergesetz* enthält *Steuerbefreiungen* und *ermäßigte Steuersätze*, um umweltfreundliche Energieträger und Verkehrsmittel zu fördern.

Von der Stromsteuer befreit ist Strom, der ausschließlich aus *erneuerbaren Energieträgern* (Windkraft, Sonnenenergie, Erdwärme, Klärgas, Biomasse, Deponiegas, etc.) erzeugt und aus Netzen entnommen wird, die ausschließlich mit solchem Strom gespeist werden.

Zölle

Zölle sind Steuern auf den *grenzüberschreitenden Warenverkehr*. Innerhalb der Europäischen Union werden keine Zölle erhoben (*Zollunion*). Werden aus Drittländern Waren eingeführt, so sind sie i. d. R. zu verzollen. Dabei wird ein Wertzoll (in Euro) erhoben, der sich nach einem *Warenverzeichnis* des Statistischen Bundesamtes richtet. Die Zollsätze sind im *Zolltarif-Informationspool TARIC* erfasst und über das Internet einsehbar.

Kostenrechnung und Controlling

Zusammenfassung

Die *Kostenrechnung* liefert für das *Controlling* das Zahlenmaterial, das zur Führung des Unternehmens erforderlich ist.

Dazu werden in der *Kostenartenrechnung* die Kosten erfasst, in der *Kostenstellenrechnung* mit Hilfe des *Betriebsabrechnungsbogens* auf die Unternehmensbereiche verteilt und in der *Kalkulation* den Produkten zugerechnet. In der *Betriebsergebnisrechnung* wird der kurzfristige Periodenerfolg (z. B. pro Monat) ermittelt.

Das wichtigste Verfahren des *Controllings* ist der *Soll-Ist-Vergleich*. Dazu wird unterschieden in *Istkostenrechnung* und *Normalkostenrechnung*. Es werden nur die für die jeweilige Unternehmensentscheidung *relevanten Kosten* berücksichtigt. Dies können alle Kosten sein (*Vollkostenrechnung*) oder nur ein Teil der angefallenen Kosten (*Teilkostenrechnung*). Durch eine Entscheidung nicht vermeidbare Kosten sind für die Entscheidung ohne Bedeutung.

9.1 Kostenartenrechnung

In der *Kostenartenrechnung* als *Kostenerfassungsrechnung* werden die Zahlen der Buchführung (siehe insb. 7.2.2) korrigiert und ergänzt, damit sie, von rechtlichen Regelungen befreit, die *tatsächliche Situation* des Unternehmens darstellen können.

Kosten
Bei der betrieblichen *Leistungserstellung und Leistungsverwertung* fallen eine Vielzahl verschiedener *Kosten* an. Die meisten davon werden in der Buchführung als *Aufwendungen* erfasst.

© Springer Fachmedien Wiesbaden 2015

M. Wünsche, *BWL für IT-Berufe*, DOI 10.1007/978-3-658-10430-6_9

Im *externen Rechnungswesen* (in der Buchführung) müssen *handels- und steuer-rechtliche Vorschriften* beachtet werden, im *internen Rechnungswesen* (Controlling) nicht. Im Gegenteil ist es hier wichtig, mit dem *tatsächlichen Wertverzehr* zu rechnen.

Praxisbeispiel Anderskosten

Ein Festplattenhersteller hat eine neue Produktionsanlage errichtet, die er aufgrund steuerrechtlicher Vorschriften über fünfzehn Jahre abschreibt.

Intern wird angesichts der dynamischen Veränderungen des Marktes und der kurzen Produktlebenszyklen erwartet, dass sich die neue Anlage binnen fünf Jahren amortisiert (ihre Anschaffungskosten erwirtschaftet) hat. Daher wird im Controlling mit höheren Abschreibungsbeträgen gerechnet als im Jahresabschluss ausgewiesen.

Eine Reihe von Geschäftsvorfällen, die in der Buchführung als Aufwand erfasst werden, haben mit dem eigentlichen *Betriebszweck* nichts zu tun. Sie werden als *neutrale Aufwendungen* bezeichnet und nicht als Kosten erfasst.

Praxisbeispiel Neutrale Aufwendungen

Ein Mitarbeiter der Ewald GmbH kommt mit einem Firmenwagen auf regennasser Straße ins Schleudern und prallt seitlich gegen einen Baum.

Die Reparaturkosten werden in der Buchführung als Aufwand erfasst. Der Controller interessiert sich für diesen Vorgang nicht, da er unüblich und nicht betriebszweck-bezogen ist.

Auch *neutrale Erträge*, z. B. Mieteinnahmen aus einem Grundstück, das nicht betrieblich genutzt wird, sind nicht betriebszweckbezogen.

Es gibt ferner *Kosten, die* im externen Rechnungswesen *nicht erfasst werden dürfen*, da die rechtlichen Vorschriften dies untersagen. Solche Kosten werden als *Zusatzkosten* bezeichnet.

Praxisbeispiel Zusatzkosten

Die Gründer der Xbix GbR überlegen sich, dass sie in der Kalkulation ihrer Preise ihre Lebenshaltungskosten berücksichtigen müssen, da sie keine Zeit haben, anderweitig Einkommen zu erzielen.

Sie haben bisher keine Haftpflichtversicherung abgeschlossen und nehmen eine übliche Versicherungsprämie in die Kostenrechnung mit auf.

Auf das eingesetzte Eigenkapital wenden sie einen üblichen Marktzins an, um die Zinskosten unabhängig von der Kapitalherkunft zu berücksichtigen (Abb. 9.1).

Kostenarten

Die Zweckaufwendungen bzw. *Grundkosten* lassen sich nach verschiedenen Kriterien *klassifizieren*, z. B. anhand der handelsrechtlichen Vorschriften zur Gewinn- und Verlustrechnung (vgl. § 275 HGB) in *Materialaufwand*, *Personalaufwand*,

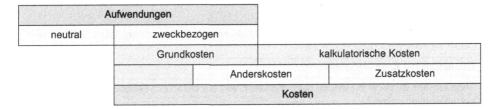

Abb. 9.1 Übersicht Aufwand und Kosten

Abschreibungen und *sonstige betriebliche Aufwendungen* oder in Anlehnung an § 255 *HGB*:

- *Anschaffungskosten* sind die Aufwendungen, die geleistet werden, um einen Vermögensgegenstand zu erwerben und ihn in einen betriebsbereiten Zustand zu versetzen. Zu den Anschaffungskosten gehören auch die *Nebenkosten* sowie die *nachträglichen Anschaffungskosten*.
- *Herstellungskosten* sind die Aufwendungen, die durch den *Verbrauch von Gütern* und die *Inanspruchnahme von Diensten* für die Herstellung eines Vermögensgegenstands entstehen.
  - Dazu gehören die *Materialkosten*, die *Fertigungskosten* und die *Sonderkosten der Fertigung*,
  - ferner angemessene Teile der *Materialgemeinkosten*, der *Fertigungsgemeinkosten* und des *Wertverzehrs des Anlagevermögens*, soweit er durch die Fertigung veranlasst ist.
  - Kosten der allgemeinen Verwaltung sowie Aufwendungen für soziale Einrichtungen des Betriebs, für freiwillige soziale Leistungen und für betriebliche Altersversorgung *dürfen* eingerechnet werden, soweit sie auf den Zeitraum der Herstellung entfallen.
  - Forschungs- und Vertriebskosten *dürfen nicht* einbezogen werden.
  - *Zinsen für Fremdkapital*, das zur Finanzierung der Herstellung eines Vermögensgegenstands verwendet wird, *dürfen* angesetzt werden.

In Bezug auf die *kalkulatorischen Kostenarten* (Anderskosten und Zusatzkosten) lassen sich konkret *fünf* verschiedene *Arten* unterscheiden (Abb. 9.2):

Es bleibt die *Freiheit*, solche Kosten nicht zu berücksichtigen, da sie *nicht* zu *Auszahlungen* führen und daher den Umsatzprozess nicht belasten. *Buchhalterisch* gesehen sind die Zusatzkosten *im Gewinn enthalten* und fließen z. B. als Unternehmerlohn an die Inhaber ab.

Wenn die *Wettbewerbssituation* es erfordert, kann in der *Kalkulation* der Produktpreis auch ohne die kalkulatorischen Kosten ermittelt werden. Sie müssen unter Umständen unberücksichtigt bleiben, wenn *Konkurrenzunternehmen mit niedrigeren Preisen* im Markt sind. Fraglich ist dann jedoch, ob der Markt weiter bedient werden sollte

kalkulatorischer Unternehmerlohn
Zusatzkosten: bei Einzelunternehmungen und Personengesellschaften, deren Geschäftsführer *kein* Gehalt als *Personalaufwand* beziehen
kalkulatorische Abschreibungen
Anderskosten: wenn die steuerliche Nutzungsdauer nicht der tatsächlich beabsichtigten Nutzungsdauer entspricht
Ausgangspunkt für die Berechnung sind die (geschätzten) *Wiederbeschaffungskosten.*
Die Abschreibung erfolgt, solange das Anlagegut genutzt wird, evtl. über Null hinaus.
kalkulatorische Wagniskosten
Anderskosten bei Unterversicherung; *Zusatzkosten*, wenn keine Versicherung abgeschlossen wurde
kalkulatorische Zinskosten
Zusatzkosten: Die geforderte Eigenkapitalverzinsung muss verdient, d. h. in der Kalkulation berücksichtigt werden.
kalkulatorische Mietkosten
Zusatzkosten: Gebäude im Eigentum des Unternehmens könnten alternativ vermietet werden.

Abb. 9.2 Übersicht Anders- und Zusatzkosten

(vgl. 3.2). Die folgende *Übersicht* zeigt verschiedene *Klassifikationsmöglichkeiten* von Kosten (Abb. 9.3):

Controlling
Kaufmännisch denken bedeutet, die Kosten so zu erfassen, zu gliedern und einzuteilen, wie sie für das Controlling benötigt werden. Wichtig für das Controlling ist vor allem die Unterscheidung in *Einzel- und Gemeinkosten* und in *fixe und variable Kosten* (vgl. 4.3.2).

9.2   Kostenstellenrechnung

In der *Kostenstellenrechnung* werden die Kosten auf die Kostenstellen verteilt, in denen sie entstanden sind (*Kostenverteilungsrechnung*).

Dazu müssen zunächst Kostenstellen gebildet werden. Analog der *Stelle* als kleinster *organisatorischer* Einheit (vgl. 5.1.1) lässt sich die *Kostenstelle* als *kleinste kostenrechnerische Einheit* definieren. Es gibt verschiedene Kriterien zur *Bildung von Kostenstellen* (Abb. 9.4):

Controlling
Kaufmännisch denken bedeutet, *Kostenstellen so festzulegen*, dass sich für das Controlling *verwertbare Informationen* aus der Kostenverrechnung ergeben.

nach Art der verbrauchten Produktionsfaktoren	
Personalkosten	Löhne, Gehälter, Provisionen, Sozialabgaben
Sachkosten	Roh-, Hilfs-, Betriebsstoffe, Abschreibungen
Kapitalkosten	Fremdkapitalzinsen, kalk. Eigenkapitalzinsen
Kosten für Dienstleistungen	z. B. Versicherung, Telefon, Providerkosten
nach den betrieblichen Funktionen, z. B.	
Beschaffungskosten	Bezugspreis, Bezugskosten
Lagerhaltungskosten	Miete, Gehälter, Schwund
Fertigungskosten	Material, Löhne, Abschreibung
Verwaltungskosten	Büromaterial, Gehälter
Vertriebskosten	Provisionen, Transportkosten
nach Art der Verrechenbarkeit	
Einzelkosten	direkt zurechenbar
Gemeinkosten	nur indirekt zurechenbar
nach Art der Kostenerfassung	
aufwandsgleiche Kosten	z. B. Löhne, Material
kalkulatorische Kosten	z. B. Unternehmerlohn
nach dem Verhalten bei Beschäftigungsänderungen	
fixe Kosten	feste, beschäftigungsunabhängige Kosten, z. B. Abschreibungen, Gehälter
variable Kosten	beschäftigungsabhängige Kosten, z. B. Materialeinsatz, Akkordlöhne
nach Herkunft der Kosten	
primäre Kosten	für von außen bezogene Güter
sekundäre Kosten	im innerbetrieblichen Leistungsprozess entstanden

Abb. 9.3 Übersicht Kostenarten

BAB

Wenn die Kostenstellen festgelegt sind, können mit Hilfe des *Betriebsabrechnungsbogens* (BAB) die in der Kostenartenrechnung ermittelten *Kosten auf die Kostenstellen verteilt* werden.

Dazu werden zunächst in der Vorspalte die Kosten, nach Einzelkosten und Gemeinkosten unterschieden, eingetragen.

Einzelkosten

Die *Einzelkosten* (Fertigungsmaterial und Fertigungslöhne) können als *direkt zurechenbare Kosten* den Kostenstellen, in denen sie entstanden sind, zugeordnet werden.

räumlich	
jedes Büro, jede Produktionsanlage, jeder einzelne Arbeitsplatz, Gebäude oder Etagen o. ä.	
funktional	
Material, Fertigung, Verwaltung, Vertrieb, etc.	
rechentechnisch	
Vorkostenstellen	Umlage der Kosten auf andere Kostenstellen
Endkostenstellen	Umlage der Kosten auf Kostenträger
organisatorisch	
Abteilungen, Arbeitsgruppen, Teams, etc.	
persönlich	
bestimmte Mitarbeiter, Kunden oder Lieferanten	
auf die Wertkette bezogen	
Hauptkostenstellen	Leistungserstellung und Leistungsverwertung
Hilfskostenstellen	Unterstützung der Hauptkostenstellen

Abb. 9.4 Übersicht Kriterien der Kostenstellenbildung

Gemeinkosten

Die *Gemeinkosten* werden anschließend mit Hilfe von *Zurechnungsschlüsseln* auf die Kostenstellen verteilt.

Dann wird für jede Kostenstelle die *Summe* der (primären) *Gemeinkosten* ermittelt.

Im nächsten Schritt werden die *Gemeinkostensummen* der Hilfs- oder Vorkostenstellen *auf die Haupt- bzw. Endkostenstellen* umgelegt (Verrechnung der sekundären Gemeinkosten).

Zuschlagssätze

Schließlich können *Zuschlagssätze* für die Zuschlagskalkulation (siehe 9.3.1) ermittelt werden, indem je Kostenstelle die *Gemeinkosten durch* die *Einzelkosten* geteilt werden.

Dahinter steht der Gedanke, dass *für jeden Euro Einzelkosten*, den eine Kostenstelle verursacht, ein bestimmter *Eurobetrag* an *Gemeinkosten* entsteht (Abb. 9.5).

Bei der *Verteilung der Gemeinkosten* auf die Kostenstellen müssen geeignete *Verteilungsschlüssel* gefunden werden.

Günstig ist es, wenn der verwendete Schlüssel die *Kostenverursachung* gut widerspiegelt; dies gelingt jedoch nicht immer. Im Zweifel muss eine *Gleichverteilung* vorgenommen werden (Abb. 9.6).

Auch für die *Umlage* der Gemeinkosten der *Hilfs- oder Vorkostenstellen* auf die Haupt- bzw. Endkostenstellen müssen geeignete Schlüssel gefunden werden.

BAB	Hilfs- oder Vorkostenstellen			Haupt- bzw. Endkostenstellen		
Einzelkosten						
Gemeinkosten						
Umlagen						
Zuschlagssätze						

Abb. 9.5 Übersicht Betriebsabrechnungsbogen

Mengenschlüssel	Stückzahl, Gewicht (kg), Fläche (m²), Volumen (Liter, m³), Entfernung (km) etc.
Zeitschlüssel	Mannstunden, Maschinenstunden, Gesprächsdauer, etc.
Wertschlüssel	Einstandspreis, Kapitalbindung, Verrechnungspreise, etc.

Abb. 9.6 Übersicht Kostenverteilungsschlüssel

Praxisbeispiele Kostenverteilungsschlüssel

Das Büromaterial wird nach Köpfen geschlüsselt. Dazu werden die gesamten Büromaterialkosten durch die Anzahl aller Mitarbeiter geteilt und mit der Anzahl der Mitarbeiter jeder Kostenstelle malgenommen.

Die Gebäudeversicherungskosten werden nach den Buchwerten der Gebäude geschlüsselt, da hier ein Bezug zwischen möglichem Schaden und Versicherungsausgaben hergestellt werden kann.

Die kalkulatorischen Mietkosten (inklusive Nebenkosten) werden nach der Fläche (Quadratmeter) auf die Kostenstellen verteilt.

Für die Verteilung der Werbekosten werden die Umsatzbeträge der verschiedenen Produkte als Schlüsselungsgrundlage verwendet.

Die von den verschiedenen Kostenstellen in Anspruch genommenen Leistungen der Hilfskostenstelle Fuhrpark werden nach gefahrenen Kilometern umgelegt. Dazu müssen Fahrtenbücher geführt werden.

Die Kostenstelle IT-Support wird nach Dauer der Inanspruchnahme auf die anderen Kostenstellen umgelegt. Jeder Supportmitarbeiter muss dazu die Arbeitszeiten genau aufschreiben.

Da nicht jede Kostenstelle einen eigenen Stromzähler hat, werden die Stromkosten gleichmäßig auf alle Kostenstellen verteilt, obwohl der Controller mit dieser Vorgehensweise nicht sehr zufrieden ist.

Der *Betriebsabrechnungsbogen* kann ausgebaut werden zu einem wirkungsvollen Controlling-Instrument, wenn aus früheren Perioden ermittelte *Normalzuschlagssätze* (Durchschnittswerte) oder angestrebte *Planzuschlagssätze* eingefügt werden (Abb. 9.7).

BAB	Vorkostenstellen			Endkostenstellen		
Ist-Einzelkosten						
Ist-Gemeinkosten						
Ist-Umlagen						
Normal-/Planzuschlagssatz						
Normal-/Plangemeinkosten						
Über- bzw. Unterdeckung						

Abb. 9.7 Übersicht BAB als Controlling-Instrument

Durchschnittswerte

Die *Normalkostenrechnung* arbeitet mit „normalisierten" *Durchschnittswerten*. Die in den tatsächlichen Kostenwerten enthaltenen *Preis- und Mengenschwankungen* werden herausgerechnet, da sie zu *Informationsverzerrungen* führen können.

Soll-Ist-Vergleich

Ein *Vergleich* der *Ist-Werte* mit den *Normal- bzw. Planwerten* (Soll-Ist-Vergleich) und genauer *Analyse der Abweichungsursachen* liefert wichtige Informationen über die Genauigkeit der Kostenrechnung und die Dynamik der Umwelt.

Eine *Überdeckung* liegt vor, wenn mit der Normalkostenrechnung *zu hohe Kosten berechnet* wurden, eine *Unterdeckung*, wenn die Normalkostenrechnung *zu niedrige Gemeinkostenzuschläge* ergibt.

Jahresabschluss

Der Betriebsabrechnungsbogen kann auch dazu verwendet werden, *für den Jahresabschluss* die Herstellungskosten der abgesetzten Leistungen zu ermitteln, wenn die *Gewinn- und Verlustrechnung* gemäß *Umsatzkostenverfahren* (vgl. 7.2.2) erstellt werden soll. Dazu werden zunächst die *Herstellkosten der Produktion* ermittelt und um die Bestandsveränderungen korrigiert.

Praxisbeispiel BAB

In einem kleinen IT-Unternehmen hat ein Mitarbeiter der Verwaltung nachstehenden Betriebsabrechnungsbogen für den Monat August erstellt (zusammengefasste Darstellung):

Die Gemeinkostensummen der Vorkostenstellen wurden bereits auf die drei Hauptkostenstellen umgelegt. Die Normalzuschlagssätze sind in den vergangenen Monaten angewandte Durchschnittssätze. Im August wurden Waren im Wert von 15.000 Euro mehr verkauft als produziert (Bestandsminderung).

(in €)	Gesamt	Materialwesen	Fertigung	Verwaltung/Vertrieb
Einzelkosten	240.000	240.000	185.000	
Istgemeinkosten nach Umlagen		24.260	453.430	109.920
Zuschlagsbasis		240.000	185.000	929.650
Normalzuschlagssatz		9 %	253 %	12 %
Normalgemeinkosten		21.600	468.050	111.558
Über- bzw. Unterdeckung	13.598	−2.660	14.620	1.638

Zuschlagsbasis für die Materialgemeinkosten sind die der Kostenstelle Materialwesen zugerechneten Einzelkosten (Fertigungsmaterial):

$$240.000 \text{ Euro} \times 9 \text{ \% Normalzuschlag} = 21.600 \text{ Euro.}$$

Tatsächlich sind in der Kostenstelle Materialwesen Gemeinkosten in Höhe von 24.260 Euro entstanden. Unterdeckung: 2.660 Euro.

Zuschlagsbasis für die Fertigungsgemeinkosten sind die der Kostenstelle Fertigung zugerechneten Einzelkosten (Fertigungslöhne).

$$185.000 \text{ Euro} \times 253 \text{ \% Normalzuschlag} = 468.050 \text{ Euro.}$$

Tatsächlich sind in der Kostenstelle Fertigung Gemeinkosten in Höhe von 453.430 Euro entstanden. Überdeckung: 14.620 Euro.

Zuschlagsbasis für die Verwaltungs- und Vertriebsgemeinkosten sind die Herstellkosten vom Umsatz. Die Summe aus Material- und Fertigungskosten ergibt die Herstellkosten der Produktion:

Materialeinzelkosten	240.000	Fertigungseinzelkosten	185.000
Materialgemeinkosten	21.600	Fertigungsgemeinkosten	468.050
Materialkosten	261.600	Fertigungskosten	653.050
		Herstellkosten der Produktion	914.650
		+ Bestandsminderung	15.000
		= Herstellkosten vom Umsatz	929.650

$$929.650 \times 12 \text{ \% Normalzuschlag} = 111.558 \text{ Euro.}$$

Tatsächlich sind in der Kostenstelle Verwaltung/Vertrieb 109.920 Euro Gemeinkosten entstanden. Überdeckung: 1.638 Euro.

9.3   Kalkulation

Die Kostenstellenrechnung ist nicht unbedingt erforderlich, um eine *Verrechnung der Kosten auf die Kostenträger* vorzunehmen. Es kann auch das gesamte Unternehmen als eine einzige Kostenstelle betrachtet werden, was sich insbesondere für kleinere Unternehmen empfiehlt, wenn die Zerlegung des Unternehmens in Kostenstellen keinen besonderen Informationsgewinn ergibt.

Kostenträger

Als *Kostenträger* kommen traditionell die hergestellten *Produkte* bzw. die erbrachten *Dienstleistungen* in Betracht, aber auch *innerbetriebliche Leistungen*, die eine Abteilung, z. B. die IT-Support-Abteilung, an andere Abteilungen erbringt, können als Kostenträger definiert werden.

Der *genaueste Informationsgehalt*, aber auch der *höchste Arbeitsaufwand* ergibt sich, wenn die *Prozesse* des Unternehmens (vgl. 5.2) *als Kostenträger* definiert werden. Die Kosten eines Geschäftsprozesses ergeben sich aus den Kosten aller dazu erforderlichen Teilprozesse.

Kosten pro Einheit

Ziel der Kalkulation ist es, die *Kosten pro Leistungseinheit* zu ermitteln, um den *Verkaufspreis* durch Zuschlag von Gewinn, Rabatt und Skonto festzulegen (vgl. 3.2.4: Kontrahierungspolitik, kostenorientierte Preisfindung). Die *kundenorientierte Preisfindung* erfolgt durch das *Target Costing* (Zielkostenrechnung).

Zuschlagskalkulation

Aus der Unterscheidung in *Einzelkosten* (direkt zurechenbare Kosten) und *Gemeinkosten* (nur indirekt, über Schlüsselung zurechenbare Kosten) folgt die *Zuschlagskalkulation*, die von einem *festen Verhältnis* zwischen Einzelkosten und zuzurechnenden Gemeinkosten ausgeht.

Divisionskalkulation

Einfacher in der Anwendung ist die *Divisionskalkulation*: Die *Kosten* werden *durch* die produzierte *Stückzahl* geteilt (dividiert). Sie bietet sich insbesondere dann an, wenn die *Einzelkosten* im Verhältnis zu den Gemeinkosten *sehr gering* sind, z. B. bei der Produktion von Dienstleistungen (vgl. 4.3.5).

9.3.1   Zuschlagskalkulation

Das Verfahren der Zuschlagskalkulation wird in der *Serien- und Einzelfertigung* und im *Handel* angewandt.

Bei der *summarischen Zuschlagskalkulation* wird *ein einziger Zuschlagssatz* aus der Summe aller Gemeinkosten im Verhältnis zur Summe aller Einzelkosten gebildet:

$$\text{Zuschlagssatz} = \frac{\text{Summe aller Gemeinkosten} \times 100}{\text{Summe aller Einzelkosten}}$$

In der *Handelskalkulation* wird die Summe aller Gemeinkosten als *Handlungskosten* bezeichnet. Die Einzelkosten sind der Bezugspreis (Einkaufspreis), die Bezugskosten (z. B. Transportkosten) und eventuell noch weitere dem bezogenen Produkt direkt zurechenbare Kosten.

Praxisbeispiel Handelskalkulation

Ein kleines Handelsunternehmen betreibt ausschließlich den Vertrieb von Kopiergeräten. Es hat bei einem Hersteller 50 Geräte zu einem Listenpreis von 357 Euro pro Stück bestellt. An weiteren Bezugskosten fallen 550 Euro an. Aufgrund guter Geschäftsbeziehungen kann das Unternehmen 20 Prozent Rabatt auf den Listenpreis erhalten. Bei Begleichung der Rechnung binnen 10 Tagen können zudem 3 Prozent Skonto abgezogen werden. Das Unternehmen rechnet mit einem Handlungskostenzuschlag von 30 Prozent und einem Gewinnzuschlag von 20 Prozent. Es gewährt seinen Kunden bis zu 30 Prozent Rabatt sowie 2 Prozent Skonto bei Zahlung binnen 15 Tagen. Es ergibt sich die folgende Kalkulation:

Listeneinkaufspreis (netto)	357,00 Euro
./. Rabatt (20 %)	./. 71,40 Euro
= Zieleinkaufspreis	285,60 Euro
./. Skonto (3 %)	./. 8,57 Euro
= Bareinkaufspreis	277,03 Euro
+ Bezugskosten (550 / 50)	+ 11,00 Euro
= Einstandspreis	288,03 Euro
+ Handlungskosten (30 %)	+ 86,41 Euro
= Selbstkosten	374,44 Euro
Selbstkosten	374,44 Euro
+ Gewinnaufschlag (20 %)	74,89 Euro
= Barverkaufspreis	449,33 Euro
+ Skonto (von 98 % auf 100 %)	+ 9,17 Euro
= Zielverkaufspreis	458,50 Euro
+ Rabatt (von 70 % auf 100 %)	+ 196,50 Euro
= Listenverkaufspreis (netto)	655,00 Euro

Auf den Listenverkaufspreis wird dann noch die Umsatzsteuer aufgeschlagen. Die an den Hersteller zusätzlich überwiesene Umsatzsteuer kann bei der

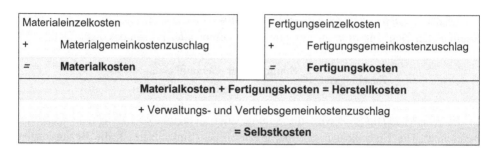

Abb. 9.8 Übersicht Differenzierende Zuschlagskalkulation

Umsatzsteuervoranmeldung als Vorsteuer abgezogen werden und spielt daher für die Kalkulation keine Rolle.

Die Handelsspanne beträgt 56 Prozent.

Listenverkaufspreis	655,00 Euro		Handelsspanne:	
./. Einstandspreis	288,03 Euro		$\dfrac{366,97 \times 100}{655}$	= 56 %
= Betragsspanne	366,97 Euro			

Die *Handelsspanne* ist die Differenz zwischen Einstandspreis und Verkaufspreis. Sie wird *in Prozenten des Verkaufspreises* ausgedrückt.

Mehrere Zuschlagssätze

Bei *Mehrproduktunternehmen* empfiehlt es sich, statt eines summarischen Gemeinkostenzuschlagssatzes *mehrere differenzierte Zuschlagssätze* zu bilden, da die Produkte die Kostenstellen meist unterschiedlich in Anspruch nehmen.

Informationsbedarf

In der *differenzierenden Zuschlagskalkulation* wird zwischen *Materialgemeinkosten*, *Fertigungsgemeinkosten* sowie *Verwaltungs- und Vertriebsgemeinkosten* unterschieden.

Eine *weitere Aufgliederung*, z. B. über Mannstunden oder Maschinenstundensätze, *ist denkbar*, muss sich aber nach dem *Informationsbedarf der Unternehmensführung* richten.

Die Zuschlagssätze werden ermittelt, indem die *durchschnittlich angefallenen Gemeinkosten* der letzten Monate durch die monatlich angefallenen Einzelkosten geteilt werden. Diese *Normalzuschlagssätze* müssen immer wieder überprüft werden, ob sie noch den tatsächlichen Gegebenheiten entsprechen.

Bei der *Anwendung differenzierter Zuschlagssätze* in der Kalkulation wird davon ausgegangen, dass ein *Produkt*, welches z. B. *geringe Materialeinzelkosten* hat, auch *weniger Materialgemeinkosten* in Anspruch nimmt. Auch hier muss der Controller prüfen, ob dies tatsächlich so ist und evtl. andere Berechnungswege suchen (Abb. 9.8).

Auf die *Materialeinzelkosten* (Fertigungsmaterial, Rohstoffe, Materialverbrauch) werden die Materialgemeinkosten zugeschlagen, um die Materialkosten zu ermitteln.

Auf die *Fertigungseinzelkosten* (Fertigungslöhne) werden die Fertigungsgemeinkosten zugeschlagen, um die Fertigungskosten zu ermitteln.

Materialkosten und Fertigungskosten ergeben zusammen die *Herstellkosten*, darauf werden die Verwaltungs- und Vertriebsgemeinkosten zugeschlagen, um die *Selbstkosten* zu erhalten.

Jede der Gemeinkostengrößen kann bei Bedarf *weiter aufgegliedert* werden, um eine *genauere Kostenverrechnung* zu erreichen. Ist z. B. in der Fertigung der Zeitaufwand für die Qualitätskontrolle bei den Produkten unterschiedlich, können über einen *Mannstundensatz x Dauer* der Kontrolle den Produkten die Kosten differenzierter zugerechnet werden.

Praxisbeispiel Zuschlagskalkulation

Ein Hersteller von Switches hat die folgenden drei Produkte im Produktionsprogramm:

technische Bezeichnung	Fertigungs-material	Fertigungs-löhne	Inanspruchnahme der Fertigungsanlage pro Produktionseinheit
rx-507	27,36 €	15,23 €	23 Minuten
azb-34	13,25 €	25,28 €	12 Minuten
cvr-815	34,18 €	7,67 €	17 Minuten

Das Unternehmen kalkuliert bisher mit folgenden Normalgemeinkostenzuschlagssätzen: Material 12 % (MGK), Fertigung 380 % (FGK), Verwaltung und Vertrieb 15 % (VuVGK). Die Kalkulation der Selbstkosten ergibt sich wie folgt:

	rx-507	azb-34	cvr-815
Fertigungsmaterial	27,36 €	13,25 €	34,18 €
+ MGK-Zuschlag 12 %	3,28 €	1,59 €	4,10 €
= Materialkosten	30,64 €	14,84 €	38,28 €
Fertigungslöhne	15,23 €	25,28 €	7,67 €
+ FGK-Zuschlag 380 %	57,87 €	96,06 €	29,15 €
= Fertigungskosten	73,10 €	121,34 €	36,82 €
Herstellkosten	103,74 €	136,18 €	75,10 €
+ VuVGK-Zuschlag 15 %	15,56 €	20,43 €	11,26 €
Selbstkosten	119,30 €	156,61 €	86,36 €

Zu der Fertigungsanlage liegen dem Controller folgende Informationen vor:

Anschaffungskosten (AK)	387.345 €
Nutzungsdauer	10 Jahre
Wiederbeschaffungswert (WBW)	457.852 €
Jahreslaufzeit (Planbeschäftigung)	6.000 Std.
Sonstige Kosten (monatlich)	12.358 €
Kalkulationszinssatz	8 %

Werden aus den gesamten Fertigungsgemeinkosten die maschinenabhängigen Fertigungsgemeinkosten (MFGK) herausgerechnet, verbleibt gemäß Berechnungen des Controllers für die Restfertigungsgemeinkosten (RFGK) ein Zuschlagssatz von 238 %.

Der Controller ermittelt den Maschinenstundensatz wie folgt:

kalkulatorische Abschreibungen	$\dfrac{457.852\ € \text{ (WBW)}}{10} =$	45.785,20 €
Kalkulatorische Zinsen	$\dfrac{387.345\ € \text{ (AK)}}{2}$ x 8 % =	15.493,80 €
Sonstige Kosten	12.358 € p. M. x 12 Monate =	148.296,00 €
Maschinenkosten gesamt		209.575,00 €
Maschinenzeit pro Jahr		6.000 Stunden
Maschinenstundensatz		34,93 €/h

Ermittlung der maschinenabhängigen Fertigungskosten:

rx-507	$\dfrac{23 \text{ min x } 34,93\ €/h}{60 \text{ min}}$	= 13,39 €
azb-34	$\dfrac{12 \text{ min x } 34,93\ €/h}{60 \text{ min}}$	= 6,99 €
cvr-815	$\dfrac{17 \text{ min x } 34,93\ €/h}{60 \text{ min}}$	= 9,90 €

Kalkulation der Selbstkosten mit Maschinenstundensatz:

	rx-507	azb-34	cvr-815
Fertigungsmaterial	27,36 €	13,25 €	34,18 €
+ MGK-Zuschlag 12 %	3,28 €	1,59 €	4,10 €
= Materialkosten	30,64 €	14,84 €	38,28 €
Fertigungslöhne	15,23 €	25,28 €	7,67 €
+ MFGK	13,39 €	6,99 €	9,90 €
+ RFGK-Zuschlag 238 %	36,25 €	60,17 €	18,25 €
= Fertigungskosten	64,87 €	92,44 €	35,82 €
Herstellkosten	95,51 €	107,28 €	74,10 €
+ VuVGK-Zuschlag 15 %	14,33 €	16,09 €	11,12 €
Selbstkosten	109,84 €	123,37 €	85,22 €
Zum Vergleich ohne Maschinenstundensatz (s. o.):	119,30 €	156,61 €	86,36 €

Durch die genauere Kostenverrechnung zeigt sich, dass insbesondere das Produkt azb-34 bisher mit einem zu hohen Preis in den Markt gebracht wurde. Durch eine Preissenkung aufgrund verbesserter Kosteninformationen kann die Wettbewerbsfähigkeit verbessert werden.

Durch die genauere Kostenverrechnung zeigt sich, dass insbesondere das Produkt azb-34 bisher mit einem zu hohen Preis in den Markt gebracht wurde. Durch eine Preissenkung aufgrund verbesserter Kosteninformationen kann die Wettbewerbsfähigkeit verbessert werden.

9.3.2 Divisionskalkulation

In der Divisionskalkulation ist eine Unterscheidung in Einzelkosten und Gemeinkosten nicht erforderlich. Die *Gesamtkosten* einer Periode *geteilt durch* die in diesem Zeitraum *produzierte Menge* ergibt die *Selbstkosten pro Stück*. Daher eignet sich die Divisionskalkulation für die *Sorten- und Massenfertigung*.

Praxisbeispiel Divisionskalkulation

Ein Hersteller von IC-Bausteinen für Arbeitsspeicherriegel hat im vergangenen Monat Kosten von insgesamt 506.900 Euro gehabt und insgesamt 370.000 ICs produziert. Die Selbstkosten pro IC werden daher für die Kalkulation mit 1,37 Euro angesetzt.

$$\frac{506.900 \text{ Euro}}{370.000 \text{ Stück}} = 1,37 \text{ Euro/Stück}$$

Der Controller bemängelt an dieser Berechnung, dass von den 370.000 produzierten Stück nur 296.000 Stück abgesetzt worden sind. Die Verpackungs- und Vertriebskosten belaufen sich auf 44.400 Euro. Sie sind in den Gesamtkosten von 506.900 Euro enthalten, dürfen jedoch nur auf die verkauften Stückzahlen verrechnet werden. Er nimmt folgende Berechnung vor (506.900 − 44.400 = 462.500):

$$\text{Erste Stufe:} \quad \frac{462.500 \text{ Euro}}{370.000 \text{ Stück}} = 1,25 \text{ Euro/Stück}$$

$$\text{Zweite Stufe:} \quad \frac{44.400 \text{ Euro}}{296.000 \text{ Stück}} = 0,15 \text{ Euro/Stück}$$

$$\text{Selbstkosten gesamt:} \quad 1,40 \text{ Euro/Stück}$$

Indem die Vertriebskosten in einer zweiten Berechnungsstufe nur auf die abgesetzte Menge umgelegt werden, ergibt sich eine präzisere Basis für die Preiskalkulation.

mehrstufig

Erfolgt eine Produktion in mehreren Stufen mit Zwischenlagern, empfiehlt sich eine *mehrstufige Divisionskalkulation*, um die Genauigkeit der Verrechnung zu erhöhen.

Äquivalenzziffern

In der *Sortenproduktion* kann die Genauigkeit der Kostenrechnung weiter erhöht werden, wenn *Unterschiede* zwischen den einzelnen Produkten durch *Äquivalenzziffern* berücksichtigt werden. Diese Ziffern können aus Unterschieden im *Materialeinsatz*, in der *Größe*, der *Fertigungsdauer*, der *Verkaufschancen* oder anderen Merkmalen gebildet werden. Wichtig für das Controlling ist, dass die Äquivalenzziffern die *Unterschiede möglichst gut darstellen*.

Normierung

Die Äquivalenzziffern werden so gebildet, dass eine davon *1* ist (Normierung). Dies dient nur dazu, die Berechnungen einfacher zu machen. Die *produzierten Stückzahlen* je Sorte werden *mit den Äquivalenzziffern multipliziert*, um für die weitere Berechnung die Unterschiede zwischen den Sorten herauszurechnen. Es gibt dann nur noch *Recheneinheiten*.

Die *Kosten pro Recheneinheit* werden ermittelt, indem die *Gesamtkosten durch* die *Summe der Recheneinheiten* geteilt wird (Division). Mit den Äquivalenzziffern malgenommen ergeben sich die *Selbstkosten pro Stück*.

Praxisbeispiel Äquivalenzziffernkalkulation

Ein Hersteller von IC-Bausteinen für Arbeitsspeicherriegel hat im vergangenen Monat Kosten von insgesamt 506.900 Euro gehabt und insgesamt 370.000 ICs für drei verschiedene Taktfrequenzen produziert:

Taktfrequenz	Äquivalenzziffer		produzierte Stückzahl		Recheneinheiten
400 MHz	0,4	x	137.000	=	54.800
800 MHz	0,8	x	189.000	=	151.200
1 GHz	1	x	44.000	=	44.000
			370.000		250.000

$$\text{Kosten pro Recheneinheit} = \frac{\text{Gesamtkosten}}{\text{Recheneinheiten}} = \frac{506.900}{250.000} = 2,0276$$

Taktfrequenz	Äquivalenzziffer		Kosten pro Recheneinheit		Selbstkosten pro Stück
400 MHz	0,4	x	2,0276	=	0,81 Euro
800 MHz	0,8	x	2,0276	=	1,62 Euro
1 GHz	1	x	2,0276	=	2,03 Euro

Bei der einfachen (einstufigen) Divisionskalkulation (s. o.) hätten sich ohne Berücksichtigung der Qualitätsunterschiede der IC-Bausteine Kosten von 1,37 Euro pro Stück ergeben.

Kuppelkalkulation

Bei der *Kuppelproduktion* (vgl. 4.3.1) werden in einem Produktionsverfahren gleichzeitig mehrere verschiedene Produkte hergestellt.

Welche Vorgehensweise bei der *Kuppelkalkulation* sinnvoll ist, hängt davon ab, ob die Produkte in *Haupt- und Nebenprodukte* unterschieden werden können *oder gleichwertig* sind.

Entweder die *Verkaufserlöse der Nebenprodukte* werden von den gesamten Kosten abgezogen und die Restkosten sind die Kosten des Hauptprodukts, oder die *Kosten* müssen auf irgendeine Weise, z. B. mit Äquivalenzziffern, *auf die Produkte verteilt* werden.

Informationsbedarf

Die *Äquivalenzziffernkalkulation* wie auch die *Kuppelkalkulation* können *auch mehrstufig* durchgeführt werden. *Ziel* ist die *möglichst genaue* (verursachungsgerechte) *Verrechnung* der Kosten.

9.3.3 Prozesskostenrechnung

Prozessorientierung bedeutet die *Abkehr* von dem Denken, dass zunächst eine *Unternehmensstruktur* mit Stellen, Instanzen und Abteilungen geschaffen werden muss (vgl. 5.2).

Kundenorientierung und damit der *Blick auf den Gesamtprozess* der Leistungserstellung und Leistungsverwertung mit allen Einflussfaktoren verlangt auch eine *neue* Herangehensweise an die *Kostenrechnung*. Nach der *Zerlegung der Geschäftsprozesse* in Teilprozesse wird versucht, für die *Kalkulation* den einzelnen Teilprozessen *Kostensätze* zuzuordnen.

Cost Driver

Für jeden Teilprozess wird ein *Cost Driver* (Kostentreiber) ermittelt, z. B. die Prozessdauer, eine *Messgröße*, die die *Verursachung der Prozesskosten* möglichst gut beschreibt. Die in der Kostenartenrechnung ermittelten Kosten werden möglichst *verursachungsgerecht* auf die Teilprozesse des Geschäftsprozesses verteilt. Dann werden die so festgelegten *Prozesskosten* des Teilprozesses *durch* die *Messgröße* (Prozessmenge, z. B. ausgedrückt in Prozesszeiten) geteilt, um einen *Prozesskostensatz* zu erhalten.

Praxisbeispiele Cost Driver

Prozess	Cost Driver (Messgrößen)
Kundenbeschwerden bearbeiten	Anzahl Kundenbeschwerden
Bestellungen aufgeben	Anzahl Bestellungen
Rechner installieren	Anzahl Rechner
Beratungsgespräch führen	Dauer des Gesprächs in Minuten
Support durchführen	Dauer des Einsatzes
Aufmaß nehmen	Größe des Hauses
Systeme zusammenbauen	Anzahl der Komponenten
Testlauf durchführen	Dauer des Testlaufs
etc.	

Informationsbedarf

Jeder Teilprozess kann bei Bedarf in weitere Unterprozesse zerlegt werden. *Kaufmännisch denken* bedeutet, den *Aufwand* der Prozessanalyse gegen den *Informationsgewinn* abzuwägen.

Zuschlagssatz

Prozesse, für die ein *Cost Driver nur schwer oder gar nicht zu ermitteln* ist (z. B. Prozesse der Unternehmungsführung, der Organisation oder des Personalwesens), werden über *prozentuale Zuschläge* auf die Produkte verrechnet.

Cost Driver

Die Prozesskostenrechnung stellt eine *Kombination aus Divisions- und Zuschlagskalkulation* dar. Prozesse, für die ein Cost Driver ermittelbar ist (leistungsmengeninduzierte Prozesse, *lmi-Prozesse*) erhalten ihren Prozesskostensatz durch die *Division* Prozesskosten durch Prozessmenge. Leistungsmengenneutrale Prozesse (*lmn-Prozesse*) werden mittels prozentualer *Zuschläge* verrechnet.

Um einen *Geschäftsprozess* zu *kalkulieren*, werden die notwendigen Teilprozesse zu *Prozessketten* zusammengefasst und die *lmi-Kosten* über die jeweilige *Inanspruchnahme* der Teilprozesse ermittelt. Anschließend werden die *lmn-Kosten zugeschlagen*. Diese Vorgehensweise ermöglicht eine *genauere Kostenplanung und Preisfindung*.

Zudem können im Rahmen der Geschäftsprozessverbesserung auch *Möglichkeiten zur Kostensenkung* untersucht werden.

Praxisbeispiel Prozesskostenrechnung

Die ITSISI GmbH, ein IT-Supporter, der komplette Installationen von Rechner-Anlagen nebst Mitarbeiterschulung durchführt, hat für seinen Geschäftsprozess die folgende Prozesskostenrechnung durchgeführt.

Teilprozesse	Menge (Cost Driver)	Prozess-kosten	Prozesskosten-satz (lmi)	Umlagesatz (lmn)	Gesamtprozess-kostensatz
Systemberatung	12	5.040 €	420 €	119 €	539 €
Produktschulung	17	28.050 €	1.650 €	469 €	2.119 €
Installation	10	23.000 €	2.300 €	653 €	2.953 €
Integration	23	87.400 €	3.800 €	1.080 €	4.880 €
Implementierung	13	32.500 €	2.500 €	710 €	3.210 €
Summe lmi-Prozesskosten		175.990 €			
Management	-	50.000 €	-	-	-

Zunächst wurden für jeden Teilprozess die Prozesskosten durch die Prozessmenge geteilt. Daraus ergab sich der Prozesskostensatz (lmi). Zum Beispiel wurden im Erfassungszeitraum 12 Systemberatungen durchgeführt und dabei sind Kosten in Höhe von 5.040 Euro entstanden, d. h. pro Systemberatung (lmi) 420 Euro.

Die Kosten des leistungsmengenneutralen Managementprozesses (lmn) wurden durch die Kostensumme der lmi-Prozess geteilt. Dies ergab einen Zuschlagssatz von 28,41 Prozent.

$$\text{prozentualer lmn} - \text{Zuschlag} : \frac{50.000 \times 100}{175.990} = 28,41 \ \%$$

Der lmn-Zuschlagssatz (Umlagesatz) wurde nun auf jeden lmi-Prozesskostensatz angewandt, z. B. ergab sich bei der Systemberatung 420 × 28,41 Prozent = 119 Euro Umlage.

Der Gesamtprozesskostensatz wurde als Summe aus Prozesskostensatz (lmi) und Umlagesatz (lmn) ermittelt. Für jede durchzuführende Systemberatung sind damit 539 Euro anzusetzen.

Aufgrund der probeweisen Einführung der prozesskostenrechnung in der ITSISI GmbH im Rahmen eines Projekts konnte sich die Geschäftsführung davon überzeugen, dass eine genauere Kostenplanung über Prozesskostensätze möglich ist. Verzichtet z. B. ein Kunde auf die Produktschulung, schaffen die eingesparten Prozesskosten in Höhe von 2.119 Euro zusätzlichen Preisverhandlungsspielraum.

Als nächsten Schritt hat das Management angeordnet, in weiteren Projektteams Möglichkeiten der Prozessverbesserung und der Kostensenkung in den Prozessen zu ermitteln. Dazu sollen die Prozesse weiter aufgegliedert und die Cost Driver besser analysiert werden.

9.3.4 Target Costing

Die *Zielkostenrechnung* ist ein *revolutionäres Kalkulationskonzept*, das in den siebziger Jahren des 20. Jahrhunderts der *japanischen Wirtschaft* einen *erheblichen Wettbewerbsvorteil* gegenüber der weltweiten Konkurrenz verschaffte. Wie war es möglich, dass japanische Produkte *preisgünstiger und besser* waren?

Was darf das Produkt kosten?

Statt bei der Entwicklung eines neuen Produktes (einer Produktinnovation) zu fragen „*Was wird das Produkt kosten?*" wurde die Frage gestellt „*Was darf das Produkt kosten?*". Dabei wurden die über den gesamten *Produktlebenszyklus* entstehenden Kosten, *insbesondere* die *Entwicklungskosten*, in die Überlegungen einbezogen.

Marktanalyse

Ausgangspunkt dieser *kundenorientierten Denkweise* ist eine *Marktanalyse*, bei der ermittelt wird, welchen *Preis* ein Kunde für das Produkt zu zahlen bereit ist und welche *Produkteigenschaften* er dafür erwartet. *Qualität* wurde *nicht* mehr *technisch* definiert, *sondern* als die vom Kunden *wahrgenommenen Eigenschaften* des Produkts. Vom Kunden nicht wahrgenommene oder wertgeschätzte *technische Raffinessen* konnten so *weggelassen* werden, was die Kosten senkte.

allowable costsdrifting costs

Ausgehend vom *erzielbaren Preis* des Produktes wird eine *Gewinnmarge* abgezogen. Die verbleibenden *allowable costs* (erlaubten Kosten) werden auf die Entwicklungs- und Produktionsschritte geschlüsselt und den *drifting costs* (den tatsächlich entstehenden Kosten, auch als Standardkosten bezeichnet) gegenübergestellt. Hilfreich ist dabei eine *Prozesskostenrechnung*, aus der die *Cost Driver* der notwendigen Prozesse bekannt sind.

target costs

Da es nicht immer möglich ist, die *allowable costs* zu erreichen, werden vom Management aus dem Vergleich mit den *drifting costs* als Zielvorgabe *target costs* (Zielkosten) für jeden Teilprozess definiert (Führung durch Zielvereinbarung, management by objectives). Wichtiger *Erfolgsfaktor* dabei war, den Mitarbeitern mehr *Kostenbewusstsein* nahezubringen.

Praxisbeispiel Target Costing

Ein Hersteller von Handys, Smartphones und Tablets möchte eine neue Generation von Tablets entwickeln und auf den Markt bringen. Es führt dazu zunächst eine Kundenbefragung unter Geschäftsleuten, Büroangestellten und Außendienstmitarbeitern durch, welche Fähigkeiten und Merkmale ein persönlicher digitaler Assistent für sie idealerweise haben müsste, und wie viel Euro sie bereit wären, dafür zu bezahlen.

Das Ergebnis lautet, dass 50 Prozent des Wertes durch das Gewicht, 30 Prozent durch die Bedienfreundlichkeit und 20 Prozent durch den Funktionsumfang definiert werden. Der Preis wurde am häufigsten mit „um die 500 Euro" angegeben.

Bei einer Gewinnmarge von 20 Prozent verteilen sich somit 400 Euro allowable costs auf 200 Euro Gewicht, 120 Euro Bedienfreundlichkeit und 80 Euro Funktionsumfang. Damit hat das Entwicklerteam klare Vorgaben. Es stellt zudem durch eine technische Analyse fest, dass die Auswahl der Bauteile zu 70 Prozent das Gewicht, zu 40 Prozent die Bedienfreundlichkeit und zu 10 Prozent den Funktionsumfang beeinflusst. Die installierte Software zeichnet sich für die restlichen Anteile verantwortlich. Daraus ergibt sich die folgende Tabelle:

allowable costs	Bauteile		Software		Zielanteil	Zielkosten
Gewicht	70 %		30 %		50 %	200 €
		140 €		60 €		
Bedienfreundlichkeit	40 %		60 %		30 %	120 €
		48 €		72 €		
Funktionsumfang	10 %		90 %		20 %	80 €
		8 €		72 €		
		196 €		204 €	100 %	400 €

Mit einer Hochrechnung der erzielbaren Umsätze über den gesamten (geschätzten) Produktlebenszyklus können nun die Entwicklungs- und Produktionsbudgets festgelegt werden.

Ein Vergleich mit den drifting costs, die als Erfahrungswerte aus der bisherigen Unternehmenstätigkeit vorliegen, zeigt auf, auf welche Teilbereiche sich die kreativen Bemühungen der Entwickler besonders richten müssen. In einem Meeting mit der Geschäftsführung war die wichtigste Erkenntnis, dass bisher der Software wenig Beachtung geschenkt wurde und sich durch die Analyse ergeben hat, dass sie mit 204 Euro gegenüber 196 Euro bei den Bauteilen eine höhere Bedeutung als erwartet hat.

9.4 Betriebsergebnisrechnung

Das *Betriebsergebnis* ist der *Gewinnbegriff des Controllings*. Die Unternehmensführung ist an kurzfristigen Informationen über den Geschäftsverlauf interessiert, um rechtzeitig auf Veränderungen reagieren zu können.

Umsatz ./. Kosten

In der *Betriebsergebnisrechnung* werden für die kommenden Monate die *Kosten und* die *Umsätze* geplant (*Vorkostenrechnung*) und nach Ablauf des jeweiligen Monats mit den Ist-Werten verglichen (*Nachkostenrechnung*). Dabei lässt sich entweder das *Gesamtkostenverfahren* oder das *Umsatzkostenverfahren* anwenden (Abb. 9.9):

Umsatzkostenverfahren auf Vollkostenbasis
Umsatzerlöse
./. Selbstkosten der abgesetzten Leistung
= Betriebsergebnis

Gesamtkostenverfahren
Umsatzerlöse
+ Bestandserhöhungen der unfertigen und fertigen   ./. Bestandsminderungen Erzeugnisse zu Herstellkosten   + andere aktivierte Eigenleistungen
./. Gesamtkosten
= Betriebsergebnis

Abb. 9.9 Übersicht Verfahren der Betriebsergebnisrechnung

Umsatzkostenverfahren auf Grenzkostenbasis
Umsatzerlöse
./. variable Selbstkosten der abgesetzten Leistung
= Deckungsbeitrag
./. Fixkostenblock
= Betriebsergebnis

Bestandsveränderungen

Beim *Gesamtkostenverfahren* wird die *gesamte erstellte Leistung* ermittelt, und davon werden die *gesamten angefallenen Kosten* abgezogen. Auf Lager produzierte Leistung wird als *Bestandserhöhung* hinzugerechnet. Wurden mehr Produkte abgesetzt als produziert, müssen diese als *Bestandsminderung* vom Umsatz abgezogen werden. Der *Unterschied zur Buchführung* (vgl. insb. 7.2.2) liegt darin, dass in den Kosten nun auch *kalkulatorische Kosten* berücksichtigt werden.

Informationsbedarf

Das *Umsatzkostenverfahren* berücksichtigt nur die *abgesetzte Leistung* und zieht davon die *Kosten der Erstellung* dieser abgesetzten Leistung ab. Trennt man dabei anhand der Informationen aus der Kostenartenrechnung die *fixen* von den *variablen Kosten* (Umsatzkostenverfahren auf *Grenzkostenbasis*), dann lassen sich im Rahmen der *Deckungsbeitragsrechnung* noch genauere Informationen für das Controlling gewinnen.

Praxisbeispiel Betriebsergebnisrechnung

Die Ewald GmbH hat im vergangenen Monat Umsatzerlöse in Höhe von 500.000 Euro erzielt. Der Bestand an fertigen und unfertigen Erzeugnissen, bewertet zu Herstellkosten, erhöhte sich um 20.000 Euro. Die gesamten in der

Kostenartenrechnung erfassten Kosten des abgelaufenen Monats betrugen 360.000 Euro. Es waren zu 60 Prozent fixe Kosten. Der Controller der Ewald GmbH vergleicht die verschiedenen Verfahren der Betriebsergebnisrechnung:

GKV			UKV (VK)			UKV (GK)		
UE		500.000	UE		500.000	UE		500.000
BE	+	20.000						
GL	=	520.000						
GK	./.	360.000	KaL	./.	340.000	vK	./.	136.000
						FK	./.	204.000
BE	=	160.000	BE	=	160.000	BE	=	160.000
						DB		364.000

Aus den Gesamtkosten (GK) müssen die Herstellungskosten der Bestandserhöhung in Höhe von 20.000 Euro herausgerechnet werden, um die Kosten der abgesetzten Leistung (KaL) zu ermitteln.

Der Controller entscheidet sich für das Umsatzkostenverfahren auf Grenzkostenbasis, UKV (GK), da es ihm ermöglicht, den im vergangenen Monat erwirtschafteten Deckungsbeitrag (DB) als Differenz aus Umsatzerlösen (UE) und variablen Kosten der abgesetzten Leistung (vK) zu ermitteln.

Der *Deckungsbeitrag* ist der *Beitrag* zur *Deckung* der *fixen Kosten*, der von den Umsatzerlösen geleistet wird. Er liefert insbesondere bei *Mehrproduktunternehmen* wichtige Informationen für das Controlling und das Marketing, da er *für jedes einzelne Produkt* und jede Produktgruppe ermittelt werden kann.

Praxisbeispiel Deckungsbeitragsrechnung

Ein Hersteller von Netzwerkkomponenten stellt je zwei Arten von Hubs und Switches her. Der Controller des Unternehmens hat für den vergangenen Monat folgende stufenweise Fixkostendeckungsbeitragsrechnung erstellt. Dazu hat er den Fixkostenblock in produktfixe, produktgruppenfixe und unternehmensfixe Kosten untergliedert.

	Produktgruppe I (Hubs)		Produktgruppe II (Switches)	
Produkt	rx-507	azb-34	cvr-815	ghv-31z
Umsatzerlöse	80.865,00 €	123.675,00 €	79.560,00 €	46.424,30 €
./. variable Kosten	11.368,44 €	41.884,12 €	22.711,13 €	5.114,59 €
Deckungsbeitrag I	69.496,56 €	81.790,88 €	56.848,87 €	41.309,71 €
./. produktfixe Kosten	6.705,00 €	10.550,00 €	23.190,00 €	43.234,00 €
Deckungsbeitrag II	62.791,56 €	71.240,88 €	33.658,87 €	–1.924,29 €
produkgruppenfixe Kosten	14.560,00 €		19.780,00 €	
Deckungsbeitrag III	119.472,44 €		11.954,58 €	
unternehmensfixe Kosten	50.438,83 €			
Betriebsergebnis	80.988,19 €			

Durch die Aufgliederung des Fixkostenblocks zeigt sich, dass Produkt ghv-31z einen negativen Deckungsbeitrag II von −1.924,29 Euro hat. Daher wird entschieden, dieses Produkt aus dem Produktionsprogramm zu eliminieren (Sortimentsbereinigung). Das Betriebsergebnis erhöht sich durch diese Maßnahme um 1.924,29 € auf 82.912,48 €.

Sortiment optimieren

Die in der Kostenartenrechnung vorgenommene Unterscheidung in *Einzel- und Gemeinkosten* sowie in *fixe und variable Kosten* ermöglicht, in der *stufenweisen Deckungsbeitragsrechnung*, Stufe um Stufe die Kosten zu verrechnen und *verschiedene Deckungsbeiträge* zu ermitteln, um die *Produkte und Produktgruppen bewerten* und das *Sortiment ergebnisoptimal* ausgestalten zu können.

Der *Periodendeckungsbeitrag* für jedes Produkt zeigt an, welchen *Beitrag* dieses Produkt *zur Deckung der fixen Kosten* in der betrachteten Periode, z. B. im vergangenen Monat, geleistet hat. Der *Stückdeckungsbeitrag* gibt an, welchen *Beitrag* jede verkaufte *Einheit* des Produktes zur Deckung der fixen Kosten leistet.

Praxisbeispiel Stückdeckungsbeitrag

Der Controller des Netzwerkkomponentenherstellers hat für die verbliebenen drei Produkte die Stückdeckungsbeiträge ermittelt, um im Falle freier Kapazitäten entscheiden zu können, von welchem der drei Produkte mehr produziert werden soll.

Produkt	Verkaufspreis	variable Kosten pro Stück	Deckungsbeitrag pro Stück
rx-507	179,70 €	84,85 €	94,85 €
azb-34	127,50 €	60,82 €	66,68 €
cvr-815	122,40 €	67,45 €	54,95 €

Praxisbeispiel Relativer Deckungsbeitrag

Auf den ersten Blick erscheint es sinnvoll, von Produkt rx-507 mehr zu produzieren, da dieses Produkt den mit Abstand höchsten Stückdeckungsbeitrag liefert. Die Ermittlung der relativen Deckungsbeiträge zeigt jedoch ein anderes Bild:

Produkt	Inanspruchnahme der Fertigungsanlage pro Produktionseinheit	Deckungs-beitrag pro Stück	relativer Deckungsbeitrag (pro Minute)
rx-507	23 Minuten	94,85 €	4,12 €/min
azb-34	12 Minuten	66,68 €	5,56 €/min
cvr-815	17 Minuten	54,95 €	3,23 €/min

Bei freien Kapazitäten ist es ergebnisoptimal, mehr von azb-34 zu produzieren, da es den höchsten Deckungsbeitrag pro Minute Kapazitätsinanspruchnahme aufweist.

Engpassprobleme
Relative Deckungsbeiträge eignen sich auch zur *Lösung von Engpassproblemen*. Reichen die Fertigungskapazitäten kurzfristig nicht aus, die Nachfrage am Markt zu decken, so wird das *höchstmögliche Betriebsergebnis* erzielt, wenn die gesamte absetzbare Menge des Produkts mit dem *höchsten relativen Deckungsbeitrag* produziert und die *verbleibende Kapazität* den anderen Produkten entsprechend zugebilligt wird.

9.5 Plankostenrechnung

Für jede Kostenstelle im Unternehmen, in der *fixe und variable Kosten* unterschieden werden können, insbesondere für Maschinen und Fertigungsanlagen, kann eine *Plankostenrechnung* vorgenommen werden. Das *Prinzip* der Plankostenrechnung ist, geplante Kosten (Plankosten bzw. *Sollkosten*) mit den tatsächlich entstandenen Kosten (*Istkosten*) zu *vergleichen* und *Abweichungen* zu *analysieren*. Die folgende Übersicht enthält den *grundlegenden Begriffsapparat* der Plankostenrechnung (Abb. 9.10):

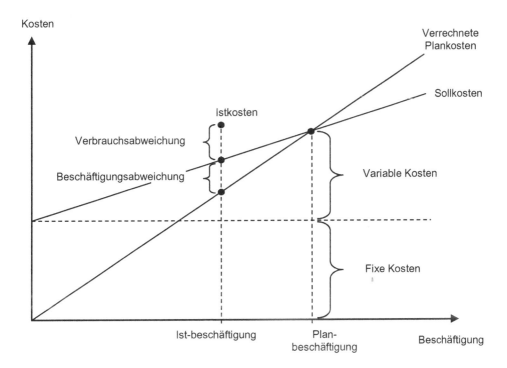

Abb. 9.10 Übersicht Plankostenrechnung

Auslastung

Als *Beschäftigung* wird die *Auslastung* einer Kostenstelle, z. B. einer Maschine bezeichnet. Die *Planbeschäftigung* muss nicht die technische Maximalkapazität der Maschine sein, sondern stellt die für den folgenden Monat *geplante* bzw. erwartete *Auslastung* dar. Damit ist eine *Istbeschäftigung* (tatsächliche Auslastung) von mehr als 100 Prozent denkbar (*Überauslastung*). Je nach Kostenstelle kann unter Beschäftigung auch die *Produktionsmenge* oder die *Anzahl an Kundenaufträgen* verstanden werden.

Sollkosten

Die *Sollkosten* stellen die *Summe aus fixen und variablen Kosten* dar. Die fixen Kosten sind unabhängig von der Auslastung immer gleich hoch (*Fixkostenblock*). Die *variablen Kosten steigen* mit zunehmender Auslastung *kontinuierlich an*.

Ausgangspunkt für die weitere Betrachtung ist die Überlegung, dass es *zwei Arten von Abweichungen* von der Planung geben kann: Zum einen können die tatsächlich entstandenen *Kosten* von den geplanten (erwarteten) Kosten *abweichen*, zum anderen kann die tatsächliche *Auslastung* der Kostenstelle von der geplanten (erwarteten) Auslastung *abweichen*.

Plankosten

Die *Plankosten bei Planbeschäftigung* (d. h. die geplanten Kosten bei der geplanten Auslastung) können *auf* verschiedene *Istbeschäftigungen verrechnet* werden. Dies erfolgt mit Hilfe eines *Plankostenverrechnungssatzes* und dient dazu, für jede mögliche Auslastung (Istbeschäftigung) schnell eine *grobe Kostenschätzung* vornehmen zu können:

$$\text{Plankostenverrechnungssatz} = \frac{\textbf{Plankosten bei Plan-Beschäftigung}}{\textbf{Planbeschäftigung}}$$

In der Grafik sind die *verrechneten Plankosten* eine Ursprungsgerade. Sie ermitteln sich nach der Berechnungsformel:

$$\textbf{verrechnete Plankosten = Plankostenverrechnungssatz} \times \textbf{Istbeschäftigung}$$

Die *Sollkosten* werden in *fixe Kosten* und *variable Kosten* aufgelöst (Kostenauflösung). Auf den Fixkostenblock setzt die stetig ansteigende Gerade der variablen Kosten auf, deren Steigung die *variablen Kosten pro Beschäftigungseinheit* (Mengeneinheit) sind. Folgende Formel stellt die Bestimmung der Sollkosten dar:

$$\textbf{Sollkosten} \quad \textbf{= fixe Kosten + variable Stückkosten} \times \textbf{Istbeschäftigung}$$

Beschäftigungsabweichung

Die Sollkosten ermöglichen eine *genauere Abweichungsanalyse*, denn ein Teil der Kostenabweichung ist immer auf die *Fixkostendegression* (vgl. 4.3.2) zurückzuführen. Dieser Teil wird als *Beschäftigungsabweichung* bezeichnet.

Beschäftigungsabweichung = Sollkosten ./. verrechnete Plankosten

Verbrauchsabweichung

Für den Controller interessant ist hingegen nur die *Verbrauchsabweichung*, d. h. die Abweichung der *Istkosten* von den *Sollkosten*.

Verbrauchsabweichung = Istkosten ./. Sollkosten

Abweichungsursachen

Die *Verbrauchsabweichung* ist die Abweichung der tatsächlich im Abrechnungszeitraum angefallenen Kosten von den für diese Beschäftigung zu erwartenden Kosten. Sie ist für die *Kostenanalyse* wichtig: *Abweichungsursachen* können veränderte *Preise* für Beschaffungsgüter, *Ineffizienzen* im Materialeinsatz oder auch *Planungsfehler* sein.

Ein Controller kann sehr viel Mühe darauf verwenden, die *Kostenbestimmungsfaktoren* zu ermitteln und die Verbrauchsabweichung weiter in *verschiedene Arten von Abweichungen* zu zerlegen. Die verbleibende, nicht erklärbare Kostenabweichung wird als *Restabweichung* bezeichnet.

Praxisbeispiel Plankostenrechnung

Ein Hersteller von Netzwerkkomponenten hat für den kommenden Monat eine Beschäftigung der Fertigungsanlage von 3.000 Stück geplant. Er rechnet mit Kosten von insgesamt 240.000 Euro, die zu 60 Prozent fixe Kosten sind. Damit ergeben sich folgende Berechnungsgrundlagen für die Plankostenrechnung:

$$\text{Plankostenverrechnungssatz} = \frac{240.000 \text{ Euro}}{3.000 \text{ Stück}} = 80 \text{ Euro pro Stück}$$

Fixkosten = 240.000 Euro × 60 Prozent = 144.000 Euro

variable Kosten = 240.000 Euro ./. 144.000 Euro = 96.000 Euro

$$\text{variable Stückkosten} = \frac{96.000 \text{ Euro}}{3.000 \text{ Stück}} = 32 \text{ Euro pro Stück}$$

Nach Ablauf des Monats wird festgestellt, dass die Istbeschäftigung nur bei 2.100 Stück (70 Prozent) lag. Ursache für die Unterbeschäftigung war ein Störfall an der Fertigungsanlage, der zu Ausfallzeiten führte, die über die Anordnung von überstunden nicht ganz kompensiert werden konnten.

Aus der Kostenstellenrechnung ergeben sich für die Kostenstelle Fertigungsanlage im abgelaufenen Monat Istkosten in Höhe von 213.741 Euro. Für die Abweichungsanalyse stehen somit die folgenden Informationen zur Verfügung:

verrechnete Plankosten:	$2.100 \times 80 =$	168.000 Euro
Sollkosten:	$144.000 + 2.100 \times 32 =$	211.200 Euro
Beschäftigungsabweichung:	211.200 ./. 168.000 =	43.200 Euro
Verbrauchsabweichung:	213.741 ./. 211.200 =	2.541 Euro

Die Verbrauchsabweichung wurde auf Grundlage aller ermittelbaren Kostenbestimmungsfaktoren weiter zerlegt. Es ergab sich dabei, dass bei der Materialbeschaffung aufgrund gefallener Preise eine Kosteneinsparung erzielt werden konnte, die jedoch nicht ausreichte, die höheren Überstundenentgelte und die Reparaturkosten aufgrund des Störfalls zu kompensieren. Vor dem Störfall war es zudem zu höherem Ausschuss gekommen. Eine Restabweichung von 34 Euro konnte nicht erklärt werden.

9.6   Controlling

Es gibt viele *Definitionen, Erklärungsansätze* und *Denkschulen*, was unter Controlling zu verstehen ist, und ebenso viele *Empfehlungen* für die methodische Vorgehensweise. Allen gemeinsam ist der Gedanke, dass *Information* der *Schlüssel zum Erfolg* ist.

Ziele – Strategien – Maßnahmen

Kaufmännisch denken und handeln bedeutet, *Ziele* und *Strategien* formulieren, die *Vorgehensweise* zur Zielerreichung systematisch *planen*, notwendige *Informationen beschaffen*, die ausgewählten *Maßnahmen ergreifen* und im Nachhinein anhand einer systematischen *Kontrolle* und *Analyse* der Ergebnisse neue Informationen gewinnen, um in Zukunft besser zu planen und erfolgreicher zu sein.

Controlling lässt sich daher verstehen als eine *kontrollierte Vorgehensweise* in der Unternehmensführung: *Planung, Steuerung, Kontrolle.*

Die *Tätigkeit eines Controllers* besteht aus der Beschaffung und Auswertung von *Informationen*, der Vorbereitung von *Entscheidungen* und der *Kontrolle* der Ergebnisse getroffener Entscheidungen. Dazu gehört auch, *geeignete Methoden der Informationsbeschaffung*, z. B. Verfahren der Kostenrechnung, zu *finden* und auszuwählen. Das *Phasenkonzept der Unternehmensplanung* (vgl. 1.3.1 und Abb. 9.11) beschreibt damit die tägliche Arbeit des Controllers.

1. Problemstellungsphase
ein Problem erkennen, durch den Vergleich von Planzahlen mit den Ist-Werten (Soll-Ist-Vergleich), z. B. mit Hilfe der Plankostenrechnung oder mittels Vor- und Nachkalkulation
die möglichen Ursachen des Problems finden und analysieren, Lösungsansätze formulieren, neue Strategien entwickeln
Pflichtenhefte bzw. Soll-Konzeptionen entwickeln
2. Suchphase
Informationen über alternative Möglichkeiten zur Problemlösung zusammentragen
Informationsquellen ausfindig machen, Qualität der Informationen prüfen, Modellrechnungen durchführen, Netzpläne erstellen, Produkte und alternative Produktionsverfahren kalkulieren, Ergebniswirksamkeit berechnen, etc.
3. Beurteilungsphase
Alternativen bewerten (mittels Nutzwertanalyse)
Ziele und Zielgewichte definieren, Zielwirkung der Alternativen schätzen, verschiedene Umfeldbedingungen einbeziehen (Szenario-Technik)
4. Entscheidungsphase
Ergebnis der Alternativenbeurteilung dokumentieren, den Entscheidungsträgern präsentieren
5. Durchführungsphase
Entscheidung umsetzen: Feinplanung und Durchführung, Durchführung dokumentieren
6. Kontrollphase
Ergebnis der Durchführung kontrollieren, Abweichungen analysieren (weiter bei Phase 1)

Abb. 9.11   Übersicht Controlling

Controlling einrichten

Ausgangspunkt für die *Einrichtung eines systematischen Controllings* im Unternehmen ist eine *Ist-Analyse* des vorhandenen *Rechnungswesen* und der bisherigen *Führung des Unternehmens*, z. B. anhand der folgenden *Checklisten* (vgl. Abb. 9.12):

Checkliste Unternehmensführung
Unternehmensplanung
- Gibt es eine strategische Planung?
- Sind die Stärken und Schwächen des Unternehmens und der Konkurrenz bekannt?
- Ist die Unternehmensplanung mit der Finanz- und Ergebnisplanung verknüpft?
- Werden Projekte definiert? Welche Methoden der Projektplanung werden eingesetzt?
- Gibt es schriftliche Mehrjahresplanungen?
- Wie werden die Teilpläne der einzelnen Unternehmensbereiche aufeinander abgestimmt?
- Nach welchen Regeln ist das Berichtswesen ausgestaltet? Existiert ein Planungshandbuch?
Marketing
- Wie werden Marketing-Strategien entwickelt?
- Welche Analyseverfahren werden eingesetzt?
- Wie sieht die Palette der Marketingmaßnahmen (Marketing-Mix) des Unternehmens aus?
- Gibt es eine Positionierungsstrategie?
Beschaffung und Produktion
- Welche Bestellsysteme werden eingesetzt?
- Welche Produktionsverfahren werden angewandt? Gibt es Alternativen und sind sie dokumentiert?
- Gibt es eine Verbindung zwischen Produktionsplanung, Marketingstrategie und Kostenrechnung?
Organisation und Personalwesen
- Wie und nach welchen Kriterien ist das Unternehmen strukturiert?
- Wie werden Arbeitsabläufe gestaltet? Gibt es eine regelmäßige Suche nach Verbesserungen?
- Welche Geschäftsprozesse gibt es im Unternehmen und wie werden sie dokumentiert?
- Welche Maßnahmen der Mitarbeitermotivation werden ergriffen? Gibt es eine Corporate Identity?
- Gibt es ein innerbetriebliches Vorschlagswesen?
- Welche Führungskonzepte und Führungsstile werden angewandt und wie sind sie dokumentiert?
- Wie findet Kommunikation im Unternehmen statt? Gibt es Konflikte? Was macht der Betriebsrat?

Die Antworten auf die Fragen der Checklisten ergeben ein *Gesamtbild der bisherigen Informationsverwertung* im Unternehmen. Es stellt den Ausgangspunkt für den *Aufbau* eines effizienten Controlling-Systems dar. Dies kann jedoch *nicht in wenigen Schritten* erfolgen oder von außen, z. B. durch Unternehmensberater, *übergestülpt* werden, sondern muss kontinuierlich wachsen und sich entwickeln.

MIS

Ein *kompliziertes Controlling-System*, das die Mitarbeiter mit einem *ausufernden Berichtswesen* überlastet und den konkreten Informationsbedarf der Unternehmensführung nicht zufriedenstellend deckt, ist schlimmer als gar kein Controlling! Auch bei der Auswahl der *Controlling-Software*, z. B. eines *Managementinformationssystems* (MIS) ist auf Einfachheit, Benutzerfreundlichkeit und Zweckmäßigkeit zu achten.

Checkliste Rechnungswesen
Buchführung und Steuern
- Mit welchen Buchführungsmethoden werden die Rohstoff- und Warenbewegungen erfasst?
- Welche Inventurmethoden und Bewertungsvereinfachungsverfahren werden angewandt?
- Welche Wahlrechte und Gestaltungsmöglichkeiten werden beim Jahresabschluss angewandt?
- Werden für die Steuererklärung (Steuerbilanz) gestaltende Überlegungen angestellt?
Kostenartenrechnung
- Nach welchen Kriterien werden Kosten erfasst und unterschieden?
- Gibt es eine Aufteilung in fixe und variable Kosten sowie in Einzel- und Gemeinkosten?
- Werden kalkulatorische Kostenarten erfasst?
Kostenstellenrechnung
- Gibt es bereits eine Verteilung der Kosten auf einzelne Kostenstellen?
- Nach welchen Kriterien wurden die Kostenstellen gebildet und abgegrenzt?
Kostenträgerrechnung
- Welche Kalkulationsverfahren werden eingesetzt?
- Wie sind diese Verfahren dokumentiert? Sind sie zweckmäßig und einheitlich?
- Gibt es eine Kostenplanung?
- Gibt es regelmäßig Nachkalkulationen?
- Wie und in welcher Weise aufgegliedert wird die Betriebsergebnisrechnung durchgeführt?
- Werden Deckungsbeiträge ermittelt und als Entscheidungshilfen angewandt?
Investitionsrechnung und Finanzierung
- Wie und auf welcher Informationsgrundlage werden Investitionsentscheidungen getroffen?
- Wird die Investitionsplanung mit der Finanzrechnung und der Kostenrechnung abgestimmt?
- Gibt es Liquiditätsübersichten?
- Wie werden Finanzmittel beschafft? Welche Entscheidungsverfahren werden dabei angewandt?

Abb. 9.12 Übersicht Ist-Analyse – Informationsverwertung

Projekt

Im ersten Schritt ist *Projektteam* zu bestimmen. *Teamleiter* sollte eine *Führungskraft* sein, die den Informationsbedarf kennt und entwickeln kann. Auf Grundlage der fundierten Analyse werden die *Anforderungen* eindeutig und klar in einem *Pflichtenheft* dokumentiert.

Die Anforderungen sind entsprechend ihrer *zeitlichen und sachlichen Dringlichkeit* in eine Reihenfolge zu bringen, damit sie Schritt für Schritt umgesetzt werden können. Dazu wird ein *Maßnahmenplan* erarbeitet, wie die Anforderungen realisiert werden können.

Management Accounting

Der *nächste Schritt* ist i. d. R. der *Ausbau des Rechnungswesens* zu einem *Management Accounting* mit Planungs- und Kontrollrechnungen, das die *Entscheidungsunterstützung*, und nicht die Dokumentation der Vergangenheit in den Vordergrund stellt, insbesondere durch Anwendung der Methoden der *Prozesskostenrechnung*, der *Deckungsbeitragsrechnung*, des *Target Costing* und der *Plankostenrechnung*.

Arbeitsproduktivität	
Output im Verhältnis zur eingesetzten Arbeit	$\dfrac{\text{Ausbringungsmenge oder Umsatz}}{\text{Zahl der Arbeitsstunden oder Anzahl Arbeitskräfte}}$
Wirtschaftlichkeit	
Umsatz im Verhältnis zu den Kosten	$\dfrac{\text{Leistung (Umsatz)}}{\text{Kosten}}$
Return on Investment (RoI)	
	$\dfrac{\text{Betriebserfolg} * 100}{\text{Umsatzerlöse}} * \dfrac{\text{Umsatzerlöse}}{\text{Betriebsvermögen}}$
Cash-Flow	
Innenfinanzierungskraft des Unternehmens	Einzahlungen ./. Auszahlungen

Abb. 9.13 Übersicht Wichtigste Kennzahlen des Controllings

Auf dieser Grundlage können *Kennzahlensysteme*, z. B. zur Bewertung der Wirtschaftlichkeit von *Investitionsentscheidungen* und *Produkt- wie Verfahrensinnovationen* entwickelt werden. Die vier *wichtigsten Kennzahlen* für das Controlling zeigt die folgende Übersicht (Abb. 9.13):

Diese Kennzahlen können für alle abgrenzbaren *Teilbereiche* des Unternehmens, z. B. für einzelne *Divisions* oder *Produkte* bzw. Dienstleistungen ermittelt werden. Sie liefern *kurzfristig präzise Informationen* und ermöglichen eine erfolgsorientierte Führung des Unternehmens. Mit einer ausgefeilten *Kostenstellenrechnung* und innerbetrieblichen *Verrechnungspreisen* können auch *interne Bereiche* auf diese Art und Weise bewertet werden.

Informationsgehalt

Es gibt eine *Vielzahl von Kennzahlen* für alle Unternehmensbereiche. Sie werden nach ihrem tatsächlichen *Informationsgehalt* ausgewählt und in das *Management Accounting* integriert.

Im nächsten Schritt werden die *Teilplanungen* aller Unternehmensbereiche in einen *Gesamtplan* zusammengefasst und *aufeinander abgestimmt*. Dies kann als systematische *Jahresplanung* und *Mehrjahresplanung* erfolgen, mit Einbeziehung geschätzter *Produktlebenszyklen* und sich dynamisch entwickelnder *Markterfordernisse*. Dies führt – Schritt für Schritt – zum Aufbau eines *umfassenden Informationsversorgungssystems*, das immer wieder den Anforderungen der Führungskräfte angepasst und erweitert werden kann.

Berichtswesen

Organisatorisch ist eine *klare Verantwortungszuweisung* notwendig, d. h. es muss festgelegt werden, wer welche Informationen beschafft, wer sie aufbereitet und wer den Gesamtprozess koordiniert. Ein *Berichtssystem* ist zu entwickeln, vor allem auch unter dem Aspekt, zu welchen *Zeitpunkten* die Informationen beschafft und die Berichte abgeliefert werden müssen.

Kosten

Die *Kosten* des Informationsversorgungssystems sind dank der modernen *Informationstechnologie* niedrig. Das Berichtswesen kann papierlos über das *Intranet* abgewickelt werden, *Kennzahlen* werden in der *Rechnungswesen-Software* automatisch generiert, und *statistische Auswertungen* und die *Aufbereitung* von Datenmaterial können *ohne Medienbruch* vorgenommen werden.

Stichwortverzeichnis

Printed in the United States
By Bookmasters